閩海人物年譜叢書第一種

徐熥年譜

陳慶元 著

廣陵書社

圖書在版編目（CIP）數據

徐熥年譜 / 陳慶元著. -- 揚州 : 廣陵書社,
2014.12
（閩海人物年譜叢書）
ISBN 978-7-5554-0185-8

Ⅰ. ①徐… Ⅱ. ①陳… Ⅲ. ①徐熥一年譜 Ⅳ.
①K825.6

中國版本圖書館CIP數據核字(2014)第267715號

書　　名　徐熥年譜
著　　者　陳慶元
責任編輯　王志娟　胡　珍
出 版 人　曾學文
出版發行　廣陵書社
揚州市維揚路 349 號　郵編　225009
http://www.yzglpub.com　E-mail:yzglss@163.com
印　　刷　揚州市機關彩印中心
開　　本　889 毫米 ×1194 毫米 1/32
印　　張　19.375
字　　數　400 千字
版　　次　2014 年 12 月第 1 版第 1 次印刷
標準書號　ISBN 978-7-5554-0185-8
定　　價　98.00 圓

目録

附録四：親友書信題跋……五二〇

前言：晚明詩人徐熥論

——兼論荆山徐氏儒業與文學之興衰

陳慶元

萬曆至崇禎七十餘年間，閩中詩人衆多，徐熥甥謝肇淛《小草齋詩話》論述同鄉前輩詩人時，提到郭文涓、林鳳儀、袁表、馬熒等；同輩則有陳椿、趙世顯、林春元、鄧原岳、陳仲溱、徐熥、徐𤊹、陳价夫、陳薦夫、曹學佺、袁敬烈、林光宇、陳鳴鶴、王毓德、馬欻、陳宏己、鄭琰等十餘人；謝肇淛没有提到的，還有王應山、陳椿、趙世顯、鄭杰、林章、陳第、葉向高、吴文潛、王崑仲、陳邦注等，年輩稍晚的還有陳鴻、趙珣、陳衎等，以及活至清初、手臂始終繫著一枚萬曆錢的林古度等二三十人，這些詩人大多有集行世。近年來，明詩研究逐漸受到學界的重視，晚明文學更是研究的一大熱點。晚明文學的研究較多地關注文學思想、文學思潮、文人心態，或者小品什麼的，這當然是很好的事，但是，對傳統的作家個案研究、流派研究，反而興趣有所衰減。而研究晚明文學，以地域論，則集中在江浙，閩地論及的多在李贄、黄道周。江浙文壇和李贄、黄道周是需要重點研究的，但閩中（以福州爲中心，即通常所説的福州十邑）詩壇和閩中詩人研究的缺位，或研究的草率，對整個晚明文學的研究來説，是不夠或者説是不太夠的。閩中詩壇和閩中詩人研究的不夠，原因可能比較複雜，但這一地域晚明文集亡佚太多，整理發掘太少，似也是一個重要原因[一]。本文準備討論的是謝肇淛提到的徐熥和他的《幔亭集》。

荊山徐氏儒業與文學之興衰

徐熥、徐𤊹兄弟自稱東海徐氏。東海爲其郡望。明代閩人喜稱郡望，如明初林鴻稱博陵林氏，謝肇淛則云陳留謝氏，以示不忘根本。其實對於多數家族來説，即使有譜牒流傳，除了附會者之外，都很難將自己數十代的譜系弄得一清二楚。徐熥整理過的《荊山徐氏譜》，對自己家族史相當地瞭解。《族譜凡例》：『徐氏本徐州下邳人。唐穆宗時有徐晦者任閩都團練觀察使，家于連江之徐壟。

[一] 例如徐𤊹生卒年，筆者的《福建文學發展史》（福建教育出版社，一九九六年）已經解決，此後十數年間，徐𤊹生卒年弄錯的論著比比可見。筆者所撰《徐𤊹生卒時間詳考》（《文學遺産》，二〇一一年第二期）、《徐𤊹年譜簡編》（《鼇峰集》附録五，廣陵書社，二〇一二年）發表後，仍然有論著沿用舊説之誤。又例如，曹學佺詩文集，日本内閣文庫藏有百卷本《石倉全集》，二〇〇四年筆者撰《日本内閣文庫藏本曹學佺〈石倉全集〉初探》（《二〇〇四地方文獻國際學術研討會論文集》，北京圖書館出版社，二〇〇六年）之後，某些博碩士生和學者仍然斷定曹學佺詩文集『散失嚴重』，在未讀到内閣藏本的狀況下，匆匆完成他們的論著。

世次俱已不詳矣。至宋有天一者徙居邑七星之荆山。』（徐日焜等《荆山徐氏譜・譜例》）荆山徐氏可以追溯到唐穆宗時期入閩任職的徐晦，遂家連江，至宋始遷至侯官的荆山（今閩侯縣荆山鎮乃有徐村之名）。徐熥之太祖由荆山遷居福州臺江，高祖遷居南臺；曾祖鏗『性好文學，素有大志，見臺江大市通衢，人尚紛華，不可以教訓子侄，乃遷居省城之鼇峰，共沐詩書之教』[一]。鼇峰在今福州于山。徐鏗至徐熥、徐𤊹兄弟一輩，僅四代。

從《荆山徐氏譜》的記載看，徐熥祖上值得稱道的只有兩件事。一是熥之曾祖鏗（振聲），與吴叔厚、林世和結爲三友。『迨弘治壬子歲，振聲公、世和公同時物故，壽俱不永，遺孤煢煢，叔厚不替生死，遂於癸卯年僉謀共買閩縣孝義里荔枝山地一所，坐乾向巽，一列九壙。是年，振聲、世和先葬焉。厥後三家照所分之壙，陸續安葬。』[二]於是，遂有『三友墓』之美名，詩人以此爲題酬唱者甚衆[三]。自弘治至徐熥一輩，年已逾百，人歷數代，徐、吴二姓敦睦如初（林世和再傳而斬，林氏墓亦由徐、吴祭掃），儒家歷來重視交友，友直，友諒，數世不絶，難能可貴，在當地享有美名無疑。

遷至荆山之後的徐氏，人丁比較興旺，從譜系看，徐氏似以耕讀爲主。遷到人尚紛華的臺江（福

[一]《荆山徐氏譜・世系考》，鈔本。

[二]《三友墓祭掃約言序》，《荆山徐氏譜・三友墓詩集詞文》，鈔本。

[三]《三友墓詩集詞文》搜集葉向高以下有關詩文數十篇，據考，作於萬曆四十二年（一六一四）至崇禎元年（一六二八）間，詳陳慶元《徐𤊹年譜簡編》（《鼇峰集》附録五，廣陵書社，二〇一二年）。

州閩江北岸，爲往來船舶停靠及商貿之地）後，可能也做些生意。家故貧，至祖父一輩稍豐饒，但子弟仍然不免親操鹽米之事[一]。徐熥之父徐㭨步入仕途，是荆山徐氏興起的標誌，爲徐熥、徐𤊹兄弟所津津樂道。㭨，字子瞻，號相坡，生而穎異。拔異等，遂得廩食，試於省闈者八，試於京者一，俱不利。嘉靖四十四年（一五六五），丹陽姜某來閩督學，時詔天下郡縣貢士毋拘資歷，遂薦上春官。隆慶三年（一五六九），授江西南安府儒學訓導。萬曆元年（一五七三），擢廣東茂名縣儒學教諭，時年六十有一。雖高州路遠，道路多梗，且甲子已週，欲棄官歸。無奈三子孱弱，生活無計，不得已仍登車度庾嶺。四年，㭨六十四，擢永寧令。兩年後，㭨六十六，掛冠歸。㭨精於《易》，能詩，著有《徐令集》等。徐熥在《先伯父友軒公傳》一文中説：『余家世治生，未有籍名博士者……吾宗自國初以來未聞有博士起家者，迨余父方得與薦紳之列，雖宦不過爲郎，然亦異於上世以處士終矣。』[二]從處士到縉紳，看似一步之遥，荆山徐氏卻走了十數代、幾百年！在父輩中，徐熥還有一位十分敬重的伯父徐梅。在徐㭨髫齡不欲卒業時，徐梅不僅曉以大義，而且主動承擔協助父徐鏗的貿易工作，並且在各方面給㭨予協助。在徐熥看來，如果没有伯父徐梅的無私，父㭨要完成儒業也幾乎是

[一] 徐熥《先伯父友軒公傳》：『余家故貧，伯父營之不遺餘力。其後稍饒，益事大父母，以孝聞。尤愛諸弟。重然諾，與人貿易，得伯父一言，不啻左券，以故人皆多其爲長者。……鹽米升斗之事，以身肩之。』（《荆山徐氏譜》，鈔本）

[二] 《荆山徐氏譜》，鈔本。

不可能的，故熥作《先伯父友軒公傳》以追念之。

棉有三子，曰熥、曰燉、曰熛。三子雖均庶出，但棉晚年得子（生熥時四十九歲，燉時五十八歲），疼愛有加，並得到良好的教育。熥、燉、熛均有文名，而以熥、燉之名爲盛。熥，萬曆十六年舉人，三上春官皆下第，卒時年僅三十九，著有《幔亭集》。熥二子，長曰莊，邑庠生，崇禎六年（一六三三）卒；莊子曰鍾泰、鍾俊，年二十餘，過飛鸞渡溺水卒；次子夔，早卒，無後。燉，邑庠生，厭棄功名，崇禎十五年（一六四二）以布衣終；燉在棉與熥藏書的基礎上，積書數萬卷，其中宋元善本近半，友人曹學佺爲造宛羽樓貯之；有《鼇峰集》、《筆精》、《榕陰新檢》等[一]。燉子曰陸、曰隆、曰陵；陸、陵皆邑庠生。陸，字存羽，卒于萬曆四十四年（一六一六），年僅二十七。陵，字存永，又字無量，號延壽，康熙元年（一六六二）卒，有《尺木堂集》。陸子鍾震，字器之，崇禎間曹學佺合徐陵之詩彙刻爲《二徐詩選》，又有《雪樵集》。熛，邑庠生，崇禎三年（一六三〇）卒，長於古文，著有《徐氏易腴》。

熥、燉、熛三兄弟，惟熥中過舉，也惟熥最有可能博取功名，然熥不滿四十而卒，且傳至其孫而斬，荆山徐氏的功名由棉而興，至熥而止，不能説是一大不幸。然而徐氏的文名，卻經棉至熥、燉兄弟而崛起東南。『身後名成日，人間論定時。』[二]徐熥之詩自成一家。徐燉博洽多聞，著述等身，且其子孫亦頗有詩名，一時徐家聲名甚著。陳衎《徐存羽墓誌銘》云：『徐氏爲八閩文獻，至興公，藏

[一] 徐燉著述，詳陳慶元《徐燉著述編年考證》，《文獻》，二〇〇七年第四期。

[二] 謝肇淛《讀惟和詩二首》其一，《小草齋集》卷十四。

書幾甲東南，鑽研考訂，老而彌篤，識者謂其子若孫，必寢昌不替。存羽，興公長子也，工文而夭，方訝天道不可知矣。存羽歿後十餘年，其弟存永，子器之又皆韶令秀出，克世其家。』[一]衍《二徐詩選序》又云：『徐氏自永寧公藻繪文囿，惟和、惟起兄弟遞相雄長主盟東南一帶。存永，惟起愛子；器之，嫡孫也。兩年少俱於總丱之時便登壇樹幟。噫，何其盛哉！自古……未有兄弟叔侄宴處柴門，皆操觚流響、耀質敷榮，同爲群彦領袖者也。』[二]

從隆慶間徐棉爲南安儒學訓導，到康熙元年其曾孫存永卒，大約一百年。徐熥們並沒能如徐棉所期待的那樣，在功名上有所作爲，但是，荊山徐氏卻成了閩中文化大族。徐棉完成了從處士到縉紳的轉變，也就是從『民』到『官』的轉變，這是一方面；另一方面，經濟上狀況也有明顯的改善。《相坡公行狀》：『先君爲微官十年，橐中如水，置宅一區，僅足容膝；買田數畝，僅足種秫。』[三]這一切，都爲徐熥、徐𤊹日後的發展提供了經濟條件。在徐家中，徐熥起了承前啟後的作用，徐熥比徐𤊹大九歲，成名也早，並且花了七八年的時間編選了一部閩中明詩選《晉安風雅》，影響頗大。徐𤊹藏書之富，也有徐熥的功勞。徐𤊹壽長，活了七十三歲，直至清亡前二年纔過世，他的壽命幾乎是徐熥的二倍，詩文、藏書、書法、繪畫及博物成就很高，是徐家成爲閩中文化旺族的中堅。繼承徐

[一]《大江集》卷十九，崇禎刻本。
[二]《大江二集》卷十二，弘光刻本。
[三]《荊山徐氏譜·詩文集》，鈔本。

爀的是其子徐存永（陵）。存永年輕時受到錢謙益的青睞；清兵入閩，徐家藏書大量散失，曹學佺投繯死，存永作長篇五律《大宗伯曹能始先生輓章一百八十韻》哭之，後來飄零南北，客死湖湘，所著《尺木堂集》有較高價值。

徐存永殁後，輝煌百年的荆山徐氏的儒業與文學的光輝也隨之消失，這個家族又重新回歸到徐棉之前的生活狀態，平静地繼續繁衍生息。荆山徐氏儒業與文學衰微的問題，下文將作進一步探討。

十年三棄置中情空自哀

徐熥（一五六一——一五九九），字惟和，號幔亭，閩縣（今屬福州）人。晚以其名犯吳王諱，欲以字行，别字調和，未果。

徐熥《讀禮感懷》四首，其四云：『回思二十年前事，日日窗前教一經。』（《幔亭集》卷七，以下引此集只注卷次）從少年開始，徐棉親自教授徐熥治經、學習詩詞寫作，熥穎悟絶倫。弱冠，熥入郡庠。陳鳴鶴《徐熥傳》：『豪於歌詩，雅不睹經生業，及試，皆異等。諸爲經生業者，咸不敢仰視，而心下之。』[一]熥傾注於詩歌創作，頗有聲名，而于經學不甚用心，儘管如此，經學成績仍十分優秀，

[一]《東越文苑傳》卷六，萬曆刻本。

令諸生刮目相看。

萬曆十六年（一五八八），徐熥登潘洙榜，列名第二十二。同年，徐熥與謝肇淛北上應次年試。行至易水，作《易水道中答謝在杭》：『翩翩擊筑共游燕，慷慨行歌易水邊。九曲黄流看似帶，三春楊柳折爲鞭。詩成馬上無須草，酒買壚頭不論錢。此去長安應咫尺，與君同賦《帝京篇》。』（卷七）至京前後，果然作長篇七言歌行《帝京篇》，首節云：

文皇定鼎都燕薊，三輔黄圖誇壯麗。九重宫闕何嵯峨，百二山河咸拱衛。五鳳高樓逼太清，六龍御宇泰階平。曈曨曉日升金闕，縹緲紅雲擁玉京。玉京金闕倚天開，隱隱鑾輿複道來。雲迷翠幰依龍袞，露滴金莖泛羽杯。平明長樂鐘聲響，九天日月開僊仗。豸史臺中曉聽烏，虎賁階下朝鞭象。月照彤墀環珮齊，風生青瑣旌旗颺。高臺突兀比章華，上苑紆迴同博望。我家京洛何煌煌，山河錦繡軼隋唐。辮髮文身俱稽顙，雕題黑齒盡梯航。三載公車計偕吏，嚴樂鄒枚乘傳至。黄紙承恩金馬門，緑衣錫宴慈恩寺。勑賜當街上五花，金鞭絡繹更堪誇。市中春色濃如錦，身上宫袍爛似霞。（卷三）

初至京城應試，字裏行間，充滿對京華生活的嚮往，充溢著一股豪邁和自信的情懷。但是，事實是無情的，初試失利，徐熥落第了。《出都門懷程五表兄》云：『獻策不得意，呼童便束裝。人皆悲失路，我獨喜還鄉。拓落嘲玄草，驅馳愧綠楊。歸尋河朔侶，同擘荔枝香。』（卷五）《下第呈孫子樂省元》：『黑貂裘敝出長安，客路春光半已殘。燕市柳從歸處折，故園花在夢中看。處囊壯士猶潛穎，落魄王孫未築壇。飄泊風塵還自笑，十年依舊一儒冠。』（卷七）從入庠到上春官下第，已整整十年。出都時，貂裘已敝，春光半殘，雖云失路，無可奈何，但是『獨喜』『自笑』，荔子猶香，並未失望[一]。

徐熥十年三上春官三下第，一爲萬曆十七年（一五八九），二爲二十三年（一五九五），三爲二十六年（一五九八）。其實，熥赴考共四次。初試後，熥于萬曆十九年（一五九一）離家，擬赴二十年（一五九二）考。熥十九年十一月望日抵京，而父棉訃已至半月矣。於是，熥素馬白車，跣足奔喪，失去一次考試的機會。

萬曆二十三年，徐熥二上春官，仍然鎩羽而歸。《下第後書懷》二首，其一：『自是揚雲白未玄，不才那敢怨蒼天。回看故國八千里，誤戴儒冠十七年。貧倚詩書元失計，窮知文字信無權。雄心銷盡囊如水，流落依人面可憐。』（卷八）此次上春官下第，距上一次前後七年之久，中間又經歷了家庭的變故，雄豪之氣已經消磨殆盡。

萬曆二十六年，徐熥三上春官，三下第。是年，熥已三十又八，他的心情是極爲沉痛的。《下第

[一] 徐熥萬曆十九年（一五九一）再次上京，作《再至京師》云：『遙控秦關百二重，九天宮闕絢芙蓉。醉中但擊荆軻筑，夢裏驚聞漢闕鐘。才子新詞皆吐鳳，美人高髻盡盤龍。玉河楊柳絲絲綠，染得青袍色尚濃。』足見其豪氣尚在。

述懷》云：『匠石屢不顧，定匪明堂材。淵客屢不採，定匪明月胎。十年三棄置，中情空自哀。傷哉吾道非，豈乏干時媒。嘆彼行役苦，畏茲年鬢催。進退兩躑躅，坐立空徘徊。升斗豈吾志，結念居南陔。』(卷二)《出都門答别鄧汝高員外》：『十年三上長安道，闕下獻書俱不報……空文何以干明主，儒術由來生計疎。余也今年三十幾，依然落魄歸田里。白首何妨老故園，紅塵從此辭燕市。拔劍哀歌日易昏，垂楊未折已銷魂。人生離别足感嘆，窮達悠悠何必論。』(卷三)《龍臺聚業序》又云：『乃余猶欲畢志雕蟲，繫情雞肋，與少年角勝，不亦異乎！古人有言，勇氣也，一鼓作氣，再而衰，三而竭。』[一]三試過後，勇氣已經衰竭。

三下第的次年，徐熥便過早病故。設使天假以年，他還有勇氣繼續北上追逐功名嗎？一曰『結念居南陔』，二曰『從此辭燕市』，三曰『三而竭』，看來，真的没有餘勇可酤了！次年秋，他終因病瘧，鬱鬱寡歡，客死古田，走完了他三十九年短暫的人生歷程。萬曆二十七年夏杪，臨終前幾個月，徐熥在古田(玉田)，作《香閨七吊詩》，所吊七香閨爲蘇小小、薛濤、霍小玉、崔鶯鶯、非煙、李易安、朱淑真。吊薛濤云：『千樹桃花零落盡，不知何處吊孤墳。』吊霍小玉云：『誰將薄倖負娉婷，怨魄啼魂喚不醒。』吊李易安云：『銷殘金石怨雙蛾，紅粉由來薄命多。一縷香魂飛不散，月明時聽曼聲歌。』《香閨七吊詩·附記》云：『己亥夏杪，客居玉田。旅次寡歡，情鍾豔骨。孤燈冥想，今夕何

[一]《荆山徐氏族譜》，鈔本。

年。同病相憐，惟我幼孺。録而寄之，庶其和余。』（卷十四）縱觀《幔亭集》，此組詩爲熥之絶筆，同病相憐，興哀無地，吊香閨，實爲熥自吊，不知詩人預感到了什麽？不幸的是，他不僅永遠地辭别了燕市，而且也永遠地辭别了人世。

有明一代將近三百年，科舉失利者不知幾十幾百萬？徐熥好歹也有一個舉人出身，比起《儒林外史》中那些忙於舉子業的窮酸秀才也許幸運了幾分。但是，徐熥這位寒士的科舉失利，值得注意的有以下幾點：首先，他是荆山徐氏十數代人的第一位舉人，因此對上春官有著特别的渴望和更多的利益期待。這種渴望和期待不是通儒大族之家出身的子弟所能理解的。其次，他的家境比較貧寒，徐棉的一點有限積蓄，供給他四上京城的盤纏資費，當屬不易。徐熥的詩歌多次提到『囊空』，並非僅僅是詩歌的語言而已。我們暫時無法計算晚明從福州到京城一次赴考所需的盤纏資費的數額，而且這一數額又能夠支撑一個普通家庭多長時間的生活費用。但我們可以推想，他的赴京至少應得到整個家庭（含㷂、熛）的支持。再次，徐熥只活了三十九歲，從十八歲左右習舉子業到謝世前一年的下第，一生都在科舉制度下周旋，幾乎没有喘息的機會。第四，閩中地處邊陲，赴京路途特别遥遠，往返路程加上考試，上一次春官要費半年左右的時間，比起中原或江浙的士子來説，還多了不少行路的艱辛。徐熥《述遊篇》云：

去年仲冬束行李，掩淚辭親赴燕市。今年五月將中旬，方能税駕歸田里。中間辛苦難具陳，萬里風波愁殺人。從來痛定纔思痛，回看往事徒沾巾。閩溪山水何太惡，水似瞿塘山劍閣。仙霞嶺上氣不平，黯淡灘頭膽將落……歸家幼子牽衣泣，鬢衰面黑咸咨嗟。奔走天涯過半載，歲月無情不相待。（卷三）

謝肇淛《五雜組》卷四：『閩中自浙之江山入度仙霞嶺，亦自險絶，北人度，汗津津下矣。』這一則寫的謝肇淛萬曆十七年與徐熥下第過仙霞嶺的情況。黯淡灘是閩江第一險灘，故於灘旁建寺以祈禱行舟的安全，徐熥、徐𤊹兄弟均有《題黯淡寺》詩以記其險。從以上分析可以看出，徐熥四次赴考，三下第，無論從經濟還是從身心來説，壓力都是非常巨大的。

徐熥十年三下第，並且過早地走完自己的一生。在此，我們附帶要討論的是荆山徐氏儒業與文學衰歇的問題。歸結起來，荆山徐氏文化的衰歇有以下幾個原因：其一，經濟基礎的薄弱。徐家的一點房産和田産主要是靠徐㮣十年薄宦的積蓄添置的。徐㮣歿後，徐家依靠的生活來源，一是田租，一是賣文。徐熥《感事》云：『莫歎吾家似磬懸，資生猶有賣文錢。』（卷十三）但是，靠不多的田租和賣文所得要維持一個大家庭的開支，維持子弟的儒業和圖書的購藏，顯然是力不從心的事。徐熥歿後十年，熥『子不類，既蕩失恒産，復折龕以賣錢』[一]，恐怕不僅僅是一個道德倫理的問題。惜書如命，反復告誡子弟不得鬻書，但爲生計，徐𤊹也被迫賣過一些藏書。在這種情形下，

[一] 徐𤊹《遷祀龕記》（《紅雨樓集·鼇峰文集》册九，《上海圖書館未刊古籍稿本》第四十四册）。

要求子孫株守儒業不免力不從心。其二，科舉功名的失利。科舉功名的失利，在文學創作方面可能不一定是壞事，徐熥《送興公游吳越》：『不必羞貧賤，詩名在布衣。』（卷六）但對三年赴京一考的『貧賤』士子來説，經濟和精神的壓力卻不小。熥《下第後書懷》二首，其二：『一領青衫萬斛塵，溝隍十口計全貧。關河偏阻空囊客，童僕潛歸得意人。』（卷八）科舉的成功與失利，經濟狀況如何，對一個人的創作和研究成果的刊刻流傳是大不一樣的。萬曆二十三年，徐熥與另外兩位同鄉陳薦夫、曹學佺一起上春官，曹成進士，徐、陳落第。陳薦夫《戲詠宮柳柬曹能始進士》，有句云：『只因賜得宮中緑，便與人間隔萬重。』[一]薦夫所云並没有太大的誇張。曹學佺生在一個賣餅之家[二]，萬曆三十七年（一六〇九）參蜀藩，三十九年歸閩，購築石倉園，規模宏偉。曹成進士後，每任一職，均刻有一兩個或幾個集子，六十之後，一歲一集；還搜集整理刊刻了大量文獻[三]。于友人，他樂於資助，如上文提到的爲徐𤊹建宛羽樓；他還爲鄉里修橋鋪路，捐修寺廟，至今里人猶能道之。謝肇淛與徐熥同上春官並同落過第，在徐熥奔喪的那一年成進士，後來所刻著述達二十餘種[四]。徐熥

[一]《水明樓集》卷八，萬曆刻本。

[二]郭柏蒼《柳湄詩傳》：『尚書（曹學佺）父曾在洪塘賣餅。』（《全閩明詩傳》卷三十四，光緒刻本）

[三]詳陳慶元《日本内閣文庫藏本曹學佺〈石倉全集〉初探》，《二〇〇四地方文獻國際學術研討會論文集》，北京圖書館出版社，二〇〇六年；陳慶元《日本内閣文庫藏曹學佺〈石倉全集〉編年考證》，《文獻》，二〇一三年第二期。

[四]詳陳慶元《謝肇淛著述考》，《廣西師範大學學報》，二〇〇五年第一期。

生前，僅刻了一部《晉安風雅》；殁後，其詩集由弟𤊹刊刻，而𤊹盡棄其少作（這裏不能排斥刻印成本的原因），文則由其友王若襄助續刻。徐𤊹著作等身[一]，其《鼇峰集》二十八卷，前數册由南居益資助刊刻，居益去閩，其餘各卷，𤊹忍痛賣了良田纔得以問世。《筆精》、《榕陰新檢》等也是由友人資助纔得以問世。𤊹文集數十卷，生前多方求助，刊刻不果，文稿大量散失。徐熥殁後，徐𤊹維繫徐氏的儒業與文學長達四十餘年之久。徐熥下第後曾作《送興公游吳越》：『獻書予未遇，彈鋏汝何依。』（卷六）爲了維持家庭，徐𤊹後半生不少時候違心而依附某些較有文化的官員並充當其門客，有時協助整理編寫府、縣志之類的事[二]。假如其兄熥有曹學佺、謝肇淛的社會地位和經濟實力，他完全可以做一些自己熟悉並想做的事，對儒業和文學將有更多更大的貢獻。其三，徐熥、徐𤊹子孫多早卒，熥傳至其孫而斬，至明亡之前熥一支遂寢[三]。𤊹長子陸自幼有文名，卒時年僅二十七。生命的不永，對徐氏的儒業和文學的承傳有很大的威脅。其四，正當徐𤊹欣喜其子存永和長孫鍾震《二徐詩集》刻印問世，他還是以七十三歲壽齡謝世；不久，明亡，清兵入閩，徐氏藏書樓一

[一]　詳陳慶元《徐𤊹著述編年考證》，《文獻》，二〇〇七年第四期。

[二]　徐𤊹在吳越作《寄家中兄弟》：『口腹驅人出，翻令骨肉疏。』（《鼇峰集》卷十）有不得已之慨。

[三]　鍾泰卒後，無後，由徐陸孫汝巨集過繼，汝巨集卒，無後，由徐陸曾孫國珍過繼。

時散爲炮架，百年藏書喪失殆盡，儒業遭受重創。曹學佺投繯後，田舍圖書皆入於官[一]，但百足之虫，死而不僵，乾隆間，其曾孫曹岱華仍有能力搜集石倉詩，彙集成《石倉詩稿》刊行，而徐熥、徐𤊹兄弟的後人卻不見得有這種能力了。

《晉安風雅》奉三唐爲圭臬

楊浚《論次閩詩》云：『晉安風雅師前輩，緑玉齋中什襲多。能奉唐人作圭臬，興公詩派幔亭歌。徐熥、徐𤊹。』[二]此則兼二徐說的，一是說《晉安風雅》圭臬唐人，二是說徐家緑玉齋藏書之富，三是說以徐氏兄弟爲代表的詩歌自成一派。本節討論的是《晉安風雅》和復振閩中風雅的問題。

《明史·文苑傳》稱：『閩中詩文，自林鴻、高棅之後，閱百餘年，善夫繼之。迨萬曆中年，曹學佺、徐𤊹輩繼起，謝肇淛、鄧原岳和之，風雅復振焉。』《明史》這段話其精髓（詩人名單及順序除外）源于徐熥的《晉安風雅序》：

[一] 徐存永《大宗伯曹能始先生輓章一百八十韻》：『巢卵危幾覆，池魚罹及怏。田廬歸列姓，圖史亦官贓（原注：田舍書籍皆入官）。莫飽磨牙虎，偏逢怒臂螳。兒孫困累絏，僮僕繫鋃鐺（原注：子孫皆繫獄，後倖免於難）。』（鈔本《尺木堂集·五言排律》）

[二] 《萬首論詩絶句》，人民文學出版社，一九八一年。

閩中僻在海濱，周秦始入職方。風雅之道，唐代始聞，然詩人不少概見。趙宋尊崇儒術，理學風隆，吾鄉多譚性命，稍溺比興之旨。元季毋論已。明興二百餘年，八體四聲，物色昭代，郁郁彬彬，猗矣盛矣。

高廟之時，林膳部鴻崛起草昧，一洗元習，陶鈞六義，復還正始，懸標樹幟，騷雅所宗。門有二玄，實爲入室，屬詞比事，具體而微。高待昭棅、王典籍恭、王檢討偁、唐觀察泰，追述古則，私淑閫奥，各成一家，十子之名，播於宇内。同時賢才輩出，羅布衣泰、林學士誌，切磋彌篤，藝苑聿興。又有鄭迪、趙迪、林敏、鄧定、貢于丘園，鋭志詞賦，取裁爾雅，斐然成章矣。

成、弘以降，林文安父子、陳方伯群從，秩位惟崇，對揚廊廟，而風人之致溢於言外。林司空、許黄門，讚揚詞旨，海内騰聲，賡歌太平，於期爲盛。

正、嘉之際，作者雲集，鄭吏部善夫實執牛耳，虎視中原，而高、傅二山人左提右挈，閩中雅道，遂曰中興。時有郭户部波、林太守春澤、林通政炫、張尚書經、龔祭酒用卿、劉給舍世揚爲輔，斯蓋世之才，粲然可觀者也。世宗中歲，先達君子，沿習遺風，斯道孔振。袁舍人表、馬參軍熒，區别體裁，精研格律，金相玉振，質有其文。

迨於今日，家懷黑槧，户操紅鉛，朝諷夕吟，先風後雅，非藻繪菁華不譚，非驚人絶代不語，抱玉者聯肩，握珠者踵武，開壇結社，馳騁藝林，可謂超軼前朝，縱横當代者矣。

徐熥回顧唐至萬曆閩中詩歌發展的歷程，認爲閩中詩風雅的源頭在唐；宋代閩中理學興盛，多談性命之學，不可取。他把明代閩中詩歌的發展劃分爲四個階段：一、洪武、永樂之世，『閩中十子』，以林鴻、高棅爲代表；二、成化、弘治間以林瀚、陳煒等人爲代表；三、正德、嘉靖間，閩中雅道中興，代表人物爲鄭善夫；四、萬曆年間閩中詩人衆多，風雅已呈超邁前代之勢。成、弘成績不顯，可以不論，《明史》説的正是洪、永、正、嘉及萬曆三個主要時期。

上文我們提到，謝肇淛説萬曆間重要詩人有十餘人。十餘人中，最重要的有《明史》説到的四人加上徐熥。如果説，善夫之後，就萬曆中至崇禎較長歷史時期所作出貢獻而言，《明史》推曹學佺與徐𤊹，亦無不可。但是，如果強調承鄭善夫而繼起復振閩中風雅的話，那麼，當首推鄧原岳和徐熥，再加上謝肇淛，而不應是曹學佺和徐𤊹。其理由是：萬曆共四十八年，假設萬曆中期從十六年（一五八八）算起，那麼，此年鄧原岳三十四歲[一]，徐熥二十八歲，謝肇淛二十二歲[二]，徐𤊹十九歲，曹學佺年紀最輕，只有十五歲[三]。四年後，謝肇淛成進士，除了省親和丁憂，均在外爲宦。七年後，即萬曆二十三年（一五九五），曹學佺亦成進士離鄉，萬曆三十九年（一六一一）獲謗削籍，家

[一] 詳陳慶元《福建文學發展史》第五章第一節，福建教育出版社，一九九六年。

[二] 詳陳慶元《謝肇淛集》卷首，江蘇古籍出版社，二〇〇三年。

[三] 詳陳慶元《日本内閣文庫藏本曹學佺〈石倉全集〉初探》，《二〇〇四地方文獻國際學術研討會論文集》，北京圖書館出版社，二〇〇六年。

居十餘年，已經到了萬曆後期，至天啟二年（一六二二）方重新起用。就是説，萬曆十六年前後，在詩歌方面成名的只有鄧原岳和徐熥[一]，再加上一個謝肇淛。而萬曆二十年（一五九二）之後，謝肇淛、鄧原岳（與謝同榜進士）、曹學佺先後遊宦他鄉。始終固守閩中，並且直接主壇坫的則是徐氏兄弟，而早期起重要作用的則是徐熥。熥《酬陳汝大》後半云：

> 繼之既以逝，大雅聲云殘。吾黨嗣遺音，矢志迴狂瀾。旗鼓漸以振，逸軌尚可攀。景光幸自愛，勉旃毋多譚。（卷二）

繼之，鄭善夫字，徐熥一生心儀繼之，以爲繼之是閩中自洪、永之後中興『雅道』的詩人，《過鄭吏部墓》二首，其一云：『安得斯人起，重令大雅傳。』（卷五）繼之逝後至熥寫此詩時約七十年[二]，雅音

[一] 葉向高《中順大夫湖廣按察司副使翠屏鄧公墓誌銘》：『吾郡在國初林子羽、王孟敭輩以詩名，號稱「十子」，翩翩然有大雅之音矣。其後則有鄭吏部少谷。自吏部没，而稱詩者遂少。年來才士蔚起，復修明其業，觀察翠屏鄧公爲之于喁鼓舞於其間，雅道大振，海内之求詞人于三山幾若縣圃之玉、鄧林之材，乃公尤其連城合抱者也。』葉向高，福清人，與鄧同時同郡，充分肯定鄧在萬曆中復振風雅的作用，當可信從。（《蒼霞續草》卷十）

[二] 鄭善夫卒於嘉靖二年（一五二三）臘月晦前三日，公曆已入一五二四年，詳陳慶元《福建文學發展史》第五章第一節，福建教育出版社，一九九六年。

已殘，故『吾黨』當力挽狂瀾，重整旗鼓。徐熥還作有組詩《五君詠》，分別詠陳汝大（椿）、陳汝翔（鳴鶴）、陳平夫（邦注）、陳伯孺（价夫）、陳幼孺（薦夫）。《五君詠》之名，始于南朝宋顔延之，其實徐熥真正借用的恐怕是嘉靖中李攀龍和王世貞各自所作的《五子篇》的形式，站在壇坫之主的位置分別對閩中五位『同黨』詩人進行評價，其評陳汝翔云：『能追正始音，不作齊梁語。』評陳平夫云：『古道信寡諧，正音久遼邈。』評陳幼孺云：『大雅久沉淪，俯仰知音鮮。淩厲向詞壇，片語人矜善。』（卷二）[一]

鄧原岳、徐熥繼起，在閩中復振風雅還不僅僅在於他們長期活動於鄉梓，他們還分別編有《閩詩正聲》和《晉安風雅》[二]，也是值得考慮的重要因素。錢謙益《列朝詩集小傳》丁集云：『（鄧）與謝在杭並稱詩於閩。在杭推之……嘉隆之後則以汝高（原岳字）爲冠。所著有《西樓全集》。汝高嘗選《閩詩正聲》爲宗，大率取明詩之聲調圓穩，格律整齊者，幾以嗣響唐音，而汰除近世叫囂跳踉之習。』陳薦夫《晉安風雅敘》亦云：『今鄧司農女高有《閩詩正聲》，皆掇拾菁華，振揚風雅，翼

[一] 熥復振風雅的地位，其詩友也是認可的。熥卒後，鄧原岳《祭徐孝廉惟和文》云：『舉世嘈嘈，誰知正聲？東海徐生，超超玄著，蚤歲登壇，千言立吐，雅言丈夫，不朽爲期。尚論古人，如親見之。翩翩吾黨，匪朝伊夕，立輓頽波。牛耳遞執，乃馳赤幟。』（《西樓集》卷十六）曹學佺作《祭徐惟和文》，云：『子雖在地下兮，實不忘乎風雅。』（《石倉文稿》卷二）

[二] 《閩詩正聲》今未見，傳鈔本《閩中正聲》（鄧原岳選、徐熥校）疑爲同一書。

先正之遺音，寄大業於不朽。』萬曆閩中風雅復振，鄧原岳實爲先聲。《閩詩正聲》編於萬曆十九年（一五九一）之後數年間[一]，徐熥的《晉安風雅》受它的影響。《閩詩正聲》一不録存者[二]，二存詩僅五十一家，二百餘首，搜羅未宏，《晉安風雅》所録詩人多達二百六十四人，詩千首以上。陳薦夫《晉安風雅敘》論其書體例云：『録國家以來，凡吾郡作者，身無顯晦，人無存歿，但取其情采適中，聲調爾雅，詞足千古，體成一家者，得二百餘人。』這裏需要説明的是，徐熥本人之詩不録。徐熥《晉安風雅凡例》亦云：『晉安爲八閩都會，自洪、永以迄今日，風雅萃焉。』『是編遠規《品彙》，稍拓《正聲》，惟不離三唐格調者收之，若有華楚奇險，詭于唐響者，悉所不取。』鄧原岳、徐熥，以及隨後的謝肇淛、徐𤊹、曹學佺以及爲《晉安風雅》作序的陳薦夫等閩中詩人，所要復振的風雅是唐音的風雅，更準確地説是三唐的風雅，是與洪、永之世的林鴻、高棅，正、嘉之際鄭善夫一脈相承的風雅。

古詩近體力追古則盡滌時趨

張獻翼序《幔亭集》云：

夫當其興寄山川，發憤於歲月，周爰於驅馳，宣情於羈旅，由樂府而逮五七言古，由近體而

[一] 詳陳慶元《福建文學發展史》第五章第一節，福建教育出版社，一九九六年。

[二] 《閩詩正聲》所録詩人卒年可考者，最晚爲徐棉（徐熥父），卒于萬曆十九年（一五九一），詳本譜。

逮五七言絶，調匪偏長，體必兼善，力追古則，盡滌時趨，可謂頭頭是道，重重發光矣。又一字之工，聞奇而傾耳，片言之巧，覩縟而躍心。紙價騰湧於都門，蕭譜浸淫於禁掖。雕章綺合，藻思羅開，行且上書鳳鳴解褐，鴻漸探其襟抱，將扶摇宇内，豈區區搶榆所可控而笑哉！閩中一時諸子昆弟咸追大雅，取裁風人，作者嚮臻，同好景附，真足馳騁海内，而惟和則獨步當時矣。

萬曆二十二年（一五九四），徐熥年三十四，北上過吳門，出其《幔亭集》二册，張獻翼爲作此序。于時鄧原岳、謝肇淛、徐𤊹、曹學佺諸家詩尚未被詩界所認識，故獻翼認爲唯有徐熥獨步閩中。徐熥故去之後，謝肇淛、徐𤊹、曹學佺又活了數十年，所作詩歌之數量增加了，水準也可能有所提高，評價不免起了一些變化[二]。本節無意評判諸家高下，只準備對徐熥詩作些論述。

張序『調匪偏長，體必兼善，力追古則，盡滌時趨』數句，後來被《四庫全書總目》所引用。按張序所云，徐熥兼善古近體、五七言、歌行、律絶。徵之《幔亭集》，依個人淺見，熥詩近體優於古體，

[二] 謝肇淛成書於萬曆、天啟間的《小草齋詩話》，仍然推許徐熥：『吾郡中似當以徐惟和爲冠。其才情聲調，足伯仲高季迪。』（卷三）或許有除了自己之外，則首推惟和的意思。屠隆後來更推許謝肇淛，其《謝在杭詩序》：『黄白仲與余抵掌海内詞人，遂及閩士，而指屈在杭……閩中白眉，則首推在杭。』（《小草齋集》卷首）錢謙益以爲『嘉隆之後則以汝高（原岳字）爲冠。』又以爲徐𤊹『主閩中詞盟，後進皆稱興公詩派』。（見《列朝詩集小傳》丁集下）王士禎論閩詩，看重的是曹學佺。清謝章鋌《論詩絶句三十首》云：『當年鼎足曹徐謝，巨擘還應讓石倉。』也偏袒曹學佺。

七言勝於五言。本節所論，主要是熥詩之近體。屠隆《徐幔亭先生集序》云：『爲律詩則采唐人之初盛，和雅而鮮怒張；爲絶句則極中晚之才情，穠華而去纖豔。』『和雅』『穠華』，則爲『力追古則』；『鮮怒張』『去纖豔』，則爲『盡滌時趨』。

徐熥殁後當年冬，弟徐𤊹編《幔亭集》，盡棄其少作。《亂後經電白縣有懷故園》是集中少數三十歲之前的作品之一[一]，詩云：

一夜攙搶落，東南乍息兵。黄雲依舊壘，白骨委孤城。八口蠻煙路，千家野哭聲。故園殘月影，偏向馬頭明。（卷五）

蒼勁有骨，其學鄭善夫詩且得其精髓，當是這一類的作品。但是，《幔亭集》這類詩作不是很多，不知是否爲徐𤊹編集時所删棄。徐熥五律還是寫得很好的，像《集鄭氏烏石别墅》二首其二似更可以代表徐熥五律的風格：

雖是居城市，卻無城市喧。僧歸殘雨寺，樵度隔雲村。花落鳥聲歇，草多螢火繁。斜陽人散後，留鶴守柴門。（卷五）

［一］詳萬曆十五年丁亥（一五八七）《譜》。

汪端評云：『大曆風調。』（《明三十家詩選》二集卷七上）再如《送陳可棟還松溪》：

> 相見復離群，一杯歌送君。輕紅辭荔火，寒翠夢松雲。樹影緣山轉，溪流向縣分。蟬聲修竹裏，明日不同聞。（卷六）

五、六句被梁章鉅采入《東南嶠外詩話》。陳田評徐熥五律云：『惟和才思婉麗，五言近體取法唐人。』[一]五言近體佳句很多：『離心數行鴈，愁思一聲猿。月暗迷前浦，林疎見遠村。』（《送陳平夫歸六溪》）『茅店斜臨水，柴門半倚松。雲蘿催暝色，霜葉老秋容。』（《樵川道中》）『孤燭當殘夜，疎鐘度遠林。月窺松隙小，雲閉竹房深。』（《病中遲陳道育不至》）『泉聲過澗寂，山色過橋分。』（《過白雲寺》）『葉落知林瘦，溪深覺夜寒。』（《建溪中秋懷馬季聲諸子》）『雞唱逐殘月，馬蹄隨曉風。泉飛秋澗響，葉盡暮山空。』（《關門曉發》）『江路依松轉，柴門映竹關。顏隨秋色老，夢逐暮潮還。』（《雲間旅情》）『古壁藤花亂，空庭桐葉陰。』（《柬陳女大》）不勝枚舉。徐熥本人也非常看重自己的五言，如《自題小像》二首，其一云：『五字吟成心獨苦，不知身後得傳無？』（卷九）徐熥歿後，交往長達二十年之久的友人鄧原岳作《哭徐惟和》十二首，其八云：『十年書劍走天涯，五字翩翩五色霞。一自玉樓賦成後，彩毫零落不開花。』也認爲徐熥詩最好的也是五言。

[一]《明詩紀事》庚籤卷三。

其實，張獻翼序是五、七言並提的。徐熥的七律，頗多佳構。就題材而言，其七律的内容大體可分爲四類，一是多次下第的悲情與自傷身世；二是與弟及閩中、江浙詩人倡酬及寄懷；三是行旅及懷古；四是追憶與杭州妓月仙的一段繾綣之情，此外還有少量有關時政之詩。上春官與下第，上文我們已有所提及，不詳論。徐熥弟𤍠，字惟起，號興公，有《鼇峰集》，詩名亦盛。《幔亭集》中與𤍠的倡酬、或寄𤍠懷𤍠之詩甚多，且頗多佳作。《武夷溪口送惟起弟度關》二首，其二：

青山遊侣散紛紛，況復臨岐遠送君。兩地鴈鴻難顧影，一時鸞鶴總離群。人從杜若洲邊去，路在桃花洞口分。明發登高各惆悵，鵝湖斜日幔亭雲。（卷八）

此詩作于萬曆二十三年（一五九五）九月，徐𤍠有吳越之遊，熥附舟與陳仲溱、吳文潛同往武夷，遊山數日，𤍠離去，熥作此詩送之。朱彝尊、沈德潛都以『至情』評徐熥詩，此詩的特點之一就是在敘事中抒發兄弟的至情。敘事的綫索是：送弟—分手—設想分别後的惆悵。首句説游山的夥伴紛紛散去，已含幾分難堪；次句『況復』，更進一層寫法，别弟之情難堪溢於言表。二聯用蘇軾《和子由澠池懷舊》『鴻飛』典，暗示兄弟即將各自東西。三聯點明離别地點是桃花（源）洞口，桃花洞是武夷溪口之實地，此句暗用陶淵明《桃花源記》『迷不復得路』，説兄弟倆今後再次相聚在武夷也不是易事了。尾聯是設想之辭，詩人不寫分别時的愁緒，而寫『明發登高』的惆悵，分别時的愁緒已在其中。『惆悵』之前著一『各』字，則不僅己懷弟，弟亦懷己。結句是此詩惟一的一句景語，以斜陽照鵝湖(在江西鉛山)、雲霧繞幔亭寫别弟時蕭瑟和煩亂的心境。此詩另一特點是以虚實相對的手法來表現兄弟至情。次聯『鸞鶴』『離群』，遊侣散去，是實寫；『兩地鴈鴻』設想别後兄弟顧念而不可得，是虚寫。三聯『桃花洞』是實寫；『杜若洲』是虚擬的洲名，暗用《九歌·湘夫人》『搴汀洲兮杜若，將以遺兮遠者』，是虚寫，而送弟遠行的深情亦在其中。『幔亭雲』，眼前景，是實寫；『鵝湖斜日』，設想弟由閩入贛，是虚寫。虚虚實實，更可讓人回味無窮。同時，全詩文字淺白，未見刻意雕飾，用典自然，頗見功力。

七律中的送别詩，如《送人游吴楚》云：『津亭垂柳緑煙絲，萬里關山匹馬遲。去國正當春盡後，登樓多在日斜時。楚江草長悲鸚鵡，吴苑花深走鹿麋。説别何須共惆悵，秋風摇落是歸期。』(卷七)頗受朱彝尊稱道，詳《静志居詩話》卷十六。汪端亦評云：『安雅合節，無七子浮響。』[一]七律佳句亦多，詳梁章鉅《東南嶠外詩話》卷九。懷古詩則只有十餘首，似較有深意。其《金陵故宫》云：

先朝遺殿閉塵埃，零落空勞過客哀。五夜銅壺乾罷滴，六宫金鎖澀難開。翠華去後全無影，羅綺焚餘尚有灰。弓劍盡埋煙雨冷，椒房一半上蒼苔。(卷八)

[一]《明三十家詩選》二集卷七上，同治刻本。

建文元年，燕王朱棣起兵反；三年，攻南京，宫中起火。或言建文遜位，朱棣即位後直至萬曆，長期諱言真相，沈德潛《明詩别裁集》評云：『閱五、六知當時初無遜國之事，蓋帝與后同在灰燼中也。』（卷九）此詩所詠即此事。徐熥另有一首《金陵懷古》先敘金陵爲六朝古都，舊山川、烏衣巷、荒陵、遺殿、胭脂井，『往事淒涼無限淚，傷心最是建文年』，以六朝襯托建文，作爲古都最傷心的是建文的事件，是建文帝與帝后被皇叔朱棣活活燒死在宫中的事件。《金陵懷古》直接點明『建文』，而《金陵故宫》則用冷峻的筆法描繪遺殿遺跡，更令人深思回味。閩中懷古之作有《冶城懷古》、《越王臺懷古》、《閩王審知墓下作》等，《冶城懷古》二首，其二云：『冶城日落亂啼鴉，城上烏烏起暮笳。四野桑麻八閩郡，千村煙火萬人家。無諸古殿傷青草，南宋行都想翠華。人事已非湖水在，年年風雨長蒹葭。』（卷八）福州又稱冶城，傳説歐冶子曾鑄劍於此，故名。此地又是閩越王無諸的故都；五代十國時王審知建閩國於此；南宋末年宋帝南逃至此，爲行都（當然，徐熥不知道，也不可能預知，在他殁後四十多年，明亡，唐王朱聿鍵的小王朝亦短暫建都於此——此是後話了）。《閩王審知墓下作》云：『玉輦何年去不回，霸圖千古總成灰。秋深兔穴依寒壟，歲久魚燈暗夜臺。故國關河甌越在，遺民蘋藻鼎湖哀。蓮花峰下黄昏月，猶見三郎白馬來。』（卷九）𤊹評曰：『閩王審知墓在蓮花峰下……今題其墓者甚多，余伯兄惟和一首爲最。』[二]總之，徐熥的懷古七言律色調都比較灰

［一］《竹窗雜録》，《榕陰新檢》卷十六引，萬曆刻本。

冷，這也許和他的際遇有關。

謝肇淛云：『月仙者，武林名妓也，戊子冬徐惟和北上，過而眷之，越數夕，余至，妓詢徐孝廉不去口。翊歲，下第復過，竟諧繾綣，徐作詩云：「匆匆相見未分明，別後逢人便寄聲。萬里歸期看乳燕，一春心事付流鶯。柳枝猶記當年曲，荳蔻難消此夜情。搗盡玄霜三萬杵，夢中還見舊雲英。」越三年上計，復過其地，詢之，則月仙死矣。』[二]萬曆十七年（一五八九）謝肇淛與熥同下第過杭，所記當可信。《詩話》所録此編七律，《幔亭集》不載。集中有《無題》十首，其三云：

錦衾羅帳淚潸然，淡月微霜夜可憐。嚙臂尚思當日約，同心空結片時緣。瓶沉古井渾身碎，珠孕靈胎幾箇圓。一別天台成隔世，桃花流水自年年。（卷八）

他如：『朱絃忽斷鸞難續，錦字私傳鳥不知。新唾花痕沾廣袖，舊分香氣散重帷。』（其四）『事去歡娛並作怨，緣乖魂夢也難同。芳菲零亂春光晚，滿地臙脂半夜風。』（其五）『魂銷翠帶胸前草，腸斷青銅影裏花。』（其六）『幾痕斑淚孤生竹，十指朱絲半死桐。』（其八）『紅銷榴帶絲空結，朱褪櫻唇酒不沾。』（其九）『玉殞珠沉思悄然，明中流淚暗相憐。常圖蛺蝶花樓下，記刺鴛鴦繡幙前。』（其十）寫得極爲穠麗纏綿，頗得李商隱《無題》詩的韻味。集中還有《無題和李義山》二首，劉晨阮肇詩多

[二]《小草齋詩話》卷五，天啟刻本。

首及《錢塘感舊》。徐熥有此偶然的特殊經歷，故寫下這些晚明閩中詩人少見的纏綿詩篇。

比較於五七言律，備受後人賞愛的是他的七絶。沈德潛《明詩别裁集》卷九録徐熥詩十五首，其中七絶占了七首（《丹陽遇陳十八》、《長門怨》、《郵亭殘花》、《酒店逢李大》、《芋江驛樓送張四之白下》、《禦兒舟中别朗公》、《寄弟》），並云：『絶句七章，詞不必麗，意不必深，而婉轉關生，覺一種至情餘於意言之外。』《郵亭殘花》云：

征途微雨動春寒，片片飛花馬上殘。試問亭前來往客，幾人花在故園看。（卷十三）

《芋江驛樓送張四之白下》云：

春風吹柳萬條斜，此去金陵驛路賒。不必相思當後夜，片帆開處即天涯。（卷十三）

唐代張祜《郵亭殘花詩》有『雲暗山横日欲斜，郵亭下馬對殘花』之句。詩人在郵亭看到殘花，平添了對故園的思念。但詩不説自己思念故園，而反問郵亭的其他旅客，你們有幾位是在故園看過春花的？羈旅生活，從花開到花殘，春天即將過去了，何人不起故鄉情呢！《芋江驛樓送張四之白下》，芋江在今福州西，明人溯閩江而上在此放舟，也是送客並與客分手地。白下，即南京。詩人送客至此，柳條無情，已經夠傷心的了；極目遠望，張四所往之地又被暮霞所隔，暮霞本是無情之物，此時卻也出來作對似的，似乎有意阻隔送客者的目力，不讓他望見友人所往之地。閩中到金陵是非常遥遠的，但只要片帆一開，咫尺之遥的阻隔也成了天涯了！汪端評此詩説：『情文兼至，沁人心脾。』[一]《酒店逢李大》：『偶向新豐市裏過，故人尊酒共悲歌。十年别淚知多少，不道相逢淚更多。』（卷十三）《寄弟》云：『春風送客翻愁客，客路逢春不當春。寄語鶯聲休更老，天涯猶有未歸人。』（卷十三）等，也就是『沁人心脾』的小詩。徐熥只活了三十九歲，愁苦之日多而歡愉之日少，《閩中元夕曲》十八首（卷十四），是集中少有的較爲歡快的作品，其一云：『滿城簫鼓沸春風，爆竹聲喧鳳蠟融。三十萬家齊上彩，一時燈影照天紅。』其二云：『家家同結過街棚，夾路花燈列火城。來往香車渾似畫，不知身在月中行。』其三云：『閩中廟裏賽靈神，水陸珍羞滿案陳。最愛鮮紅盤上果，荔枝如錦色猶新。』簫鼓爆竹鳳蠟，隔年荔枝猶紅，繪聲繪色，頗能表現閩中元夕之盛。前人對徐熥的七絶評價很高，除上文已引之外，朱彝尊還評云：『七絶原本王江寧。』[二]沈德潛云：『惟和近體宗法唐人，在詩道冗雜時遇之，如沙礫中得簡珠也。七言絶尤能作情至語，在李庶子、鄭都官之間。』[三]本王江寧（昌齡）也好，在李庶子（益）、鄭都官（谷）之間也好，總之，在詩道冗雜的晚

[一]《明三十家詩選》二集卷七上，同治刻本。
[二]《静志居詩話》卷十六，人民文學出版社，一九九〇年。
[三]《明詩别裁集》卷九，上海古籍出版社，一九七九年。

明，徐熥詩（尤其是律絶）能力追古則，盡滌時趨，雖其才力不足，聞見未廣，未能比肩成績卓著的詩人，但卻能自成一家，也是很難得的。

沈德潛編《明詩别裁集》卷九之後，録詩最多的詩人是陳子龍（十九首），其次是顧炎武（十六首），再次就是徐熥的十五首了。閩詩人，曹學佺八首，謝肇淛四首，徐𤊹三首，陳鳴鶴和鄭琰各一首。不僅如此，徐熥詩的數量也大大超過他所敬仰的前輩詩人鄭善夫（四首）。汪端編《明三十家詩選》，晚明閩詩人入選者三家，徐熥四十六首，徐𤊹三十七首，曹學佺三十五首[一]，謝肇淛則入附録（十五首）。僅從這兩個著名的明詩選本看，徐熥之詩在晚明詩壇，尤其是在閩中詩壇是相當重要的。

徐熥著述僅有二種：《幔亭集》二十卷、《晉安風雅》十二卷。此外有未完之稿《閩中舊事》[二]，並修訂過《荆山徐氏宗譜》。

徐熥三游武夷，對武夷山情有獨鍾，一生留下數十篇描寫武夷的七絶，《武夷十詠》其八《幔亭峰》可視爲吟詠武夷的代表作，詩云：

一曲賓雲酒一卮，共乘鸞鶴醉歸遲。至今五色霞千片，猶似當年結彩時。（卷十四）

[一] 汪端云：『《忠節集》（元按：即《石倉全集》），遍訪未獲，姑就各選本采輯，異日得全豹，當補録之。』（《明三十家詩選》二集卷七下）汪氏未睹學佺全集，可能影響她對曹詩編選的判斷。

[二] 曹學佺《晉安逸志序》：『惟和亦著有《閩中舊事》，未成一簣。』（《石倉文稿》卷一）

幔亭爲武夷三十六峰之一，傳説秦始皇與太姥、武夷君設虹橋，宴鄉人於此，宴罷，虹橋飛斷，風雨驟至，已而夕陽在山，萬山蒼翠如初。詳宋祝穆《武夷山記》。鄧原岳《哭徐惟和》十二首其七有云：『當年三謁武夷君，夢入峰頭鸞鶴群。』又前引鄧詩其八『五字翩翩五色霞』，即本于徐熥此詩的『五色霞千片』。徐熥對武夷和幔亭有著特殊的情感和認識，故將其集名《幔亭集》。

萬曆二十二年（一五九四），徐熥上其官，已將自己的集子定名爲《幔亭集》，過諧賞園，請顧大典作序，顧序有云：

> 其儀範古哲，而舒寫襟抱，其創格，則峨然其騰踔也；其構思，則淵然其紆徐也；其摛詞，則鬱然其婉麗也；其遺調，則鏗然其中金石而協宫商也。翩翩欲仙乎！豈從人間來哉？嘗聞武夷有幔亭峰，秦皇帝時玉帝與太姥爲武夷君、王子騫輩設彩屋，雲裀霞褥，鸞笙鳳吹，宴鄉人於其中，而呼爲曾孫，咸登上壽。觀鈐記之所標而洞經之所詑者，不曰峰峻而流紆，則曰林深而籟發，蓋仙境云。迺惟和，則煙霞其思，而丹青其言。峨然者，非峰巒之巀嵲乎？淵然者，非溪流之沿洄乎？鬱然者，非林樾之榮蔚乎？鏗然者，非清籟之振響於空谷乎？昔人謂詞賦有得於山川之助，非虚語矣。

在顧氏看來，徐熥詩之創格峨然，構思淵然，摛詞鬱然，遺調鏗然，無不從幔亭得到啟示，即《文心雕龍》所謂得於山川之助者。顧氏又云：『茲山名勝甲于寰宇，即在遐陬，猶然欲褰裳濡足以託名名壤，而況近在閩境乎？固知人傑地靈，交重而益彰也。惟和勉矣！』詩集之名固可以借助名山，而名山也可借助於名詩，惟和正上春官，故當勉之。徐熥最終沒能得到功名，但武夷卻借重徐熥詩篇而更加生輝。

我們今天見到的《幔亭集》，只有一個萬曆刻本。萬曆本有選編者姓氏名字：友人陳薦夫幼孺選、王若相如編[一]。此本係清流王若損金刻分兩次刻竣[二]，先刻詩，後刻文，傳世本子有十五卷、二十卷兩種；所謂十五卷本，其實是未刻完已先流傳之本，所以只能說只有一個本子。此外便是《四庫全書》本了。徐家後人沒有什麼能力，或雖有能力不願爲先人重梓集子，故《幔亭集》流傳甚

[一] 此本徐𤊹亦參與編選。𤊹《興國寺檢編幔亭集撫卷淒然感而有作》：『客堂寒夜檢遺篇，名在人間骨在泉。半世窮愁緣著述，千秋詞翰合流傳。夢中永絕生花筆，篋裏誰分殺竹錢。挑盡孤燈揮淚眼，一番吟詠一潸然。』（《鼇峰集》卷十四），此詩作於萬曆二十七年冬，詳陳慶元《徐𤊹年譜簡編》，《鼇峰集》附録五，廣陵書社，二〇一二年。又《伯兄詩卷》又題：『先兄既歿，余爲選梓《幔亭全集》，盡棄其少作。』（《重編紅雨樓題跋》卷二）

[二] 《寄王百谷》：『先清流有王若，少年豪爽，好行其德，先兄遺詩滿篋，死而無收者，王生收而梓之，其誼至高。』《寄張幼于先生》：『清流王生若者，裴家宰之懿親也。少年負跅之氣，雅好聲律，舊歲捐金刻先兄遺稿，其友誼當于古人中求之。』（均見《紅雨樓集·鼇峰文集》冊三，《上海圖書館未刊古籍稿本》第四十二冊，二〇〇九年）

少，我們只要看看前些年出版的明詩選本就可知道，所選徐熥詩不是借助於《明詩别裁集》，就是使用《明三十家詩選》[一]。《四庫全書》本卷首僅存張獻翼《幔亭集敘》一篇，而萬曆本則多出顧大典《幔亭集敘》、謝吉卿《幔亭集序》、鄧原岳《徐幔亭先生集序》、屠隆《徐幔亭先生集序》四篇，及屠本畯《題詞》。

陳鳴鶴《東越文苑傳》説徐熥《幔亭集》詩、文各十卷。可能陳氏作傳時，集子尚未編就，萬曆本《幔亭集》十五卷，前十四卷爲詩，最後一卷爲詞。福建師範大學圖書館另藏有《幔亭集》卷十六至卷二十殘本之鈔本，曹學佺輯，收録賦及各體雜文數十篇。以上是《幔亭集》的大致情況，附于文末，以供參考。

[一]《武夷溪口送惟起弟度關》一詩，《明詩别裁集》和《明三十家詩選》均作《武夷溪口送惟起弟》，筆者所見新選本亦均脱『度關』二字，或可證明。『度關』，度武夷山分水關，與詩意亦至關重要。

凡例

一、本譜與筆者《幔亭集編年校箋》同時撰著，互相發明；譜中所引《幔亭集》即筆者的校箋本。校箋本底本用的是藏於美國國會圖書館的萬曆刻二十卷本（縮微膠卷）。

一、本譜大致分爲三部分：一、總述；二、生前；三、身後。

一、總述。交代譜主籍貫、世系、性格、好尚、藝文成績等；各條均有引證材料。實爲筆者重撰之《徐熥傳》。

一、生前。分年編排，逐年交代譜主的各種活動，特别是文學活動和創作情況及交遊。凡有倡酬，儘量引述同時作者之作品，以見其異同。

一、身後。分年編排，交代譜主殁後親友的追懷；荆山徐氏爲文學世家，譜主殁後，譜主子弟，特别是與譜主關聯至爲密切的仲弟徐𤊹最重要的活動、著作、作品，以見其家世的文學興衰。身後載述的下限爲譜主之侄、徐𤊹之子、詩人徐存永過世之年。譜主身後各年，交代其仲弟𤊹、侄存永年齡。

一、本譜大目爲年，頂格書寫，黑體。子目爲月或春夏秋冬，如四季亦不可别，則置於該年之末；生前以『是歲』標示，身後以『本年』標示；另行，縮進一字。譜主作品，繫於各子目之下，另行，縮進二字。譜主之外諸家作品或引證材料，一條一行，縮進三字。間有小考證及説明，用『按』另行標明，縮進四字。

一、熥及仲弟𤊹事跡往往交錯，筆者另撰有《徐𤊹年譜》（待刊），凡《徐𤊹年譜》敘述較詳者，本譜較略，則注明參見《𤊹譜》。與譜主關繫密切的鄧原岳、謝肇淛、陳价夫、陳薦夫、曹學佺等的事跡，也略加載記。

一、譜主一生交遊，遠近超過百人。本譜儘可能在親友名字首次出現時略作交代；可考其生卒年者，略作簡要考證。譜主遊歷之地，山水幽勝，古廟寺觀，亦略作説明。福建的地名，均省略『福建』二字，如『古田』『莆田』。其他省的地名，著名的如杭州、南京，前邊不再冠以浙江、江蘇。

一、譜主爲一介文人，一生無驚天動地事業，本譜在時事方面無多記述；惟福建地處東南沿海，嘉靖後期至萬曆間，屢遭倭患，本譜亦隨各年記載一二。譜主老死鄉里，故對其鄉里大事、災禍，略加記述。

一、年譜之前爲前言，交代荊山徐氏文學從興到衰的過程，簡要論述晚明閩中詩壇的情況、譜主的文學成就，詩文集版本等。

一、附録五種：一、荊山徐氏家譜世系圖；二、徐熥傳記；三、佚詩佚文；四、親友書信題跋；五、諸家評論。輯佚部分，凡有補字，用〔〕標示。

徐熥年譜

徐熥，字惟和，别字調和，號幔亭。晚欲以字行，不果。閩縣人。

陳鳴鶴《徐熥傳》：『徐惟和者，閩縣人，名熥。晚以其名犯吴王諱，欲自言春官以字行，别字調和，未果也——而調和之聲已著。』（《東越文苑傳》卷六）

按：幔亭，武夷三十六峰之一。徐表然《武夷志略·萬年宫左諸勝》『幔亭峰』條：『與大王峰相去百餘丈，其高稍亞之。頂復平曠，皆仙人故址。又名「鐵佛嶂」。上有宴仙壇。壇前有巨石如香鼎者，尚存。舊《記》云：秦始皇二年八月十五日，玉帝與太姥爲武夷君、魏王子騫輩置酒，會鄉人於峰頂，召男女二千餘人，皆呼爲曾孫。架虹橋，令鄉人跨空，魚貫而上。頂結綵屋數百間，以宴曾孫，設位張樂，極其款厚。酒行畢，命歌師歌以《人間可哀》之曲，云：「天上人間兮，會合疏稀？日落西山兮，夕鳥歸飛。百年一餉兮，志與願違。天宫咫尺兮，恨不相隨。」歌罷，綵雲四合，環珮車馬之音浮空而至。聞空中云：「玉皇、太姥與曾孫别，可再拜，速去。」既下，俄而風雨暴至，虹橋倏尔斷絶。回顧山頂，寂無一物，因名爲「幔亭」焉。其橋板飛插諸岩隙間，有直而若柱笏者，有倒垂而若懸笏者，有如朱拱、如丹桷、如雕欄者，自秦迨今，風雨摧蝕，不朽不墮，常有雲氣伏其中。唐明皇嘗遣使祈禱。』（萬曆四十七年刻本）

按：徐熥集名《幔亭集》詳下。熥繪有《幔亭圖》，歿後，謝肇淛有詩題其圖，詳萬曆三十四年（一六〇六）《譜》。

又按：陳价夫擬作《幔亭外紀》似未成。陳价夫《徐惟和行狀》：『不佞价夫尚擬作《幔亭外紀》以志之，然而每一搦管，輒爲淒然，不知何可冀成帙也。』（徐𤊹選鈔本《招隱樓稿》，藏上海圖書館）

又按：李賢等《大明一統志》卷七十四『福建布政司·福州府』條：『閩縣，附郭。本漢治縣，屬會稽郡，又改名東冶縣。漢末改曰東候官。吳屬建安郡。晉析置原豐縣，爲晉安郡治。隋開皇中始改原豐爲閩縣。五代時，閩改長樂縣。宋復爲閩縣，元仍舊。本朝因之，編户四十里。』

始祖曰徐晦，居福建連江。至天一處士由連江遷至懷安荆山，世居。

徐震《荆山族譜序》：『徐氏始祖，出自唐徐晦公，至今七百餘載矣。綿綿瓜瓞，延蔓愈滋。所處之土曰「徐壟」。先塋祭祀存焉，子孫支派蕃焉。睹其歷五季而宋、而元，世代相傳於茲未替。余支祖之起天一公也。始少孤，依於懷邑之荆山李氏以鞠，暨長而成立，聿定厥居荆山。』（徐日焜等《荆山徐氏譜・序文》）

按：此序作於洪武二十六年（一三九三），震自稱九世孫。

又按：《族譜凡例》：『徐氏本徐州下邳人。唐穆宗時有徐晦者任閩都團練觀察使，家于連江之徐壟。世次俱已不詳矣。至宋有天一者徙居吕邑七星之荆山。』（《荆山徐氏譜・譜例》）

又按：懷安縣，宋咸平二年置（據［弘治］《八閩通志》卷一）；明萬曆八年（一五八〇）并入侯官（據［萬曆癸丑］《福州府志》卷一）。荆山，今屬閩侯縣。

又按：今閩侯荆溪鎮徐家村荆山境東側有『荆山精舍』一座，相傳徐棉爲避都市囂塵，爲其子徐熥、徐𤊹兄弟專心讀書而築。樓已圮，今樓爲後人重修（參見曾江《閩侯文物・名人遺跡》，福建美術出版社，二〇〇二年）。此説没有文獻依據，不盡可信。徐棉在于山鼇峰建有紅雨樓，不必特意讓子弟回荆山讀書。熥曾讀書法雲寺，弟𤊹曾讀書釣龍臺。

太祖貞（十一世），又名景宗，字三保，謚宣義，孟房信支祖。始自荆山遷至臺江。

《重修徐氏譜序》：『徐族世居懷邑之荆山，自宣義公遷於邑之臺江，年歷二百，人傳九代。』（《荆山徐氏譜・序文》）

按：熥此文作于萬曆二十二年（一五九四），自稱十六世孫。

又按：《孟房信支鼇峰派》：『貞，又諱景宗，字三保。謚宣義。行一百九，勉之公子。是爲孟房信支祖。生洪武十八年乙丑十一月十七日戌時。卒景泰元年庚午六月十二日未時。壽六十六。葬湖廣武陵北門七里橋。』（《荆山徐氏譜·世系考》）

又按：臺江在福州閩江北岸，今爲臺江區。

高祖旭，字孔明。

《孟房信支鼇峰派》：『行一百二十四。三保公四子。幼離祖宅，遷居南臺。生卒、葬失。』（《荆山徐氏譜·世系考》）

曾祖鏗，字振聲。遷居鼇峰，遂世居焉。

《孟房信支鼇峰派》：『鏗，字振聲。行一百三十一，孔明公子。性好文學，素有大志，見臺江大市通衢，人尚紛華，不可以教訓子侄，乃遷居省城之鼇峰，共沐詩書之教。生正統十四年己未二月初五日未時，卒弘治五年壬子十二月二十九日，年四十四，葬閩縣孝義里荔枝林。』（《荆山徐氏譜·世系考》）

徐𤊹《答陳宗九》：『不肖世居鼇峰之麓。』（《紅雨樓集·鼇峰文集》册三，《上海圖書館未

刊古籍稿本》第四十二册)

按：九仙山(又名于山)峰頂曰鼇峰(詳黄仲昭[弘治]《八閩通志》卷四)。參見下文。

祖演，字汝長。

《孟房信支鼇峰派》：『演，字汝長，號易叟。行一百四十一，振聲公子。承父業。世居省之鼇峰。敦厚好禮，崇尚儒術。生子六人，教以義方。友軒恪及相坡，諸子俱得成名，家聲爲之一振。其後世子孫藝冠秋闈，名隸坊表，彬彬可觀者皆公詒謀之所致也。生成化十三年丁酉八月初一日戌時，卒嘉靖二十二年癸卯四月二十六日丑時。壽六十七。葬父振聲公墳左畔。』(《荆山徐氏譜·世系考》)

父棉，字子瞻。永寧令。能詩及書，又喜藏異書。有《徐令集》，又有《周易通解》、《養生纂要》、《世説紀稱》；又有未完稿《晉宋人物考》。

熥《晉安風雅·詩人爵里詳節》：棉有《徐令集》。

按：詳萬曆二十年(一五九二)《譜》。

謝肇淛《故永寧令徐翁詩卷跋》略云：『外王父子瞻先生喜爲詩，每酒後耳熱，微吟不去口。此卷所書五十餘篇，尤平生得意之作。書法結構，頗類鄭繼之吏部。書未竟，而先生没。此卷遂爲獲麟之筆矣。先生能詩而不以詩名，能書而不以書名。乃得唯和伯仲嗣振風雅，片紙隻字，珍如拱璧，可謂有子哉！』（《小草齋文集》卷二十四）

按：《徐令集》今佚，王應山《閩都記》卷十四存其《釣龍臺詩》一首，亟録之：『無諸漢雄長，建國甌閩隈。欲釣滄江龍，江干起高臺。白龍去不返，千載徒蒿萊。霸氣今已盡，雄圖安在哉？廢殿寢寒煙，空林委荒苔。燕雀爭營居，猿狖朝暮哀。我來吊遺蹤，感慨空徘徊。惟餘滄江水，東流無盡迴。』（方志出版社，二〇〇二年）另，熥《晉安風雅》録有數首。

又按：梠所藏書今存者有：《自警編》九卷，宋趙善瞭撰。明嘉靖十九年陳光哲校刻本，四册，有『南州高士儒子之家』『應宿堂』『徐儒子』『徐梠之印』『子瞻』等印記。又《蔡中郎集》，漢蔡邕撰，明嘉靖二十七年俞汝成刻本，一册，有『徐氏藏書』『徐梠私印』『南州高士儒子之家』『子瞻』等印記。以上藏福建省圖書館。

陳薦夫《徐永寧公像贊》：『猗與先生，癯然者形，超然者情。三鱣則粵伯起，五斗則楚淵明。是謂古之遺愛，是謂今之獨行。無田乎，何損于季子；有子也，更當于徐卿。吾安知其不爲金閨之彦，蘭臺之英，而益大乎先生之家聲。於戲！先生既曰茂名，亦可稱永寧。』（《水明樓集》卷十四）

謝肇淛《徐永寧先生像贊》：『軒兮若孤鶴之將翔，頹兮若玉山之未峙。眸耿耿兮春星，意仙仙兮煙水。體素被褐，紉蘭扈芷。手殘編以自怡，棄五斗若敝屣。彼盤礴者，徒得其似，而吾則親見其人矣。是能酒能詩，能儒能吏，諧能解頤，辯能傾耳。非帶索之榮期，即采芝之黄綺。是則徐翁而已。』(《小草齋文集》卷二十三)

按：椻墓在福州清泉山之西祭酒嶺。詳王應山《閩都記》卷十九(方志出版社，二〇〇二年)。

世居九仙山鼇峰下，舊有樓曰『紅雨』；後構齋號『緑玉』。

熥《緑玉齋記》前半云：『余家九仙山之麓，寢室後有樓三楹，顔曰「紅雨」。樓之南有園半畝，園中有小阜，家大人舊結茅於上，僅遮雨露，而苦於不便卧起，且無以置筆硯書畫之屬。歲己丑，余下第還山，乃易構小齋於山之坪。由園入齋，石磴數十級，曲折逶迤。列種筠竹齋前隙地，護以短牆，蘙以蘿蔓。牆下藝蘭數本，置石數片。齋傍灌木環匝，下置石几一，石榻二。夏月坐陰中，鳥語間關，蟬聲上下，足當詩腸鼓吹。齋止三楹，以前後爲向背，中以延客，左右二楹，差可容膝。余兄弟讀書其中。無長物，但貯所蓄書數千卷而已。山中樹木雖富，惟竹最繁，素筍彤竿，扶疏掩映。窗扉不扃，枕簟皆緑；清風時至，天籟自鳴，故名以「緑玉齋」云。』(《幔亭集》卷十七)

按：參見萬曆十七年(一五八九)《譜》。

熥《陳伯孺兄弟水明樓春宵聽雨歌》：『我家有齋名「緑玉」，齋前種得千竿竹……君頻訪我鼇山麓，我每尋君溪水曲。』（《幔亭集》卷三）

徐𤊹《緑玉齋敘》：『何僊效靈，占于山而托跡；野夫招隱，卜山下以栖幽。遂築小齋，聊供偃臥。危峰對聳，旗丘、石鼓爭雄；秀色可餐，金粟、蓮花映發。殘山剩水，每從天末獻奇；返照歸雲，常在眼前幻景。萬竿密篠，依曲徑以淩霄；半夜疎枝，當虛窗而亂月。晝長門掩，真似小年；山静人稀，元同太古。科頭兀坐，窺人學張膺之風；把臂入林，命駕動王猷之想。聽處却疑舞鳳，曳來矯若游龍，何可一日無君，不問林中是尹。四簷緑蔭，一榻青來，興至則理詠南樓，醉後猶開樽北海。生平無長物，滿壁琴書；半嶺有餘音，數部鼓吹。此正宜置丘壑之中，棲遲衡門之下者也。𤊹跡猶蓬累，逸在布衣，俗韻寡諧，豐草鹿麋爲友；杜門自適，寒山片石堪言。量腹進芝苓，欣然一飽；度形扈荔薜，豈曰無衣。游目騁懷，天然圖畫；逃虛息景，痼疾煙霞。環四序而皆宜，心神之俱暢。著「七不堪」以謝客，敢方叔夜之高標；賦《五噫歌》于闢門，願躡伯鸞之逸軌。漢陰抱甕，息彼機心；東海投竿，堅兹遠志。蒼梧翠柏，可指爲盟；夜鶴曉猿，寔聞斯語。萬曆己丑秋日，緑玉齋主人題。』（《紅雨樓集·鼇峰文集》册一，《上海圖書館未刊古籍稿本》第四十二册）

按：李賢《大明一統志》卷七十四『福建布政司·福州府』條：『九仙山，在府城東南隅，一名于山也。世傳何氏兄弟九人於此登仙。又《九域志》：越王無諸重九日嘗宴于此，大石尊尚存。』

又按：陳壽祺《鼇峰宅里記》略云：『福州之城東南，倚九仙山之峻，鼇峰最秀特，負山而宅者，無慮千家，而閩縣左三坊專受鼇峰名。自宋迄明，世多名流居之……鄭少參述子孫居是坊三百年，其曾孫太僕逢蘭抗賊死，謚忠愍。其家東西二宅，有天開圖畫樓，故址在坊南，巷西一廢園……西宅之左，則二徐紅雨樓址也。今屬故貢士楊日光宅。又左，隔巷大宅，面書院鑒亭南牆者，陳殿元謹故第也。鄭氏廢園之西，由榕徑下，達古仙跡坊，今爲觀巷，有尼庵。興公昆弟緑玉齋址也。幔亭自爲《記》言：其家九仙山之麓，寢室後有樓三楹，顏曰「紅雨」。樓之南有園半畝，中有小阜，構齋於山之坪。由園入齋，石磴數十級，列種筠竹。曹能始尚書捐貲爲興公構危樓藏書，題曰「宛羽」，取「宛委羽陵」之義。見興公《答陳宗九書》及尚書詩集。然則，紅雨樓在坊之街南，緑玉齋、宛羽又在其南，屬觀巷無疑也。』（《左海文集》卷八，道光本）

按：宛羽樓，崇禎七年（一六三四）曹學佺爲熥弟𤊹建。詳《徐𤊹年譜》（未刊稿，以下簡稱《𤊹譜》）。

又按：［乾隆］《福州府志》卷二十一：『（緑玉齋）易代後，淪爲尼菴。』

又按：李家瑞《停雲閣詩話》卷十二：『明徐惟和兄弟讀書處在吾閩于山麓，今郭氏天開圖畫樓，疑即其故址，緑玉齋在鼇峰坊。』

弱冠，選入郡庠生；

陳鳴鶴《東越文苑傳》卷六：『熥弱冠補學官弟子。』

按：詳萬曆六年（一五七八）《譜》。

戊子，成舉人；

『萬曆戊子科登潘洙榜，列名第二十二。』（《荆山徐氏譜·世系考》）

按：詳萬曆十六年（一五八八）《譜》。

上春官，十年三下第。

《下第述懷》：『十年三棄置，中情空自哀。』（《幔亭集》卷二）

《出都門答别鄧汝高員外》：『十年三上長安道，闕下獻書俱不報。』（《幔亭集》卷三）

按：詳萬曆十七年（一五八九）、二十三年（一五九五）、二十六年（一五九八）《譜》。

豪于詩，踵漢魏，追三唐，諸體兼善，盡滌時趨。

屠隆《徐幔亭先生集序》：『故其爲詩，踵漢魏則古質渾龐，儼商箕之皓叟；步齊梁則神光滅没，掩湘洛之靈媛。爲律詩則采唐人之初盛，和雅而鮮怒張；爲絶句則極中晚之才情，穠華而去纖豔。總之，腴而匪腐，肉與骨勻；清而不枯，才以格運。』（萬曆本《幔亭集》卷首）

陳鳴鶴《東越文苑傳》卷六：『豪於歌詩，雅不睹經生業。及試……而春官所徵士及京師縉紳先生皆走熥，讀其所爲詩歌，皆歎息。』

張獻翼《幔亭集敍》：『由樂府而逮五七言古，由近體而逮五七言絶，調匪偏長，體必兼善，力追古則，盡滌時趨，可謂頭頭是道、重重發光矣。』（《幔亭集》卷首）

何喬遠《徐熥傳》：『肆力詩歌，諸體並擅。』（《閩書》卷一二六《英舊志·韋布》）

結社三山、芝山，嗣響風雅，尤工七律，時論歸美。

《陳汝翔泡庵詩序》：『熥與汝翔，三山結社，久爲五字之交。』（《幔亭集》卷十六）

按：陳鳴鶴，字汝翔。

謝肇淛《陳汝翔詩序》：『洎吾二三兄弟，相從操觚，本才情以叶宫商，一意禘漢而宗唐，於是正始之音稍稍大備……余束髮從二三子遊，得女大、惟和及汝翔者最早，意氣神情相往還無間。』（《小草齋文集》卷四）

按：陳椿，字女大，又作汝大。

陳仲溱《履吉先生行狀》：『復與徐孝廉熥兄弟、陳孝廉薦夫兄弟、謝水部肇淛、曹參知學佺、

族叔鳴鶴及不肖仲溱數十人爲芝山社。』（《陳履吉采芝堂文集》卷首，萬曆刻本）

徐𤊹《萍合社草序》：『芝山故有社，先輩鄧汝高、趙仁甫、徐惟和諸公倡酬。』（《重編紅雨樓題跋·拾遺》）

陳薦夫《從子仕卿傳》：『徐惟和兄弟方與余結芝山社，而仕卿以詩謁之，遂往來。文酒間，自比古仲容。惟和贈詩云：「入林無小阮，終少七賢狂。」』（《水明樓集》卷十三）

　按：陳公選，字仕卿。

　又按：惟和贈詩，見《水明樓贈陳仕卿》（《幔亭集》卷六）。

　又按：［萬曆癸丑］《福州府志》卷四：『越王之支曰芝山。在城東北，有芝草生之。』

《酬陳汝大》略云：『繼之既以逝，大雅聲云殘。吾黨嗣遺音，矢志迴狂瀾。旗鼓漸以振，逸軌尚可攀。景光幸自愛，勉旃毋多譚。』（《幔亭集》卷二）

《五君詠·陳幼孺》略云：『大雅久沉淪，俯仰知音鮮。淩厲向詞壇，片語人矜善。』（《幔亭集》卷二）

　按：幼孺，陳薦夫字。

謝肇淛《徐惟和詩卷跋》：『吾友中工七言律者，推惟和爲白眉。』（《小草齋文集》卷二十四）

徐𤊹《伯兄詩卷》：『先伯兄氏年不稱德，時論歸美，卷中諸詩，大類劉文房，許丁卯。』（《重

編紅雨樓文集》卷二）

按：熥歿後，曹學佺作《祭徐惟和文》，仍云：『子雖在地下兮，實不忘乎風雅。』（《石倉文稿》卷二，又《曹能始小品》卷二）

又按：《明史·文苑傳二》：『閩中詩文，自林鴻、高棅後，閱百餘年，善夫繼之。迨萬曆中年，曹學佺、徐𤊹輩繼起，謝肇淛、鄧原岳和之，風雅復振焉……𤊹，字興公，閩縣人。兄熥，萬曆間舉人。』《明史》言閩中萬曆復振風雅首推曹學佺、徐𤊹，次舉謝肇淛、鄧原岳而不及熥。據上文引，萬曆間閩中倡風雅者，當首推鄧原岳、熥，次則謝肇淛。詳論參見本譜卷首《前言》。

與弟𤊹、熛齊名，世謂『三蘇繼作』。

《荆山徐氏族譜》：『（熛）邑庠生，性穎悟，好讀書，與友人王永啟等聚業于釣龍臺，交相琢磨，文藝精工，與父永寧公，及幔亭、興公二兄齊名，當世皆以爲「三蘇繼作」。』

名入『晉安七子』『竹林後七賢』、隆萬『後十子』。

陳益祥《晉安七子詩序》：『今讀其詩，汝大之深沉，汝翔之典逸，二孺之藻飾，平夫之平淡，二徐之清婉。』（《陳履吉采芝堂文集》卷十四，萬曆刻本）『晉安七子』爲陳椿、陳鳴鶴、陳价夫、陳薦夫、陳邦注、徐熥、徐𤊹。

朱景星修、鄭祖庚纂《閩縣鄉土志》：『竹嶼村有……竹林精舍，明人謝肇淛、鄧原岳、曹學佺、林宏衍、陳薦夫、徐熥、徐𤊹等七人吟詠之所，時稱「竹林後七賢」，且建祠祀之，並以名書院曰「東野竹林」。中楹聯最富。』又云：『左有竹林草堂，明提學鄧原岳讀書處，徐𤊹有詩紀之。』（《地形略》一）

熥《同林熙吉鄧汝高游錦溪竹林》：『一路盡莓苔，濃陰晝不開。山依迂澗轉，泉逐斷橋來。同坐松間石，還傾竹下杯。隔溪煙磬晚，欲別又遲回。』（《幔亭集》卷五）

鄧原岳《燕市七歌效杜同谷體》其六：『我有古宅在竹林，蒼梧翠柏高十尋。偶然獨往便經月，焚香趺坐清素心。』（《西樓全集》卷二；又《西樓詩選》卷上）

鄧原岳《同林熙工王玉生徐惟和興公游錦溪竹林》：『苦愛西溪竹千挺，修篁瑟瑟逗晴暉。竹林空翠和煙潤，澗道流泉作雨飛。載酒偶隨芳草去，迴車猶惜白雲違。山中桂樹堪招隱，矯首風塵幾是非。』（《西樓全集》卷五）

鄧原岳《行卷小序》：『余既歸自長安，則謝客之竹林舊里，攜筆床茶竈往也。庶幾有賢豪命駕者乎，則把臂入林耳。』（《西樓全集》卷十二）

案：竹林在今福州竹嶼。

李時成《後十子詩選序》：『成、弘以迄隆、萬，又百有餘年，則又有《後十子集》。後者如：鄭吏部繼之、傅山人木虛、林方伯道近、林明府姬臣、袁表太守公景從、林文學天瑞、林孝廉叔寅、徐孝廉惟和、陳太守元凱、林文學子真，其爲詩也，則予之所選而集者也……閩自隆、萬以來，學士大夫尚經學，而詩道寖衰，熥起而勇爲之倡，至今家絃户歌，雅道復興，寔與其力焉。』（《白湖集》卷十二，崇禎刻本）

歷七寒暑，輯選《晉安風雅》；有堂號『風雅』。疑又選有《婺賢文軌》四卷。

熥《晉安風雅序》略云：『伊余不慧，忝際盛時，目想心遊，寔竊有志，屏居之暇，采輯遺編，蒐羅逸刻，得梨棗朽壞之餘，起桑梓敬恭之念，摛爲一十二卷，總二百六十人有奇。上而格合漢魏六朝，下而體宗貞元、大曆……萬曆丁酉暮春六日書于風雅堂。』（《晉安風雅》卷首）

按：參見萬曆十九年（一五九一）、二十五年（一五九七）《譜》。

杭世駿《榕城詩話》卷中：『有明選輯閩詩者，閩縣鄧汝高原岳撰《閩詩正聲》，懷安陳仲聲元珂撰《三山詩選》，閩縣徐惟和熥撰《晉安風雅》，徐興公《榕陰新檢》中恒引《晉安逸雅》，其全書不可見。』（《知不足齋叢書》本）

杭世駿《榕城詩話》卷中：『《晉安風雅》凡十二卷，自洪、永迄萬曆，總二百六十餘人。《凡例》云：閩得什六，侯官、長樂各得什一，懷、福共得什一，古田、永福、連江僅得什一，若羅源、閩清，則風氣未開，或有待也。《序》謂：不論窮達顯晦，皆因詩采拾，至於野狐外道，格律稍畔者，雖有梁、竇之權，不敢濫厠片語，爲雅道蟊賊。』

陳薦夫《晉安風雅敘》：『更端繕寫，寒暑七徂，逮夫成書，足稱快睹。』（《晉安風雅》卷首）

《四庫全書總目》卷一九三：『《晉安風雅》十二卷，明徐熥編。熥有《幔亭詩集》，已著録。是編輯福州一府之詩，其曰「晉安」者，福州在晉時爲晉安郡也。所録起洪武迄萬曆，得二百六十四人。詩以體分，姓氏下各載其里居出處及所著作，並以右某朝若干人列數於左，其例多仿高棅《品彙》，惟「閨秀」一類，另立「妓女」以別薰蕕，爲小異云。』（中華書局，一九六五年）

按：《晉安風雅》卷首有熥自序和陳薦夫敘各一篇。卷首題『郡人徐熥選輯、陳薦夫校訂、董養斌編次』。

又按：《三山徐氏紅雨樓書目》著録。萬曆本，福建師範大學圖書館有藏；《四庫全書存目叢書》影萬曆本。

又萬曆間，漳州張燮開霞中詩社，亦名其堂曰『風雅』；又欲仿熥《晉安風雅》例輯歷代漳州詩選。

張燮《重修霞中社記》：『訂盟以九月八日，諸君子插銅盤于玄雲之居。家大夫與小鄭思瓚俱與焉。玄雲者，家大夫別業也。諸君既成如許勝事，相與謀築高壇，然一時又難卒辦，乃就玄雲之頂家大夫所營空館一區，割以屬吾曹，而粗償其直。則霞中之社之所自建也。社之堂曰「風雅堂」。』（《霏雲居集》卷二十八，萬曆刻本）

蔣孟育《黄侍御集序》：『晉安人近以其詩爲集，吾友張紹和見《晉安集》而悦之，讀竟，自奮曰：「余郡文學不後晉安，豈宜獨闕，作《募詩疏》，其語甚麗，以檄夫琬琰之後，與夫家如東海駟先生者，俾各出其所有郡先輩著書，殆百數十氏。」紹和既選之爲詩，尚合千首，未知於風雅何如，然足以庀文獻矣。』（《恬庵遺稿》卷八，崇禎刻本）

崇禎間，莆田周聞、林簡仿《晉安風雅》輯選《莆陽風雅》，其書今佚。

鄭王臣《蘭陔詩話》：『無聲工草書，波磔峭折。文筆亦豪宕可喜。體羸善病，早歲而卒。嘗與林子山同選《莆陽風雅》，計百七十人，得詩五百六十首。二君皆學景陵派者，所甄綜未知當否。今其書已不可得見，搜輯之役，固不容緩也。』（《莆風清籟集》卷三十六「周聞」條）

按：林簡，字子山，原名玉燭，字子將，崇禎中諸生，有《房江集》；周聞，字無聲，號去聞，崇禎中諸生，有《白湖集》。

按：《晉安風雅》間或誤爲弟𤊹作。乾隆間鄭王臣《莆風清籟集》云：『元龍（按：康彦登，字元龍）有才藻，慷慨負氣，一言不合，輒拂袖去。作詩好改竄，不成篇即棄去。早歲而卒。嘗寓居侯官，徐興公梓其詩入《晉安風雅》中。』即是一例（《莆風清籟集》卷二十九『康彦登』條）。

又按：《晉安風雅》，沈文倬《紅雨樓序跋》題作《閩中詩選序》（福建人民出版社，一九九三年）亦誤作𤊹作。參見萬曆二十五年（一五九七）《譜》。

鄭杰《注韓居書目·集部》一：《婺賢文軌》四卷，明侯官徐熥選（沈祖牟鈔本）。按：今未見。婺非閩地，熥生平與婺似無太多干係，似不當選婺地之文。此條疑涉上條《晉安風雅》『徐熥選』而致誤，俟考。

偶畫山水花鳥。

《幔亭集》中有《題畫菊贈黄博士印坤》（卷六）、《題畫寄閔壽卿》二首（卷十二）、《題落日孤舟扇面送幼孺》（卷十三）、《題杏花戲贈幼孺》（卷十四）、《題畫芍藥送張叔麟》（卷十四）數首，知熥亦能畫。按：熥友中善畫者以王崑仲（玉生）爲最，次則陳价夫（伯孺）；熥弟𤊹亦能畫，《幔亭集》中有《題興公扇面小景寄懷惟秦》、《題興公畫山水》二首（卷十四）[二]。

[二]《幔亭集》中多題畫詩，凡題他人所作之畫者均有畫家姓名，例如《題王玉生山水》、《題陳伯孺畫》、《題王崑仲畫障》、《題劉松年溪閣小景》等。無畫家姓名者，或爲不能辨，如《題雜畫》七首（卷十四）；或即熥自作，例如《題畫》（卷十一）、《題梅花畫扇》（卷十一）等。《幔亭集》題畫詩目録如下：《題王玉生山水》、《題陳伯孺畫》（以上《幔亭集》卷二），《題賓月樓空江秋笛二卷後》、《題王崑仲畫障》、《題顧長卿小影》、《題劉松年溪閣納涼小景》、《題高漫士晚閣溪雲圖》、《題春山積雨圖》、《憶昔行題友人小像》、《題盛行之畫梅卷》、《題薛晦叔小像》、《題朱竹》、《題陳伯孺效漫士山水小景》、《題馬遠山水》（以上《幔亭集》卷三），《題畫菊贈黄博士印坤》、《題吴瀚小像》（以上《幔亭集》卷六），《自題小像》（《幔亭集》卷九），《題畫》、《題鄔子遠扇面山水》、《題梅花畫扇》、《題沈從先扇面畫蘭》、《題公朗扇上畫梅》（以上《幔亭集》卷十一），《題伯孺畫小景》、《題畫寄閔壽卿》（以上《幔亭集》卷十二），《題落日孤舟扇面送幼孺》（《幔亭集》卷十三），《爲屠田叔題王玉生山水畫册》、《題江仲魚小像》、《題遇上人小影》、《題美人孤鳳》、《題美人對局》、《題宋畫宫扇》、《題滕王閣圖》、《題畫鴝鵒》、《題畫翡翠》、《題興公扇面小景寄懷惟秦》、《題薛素畫蘭》、《題薛姬畫芭蕉》、《題陳伯孺墨梅》、《題興公畫山水》、《題顧世卿畫緋梅》、《題雪簫畫蘭》、《題劉道子畫果》、《題葛玄方朱竹》、《題伯孺桃園圖》、《題幼孺所藏薛濤小像》、《題櫻桃黄鳥》、《題公洛所藏伯孺畫小景》、《題畫杏花》、《題杏花戲贈幼孺》、《題伯孺山水》、《題畫士女》、《題雙文小像》、《題畫芍藥送張叔麟》、《舊歲與伯孺諸子泛舟白沙分賦野航恰受兩三人之句余已賦排律一章兹伯孺復出玉生所作扇頭前景因重賦絶句題其上己亥二月三日》、《題雜畫》、《題郭熙畫册》、《題吕紀雙雞雛》（以上《幔亭集》卷十四）。

多藏奇書、字畫、古硯。

𤊹《王震甫以王叔明山水見貽答謝》略云：『吾聞勝國有王蒙，丹青綽有巨然風。幽溪細路已盤曲，煙嵐樹木何菁葱。此圖珍秘幾年所，廉者不求貪不與。知余夙有臥遊情，一旦披圖便相許。奚奴捧送神飛翻，山齋賞鑒忘朝餐。』（《幔亭集》卷三）

《題賓月樓空江秋笛二卷後序》：『余偶得前輩陳伯煒、鄭孟宣家藏二卷，皆洪永中海内名公之筆，剥落者過半矣。然殘金斷璧自足爲寶，乃合裝一卷而作此歌。』（《幔亭集》卷三）

按：𤊹殁後，《賓月樓》卷歸徐𤊺，謝肇淛《賓月樓卷跋》：『唯和没，卷歸興公。每與諸同好展閲，先輩典刑宛然在目也。國初至今二百餘載，即樓臺歌舞皆屬烏有，而殘編遺墨乃令人寶若拱璧，信知不朽之事不在彼而在此。居諸悠悠，良堪歎息。』（《小草齋文集》卷二十四）

𤊹題《唐詩正聲》：『戊戌歲見於燕市，遂購以歸。』（《幔亭集》卷十九）

𤊹題《高太史鳧藻集》：『高太史所著……余所藏獨《缶鳴》一種。今日偶于長安市中得《鳧藻集》，而扣舷附其後。此書梨棗久腐，一旦入余笥中，良可喜也。遂秉燭誌于簡末。』（《幔亭集》卷十九）

徐𤊺《筆精》卷七『宋太祖像』條：『先伯兄舊有趙文敏寫太祖真像《擊球圖》，桑皮紙，遊

絲金筆，闊僅尺餘。今在泉南丁司寇家。』（福建人民出版社，一九九七年排印本）

按：丁司寇，即丁啟濬。

徐𤊹《聖教序》：『先兄惟和，生平喜蓄古帖。』（《重編紅雨樓題跋》卷二）

林志尹《王恭草澤狂歌跋》：『王典籍《草澤狂歌》向未登木，徐惟和得自張海城先生，不啻若拱璧，然乃抄録未竟而逝。』（曹學佺《石倉歷代詩選》卷二百九十八，文淵閣《四庫全書》本）

按：參見萬曆三十年（一六〇二）《譜》。

徐𤊹跋《嘯臺集》：『余兄弟求之十年，始得之張海城廣文，海城得之林碧田茂才，糜爛醯雞，不絶如綫。』（《重編紅雨樓題跋》卷一）

鄭王臣《莆風清籟集》卷七『洪希文』條云：『予初得徐惟和手録，汝質詩僅數十首，繼又得徐惟起所藏《續軒渠集》計十卷，録十五首以傳。』（乾隆三十七年刻光緒二十六年印本）

鄭杰《注韓居書目·史部》：《武林舊事》六卷，徐維和[一]藏，棉本。[二]

《注韓居書目·子部》一：《晏子》八卷，幔亭藏，棉紙。

《注韓居書目·子部》一：《韓非子外傳》十卷，徐維和藏，元刊，大本，棉紙。

[一] 維和，即『惟和』，下同。

[二] 沈祖牟鈔本，藏福建師範大學圖書館，下同。

《注韓居書目・子部》四：《鶴林玉露》十六卷，徐維和藏，小字，明初板，棉紙。

龔易圖《大通樓藏書目録簿・子部》（鈔本）：《山中集》四卷，一册，明顧璘撰，明原刊本，有『徐熥之印』『徐熥藏書』等印記。

葉昌熾云：『武夷神君不可見，幔亭仙樂奏雲匏。欲尋三島人間世，無恙鼇峰汗竹巢。徐𤊹惟起　子延壽存永』（《藏書紀事詩》卷三，上海古籍出版社，一九九九年）

按：熥有集名『幔亭』，上二句詠熥。熥《武夷十詠・虹橋板》云：『一從仙樂散丹霄，千載長虹亘未消。』（《幔亭集》卷十四）鄧原岳《哭徐惟和十二首》其七：『當年三謁武夷君，夢入峰頭鸞鶴群。便學徐仙同坐化，罡風吹散幔亭雲。』（《西樓集》卷十）均可證。

熥所藏書今尚存者有：《洪武正韻》十六卷，萬曆三年刻本，五册。有『徐氏惟龢』『緑玉山房』印記。《注韓居書目・經部》作興公藏，誤。又《皇極經世》十卷外編一卷，宋邵雍撰，明刻本，十二册。有『徐熥真賞』『緑玉山房印』記。又《子彙》（二十二種）明周子義釋輯，明萬曆五年刻本，十册，有『緑玉山房』等印記。以上藏福建省圖書館。

謝章鋌云：『光緒己卯，予歸自漳州，候舟于石溪，從江秋帆楓處士借書遺悶，得見嘉應吳石華蘭修《端溪硯史》三卷，其末卷引《隱拙齋集》所載漁洋結緣硯，旁有「幔亭珍匜」古隸書。幔亭者，吾鄉徐惟和熥也。蓋此硯乃惟和之物，阮亭得之。』（《課餘偶録》卷一，光緒戊戌本）

書效法《聖教》、《興福》，有古意。

謝肇淛《徐唯和卷跋》：『唯和書初學鄭吏部，而後來稍變之，超超玄詣，未見其止。而天遽奪之年，惜也！此卷白沙舟中爲張道輔書者，雖未盡所長，亦足見一斑矣，道輔與唯和交厚，片紙隻字，寶之逾拱璧。』（《小草齋文集》卷二十四）

徐𤊹《伯兄詩卷》略云：『書則效法《聖教》、《興福》，稍雜以行草。林異卿喜摹古帖，得書家三昧，極賞伯氏書有古意。』（《重編紅雨樓題跋》卷二）

按：參見天啟元年（一六二一）《譜》。

性疏狂。

熥《途中感遇效同谷七歌》：『吾生本是疏狂客，幾回落魄長安陌。』（《幔亭集》卷三）

熥《歲暮戲題詩稿後》：『本以牢慅著，多因幽憤成。』（《幔亭集》卷六）

熥《自題小像》二首，其一：『却爲疎狂因偃蹇，未忘柔曼轉清癯。違時傲骨貧猶長，對客詩腸老漸枯。』（《幔亭集》卷九）

讀二氏書，從緇黃者遊。

陳鳴鶴《東越文苑傳》卷六：『熥由此讀二氏書，服道士衣冠，日從緇黃者遊，惟恐其不我欲也。』[一]

好客，户外屨常滿，人稱『窮孟嘗』。

陳鳴鶴《東越文苑傳》卷六：『熥好客，自喜所居户外屨常滿。客以急歸者，亡問知與不知，皆絶甘振之，用是家困如罄。』

[乾隆]《福州府志》卷六十《文苑傳》：『家貧好客，凡遊閩者，無論尊官賤士無不得見，户外四方之屨，相錯如市。或遊困不能歸者，傾囊以贈，人咸謂爲「窮孟嘗」云。』

[一] 見於《幔亭集》的『緇黃者』流有：安道人、本淨上人、觀微上人、朝宗上人、潮上人、波上人、定上人、恩公（恩上人）、果慧禪師、觀微上人、瀚上人（瀚公）、和叔道人、懷珠上人、淨上人、鏡公、曠上人、朗公、亮上人、了空禪師、瓢庵頭陀、慶良上人、秋園上人、全上人、融上人、如愚上人、若公、善上人、沈道士、斯上人（斯學上人）、危博士、微上人（微師、微公）、虛公、許道人、雪浪禪師、岩上人、蘗上人、耶溪上人、印空上人、遇公、湛和尚、趙茹霞羽士等，詩數十首。

侍兒名紫玉，能詩。

熥有《西湖秋夜寄紫玉侍兒》詩，見《幔亭集》卷九。

謝章鋌云：『在杭侍兒名桃葉，幔亭侍兒名紫玉，俱能詩。』（《圍爐瑣憶》，《賭棋山莊筆記合刻》，光緒刻本）

年三十九，卒，入祀高賢祠；又入祀西湖宛在堂、鼓山五賢祠。

陳鳴鶴《東越文苑傳》卷六：『祀熥與陳椿於高賢祠。』

陳薦夫有《祭陳汝大徐惟和入高賢祠》文，詳《水明樓集》卷四。

又按：高賢祠，在烏石山，萬曆二十六年（一五九八）鹽運屠本畯與熥創建。熥有詩詠之。詳該年《譜》。

姚循義《西湖志》云：『乾隆十年，巡撫潘思榘重浚西湖，並葺開化寺。郡人因於寺東築堂三楹，旁蓋小樓，上祀文昌，下祀太康以來名宦之有功於西湖者。以鄉先生林鴻子羽、王偁孟揚、鄭善夫少谷、傅汝舟木虛、高瀔宗呂、葉向高臺山、曹學佺石倉、謝肇淛在杭、徐熥幔亭、徐𤊹興公祔焉。』（沈瑜慶、陳衍［民國］《福建通志·名勝志》引）

按：道光間，福州西湖宛在堂祀鄉先生增陳鴻叔度、趙珣之璧四人，共十四人；同治間增至三十二人；至一九二二年，仿蘇州滄浪亭祀吴中五百賢人例，增至數百人之多。

又按：清咸豐間，熥又入『五賢祠』。鄭麗生《鼓山外紀》卷下『五賢祠』條：『鼓山海會塔附近，有五賢祠，祀曹學佺、謝肇淛、徐熥、徐𤊹、林弘衍。清咸豐間，魏杰斥貲所鼎建者也。杰撰有碑記云：「明祚將盡，五賢避世鼓山天鏡岩、白雲洞、吸江蘭若等處，守節完義。」按：所云五賢，曹學佺於福京陷落殉國；林弘衍以遺民終；惟謝肇淛、徐熥、徐𤊹皆卒於明亡之前，不當入祀。』（《鄭麗生文史叢稿》，海風出版社，二〇〇九年，第六七三頁）

又按：熥卒年詳萬曆二十七年（一五九九）《譜》。

葬鹿坪山。

《荆山徐氏族譜·詩文集》：『己巳正月八日會葬徐惟和先生于鹿坪山，墓與丁戊山人相鄰。曹能始相鄰山，爲作《墓誌銘》。』

按：丁戊山人，即傅汝舟（一四七六—一五五五後），初名舟，字遠度，又字木虚，以家在丁戊山自稱丁戊山人，侯官人。有《傅木虚集》。

又按：己巳，崇禎二年（一五二九）。此會葬，實即移葬。熥卒，先是葬於『西關外丸店張半洲墳左嵛』（《荆山徐氏譜·世系考》）。

又按：詳萬曆二十七年（一五九九）《譜》。張半洲，即張經。

又按：曹學佺集中無徐熥《墓誌銘》。

愛妾去帷，家奴遣散。

鄧原岳《寄屠田叔辰州》：『（熥）老母在堂，遺孤未壯，生妻孀苦，愛妾去帷。』（《西樓集》卷十八）

陳薦夫《哭徐惟和》四首，其四：『門客走衰諸弟在，家奴潛散幾人回？玄珠重隕鮫空室，紫玉難留鳳去臺。』（《水明樓集》卷五）

按：『紫玉難留』，即愛妾去帷。

著有《幔亭集》二十卷；又撰《閩中舊事》，未成一簣。

陳鳴鶴《徐熥傳》：『著詩十卷、文十卷，稱曰《幔亭集》。』（《東越文苑傳》卷六）按：萬曆二十八年（一六〇〇）刻《幔亭集》十五卷，一至十四卷爲詩，十五卷爲詩餘；選編者姓氏名字：友人陳薦夫幼孺選、王若相如編。文淵閣《四庫全書》本十五卷。二十九年補刻，在十五卷本基礎上增至二十卷，其中十六至二十卷爲文，曹學佺能始選。二十卷本，臺北『故宮博物院』、美國國會圖書館有藏；復旦大學中國古代文學研究中心資料室有縮微膠卷。傳世殘鈔本十六至二十卷，福建師範大學圖書館藏。

徐𤊹《伯兄詩卷》題：『先兄既歿，余爲選梓《幔亭全集》，盡棄其少作。』（《重編紅雨樓題跋》卷二）

按：參見天啟元年（一六二一）《譜》。《幔亭全集》今未見，疑即《幔亭集》。

徐𤊹《復彭次嘉》：『先孝廉有《幔亭集》二十卷，此番未曾攜入橐中，俟弟返舍，覓便寄上。』（《紅雨樓集·鼇峰文集》册八，《上海圖書館未刊古籍稿本》第四十四册）

黄虞稷《千頃堂書目》卷二十五（文淵閣《四庫全書》本）：《幔亭集》二十卷。

張廷玉《明史·藝文志》卷四：徐熥《幔亭集》二十卷。

徐乾學《傳是樓書目》（道光八年味經書屋鈔本）：徐熥《幔亭集》二十卷。

曹學佺《晉安逸志序》：『惟和亦著有《閩中舊事》，未成一簣。』（《石倉文稿》卷一）

生平喜稱鄭善夫。

熥《過鄭吏部墓》二首，其一：『荒墳不計年，過客淚潸然。朽骨藏於此，吟魂何處邊。野狐啼暮雨，石馬臥秋煙。安得斯人起，重令大雅傳。』其二：『西郭塚纍纍，經過下馬誰。先生一抔土，詞客百年悲。藤護將崩石，苔封未斷碑。應知靈爽在，嘆我不同時。』（《幔亭集》卷五）

徐𤊹《鄭少谷先生全集序》：『先伯氏惟和曾得《少谷雜著》一種，予得《經世要談》一卷、遺詩一卷，遺文數十篇，尺牘數十幅，皆先生手録者，乃盡授道協彙爲全集。』（《紅雨樓文集》）參見萬曆二十六年（一五九八）《譜》。

《四庫全書總目》卷一七二：『王世懋《藝圃擷餘》論閩中詩人，推鄭善夫爲冠。熥生平喜稱善夫，而卒年僅三十九，與善夫正同，亦頗可異。』

母陳氏。

生於正德十三年（一五一八）。卒于萬曆二十年（一五九二）。參見該年《譜》，又㷆《先妣陳孺人行狀》。

生母林氏。

萬曆三十六年（一六〇八）卒。詳該年《譜》。

按：徐㷆《祭謝氏姊文》：『丁未、戊申弟婦高、生母林又相繼逝矣。』（《紅雨樓集·鼇峰文集》册十，《上海圖書館未刊古籍稿本》第四十五册）

又按：熥與弟㷆、熛，皆母林氏所出。

仲弟𤊹。

徐𤊹，字惟起，號興公。生於隆慶四年（一五七〇），卒於崇禎十五年（一六四二）。著有《易旁通》一卷（附於《筆精》）、《蔡端明别記》十二卷、《蔡忠惠年譜》一卷、《鼓山續志》八卷、《榕城三山志》十二卷、《法海寺志》三卷、《雪峰志》八卷、《堪輿辨感》一卷、《荔枝通譜》八卷、《蜂經疏》二卷、《徐𤊹茗譚》一卷、《茗芨》三十卷、《閩畫記》十卷、《徐氏筆精》十卷、《諧史》二卷、《諧史續》二卷、《鼇峰集》二十八卷、《鼇峰文集》二十卷、《紅雨樓集》若干卷、《續筆精》二卷、《榕陰新檢》八卷、《文心雕龍校》、《武夷志》若干册、歐陽詹《唐歐陽先生文集·附録》一卷、《閩南唐雅》十二卷、《客惠紀聞》一卷、《巴陵遊譜》一卷、《徐氏家藏書目》七卷、《建陽志》（參編）、《鼓山志》（謝肇淛著，參撰）、《福州府志》七十六卷（參撰）、《永陽縣誌》（謝肇淛著，參撰）、《福安志》（參撰）、《閩中海錯疏補疏》三卷、《補晉安歲時記》一卷、《家訓》等。詳考見陳慶元《徐𤊹著述編年考證》（整理本《鼇峰集》附録，廣陵書社，二〇一二年）。

季弟熛。

熛，字惟揚，邑庠生。崇禎三年（一六三〇）卒。詳該年《譜》。著有《徐氏易腴》三卷（《徐氏紅雨樓書目·易類》)。

長姐淑，陳氏所出，適謝汝韶，生子謝洙。

謝氏姐淑，適吉府長史謝汝韶(謝肇淛父)。崇禎四年(一六三一)卒。詳該年《譜》。

曹學佺《明廣西方伯在杭謝公墓記銘》:『太淑人，君(謝肇淛)之繼母，徐惟和、興公之女兄也。』(《石倉三稿文部》卷七)

謝肇淛《先考奉政大夫吉府左長史天池府君行狀》:『次洙，母徐氏生，適茂才鄭紹卿子邦祥。』(《小草齋文集》卷十七)

妹潔，林氏所出，適鄒氏。

《途中感遇效同谷七歌·四歌》:『有姊已老有妹貧。』(《幔亭集》卷三)

按：鄒氏妹潔，適知縣鄒一麟。天啟七年(一六二七)卒。詳該年《譜》。

又按：徐[火勃]《祭謝氏姊文》(《紅雨樓集·鼇峰文集》册十，《上海圖書館未刊古籍稿本》第四十五册)稱潔爲仲姊。

妻鄭氏。

《先考永寧府君行狀》：『熥字惟和，娶鄭氏。』（《幔亭集》卷十八）

《祭外舅鄭茂才》：『熥爲諸生時，翁最憐愛之，謂富貴可立取。翁居鄰棘闈，熥每就試，皆憩翁家，翁爲治供具，寢不能睫，乃三試而三不利，翁反慰藉之。』（《幔亭集》卷十八）

按：鄭氏，庠生鄭仕俊第三女。詳《荆山徐氏族譜》。

子二：莊、夔。

莊，字則敬，又字存重，號漆園，又號齊周。庠邑生。萬曆十二年（一五八四）生，崇禎六年（一六三三）卒。據《荆山徐氏族譜》。聘崖州尉鄭廷用女（《先考永寧府君行狀》，《幔亭集》卷十八）。

夔，早亡。

女一：坤。

坤，適程藩守林春澤子應起男如稷（《先考永寧府君行狀》，《幔亭集》卷十八；又《荆山徐氏族譜》）。

按：林春澤，詳嘉靖四十年（一五六一）《譜》。

孫二：鍾泰、鍾俊。

鍾泰，字錦之。莊長子。萬曆四十八年（一六二〇）生，崇禎十六年（一六四三）過飛鸞渡而溺。

按：《荆山徐氏族譜》記鍾泰卒年甚亂，既云卒崇禎十六年（癸未），又云甲申（一六四四），又云卒年二十七，待考。以㷆子陸之孫汝宏嗣。汝宏無子，以汝宏兄汝寧之子國珍嗣。

鍾俊，字秀之，莊次子。天啟三年（一六二三）生，崇禎十六年（一六四三）同兄過飛鸞渡而溺。

按：《荆山徐氏族譜》記鍾俊卒年甚亂，既云卒崇禎十六年（癸未），又云甲申（一六四四），又云卒年二十三。

侄陸、阿室、隆、陵等。

陸，字存羽。弟㷆之長子。陳衎《徐存羽墓誌銘》略云：『存羽，諱陸，祖永寧知縣榻與父㷆，皆以博學風雅爲時聞人。存羽生而穎異……生於萬曆庚寅二月廿一日，卒於丙辰三月初六日，得年僅二十有七，娶陳氏，子一鍾震，即器之也。』（《大江集》卷十九）

阿室，夭。弟㶿之次子。生於萬曆二十七年（一五九九）、次年卒（詳該年《譜》）。

隆，夭。弟㶿之三子。生於萬曆三十五年（一六〇七），卒於四十一年（一六一三）。

陵，弟㶿之季子。『字存永，又字無量，號延壽，行一百七十六。惟起公次子，邑庠生。生萬曆四十二年甲寅八月十七日寅時，卒康熙元年壬寅六月初九日午時，年四十九。葬北門外王墓首鳳山。』（《荆山徐氏譜·世系考》）

按：稱存永爲次子，誤，當作季子；或以阿室、隆早夭，故稱次子。

又按：陵以字行，有《尺木堂集》。

又按：錢謙益云：『興公子延壽，能讀父書。』（《列朝詩集小傳》丁集下，上海古籍出版社排印本）

侄孫鍾震、鍾咸等。

鍾震，字器之，弟㶿之孫，陸之子。有《雪樵集》、《閩疆世紀》。曹學佺選梓存永及鍾震詩爲《二徐詩集》，陳衎爲之序，略云：『徐氏自永寧公藻繪文囿，惟和、惟起兄弟遞相雄長，主盟東南一帶。存永，惟起愛子；器之，嫡孫也。兩年少俱於總丱之時，便登壇樹幟。噫，何其盛哉！自古闔門蔚美，獨稱江左謝氏，然亦族屬群從而已，又得太傅、車騎以勳爵晻映，故立名良易，未有父子兄弟叔侄宴處柴門，皆操觚流響，耀質敷榮，同爲群彦領袖者也。存永，賦性簡通，怡情綺秀，悠然塵滓之外；器之，圭方璧圓，邃茂凝潔，望之肅人心目，故其爲詩，亦各相肖。曹公能始選梓以行，較之藏稿僅什之四，蓋從吳冶索鈎，先求拂彗，亦於崑林擇玉，或遺垂光耳。』（《大江草堂二集》卷十二）

按：編成《世紀》不見諸家著録，見陳鴻《徐器之著閩疆世紀成奉贈》，其略云：『編成《閩疆世紀》重閩陬，此日全歸史筆收。似歷山川窮八郡，遂令文獻展千秋。』（《秋室編》卷六）

郭柏蒼《全閩明詩傳》卷五十『徐鍾震』條：『字器之，棉曾孫，𤊹孫，延壽子，俔見上。閩縣人，崇禎中諸生，有《雪樵集》。』錢海岳《南明史》卷九十九《文苑》六『曾燦垣傳』附『徐延壽傳』：『徐延壽，字存永，𤊹子[一]，綺歲才藻麗逸，家書比學佺，亂後失之。移家湖廣，道揚州，王士禛讀其詩稱之。子鍾震，字器之，去諸生。』

按：鍾震爲𤊹之孫，陸之子，《全閩明詩傳》及《南明史》誤記。

鍾咸，存永子。

按：參見清順治十年（一六五三）《譜》。

[一] 𤊹，《南明史》誤作『渤』。

明世宗朱厚熜嘉靖四十年辛酉(一五六一) 一歲

三月初三,生。

《徐熥傳》:『生嘉靖四十年辛酉三月初三日寅時。』(《荆山徐氏族譜·世系考》)

是歲,林春澤九十二歲。

春澤,字德敷,侯官人。正德九年(一五一四)進士。卒于萬曆十一年(一五八三),壽百有四。有《人瑞集》。《柳湄詩傳》:『春澤居侯官旗山之北嶼,生成化庚子。』(《全閩明詩傳》卷十六引)成化十六年庚子,公元一四八〇年。熥女適春澤孫如稷,詳上。

是歲,俞大猷五十九歲。

大猷,字志輔,號虚江,泉州人。詳何世銘《俞大猷年譜》(《泉州文獻叢刊》第五種,一九八四年手書油印本)。

是歲,徐棉四十九歲。

《先考永寧府君行狀》:『先君生於正德癸酉十月二十七日寅時,卒于萬曆辛卯九月二十一日申時,得壽七十有九。』(《幔亭集》卷十八,又《荆山徐氏譜·詩文集》作《相坡公行狀》),棉,生於正德八年癸酉(一五一三),是歲年四十九。

《先考永寧府君行狀》:『隆慶己巳,授江西南安府儒學訓導廣文……崇義邑缺令,當道命

署篆，先君不欲越俎而代，乃稱疾，固辭。使者旁午于道，不往也。』（《幔亭集》卷十八）

按：己巳，隆慶三年（一五六九）。熥出生後九歲父爲此官。

是歲，李攀龍四十八歲。

攀龍，字滄溟，山東歷城人，嘉靖二十三年（一五四四）進士。明中期『後七子』代表人物。有《滄溟集》。攀龍生卒年詳許建崑《李攀龍年譜》《李攀龍文學研究》，文史哲出版社，一九八七年）。

是歲，熥母陳孺人（徐棉原配）四十三歲。

按：參見萬曆二十年（一五九二）《譜》。

是歲，王應山四十一歲。

應山，字懋宣，號静軒，侯官（今福州市）人，有《閩都記》。徐𤊹《答屠田叔》：『康元龍于九月之晦，奄然長逝，年才三十有六……王懋宣先生，年踰八旬有二，康健如故，所撰著日富，前有《湖山紀勝》一書，今改名《閩都記》，再加删潤，倣田叔禾《西湖遊覽志》之例。』（《紅雨樓集·鼇峰文集》册三，《上海圖書館未刊古籍稿本》第四十二册）康彦登卒于萬曆三十年（一六〇二），是歲，應山八十二，則生於正德十六年（一五二一）。

按：《閩都記·前言》：『王應山，生於嘉靖十年（一五三一），字懋宣，號静軒，福建侯官縣人。』（方志出版社，二〇〇二年）恐誤。

是歲，王世貞三十六歲。

世貞，字元美，號鳳洲，太倉（今屬江蘇）人，嘉靖二十六年（一五四七）進士。明中期『後七子』代表人物。有《弇山堂别集》。生卒年據鄭利華《王士貞生平活動簡表》（《王世貞研究》附録，學林出版社，二〇〇二年）。

是歲，李贄三十五歲。

贄，原姓林，名載贄，字宏甫，號卓吾，又作篤吾，晉江（今泉州）人。詳林海權《李贄年譜考略》（福建人民出版社，二〇〇五年）。

是歲，宗周三十四歲。

周，字思兼。熥《晉安風雅》：『宗周，字思兼，閩縣人。萬曆中監生，官余姚主簿，卒年六十九。有《竹林集》。』（卷首《詩人爵里詳節》）熥《登仕郎姚江簿宗先生墓誌銘》：『先生生於嘉靖戊子年十月二十九日未時，卒于萬曆丙申年二月二十四日己時，享年六十有九。』（《幔亭集》卷十八）

是歲，陳省三十二歲。

省，字孔震，初號約齋，更名幼溪，長樂縣江田人。嘉靖三十八年（一五五九）進士。葉向高《通議大夫兵部右侍郎兼都察院右僉都御史幼溪陳公墓志銘》：『萬曆壬子年八月二十一日，少司馬幼溪陳公卒于家，距生正德己丑年四月二十一日，得年八十有四。』（《蒼霞續草》

卷十一）

按：正德無己丑年，正德爲嘉靖之訛。生嘉靖八年己丑（一五二九），卒萬曆四十年壬子（一六一二），得年八十四。

是歲，陳椿二十八歲。

椿，字汝大，閩縣人，有《景于樓集》。椿生於嘉靖十三年（一五三四），卒于萬曆二十七年（一五九九），年六十六。熥於萬曆二十一年（一五九三）曾作《陳汝大六十初度》詩，云：『年少曾窺寶笈文，老來高臥謝塵氛。吟邊野興隨青草，世外餘生付白雲。大藥已傳龍虎秘，閒身應混鹿麋群。桑弧正及黄花節，一度花開一壽君。』據後二句，椿生辰當在九月。

按：參見萬曆二十一年（一五九三）、萬曆二十七年（一五九九）《譜》。

是歲，張獻翼二十八歲。

獻翼，初名鵬翼，更名獻翼，始字仲舉，改字幼于，號百花山人，長洲人。錢謙益《列朝詩集小傳》丁集中『張太學獻翼』條：『萬曆甲辰，年七十餘，攜妓居荒圃中，盜踰垣殺之。』設使卒年七十一，萬曆三十二年甲辰，公元一六〇四，逆推，生於嘉靖十三年甲午（一五三四）[一]。

按：暫引《晚明詩歌研究》二五五。

[一] 李聖華《晚明詩歌研究》：張獻翼生卒年爲一五三四—一六〇四。人民文學出版社，二〇〇二年，二五五頁。

是歲，王稚登二十七歲。

稚登，字伯穀、百谷，號半偈主人、松壇道人，長洲人。先世江陰（一説武進），移居吴門。曹學佺《贈王百穀序》：『萬曆甲辰，先生年有七十。』（《石倉文稿》卷二）萬曆三十二年甲辰（一六〇四）年七十，逆推，生於嘉靖十四年（一五三五）。

是歲，佘翔二十七歲。

佘翔，字宗漢，莆田人。嘉靖三十七年（一五五八）進士。據鄭王臣《莆風清籟集》卷二十五，佘翔與王百穀同年。有《薜荔園集》。

是歲，王世懋二十六歲。

世懋，字敬美，世貞弟，太倉（今屬江蘇）人。嘉靖三十八年（一五五九）進士。福建督學副使。世懋生卒年據鄭利華《王士貞生平活動簡表》（《王世貞研究》附録，學林出版社，二〇〇二年）。

是歲，生母林氏二十六歲。

謝肇淛《祭徐門外庶祖母文》：『七十有三，爾壽既臧。』（《小草齋文集》卷二十六）

按：林氏卒于萬曆三十六年（一六〇八），則生於嘉靖十五年（一五三六）。詳萬曆三十六年（一六〇八）《譜》。

是歲，袁表二十五歲。

表，字景從，閩縣人，嘉靖三十七年（一五五八）鄉貢。據《晉安風雅》卷首《詩人爵里詳節》，表卒年五十七。徐𤊹《輓袁景從先生》二首（《鼇峰集》卷十三），作于萬曆二十一年癸巳（一五九三），逆推，生於嘉靖十六年丁酉（一五三七）。

按：參見萬曆二十一年（一五九三）《𤊹譜》。

是歲，謝杰二十五歲。

杰，字繹梅。肇淛從祖。萬曆二年（一五七四）進士。謝肇淛《明故資政大夫太子少保户部尚書叔祖繹梅公行狀》：『生於嘉靖丁酉三月二十四日申時，卒于萬曆甲辰十四日辰時，春秋六十有八。』（《小草齋文集》卷十七）嘉靖丁酉，即嘉靖十六年（一五三七）。

是歲，謝汝韶二十五歲。

汝韶，字天池，熥姐丈；肇淛父，長樂人，嘉靖三十七年（一五五八）舉人。據謝肇淛《先考奉政大夫吉府左長史天池府君行狀》（《小草齋文集》卷十七），汝韶卒于萬曆三十四年丙午（一六〇六），年七十，逆推，生於嘉靖十六年丁酉（一五三七）。

是歲，李逢二十二歲。

李逢，字子時；號慕東。其先江西吉水人，二十五世祖仲榮，始遷廣東高涼茂名縣。據熥《邵武府通判李公暨元配林孺人行狀》，逢生於嘉靖十九年庚子（一五四〇），卒于萬曆十五年丁亥（一五八七）。官海州同知，擢判邵武，熥稱己與逢『有孔、李之誼』（《幔亭集》卷十八)。

是歲,顧大典二十一歲。

大典,字道行,吳江人。二十七成進士,爲會稽博士。萬曆十年,擢山東臬憲,復調督學閩中。無何,遭吏議,即投劾歸家。萬曆二十四年(一五九六)卒,年五十六。熥即出其門下(《故福建按察司提學副使顧公誄》,《幔亭集》卷十八)。

是歲,陳第二十一歲。

第,字季立,號一齋,連江人,有《一齋集》。陳斗初《一齋公年譜》:『明世宗嘉靖二十年辛丑三月初三日吉時孕及期,夢雷震而公生。』(《一齋集》卷首)嘉靖二十年,公元一五四一年。

是歲,趙世顯二十歲。

世顯,字仁甫,侯官人,嘉靖四十三年(一五六四)舉人,萬曆十一年(一五八三)進士。世顯《予花甲重新而逢閏二感而賦之》:『百歲喜看雙甲子,一春難遇兩花朝。』(《芝園稿》卷二十一)萬曆三十年(一六〇二)壬寅閏二月,年六十一,逆推知生於嘉靖二十一年(一五四二)。世顯又有《壬寅六十又一賦此遺懷》(《芝園稿》卷二十二),亦可證。

是歲,周如塤二十歲。

如塤,字所諧,莆田人,布衣,有《倚樹唫》。謝肇淛《周母太孺人林氏暨仲子山人所諧偕配

孺人曾氏祔葬墓誌銘》：『山人生嘉靖壬寅年八月初一日，卒萬曆壬辰年十月初六日，享年五十一。』（《小草齋文集》卷十八）

是歲，屠隆二十歲。

隆，字長卿、緯真，號赤水，鄞縣人。萬曆五年（一五七七）進士。

按：屠隆萬曆二十四年（一五九六）作《幔亭集題詞》，詳該年《譜》。

是歲，釋洪恩（雪浪禪師）十七歲。

釋洪恩，又稱恩上人或恩公，字三懷，居南京長干寺，嘗説法雪浪寺，故又稱雪浪禪師，有《雪浪集》。熥有《壽雪浪禪師九月九日五十初度》（《幔亭集》卷八），詩作于萬曆二十二年（一五九四），逆推禪師生於嘉靖二十四年（一五四五）。

是歲，李維楨，十五歲。

維楨，字本寧，京山人。隆慶二年（一五六八）進士。據《明史·文苑傳·李維楨傳》，維楨卒於天啟六年（一六二六），年八十。逆推，生於嘉靖二十六年（一五四七）。

是歲，陳益祥十三歲。

益祥，字履吉，侯官人。陳仲溱《履吉先生行狀》：『生於嘉靖己酉。』（《陳履吉采芝堂文集》卷首）嘉靖二十八年己酉，公元一五四九年。

是歲，黄克纘十三歲。

克纘，字紹夫，號鍾梅，晉江（今泉州）人。萬曆八年（一五八〇）進士，有《數馬集》。《數馬集》卷九《改任辭疏》（萬曆四十七年七月改戍政題）云：『臣年已七十有一。』據此逆推，生於嘉靖二十八年（一五四九）[一]。

是歲，李光縉十二歲。

光縉，字宗謙，晉江人。萬曆三十一年（一六〇三）鄉試第一，有《景璧集》。據王連茂《景璧集及其作者李光縉》，《景璧集》卷首，江蘇廣陵古籍刻印社，一九九六年版。

是歲，胡應麟十一歲。

應麟，字元瑞，一字明瑞，自號少室山房，更號石羊生，蘭溪人。據王世貞《石羊生傳》，應麟戊子冬，時年三十八。戊子，萬曆十六年（一五八八），逆推，知生於嘉靖三十年（一五五一）。

是歲，王崑仲十一歲。

崑仲，字玉生，閩縣人。善畫。曹學佺《王玉生八十衮》（《賜環篇》下），作於崇禎三年庚午（一六三〇），逆推，生於嘉靖三十年（一六五一）。

是歲，林應起十歲。

應起，字熙工，侯官人。人瑞翁林春澤之長子，如周（道魯）之父。隱於侯官錦溪面壁洞。熥

[一] 參見陳慶元《黃克纘及其〈數馬集〉》，《數馬集》卷首，江蘇廣陵古籍刻書社，一九九七年）。

女徐坤適應起子林如稷。曹學佺《題林熙工八十受封》（《西峰集》上）詩作於崇禎四年（一六三一），年八十，逆推，應起生於嘉靖三十一年（一五五二）。

是歲，陳公選八歲。

公選，字仕卿，陳价夫、薦夫從子。陳薦夫《從子仕卿傳》『余壯，而仕卿老矣』（《水明樓集》卷十三），徐𤊹《題焦雨亭詩》『仕卿爲二孺族子，而齒稍長』，知公選長於薦夫。又云：『余去歲偶爲越東之遊，仕卿忽捐賓客。』（《重編紅雨樓題跋》卷一）《題焦雨亭詩》作于萬曆三十一年（一六〇三），前一年爲三十年（一六〇二）。又據《陳仕卿傳》，公選卒時年五十九。逆推，則公選生於嘉靖二十三年（一五四四）。陳薦夫有《哭仕卿侄》（《水明樓集》卷六）。

是歲，鄧原岳七歲。

原岳，字汝高，别號翠屏，閩縣人，萬曆二十年（一五九二）進士，有《西樓集》。謝肇淛《鄧汝高傳》：『汝高三十一舉於鄉，越七年而成進士。』（《小草齋文集》卷十一）據萬曆喻政主修《福州府志》卷四十九《選舉志》，原岳舉於鄉在萬曆十三年乙酉（一五八五），萬曆二十年壬辰（一五九二）進士。萬曆十三年年三十一，逆推，生於嘉靖三十四年乙卯（一五五五）。《柳湄詩傳》：『春澤百歲時，妾舉一女，配竹嶼鄧遷之子、雲南督學鄧原岳。』（《全閩明詩傳》卷十六引《閩小記》）熥女適春澤孫如稷，則徐、鄧間亦有姻親關係。

按：萬曆二十九年（一六〇一），原岳爲《幔亭集》作《序》，詳該年《譜》。

是歲，陳仲溱七歲。

仲溱，字惟秦，懷安人。曹學佺有《陳振狂七十九壽五月初五日誕辰也社中惟秦八十時推兩社長云》，見《西峰六一草》上。曹學佺生於萬曆二年（一五七四），六十一時爲崇禎七年（一六三四）。逆推，陳仲溱生於嘉靖三十四年乙卯（一五五五），陳宏己生於嘉靖三十五年丙辰（一五五六）。曹學佺又有《三山耆社詩敬述·附記》：『司馬君實，六十有四。耆英之社，固與其次。予丁茲年，恰與相值。德位莫崇，孰云攸企。惟是諸公，不我遐棄。用以祓塵，觴行舉觶。往者不追，來猶可冀。斯文任天，共扶罔墜。』《三山耆社詩敬述·附記》：『是日，與會者王伯山文學，年八十四；陳惟秦居士，年八十三；陳振狂秘書，年八十二；董崇相司空，年八十一；馬季聲州佐，年七十七；楊稺實督學，年七十六；崔徵仲刺史，年七十一；徐興公鄉賓，年六十八；予學佺爲最少云。直社芝山之龍首亭，自不佞始，願與諸公歲歲續茲盟焉。崇禎丁丑八月之十三日。』（《西峰六四草》）

按：曹學佺年六十四，故云最少。崇禎十年丁丑（一六三七），逆推，與前詩合。

又按：徐𤊹有《陳惟秦八十初度兼誕曾孫》（鈔本《鼇峰集》），詩作於崇禎七年（一六三四），詳《𤊹譜》。

是歲，陳士龍七歲。

士龍，字仲見。閩縣人，陳椿子。《亡友陳仲見秀才墓表》：『陳君仲見，年三十有四，以閩邑諸生卒，時萬曆十六年戊子歲也。』(《幔亭集》卷十八)萬曆十六年(一五八八)，年三十四，逆推，生於嘉靖三十四年(一五五五)。參見萬曆二十年(一五九二)《譜》。

是歲，林應聘六歲。

應聘，字志尹，侯官人。舉人。《林志尹墓誌銘》：『志尹生於嘉靖丙辰七月十七日。』(謝肇淛《小草齋文集》卷十八)嘉靖三十五年丙辰，公元一五五六年。

是歲，林章六歲。

章，初名春元，字寅伯；後更名章，字初文，福清人。萬曆元年(一五七三)舉人，有《林初文詩文全集》。二子君遷、古度，皆有文名。[乾隆]《福建通志》卷五十一《文苑傳》：章十八舉於鄉。章於萬曆元年中舉，逆推，生於嘉靖三十五年(一五五六)。

是歲，陳宏己六歲。

宏己，字振狂，閩縣人。說詳上。

是歲，董應舉五歲。

應舉，字崇相，一字見龍，閩縣人，萬曆二十六年(一五九八)進士，有《董崇相集》。又董應舉《先慈馬太孺人墓誌銘》，母馬氏生於嘉靖元年壬午(一五二二)，馬氏年三十六時(一五五七)，應舉生，與曹學佺《三山耆社詩敬述·附記》所記合。又，董應舉《己巳壽洪汝含七十嘲其遺妾》：『君年七十我加三。』(《崇相集·詩》)崇禎二年己巳(一六二九)，年七十三，亦與《先慈馬太孺人墓誌銘》所記合。

是歲，陳价夫五歲。

价夫，原名藩，字价夫，後以字行，字伯孺，閩縣人，薦夫兄，有《招隱樓集》。𤊹《青樓俠氣卷》：『余馬齒既增，雄心頓減。伯孺又長四歲，意興可知。』（《幔亭集》卷十九）

是歲，何喬遠四歲。

喬遠，字稚孝，號匪莪，人稱鏡山先生，晉江（今泉州）人。萬曆十四年（一五八六）進士。有《鏡山全集》、《名山藏》、《閩書》等。李焻《先師何鏡山先生行述》：『先生嘉靖戊午八月初二日生於安福司訓之署。』（《鏡山全集》卷首）嘉靖三十七年戊午，公元一五五八年。

是歲，葉向高三歲。

向高，字進卿，號臺山，福清人。萬曆十一年（一五八三）進士。有《蒼霞草》。據《明史·葉向高傳》，向高卒於天啟七年（一六二七），年六十九，逆推，生於嘉靖三十八年己未（一五五九）。

是歲，陳薦夫二歲。

薦夫，原名藻，字薦夫，後以字行，字幼孺，閩縣人。价夫弟。萬曆二十二年（一五九四）舉人。有《水明樓集》。陳薦夫《己酉初度》：『吳越歸人感路岐，行年五十數偏奇。』（《水明樓集》卷六）萬曆三十七年己酉（一六〇九）年五十，逆推，生於嘉靖三十九年庚申（一五六〇）。

是歲，陳勳二歲。

陳勳，字元凱，閩縣人。萬曆辛丑進士，除南武學教授，歷户部主事轉郎中，托疾歸，杜門卻掃，以文翰書畫自娱。起紹興守，未任，卒。著《元凱集》四十卷、《堅臥齋雜著》二十卷。葉向高《明紹興府知府景雲陳公偕配詹安人合葬墓誌銘》：『生爲嘉靖庚申七月十二日，没于萬曆丁巳年三月十五日，得年五十八。』（《蒼霞續草》卷十二）嘉靖三十九年庚申，公元一五六〇年。

是歲，馬欻生。

欻，字季聲，懷安（今福州）人，萬曆諸生，有《漱六齋集》、《廣陵遊草》。曹學佺《題松石圖爲馬季聲壽》：『夫君生年自辛酉，閲世已過六十九……余今五旬仍踰六，著書不成生禄禄。』（《賜環篇》下）馬六十九時，曹五十六歲，馬長曹十三歲。欻生於嘉靖四十年辛酉（一五六一），曹學佺生於萬曆二年（一五七四）。

是歲，倭由漳州出，攻掠閩南諸縣，又攻福清、寧化縣。

曹學佺《倭患始末》：『四十年，倭由漳州出，掠同安及晉江、嶼頭諸村。又焚掠詔安東關外者三閲月，住長泰縣者月餘。旋復掠晉江、南安諸村，轉寇泉州，分其黨圍福清……五月，倭攻寧化縣，知縣陳天祥擊敗之。又謀攻詔安縣，賊首陳思達等潛住城内，期爲響應。知縣龔有成防詰甚嚴，羣奸悉被擒戮，倭始散去。閏五月，賊復來，攻寧化縣。』（《湘西紀行》下卷）

按：嘉靖、萬曆間，倭患給閩海帶來很大的禍難。徐熥出生前一年，後來成爲首輔的葉向高生于屬福州郡福清縣，倭冠肆虐，向高『母皇遽出，依敗厠頹垣而生孤，故孤少名曰「厠」，示艱難也……未浹日，夷復大至，母徒步抱孤出避，屢爲賊所窘，與大父、父相失。足盡瘃，不能行，匿叢薄中，賊屢睨其旁，而孤又呱呱泣，母輒祝曰：「天乎，兒之有成立也，止勿啼！」輒祝輒止，如是者數四。已，復迷失道，至海隅，既無復之。會潮退，履泥淖行，十步九躓。海水鹹，嚙膚盡裂，痛楚欲死，顧視前後婦人，負兒者悉棄去，獨身逃』（《先母林孺人壙志》，《蒼霞草》卷十六）。向高母寧死不忍棄兒，經歷千辛萬苦，總算逃過一劫。福清葉氏，爲富足大族，向高母子，離死僅一步之遥，其他百姓可知矣。

嘉靖四十一年壬戌（一五六二）　二歲

是歲，謝汝韶授錢唐廣文。

謝肇淛《先考奉政大夫吉府左長史天池府君行狀》：『己未、壬戌兩上春官不第，遂乞養，授錢唐廣文，時年二十有六耳。』（《小草齋文集》卷十七）

是歲，黄居中生。

居中，字明立，晉江人，萬曆十三年（一五八五）舉人。有《千傾堂初集》。黄居中《丁巳生朝自述》：『有斐聊誦抑之篇，五十六年豈虚度。』（《千傾堂初集》卷三）萬曆四十五年丁巳，公元一六一七年，年五十六，逆推，生於是歲。

是歲，閩中地震。倭數犯閩，先後陷寧德、政和、興化。

郭造卿《壬戌變·引》：『長至後地震，既而倭陷寧德、政和，遂陷興化郡。郡城陷倭自此始。實乃非常之變矣。諸軍連營無能驅除之。』詩云：『一陽頻地震，百里幾城傾。』（《海嶽山房存稿·詩部》卷二）

是歲，戚繼光在福清大破倭寇。

曹學佺《倭患始末》：『（四十一年）八月，以參將戚繼光來援。賊方據寧德橫嶼，阻水爲陣，甚險阻。戚令軍中人持束草填河以進，力戰，大破之。斬首二千餘級，生擒九百餘人，焚溺死者無算，奪所擄三千七百餘人歸。乘勝剿福清牛田倭，又破之……戚去閩，賊復肆。十一月，攻陷興化城。』（《湘西紀行》下卷）

嘉靖四十二年癸亥（一五六三）　三歲

是歲，二月十一日蔡獻臣生。

獻臣，字體國，號虛臺，别號直心居士，同安浯嶼（今金門縣）人。萬曆十七年（一五八九）進士，官至浙江提學副使，有《清白堂集》。

蔡獻臣《壬子二月十一日初度放歌》：『我今五十初度至。』（《清白堂集》卷十二，咸豐鈔本，金門縣政府影印，一九九九年）壬子，萬曆四十年（一六一二），逆推，獻臣生於是歲。

是歲，俞大猷、劉顯、戚繼光合擊破犯莆田、長樂倭。

曹學佺《倭患始末》：『新倭欲赴崎、頭，平海之黨氣甚鋭。譚（綸）令都督俞大猷、劉顯邀擊之，斬首二百餘級。適戚總兵亦至。譚直抵平海，懸二萬金以賞衝鋒之士。分戚與劉、俞兵爲三哨，合圍莆城，因風縱火，大破之，殺獲無算。乘勝又合兵擊破寇圍長樂餘黨。』（《湘西紀行》下卷）

嘉靖四十三年甲子（一五六四）　四歲

是歲，熥配鄭氏生。

《荆山徐氏族譜》：『（熥）配福省貢院前庠生鄭仕俊三女，生嘉靖四十三年甲子七月十七日。』

是歲，謝汝韶遷武義令。

謝肇淛《先考奉政大夫吉府左長史天池府君行狀》：『甲子歲，遷武義令……未三月而邑大治，駔𩢰盜賊相戒不入境郡。』（《小草齋文集》卷十七）

是歲，總兵戚繼光督諸將剿倭于漳州；海寇吴平破漳州玄鍾所。

曹學佺《倭患始末》：『四十三年二月，戚總兵督諸將剿倭于漳州王倉坪蔡婆嶺，大破之。』

嘉靖四十四年乙丑（一五六五） 五歲

是歲，父棉爲歲貢（《晉安風雅·詩人爵里詳節》）。

《先考永寧府君行狀》：『歲乙丑，丹陽姜公來督閩學時，昭天下郡縣貢士，毋拘資次，必得年力英茂、經明行修者充選。先君遂以薦上春官。』（《幔亭集》卷十八）

鄧原岳《徐子瞻令君傳》：『嘉靖乙丑，僅以貢上春官。蓋先生屢困省試，其文從容醖藉，皆根極理窟，倉卒若不能詳。及被放後，則無不爲徐生申恨者。』（《西樓全集》卷十四）詳萬曆二十一年（一五九三）《譜》。

是歲，程嘉遂生。

嘉遂，字孟陽，休寧人。錢謙益《程嘉遂傳》：『癸未十二月，孟陽卒於新安，年七十有九。』（《新安二布衣詩》卷首，康熙刻本）癸未，崇禎十六年（一六四三），嘉遂年七十九，逆推，生於是歲。

是歲，閩東將領分别破犯永寧衛、烽火門等處倭寇。

曹學佺《倭患始末》：『四十四年，倭劫奪永寧衛，指揮白希周、把總馮煥等擒斬一百名級。又于烽火門流突，把總胡守仁等攻之，斬獲三百餘級。把總姜虎攻倭于鹿灣、梅水、魚洋、南

山、柳溪等處，斬獲百餘級。』（《湘西紀行》下卷）

按：永寧衛，在今泉州；烽火門，在今福鼎。

嘉靖四十五年丙寅（一五六六）　六歲

是歲，父棉于京師得《唐三體詩》一册。

徐𤊹《唐三體詩》：『先君云：「丙寅年在京師得之林天迪先生。中硃筆評駁者，天迪也。」』（《重編紅雨樓題跋》卷一）

按：參見萬曆二十七年（一五九九）、萬曆三十六年（一六〇八）《譜》。

是歲，戚繼光截殺犯永寧衛倭。

曹學佺《倭患始末》：『四十五年春，倭船百餘隻突至泉州永寧衛，時總兵正視師海上，遂截殺之，焚沉賊船八十餘隻，斬級一千五十顆。』（《湘西紀行》下卷）

明穆宗朱載垕隆慶元年丁卯（一五六七）　七歲

是歲，崔世召生。

世召，字徵仲，寧德人，萬曆三十七年（一六〇九）舉人，有《秋谷集》、《問月樓詩》。謝肇淛《崔徵仲像贊》：『君于余有一日之長。自注：徵仲與余同年同月而先一日。』（《小草齋文集》卷二十三）謝肇淛詳下。

曹學佺《三山耆社詩敬述・附記》：『崔徵仲刺史，年七十一……崇禎丁丑八月之十三日。』（《西峰六四草》）崇禎十年丁丑，公元一六三七年，逆推，與肇淛所敘合。

是歲，謝肇淛生。

肇淛，字在杭，號武林，長樂人。萬曆二十年（一五九二）進士，有《小草齋集》、《小草齋文集》、《五雜組》等。據焨《中奉大夫廣西左布政使武林謝公行狀》，肇淛卒于天啟四年甲子（一六二四）十月，年五十八，逆推，生於隆慶元年（一五六七）。

是歲，康彥登生。

彥登，字元龍，莆田人。萬曆間庠生，有《代奕編》、《朔方遊稿》。謝肇淛《康元龍詩序》：『元龍與余居同閈，生同歲，業又同塾，相善也。』（《小草齋文集》卷四）

是歲，謝兆申生。

謝兆申，字耳伯，邵武人，舉人，爲晚明閩大藏書家之一。有《謝耳伯先生初集》、《謝耳伯先生全集》。謝兆申《祭宋室王宜人》：『歲辛卯，夫子年十三，藻若葩麗，慧若矍曇，予長一紀。』（《謝耳伯先生初集》卷十三）萬曆十九年辛卯（一五九一），耳伯之友宋年十三，耳伯長其一紀，即年長十二歲，則時年二十五，逆推，耳伯生於隆慶元年（一五六七）。

是歲，葛一龍生。

一龍，字震甫，吴（今江蘇蘇州）洞庭人，入貲爲郎，官雲南布政司理問。有《葛震甫集》。

按：錢謙益《列朝詩集小傳》丁集中『葛理問一龍』條：『卒于崇禎庚辰，年七十有四。』崇禎十三年庚辰（一六四〇），年七十四，逆推，生於隆慶元年（一五六七）。

是歲，把總朱璣追剿登突南日、海壇倭。

曹學佺《倭患始末》：『隆慶元年春，倭三船駕入閩海，都司王如龍追剿之。又一夥登突南日、海壇，把總朱璣追剿之。』（《湘西紀行》下卷）

按：南日，南日島在莆田南；海潭，今平潭。

隆慶二年戊辰（一五六八）　八歲

是歲，謝汝韶除安仁令。

謝肇淛《先考奉政大夫吉府左長史天池府君行狀》：『隆慶戊辰，服闋，除安仁令。爲政如武義時。』（《小草齋文集》卷十七）

是歲，陳汝修生。

汝修，字長吉。閩縣人，萬曆布衣；子衎。有《緑天詩草》、《閩先賢傳》。陳衎《先府君行狀》：『生于隆慶戊辰十月十四日。』（《大江集》卷二十）隆慶二年戊辰，公元一五六八年。

隆慶三年己巳（一五六九） 九歲

是歲，隨父在江西南安府。

是歲，父棉官江西南安府儒學訓導。

《先考永寧府君行狀》：『隆慶己巳，授江西南安府儒學訓導。廣文官至卑散，無所事事，日與一二三同調遨遊山水間，飲酒賦詩，自見其志。壺觴杖屨無虛日，然雖陸沉杯酒間，而功令克舉，諸生有質疑問難者，隨叩隨應，莫不謂徐先生胸中如武庫。尤敦尚氣節，不爲齷齪米鹽之謀。郡二千石與先君同邑同硯席，甚歡也。公庭延接外，未嘗操閩音私交片語。』（《幔亭集》卷十八）

是歲，郭天中生。

天中，字聖僕，莆田人，居金陵。布衣。葛一龍《寄聖僕序》：『聖僕二兄，以壬戌之五月五爲五十四初度。』（《葛震甫集·弄閒草集》）天啟二年壬戌（一六二二）年五十四，逆推，生於是歲。

是歲，倭犯浯嶼、銅山、烽火，當地將領多有斬獲。

曹學佺《倭患始末》：『三年春，倭船分䑸于浯嶼、銅山、烽火諸處，參將張元勳、都司王如龍、把總張奇峰等征勦，斬級三百一十七顆，獲倭船七隻。』（《湘西紀行》下卷）

按：浯嶼，今金門；銅山，今東山。

隆慶四年庚午（一五七〇） 十歲

是歲，弟𤊹生。

𤊹，字惟起，一字興公。𤊹七月初二生於南安府。

張燮《壽徐興公先生六十一序》：『君覽揆在隆慶庚午年。』（《鼇峰集》卷首）

徐𤊹《七月二日賤生曹能始以詩見祝次韻奉答是日攜觴集同社於邵園》（鈔本《鼇峰集》第二册）。

按：詳崇禎七年（一六三四）《譜》。

又按：郭柏蒼《竹間十日話》卷五：『興公七月初一日生。』

又按：曹學佺《七月朔日光公直社九仙山觀賦得定光塔興公誕辰也》詩（《西峰集》卷中）。曹學佺等七月朔日爲興公壽，爲提前一日作壽，非當日興公壽辰也。郭柏蒼未睹鈔本《鼇峰集》，故誤解曹詩。郭説非是。參見崇禎五年（一六三二）《譜》。

徐𤊹《送湯和生令南康》：『我憶懸弧曾此地，蹉跎雙鬢已如銀。予生於南安，故及之。』（鈔本《鼇峰集》第二册）

是歲，隨父在江西南安府。

是歲，許獬生。

獬，字鍾斗，同安浯洲（今金門縣）人，萬曆二十九年（一六〇一）會元，廷試二甲第一名，有《叢青軒集》。池顯方《許鍾斗先生傳》：『萬曆庚午生公。』（崇禎本《叢青軒集》卷首）

按：萬曆無庚午年，池氏誤記。隆慶四年庚午，公元一五七〇年。

是歲，袁中道生。

按：據錢伯城點校《珂雪齋集·前言》（上海古籍出版社，一九八九年）。

是歲，李攀龍卒。

按：詳許建崑《李攀龍年譜》（《李攀龍文學研究》，文史哲出版社，一九八七年）。參見嘉靖四十年（一五六一）《譜》。

是歲，葉文選斬犯小埕之倭百餘顆。

曹學佺《倭患始末》：『四月春汛[一]，小埕寨把總葉文選等于海洋擒斬真倭一百一十四顆。』（《湘西紀行》下卷）

按：小埕，在今連江縣東。

[一] 四月，當爲『四年』之訛。

隆慶五年辛未（一五七一） 十一歲

是歲，徐𤊹二歲。

是歲，隨父在江西南安府。

隆慶六年壬申（一五七二） 十二歲

是歲，徐𤊹三歲。

是歲，隨父在江西南安府。

是歲，謝汝韶遷郡司馬、同知承天府。

謝肇淛《先考奉政大夫吉府左長史天池府君行狀》：『以秩滿遷郡司馬、同知承天府事。是歲爲隆慶壬申，而府君年三十六矣。』（《小草齋文集》卷十七）

明神宗朱翊鈞萬曆元年癸酉（一五七三） 十三歲

是歲，徐𤊹四歲。

是歲，隨父到茂名。詳下。

是歲，父㮚課諸生，熥亦在其中，㮚比之爲唐代少年蘇頲。

陳价夫《徐惟和行狀》：『年十三，從永寧公宦嶺南。永寧公每課諸生，有所當意，則入以語陳孺人，謂吾子不及某家兒慧，以爲憾。惟和聞之，潛擬所課題，爲文匿笥中，陳孺人取以示永寧，永寧見之，始大駭，如環之得頲也。』（徐𤊹選鈔本《招隱樓稿》，藏上海圖書館）

是歲前後，父棉日日教熥以經。

《讀禮感懷》四首，其四：『迴思二十年前事，日日窗前教一經。』（《幔亭集》卷七）

按：詩作於萬曆二十年（一五九二），約於是歲前後棉教熥以經。

是歲（或稍後），得識高涼李逢。

《邵武府通判李公暨元配林孺人行狀》：『李公諱逢，字子時，慕東，其號也。其先爲江西吉水穀村之西平王人，二十五世祖仲榮始遷高涼茂名縣華山之下，居焉……年二十五得食廩餼……熥少時乘侍先君子于高涼官署，奉教於公有日。』（《幔亭集》卷十八）

按：參見下條。

是歲，父棉爲廣東茂名儒學教諭。

《先考永寧府君行狀》：『萬曆癸酉歲，擢廣東茂名縣儒學教諭。先君時年六十有一，念閩中距高涼遠甚，且海寇陸梁，道路多梗，以熥方髫齔，𤊹、熛二弟皆在繈褓。先君謂：「吾甲子已周，三子又俱孱弱，奈何戀此一氈，入瘴癘之境，夜行不休乎？」欲棄官歸。客有謂先君：「君家無卓錐，奈何遽舍此苜蓿，令他日饑欲死乎？」先君不得已，始登車度庾嶺，非其志也。既至高涼，督課諸士，視在聶都更加飭。在公庭則講道論德，諸人士無不憚其嚴者。及至燕私，未嘗不飲人以和，莫不人人悦服。葺堂宇，飭俎豆，購書籍，恤貧士，禮遺逸，皆取諸私帑。其事種種不具論，茂之人至今猶尸祝焉。』（《幔亭集》卷十八）

是歲，父棉，郡教官試第一。

徐㶿題《金精山志》略云：『先君向有《金精山志》，藏之篋笥，時取披覽。及爲茂名學博，在癸酉之歲。時學憲邵□試閩郡教官文，又有詩，詩乃《登金精山》爲題。諸教官不知金精山何地，茫然不解。先子曾覽是《志》，頗知其中事蹟，乃賦詩曰：「縱步遨遊江上臺，卻憐塵世幾時來。千層萬洞衝雲起，百道鳴泉繞澗迴。仙子棋聲驚白鶴，道人屐齒印蒼苔。相看已有登臨興，愧乏當年作賦才。」邵見詩大稱賞，拔置第一，因爲延譽甚力。』（《重編紅雨樓題跋》卷一）

按：參見萬曆四十年（一六一二）《譜》。

是歲，林章舉於鄉。

徐㶿《林初文傳》：『吾郡福清林孝廉先生名春元，字寅伯；後更名章，字初文……神宗之元年癸酉，改麟經，舉於鄉。』（《林初文詩文集》卷首，崇禎刻本）

是歲，張燮生。

燮，字紹和，龍溪（今龍海市）人。萬曆二十二年舉人，有《霏雲居集》、《續霏雲居集》、《群玉樓集》、《東西洋考》等。張燮《神宗皇帝升遐敬托哀音聊申野哭》自注：『燮以萬曆元年生身。』（《群玉樓集》卷二十四）張燮《五十初度二十韻》（《群玉樓集》卷二十三）作於天啟二年（一六二二），逆推，亦可證生於是歲。

是歲，陳一元生。

一元，字泰始，又字四遊，官京兆，萬曆二十九年（一六〇一）進士，有《漱石山房集》。陳一元《乙丑元日》：『五十過三慚馬齒，可堪迢遞涉山川。』（《漱石山房集》卷五）天啟五年乙丑（一六二五），年五十三。又《乙亥元日》：『六十三春今日始，骯髒傲骨稱山林。』（《漱石山房集》卷五）崇禎八年乙亥（一六三五）六十三。逆推，生於萬曆元年（一五七三）。

是歲，林道乾勾倭突犯漳、泉，竄彭湖，尋投東番。

曹學佺《倭患始末》：『萬曆元年，潮賊林道乾勾倭突犯漳、泉海洋，竄據彭湖，尋投東番。其党林鳳最黠，伐偵倭衆，四出殺掠，屢挫官兵。』（《湘西紀行》下卷）

按：東番，今臺灣。

萬曆二年甲戌（一五七四）　十四歲

是歲，徐㷮五歲。

是歲，隨父在茂名。

是歲，父棉，郡教官試復第一。

徐𤊹題《金精山志》略云：『及爲茂名學博，在癸酉之歲……次年，巡按御使張□復試《迎春詩》，先子復拔試第一。』（《重編紅雨樓題跋》卷一）

按：參見萬曆元年（一五七三）《譜》。

是歲，謝汝韶遷爲吉王相，喪婦。

謝肇淛《先考奉政大夫吉府左長史天池府君行狀》：『以乙亥之八月左遷爲吉王相……時先慈趙安人新喪。』（《小草齋文集》卷十七）

是歲，曹學佺生。

學佺，字能始，侯官人，萬曆二十三年（一五九五）進士，有《石倉集》、《石倉十二代詩選》等。《明史·文苑傳四·曹學佺傳》：『弱冠舉萬曆二十三年進士。』『唐王立於閩中，起授太常卿。尋遷禮部右侍郎兼侍講學士，進尚書，加太子太保。及事敗，走入山中，投繯而死，年七十四。』萬曆二十三年（一五九五），如弱冠爲二十，則生於萬曆四年（一五七六）。弱冠不必爲二十，僅爲約數。徐存永《大宗伯曹能始先生輓章一百八十韻》自注：『乙未科登進士，年二十二。』（詳鈔本《尺木堂集》）據《石倉全集》中《六一草》及《石倉集》中其他詩文、存永《大宗伯曹能始先生輓章一百八十韻》自注：『公生於萬曆甲戌歲。』學佺生於萬曆二年（一五七四），其生辰日爲十二月十五（參見《臘月十五日迎春值予生度同社招宴東第其用春字七律》,《西峰集詩》上),萬曆二年十二月十五,公曆爲一五七四年十二月二十七日(按:是年閏十二月)。曹學佺又説,是生於閏十二月。其《甲戌元旦紀事》:『予生歲閏猶逢戌,老願時豐首在寅。』題下自注:『是歲閏戌八月余以前甲戌閏十二月生。』(西峰六一艸》)生於萬曆二年(一五七四),閏十二月,公曆已入一五七五。本譜用甲子紀年,乃繫於是歲。如按《明史》所云年七十四,則卒於清順治四年(一六四七)。按:《明史》所記誤。徐存永《大宗伯曹能始先生輓章一百八十韻·序》:『歲丙戌九月十八日辰時,福京城陷,大宗伯能始曹先生殉節于西峰里第。』丙戌,清順治三年(一六四六)則年七十三;《大宗伯曹能始先生輓章一百八十韻》自注亦明確云『卒年七十三』。曹學佺生於一五七四年,卒於一六四六年,年七十三(按公曆計算,則生於一五七五,卒時七十二),可以定論[二]。《明史》『走入山中』之説亦誤,《大宗伯曹能始先生輓章一百八十韻》自注云:卒於西峰里第,投繯而死。西峰里爲曹氏晚年在福州城的另一住處。

[一] 曹學佺生卒年,近年研究多以爲生於一五七四年,卒於一六四七年,如:《明詩選》,二〇二頁(北京:春秋出版社,一九八八年);《明詩三百首譯釋》,四八一頁(長春:吉林文史出版社,一九九三年);《明詩選》,五三九頁(北京:人民文學出版社,二〇〇三年);《曹學佺集》,卷首二頁(南京:江蘇古籍出版社,二〇〇三年),均沿《明史》年七十四而誤。李聖華《晚明詩歌研究》,二一〇頁(北京:人民文學出版社,二〇〇二年),作一五七四—一六四六,不誤,然無考證。

是歲，王宇生。

宇，字永啟，閩縣人，萬曆三十八年（一六一〇）進士，有《亦園詩略》、《亦園文略》等。

按：王宇《癸丑除夕》：『虛度流光四十年。』（《亦園詩略》）萬曆四十一年癸丑（一六一三），年四十，逆推，生於是歲。

是歲，鍾惺生。

譚元春《退谷先生墓誌銘》：『生於萬曆甲戌七月二十七日。』（《譚元春集》卷二十五）

是歲，謝杰成進士。

謝肇淛《明故資政大夫太子少保户部尚書叔祖繹梅公行狀》：『甲戌，成進士，所奏公車制義，勃窣理窟，藻績相鮮，至今猶爲遠近傳誦也。』（《小草齋文集》卷十七）

萬曆三年乙亥（一五七五）　十五歲

是歲，徐㷁六歲。

是歲，隨父在茂名。

是歲，把總邵岳方策擒斬倭寇于福清牛山。

曹學佺《倭患始末》：『三年，參將呼良朋、把總邵岳方策擒斬倭寇于牛山東洋。』（《湘西紀行》下卷）

萬曆四年丙子（一五七六） 十六歲

是歲，徐㶿七歲。

是歲，隨父離開茂名往永寧。詳下。

是歲，父擢永寧令。

《先考永寧府君行狀》：『丙子歲，擢永寧縣令。永寧，巖邑也，界萬山中，土瘠民貧，而又喜訟。先君雅不長吏事，性又畏聞箠楚，寧一歲租庸不上三千緡，先君僅能徵其半。當事者以爲拙於催科，時時督過。故作令兩載，奪去俸錢者亦幾半。先君謂民色如菜，奈何更剥其脂令立槁乎？竟不加一箠。民亦感悟，稍稍繈屬委輸矣。先君性狷介，而春秋又高，不任勞苦，恥束帶對吏卒，及退食則顰蹙不堪。』（《幔亭集》卷十八）

徐㶿題《金精山志》：『丙子遂擢永寧，皆二詩之力也。』（《重編紅雨樓題跋》卷一）

按：『二詩』，即萬曆元年（一五七三）、二年徐棉所作《登金精山》及《迎春詩》。

是歲，告别茂名友人陳建聖。

《與陳建聖孝廉》略云：『先君遊宦十年，獨于貴郡人士爲膠漆。即年老家居，一飯未嘗忘鉅鹿也。長逝者魂魄，安知不神遊於羅浮、五嶺之間邪？熥欲徼諸君之惠，得俎豆於名宦之列，不識輿論允否？倘諸君念及先人而疏於郡縣乎，奚令君於先人爲舊好，於熥有一臂之交，其督學使者有桑梓之誼，事未有不濟者也。熥且以明歲苴經造門下，一以成先人千萬年血食之舉，一與諸君子敘十七載契闊之悰。是在諸君留意焉。』（《幔亭集》卷二十）

按：此文作于萬曆二十年（一五九二），『十七載』前，即是歲。

是歲稍後，爲道伯父事，因欷歔撰其傳。

《先伯父友軒公傳》略云：『余家世治生，未有籍名博士者。余父髫齡時不欲卒業，伯父顧謂曰：「大丈夫當以經術鳴世，光我宗祊，安能世事刀錐之末與賈豎伍也？即我徐氏世無顯者，然能鋭志淬礪，王侯將相甯有種乎哉？弟勉之矣！」余父聞之，遂終儒業。伯父沾沾自喜。鹽米升斗之事，以身肩之，不以艱難瑣屑妨余父業。余父喜交遊，至履滿門户。伯父代爲延欵，有投轄之風焉。及與髦士校藝，供饌楮墨之費，皆伯父所給，毫無吝色。及余父得游黌序，伯父喜甚。再越年，得受餼廩，爲藝士嚆矢，伯父喜又甚。人皆以伯父春秋甚盛，將來食餘，父報有日，而伯父遽以無嗣終。疾革時，呼余父謂曰：「我不幸中道而殁，老父年逾六袠，弟能昕夕奉菽水歡，我死且不朽。況弟異日飛采揚芳，光我徐氏，我在九京與有榮也。弟勉之矣！」言乞而瞑。聞者皆爲之悲悼。而余父素所交遊者，皆爲詩章輓之。迨余父登仕籍，伯父墓木已拱，時時爲熥道伯父事，因欷歔泣下，故余爲之傳其大概如此。熥曰：「吾宗自國初以來未聞有博士起家者，迨余父方得與薦紳之列，雖宦不過爲郎，然亦異於上世以處士終矣。向非伯父翼令就學，寧有是耶？則徐氏以經術鳴者雖自余父始，伯父之功也。

熥生晚，不及識伯父，每觀遺像則愴然悲生焉，故爲之傳，俾後嗣有業經術者知伯父之功、而處兄弟者法云。」』（《荆山徐氏譜》）

按：徐梅，字子魁，號友軒，弘治十八年（一五〇五）生，嘉靖二十九年（一五五〇）卒（《荆山徐氏譜》）。

是歲，謝杰以副使出使琉球。

謝肇淛《明故資政大夫太子少保户部尚書叔祖繹梅公行狀》：『丙子，琉球請封，公以副使偕給事中蕭崇業往。』（《小草齋文集》卷十七）

是歲，季弟熛生。

熛，字惟揚。熛著有《制義》一部，詳萬曆二十六年（一五九八）《譜》。卒於崇禎三年（一六三〇），參見該年《譜》。

是歲，蔡復一生。

復一，字敬夫，同安浯嶼（今金門縣）人，萬曆二十三年（一五九五）進士，有《遁庵全集》。張燮《明總督貴州等處兵部右侍郎兼都察院右僉都御史贈兵部尚書謚清憲蔡公行狀》：『生於萬曆丙子冬中念四。』（《群玉樓集》卷五十三）鍾惺《蔡先生傳》：『伯子（復一）少惺二歲。』（《隱秀集》卷二十二，上海古籍出版社，一九九二年）。惺生於萬曆二年（一五七四），知復一生於本年。

是歲，王叔魯生。

王叔魯，字少文，閩縣人。卒於萬曆二十一年（一五九三），年二十（詳郭柏蒼《柳湄詩傳》，《全閩明詩傳》卷四十一引）。逆推，生於是年。參見萬曆二十一年（一五九三）《譜》。

是歲，沙門悟宗於鼓山鑿石穿洞爲三門。

王應山《閩都記》卷十二『郡東』：『（白雲洞）在（鼓山）海音洞洞下。由黄坑而登，可以里許，嶮巇峻峭，巨石棋置。萬曆丙戌，沙門悟宗始闢，鑿石穿竇，爲三天門，又有水懸注，名「吼雷湫」。有潭名「印月潭」。』

是歲，倭船百餘隻突澎湖；此歲之後，倭患稍熄。

曹學佺《倭患始末》：『四年，林鳳復駕大夥倭船百餘隻，乘風突至彭湖……鳳遁後，閩中倭患稍熄。』（《湘西紀行》下卷）

萬曆五年丁丑（一五七七） 十七歲

是歲，徐㶿八歲。

是歲，隨父在永寧。

是歲，林光宇生。

光宇，字子真，侯官人，萬曆布衣，有《迫起篇》。曹學佺《林子真詩序》：『歲辛卯，予獲博

士弟子員，與子真同。子真年十五耳，予長有三春秋。』（《石倉文稿》卷一）

按：學佺生於萬曆二年（一五七四）。

是歲，陳鴻生。

鴻，字叔度，一字軒伯，侯官人。曹學佺有《叔度五旬初慶爲八月望前一夜賦贈》（《桂林集》卷中），曹學佺又有《壽陳叔度》：『寂寥中有趣，患難昔相親。倏忽韶光裏，明年六十春。』（《西峰六二集詩》）崇禎八年（一六三五），學佺年六十二，鴻年五十九。曹學佺又有《叔度六十初度》，見《西峰六三集詩》，崇禎九年（一六三六），學佺年六十三，鴻六十。逆推，鴻生於是歲。

按：八月十四爲陳鴻生辰。

又按：陳鴻卒於清順治四年（一六四七），年七十二。周亮工《書影》卷四：『丙戌之變，能始殉節；叔度年七十二，不能自存，以貧病死。』丙戌，順治三年（一六四六）曹學佺九月十八投繯卒（詳徐存永《大宗伯曹能始先生輓章一百八十韻》，《尺木堂集·五言排律》）。叔度卒於後年。

是歲，按察使徐中行建福州西湖澄瀾閣，户部尚書馬森作《澄瀾閣記》（王應山《閩都記》卷十八，方志出版社，二〇〇二年）。馬森《記》見［萬曆］《福州府志》卷七十。

萬曆六年戊寅（一五七八）　十八歲

是歲，徐𤊹九歲。

是歲前後，爲邑庠生。

陳鳴鶴《徐熥傳》：『弱冠補學官弟子。』（《東越文苑傳》卷六）

按：弱冠爲二十歲左右。熥《下第呈孫子樂省元》：『十年依舊一儒冠。』（《幔亭集》卷七）《下第呈孫子樂省元》，作於一上春官下第之時，即萬曆十七年（一五八九），十年爲約數；《下第後書懷》其一：『誤戴儒冠十七年。』（《幔亭集》卷八）《下第後書懷》作于萬曆二十三年（一五九五）二下第之時，『十七年』，逆推，當爲本年或下年。

是歲或下一歲，娶鄭氏女。

按：據熥《祭外舅鄭茂才》（《幔亭集》卷十八），熥中舉前已參加過三次鄉試，皆憩翁家。首次鄉試在萬曆七年，則熥娶鄭女當在本年或下一年。前于本年，則熥仍隨父在永寧；娶鄭女當在父辭官回鄉之後。

是歲，父棉辭永寧令。棉過江西鉛山，壁間題留。爲微官十年，僅置宅一區，買田數畝。

《先考永寧府君行狀》：『永寧爲吉郡屬邑，故事令旬月，或數往郡中伏謁大吏。塗有嶺，名七溪，高蔽日月，而路如羊腸九折。先君每度嶺，愀然不樂。謂吾頭顱如許，尚數乘此險，彼迴車者何人哉?是以去志益决,投牒乞休。郡守爲太倉張先生,謂先君循吏,勉留數四。每牒上,輒匿去不爲轉聞,以此綏竟不得解。及張先生考績入都門,先君始掛進賢,棄五斗矣。是歲戊寅,先君年六十有六也。先君在寧,無赫赫功,及去寧後,百姓反思之,謂徐侯長者。』(《幔亭集》卷十八)

徐𤊹《三友墓祭掃約言序》:『先考永寧府君於萬曆戊寅致政,歸。』(《荆山徐氏譜·三友墓詩集詞文》)

徐𤊹有《重過鉛山旅舍讀先大人壁間留題追憶少侍宦遊忽經一十五載掩淚抓筆恭次一章》(《鼇峰集》卷十三)

按:此詩作於萬曆二十年(一五九二),十五載,逆推,則爲是歲。

是歲,夏,侯官、懷安大水。秋,大旱。

《福建通志》卷六十五『雜記』:『(萬曆)六年五月大水,侯官、懷安稼損十之八。是秋大旱。』

萬曆七年己卯(一五七九) 十九歲

是歲,徐𤊹十歲。

是歲前後,豪於詩。不喜經生業,然而及試,皆異等。

陳鳴鶴《徐熥傳》：『弱冠補學官弟子，而豪於歌詩，雅不睹經生業，及試，皆異等。諸爲經生業者，咸不敢仰視，而心下之。』（《東越文苑傳》卷六）

是歲，縣考童生第七名，補博士弟子員。

陳价夫《徐惟和行狀》：『永寧公既免令家居，時惟和年十九，始就試，冠諸生，補博士弟子員。』（徐㶿選鈔本《招隱樓稿》，藏上海圖書館）

作《爲家不治恒屋論》，題下注：『徐熥，十九歲。黃縣尹考童生第七名。』（載入《紅雨樓集·鼇峰文集》册九，《上海圖書館未刊古籍稿本》第四十四册）

按：此文是童子試之文。黃縣尹，即閩縣知縣黃門。黃門，見［乾隆］《福州府志》卷三十三。

是歲，府考童生。

作《吳兢直筆論》，題下注：『徐熥，十九歲作。潘府尊考童生。』（載入《紅雨樓集·鼇峰文集》册九，《上海圖書館未刊古籍稿本》第四十四册）

按：潘府尊，即福州知府潘頤龍。頤龍，字躍卿，錢塘人，嘉靖四十四年（一五六五）進士，萬曆初知福州。

是歲，鄉試，不利。

《祭外舅鄭茂才》：『翁居鄰棘闈，熥每就試，皆憩翁家，翁爲治供具，寢不能睦，乃三試而三

不利，翁反慰藉之。最後幸領鄉書。』（《幔亭集》卷十八）
按：萬曆十六年戊子（一五八八）中舉（詳該年《譜》），前此，三試不利，即本年、十年壬午（一五八二）和十三年乙酉（一五八五）。

是歲，翁正春、葉向高舉於鄉。
按：詳［乾隆］《福州府志》卷四十。

是歲或次歲，弟㶿游邵武。
徐㶿《樵川感舊》：『年少曾爲此地遊，俄然三十度春秋。』（《鼇峰集》卷二十一）
按：此詩作于萬曆四十七年，三十年前爲是歲或次歲。參見《㶿譜》。

是歲，謝杰出使琉球。海上遇颶風。
謝肇淛《五雜組》卷四《地部》二：『封琉球之役，無不受風濤之險者。萬曆己卯，予從祖大司農公杰以大行往，颶風大作，雷電雨雹一時總至，有龍三倒掛於船之前後，鬚捲海水入雲，頭角皆現，腰以下不可見也。舟中倉皇無計。一年長曰：「此來朝璽書耳。」令扶使者起，親書「免朝」示之。應時而退。』

是歲，閩省始設鹽道。
曹學佺《鹽政》：『萬曆六年，始設鹽道，以憲臬大夫領之，上爲直指分托之官，下爲轉運受成之官也。』（《湘西紀行》下卷）

是歲，裁懷安縣。

《福建通志》卷六十五『雜記』：『三月，裁懷安縣，併入侯官縣。』

萬曆八年庚辰（一五八〇） 二十歲

是歲，徐熥十一歲。

是歲，父自營壽藏於閩縣易俗里岳後山。

徐熥《祭酒嶺造墳記》：『（先子）庚辰之冬自營壽藏於閩縣易俗里岳後山，先子於堪輿家不甚曉暢，且有伯倫荷鍤之念。』（《紅雨樓集·鼇峰文集》册九，《上海圖書館未刊古籍稿本》第四十四册）

按：參見萬曆十九年（一五九一）、四十一年（一六一三）《譜》。

是歲，謝汝韶致仕。

謝肇淛《先考奉政大夫吉府左長史天池府君行狀》：『得請致仕歸，歸年才四十有四耳。府君既黑髮縣車仕，鬱鬱不得志，益不復欲與世接，居恒杜門却掃，兀坐終日，客過從者罕得見其面。』（《小草齋文集》卷十七）

按：謝汝韶生於嘉靖十六年丁酉（一六三七）五月三日，是歲年四十四。

是歲，俞大猷卒。詳何世銘《俞大猷年譜》（泉州文獻叢刊第五種，一九八四年手書油印本）。

是歲，林古度生。

林古度，字茂之，一字那子，林章子，福清人。

徐𤊹《寄林茂之》略云：『拜手劄及《白兔賦》、《六十自述詩》，筆花猶然燿燦，足徵神王，漫賦一詩爲祝，聊見遠情。弟今年七十矣，兄能贈我一篇乎否……己卯十月。』（《紅雨樓集·鼇峰文集》册四，《上海圖書館未刊古籍稿本》第四十三册）

按：𤊹七十，古度六十，𤊹生於隆慶四年庚午（一五七〇），則古度生於是歲。

吴嘉紀《一錢行贈林茂之》云：『先生春秋八十五。』汪楫有同題作，其序云：『甲辰（一六六四）春，林茂之先生來廣陵，余贈以詩……』孫枝蔚《廣陵倡和集序》云：『甲辰之春，八閩林茂之……海陵吴賓賢（嘉紀）、新安程穆倩、孫無言（枝蔚），上人梵伊，皆集于江都。』（《溉堂文集》卷一）

按：甲辰年八十五，逆推則生於萬曆八年。

郭柏蒼《全閩明詩傳》卷四十三引《柳湄詩傳》：『古度生於萬曆九年（一五八一），卒於康熙五年（一六六六），壽八十七。』

按：郭説誤。如按郭所記，古度卒時八十六，而非八十七。王士禎《林茂之詩選序》：『（古度）丙午（一六六六）下世。』曹學佺有《林茂之六秩壽文》（《西峰用六篇文》），《西峰用六篇文》一集之文均作於六十六歲之時，此年古度六十歲；曹學佺生於萬曆二年（一五七四），長古度六歲，則古度生於萬曆八年。丙午（一六六六）下世，年八十七。

萬曆九年辛巳（一五八一） 二十一歲

是歲，徐㶿十二歲。

約於是歲，與謝肇淛等往還無間。

謝肇淛《陳女翔詩序》：『謝子曰：余束髮從二三子遊，得女大、惟和及女翔者最早，意氣神情相往還無間，酒人市上，少年場中，無不俱也。』（《小草齋文集》卷四）

按：束髮，十五歲左右。

萬曆十年壬午（一五八二） 二十二歲

是歲，徐㶿十三歲。

是歲，鄉試，二不利。

按：詳《祭外舅鄭茂才》（《幔亭集》卷十八）。

是歲，省懷安縣，併入侯官。

按：詳［萬曆］《福州府志》卷一。

萬曆十一年癸未（一五八三） 二十三歲

是歲，徐𤊹十四歲。

是歲，初學《唐三體詩》，並批點，而未爲中的。

徐𤊹題《唐三體詩》：『《唐三體詩》一册。先君云：「丙寅年在京師得之林天迪先生。中硃筆評騭者，天迪也。」迨萬曆癸未、甲申間，先兄初學時又加批點……少時事，未免謬悠，不爲中的……萬曆戊申冬十二月十二夜燈下，徐惟起興公書。』（《重編紅雨樓題跋》卷一）

是歲，林方壺卒，作《哭林方壺先生》詩。

徐𤊹又題《伯兄詩卷》：『林方壺先生爲諸生日，與伯兄有投分之誼。先生登第，出守茶陵，遂爾仙逝。先兄聞訃，有詩哭之云：「文章自昔擅名流，二十分符楚國游。正羡雲逵方發軔，誰知夜壑即藏舟。魂隨岳麓家何在，淚灑湘江恨豈休。華表鶴歸歸未得，雲陽山下不勝愁。」賦此詩時，先兄年才二十三也。先兄既歿，余爲選梓《幔亭全集》，盡棄其少作。』（《重編紅雨樓題跋》卷二）

按：參見天啟元年（一六二一）《譜》。此詩不見《幔亭集》。

是歲，林春澤卒，壽百有四。

徐𤊹《竹窗雜録》『百歲詩贊』條：『林旗峰公春澤，登正德甲戌進士，官太守，卒萬曆癸未，年一百四歲。』（徐𤊹《榕陰新檢》卷十六《詩話》引）《柳湄詩傳》：『春澤卒于萬曆癸未十月，壽百有四。』（《全閩明詩傳》卷十六）

是歲，葉向高成進士。

按：據《明史·葉向高傳》。

是歲，趙世顯成進士。

按：詳喻政［萬曆］《福州府志》卷四十七，何喬遠《閩書》卷七十五《英耆志》。

萬曆十二年甲申（一五八四）　二十四歲

是歲，徐𤊹十五歲。

夏，登鼓山。

作《遊鼓山集序》，略云：『鼓山東臨大海，其高無量。余自甲申夏至戊子秋，五年中三登其頂，而景界變幻，皆成瑰觀。』（《幔亭集》卷十六，又黄任《鼓山志》卷七）

按：參見萬曆十八年（一五九〇）《譜》。

作《重游喝水岩萬曆甲申年夏》，略云：『當年舊社成陳跡，春雨春花點地斑。』（黄任《鼓山志》卷十二）

按：《幔亭集》所載詩，作年可考者似以此篇爲最早。

是歲，有樵川之役，客邵武通判李逢傳舍半年。于嵩山蘭若識齊將軍；又遇鹿白（守黑）山人作傳。

《邵武府通判李公暨元配林孺人行狀》：『癸未，擢判邵武……及公佐邵也，又客公傳舍者半載，有孔、李之誼。』（《幔亭集》卷十八）

謝汝韶《送徐惟和之昭武謁李別駕》：『南州徐孺子，何事邵陽行。爲有登龍願，應懸結駟情。高軒千里過，短棹九溪横。山鳥知人意，嚶嚶求友聲。』（《幔亭集》卷四）

按：昭武，即邵武。

又按：是歲李逢判邵武，熥客傳舍當在萬曆十一年（一五八三）至萬曆十五年丁亥（是歲逢卒）間，據《昭勇將軍齊公壽序》（詳下），是歲有樵川之役，則客邵半年在此時。

《昭勇將軍齊公壽序》：『高皇帝削平宇内，大封功臣以藩衛王室，公侯輻輳於内，衛所星羅繡錯於外。齊將軍其先温姓，爲勝國駙馬，從高皇帝定天下有功，賜姓齊氏，封於樵，食萬户，傳幾世而至於將軍……甲申余有樵川之役，識公于嵩山蘭若，相得甚歡，未幾而别。』（《幔亭集》卷十七）

《鹿守黑山人傳》：『余雅聞樵川知名之士，則守黑山人爲著。山人早歲補邑諸生，爲樵士所推轂。武昌吴明卿先生分竹樵川，尤愛重之。一日，山人讀司馬子長書，乃仰天嘆曰：「大丈夫當周遊四方，上友千古，奈何屈首蓬户，占嗶六籍以終世耶？」於是棄去舉子業，爲吴越齊楚之遊。凡名山大川，所至無不歷覽。而海内賢豪長者，如顧聖之、張幼于、周公瑕輩，皆慕山人之高，引爲莫逆。山人精於詩，尤精於書畫。寫其山水，得格於沈啟南，美人得本於唐子畏，書法師山谷老人。其詩風流藴藉，一以唐人爲宗。今年甲申，余有樵川之遊，得遇山人於旅邸，傾蓋之下，遂交歡重也。山人天性高邁，不喜偕俗，不修邊幅。所與遊者，皆倜儻磊落之士，行止去來，一任其意。至於詩畫，惟自適己志，求者亦不甚多得。每落筆時，則蒼頭供茶具，或進疎酌，數觥微醺而止。故其畫不墮俗品，自成一家……老氏知其白，守其黑。山人姓鹿，名白，字守黑。其等魯人。』（《幔亭集》卷十七）

是歲，長子莊生。

按：《荆山徐氏譜》：『莊，字則敬，又字存重，號漆園，又號齊周。行一百七十一，惟和公長子，邑庠生。生萬曆十二年甲申八月初十亥時，卒崇禎六年癸酉六月二十三日己時，壽五十。』

按：《途中感遇效同谷七歌·五歌》：『男年十五女七歲。』（《幔亭集》卷三）此歌作于萬曆二十六年（一五九八），是歲莊年十五，逆推，則生於本年，與《荆山徐氏譜》合。

萬曆十三年乙酉（一五八五）　二十五歲

是歲，徐𤊹十六歲。

是歲，王世懋督學閩中，讀熥讀《易義》，爲之擊節。熥考第六名。省試，已入圍，有阻之者。三不利。自是與陳椿、陳鳴鶴、陳仲溱、陳宏己、鄧原岳、謝肇淛、陳价夫、陳薦夫等結社賦詩，殆無虚日。

謝肇淛《遊燕記》：『方先生督閩學，時拈余文曰：「是誰氏子？將來必爲名士。」讀惟和《易義》，則擊節欲設皋比以待之。』（《小草齋文集》卷七）

作《孔子思狂狷之意論》，題下注：『乙酉年王麟洲宗師考第六名。』（載入《紅雨樓集·鼇峰文集》册九，《上海圖書館未刊古籍稿本》第四十四册）

按：王麟洲，即王世懋。世懋，字敬美，號麟洲，嘉靖三十八年（一五五九）進士。萬曆十三年爲福建督學副使。

陳价夫《徐惟和行狀》：『歲乙酉，王敬美先生督學閩中，惟和試居高等，食諸生稟餼，於是名籍籍起。是歲，試省闈，主司已擬入格，將魁，閩士會有阻之者，竟不果録。惟和乃益厭習公車業，刻意攻古文詞，與陳秀才汝大、汝翔、陳山人惟秦、振狂、鄧憲汝高、謝司理在杭，及不佞价夫、弟薦夫輩數人，結社賦詩，刺來筒往，殆無虚日。』（徐𤊹選鈔本《招隱樓稿》，藏上海圖書館）

按：《祭外舅鄭茂才》：『熥爲諸生時，翁最憐愛之，謂富貴可立取。翁居鄰棘闈，熥每就試，皆憩翁家，翁爲治供具，寢不能睦，乃三試而三不利，翁反慰藉之。』（《幔亭集》卷十八）

是歲，結識莆田游士豪。

《建溪逢游宗振》：『與君神交今十載，彼此飄零隔湖海。』（《幔亭集》卷三）

按：游士豪，字宗振，莆田人。

又按：此詩作於萬曆二十二年（一五九四），逆推，結識游士豪約在是歲。

是歲，弟𤊹十六歲，題《石鼓文墨本》。

徐𤊹《石鼓文墨本》：『此文先輩林肖約天駿所書也。内闕二板，尚可求之故家，補入則成完璧矣。乙酉春日。興公書。』（《重編紅雨樓題跋》卷二）

按：此文或爲徐𤊹現存最早之文。

是歲，黄道周生。

道周，漳浦縣銅山深井村（今屬東山縣）人，字螭若，號石齋，天啟二年（一六二二）進士。有《黄漳浦集》。據莊起儔《漳浦黄先生年譜》卷上，生于是歲。

是歲，鄧原岳舉於鄉。

按：據［乾隆］《福州府志》卷四十。

是歲，黄居中舉於鄉。

按：據［乾隆］《泉州府志》卷五十四。

是歲，王世懋爲福建提學副使。

按：據［乾隆］《福州府志》卷四十六。

是歲，上元閩中燈燭天下獨盛，元夕火延燒千餘家。

謝肇淛《五雜組》卷二《天部》二：『天下上元燈燭之盛，無逾閩中者……萬曆乙酉春，不戒於火，延燒數千家，於是有司禁之，彩棚、鼇山漸漸減少，而他尚如故。』

是歲，閩郡雪，數十年未見。

謝肇淛《五雜組》卷一《天部》一：『閩中無雪，然間十餘年亦一有之，則稚子里兒奔走狂喜，以爲未始見也。余憶萬曆乙酉二月初旬，天氣陡寒，家中集諸弟妹，構火炙蠣房噉之，俄而雪花零落如絮，逾數刻，地下深幾六七寸，童兒爭聚爲鳥獸，置盆中戲樂，故老云：「數十年未之見也。」』

萬曆十四年丙戌（一五八六）　二十六歲

是歲，徐𤊹十七歲。

是歲，周之夔生。之夔，閩縣藤山（今福州倉山）人，字章甫，崇禎四年（一六三一）進士。有《棄草集》。

按：據張玉範、劉大軍《周之夔與〈棄草集〉》（《棄草集》卷首，廣陵古籍刻印社，一九九七年）。

是歲，陳衎生。

衎，字磐生，閩縣人。萬曆諸生，《大江草堂集》、《大江二集》。陳衎《閏中秋同正則共酌梅石岡正則乘興寫醉月圖並詩見贈》：『君年六十二，我年四十九。』崇禎七年甲戌（一六三四）閏八月，逆推，衎生於是歲。

是歲，鄭邦祥生。

邦祥，字孟麟，閩縣人。謝肇淛妹婿，有《玉蟬庵集》。陳衎《得鄭孟麟凶》：『行年將四十，與汝適同庚。』（《大江草堂集》卷四）

按：陳衎生於萬曆十四年（一五八六），邦祥與之同庚，亦生於是歲。

是歲，李時成生。

時成，字明六，福州倉山人，有《白湖詩集》。周之夔《李明六杜兄白湖詩集序》：『予與李明六居同里，生同年。』（《棄草集》卷二，廣陵古籍刻印社，一九九七年）

按：周生於是歲，故知李亦生於是歲。

萬曆十五年丁亥（一五八七）　二十七歲

是歲，徐㓐十八歲。

是歲，登鼓山，重宿靈源洞。

作《重宿靈源洞懷珠上人丁亥歲》：『重借蒲團宿，吾師已度杯。煙霞虛白社，衣鉢入黃梅。猶憶無生偈，空餘般若臺。靈源今夜月，依舊照蒼苔。』（《幔亭集》卷五，又黃任《鼓山志》卷十一）

按：前游鼓山在萬曆十二年（一五八四）。

又按：《幔亭集》無『丁亥歲』三字。

是歲，與謝肇淛執經事顧大典。

謝肇淛《顧道行山水跋》：『余與唯和爲先生最得意士，而得先生畫各不數紙……憶丁亥歲與唯和初執經事先生。』（《小草齋文集》卷二十四）

是歲，始交陳邦注（平夫）。時陳价夫（伯孺）客珠崖，陳薦夫（幼孺）病，與『二孺』詩往來。

按：《二孺贈詩卷》：『丁亥歲，余始得交平夫。時伯孺方客珠崖，幼孺臥病義溪，僅以詩往來。』（《幔亭集》卷十九）

按：陳邦注，字平夫，閩縣人。价夫、薦夫從兄，布衣，隱居義溪，有《釣磯集》。

是歲，疑舉家有電白之行，遇亂。

作《亂後經電白縣有懷故園》：『一夜攙搶落，東南乍息兵。黃雲依舊壘，白骨委孤城。八口蠻煙路，千家野哭聲。故園殘月影，偏向馬頭明。』（《幔亭集》卷五）

作《樵川道中》：『雲蘿催暝色，霜葉老秋容。片月飛清影，寒山翠幾重。』（《幔亭集》卷五）

按：《亂後經電白縣有懷故園》在《重宿靈源洞懷珠上人》後，在《樵川道中》前。過樵川已在是秋，疑上二詩作于本年。

是歲前後，郡守江鐸重熥以國士之禮。

徐𤊹《上江中丞》：『爾時先伯兄某方困諸生，台臺拔之儔人之中，重以國士之禮。躬侍函丈，恩義彌深。』（《紅雨樓集·鼇峰文集》册三，《上海圖書館未刊古籍稿本》第四十二册）

是歲，弟𤊹始遊鼓山。

徐𤊹題《鼓山志》略云：『余自丁亥歲遊鼓山，迄今十五載，凡二十餘度。』（《重編紅雨樓題跋》卷一）

是歲，友人林應起等捐貲募眾，構方廣巖天泉閣。參見萬曆二十年（一五九二）《譜》。

《游方廣巖記》：『方廣巖在永福縣七都，石室弘敞，林壑勝絶。宋慶曆間，邑人黄非熊搜得之，遂架閣其中，以奉浮屠。歲久閣崩，屐跡罕至。萬曆丁亥歲，友人林熙工、陳汝翔、陳伯孺，同釋真潮往遊，感故址頽廢，熙工遂捐資募眾，構天泉閣，供方廣佛其中，真潮主之。』（《幔亭集》卷十七）

是歲，郡守江鐸于福州西湖孤山建亭。

王應山《閩都記》卷十七『湖中孤山勝跡』：『國朝萬曆十五年，郡守江鐸建亭（西湖孤）山巔，匾曰「三山别島」。』

萬曆十六年戊子（一五八八） 二十八歲

是歲，徐𤊹十九歲。

是歲，匯考第二名。

作《天子建中和之極論》，題下注：『徐熥戊子年江太尊匯考第二名。』（載入《紅雨樓集·鼇峰文集》册九，《上海圖書館未刊古籍稿本》第四十四册）

按：江太尊，即江鐸。鐸，字士振，仁和人，萬曆二年（一五七四）進士。

是歲，成舉人，爲太史楊起元所取士。

陳价夫《徐惟和行狀》：『戊子，始以《易經》領鄉薦。』（徐𤊹選鈔本《招隱樓稿》，藏上海圖書館）

徐日焜等《荆山徐氏譜·世系考》：『萬曆戊子科登潘洙榜。』

陳鳴鶴《徐熥傳》：『萬曆十六年，以鄉薦上春官。』（《東越文苑傳》卷六）

徐𤊹《中奉大夫廣西左布政使武林謝公行狀》：『戊子，以《詩經》舉於鄉。實嶺南太史楊公起元所取士也。』按：熥與謝肇淛同榜舉人。

按：起元，字貞復，歸善人，萬曆丁丑進士。

夏，有詩贈伎李儀卿，又制《青樓俠氣卷》。

作《青樓俠氣贈李姬》(《幔亭集》卷十三)。

作《青樓俠氣卷》:『萬曆戊子夏,余制《青樓俠氣卷》,贈伎李儀卿。同時倡和者十餘人,獨伯孺一歌膾炙人口。』(《幔亭集》卷十九)

作《青樓俠氣詩序》:『李姬儀卿者,廣陵麗質,越國名姝,幼出良家,長淪伎舘……風神姣矣,俠氣翩然,真爲吾党中人,豈墜風塵俗品。雲飛楚峽,夢魂曾托襄王;月暗秦臺,律吕未逢肅史。甘俟河清于白首,敢嗟薄命於青樓。雖車馬如雲,而寸心似水,幸適我輩,均屬賞音。紅拂佳人,顧英雄于逆旅;朱顔鄰女,窺才子于東牆。何意婦人,比蹤豪傑,不獨結抱衾之好,抑亦聞束綾之歌。一雙玉杵,堪携三斛明珠,可换湖州十年之約。緑未成陰,郵亭一夜之眠,紅猶在臂。數株楊柳,可垂牆内之絲;一片禪心,永作泥中之絮。漫題左券,以訂後期,所有贈言,彙録末簡。』(《幔亭集》卷十六)

按:參見萬曆二十七年(一五九九)《譜》。

秋,爲陳邦注詩集作序。登鼓山。

作《釣磯集序》:『余雅知平夫之能詩也。然平夫隱居義溪,足跡不入城市,雖耳其詩名,而不識其面孔。一夕,邂逅鏖山人旅邸,兩人目攝久之,及平夫出數語,余乃周章自廢。謂誰氏子長不滿五尺,能驚坐如此。遂通姓氏,各張頤大噱,握手如平生歡。平夫因出囊中詩一帙相示,余心賞之。年來遂結社爲詩,倡和不絶。平夫意氣高雅,弗諧於俗,與人交有古風。家世貴顯,而清約如寒士，諸所莫逆，無非賢豪長者。平夫性雖骯髒，又善自下，每得句，即令奚奴馳報徐卿。徐卿竄易彈射，無所避諱，平夫怡然而受之。徐卿有詩報平夫，平夫亦未嘗不爲徐卿指摘也，以此兩人交益歡。今年秋，余幸領薦書，將戒行李北遊燕都。適平夫《釣磯集》殺青方就，余乃携一卷入薊門，俟酒酣後求如荆高輩擊筑而歌之。平夫意氣翩翩在目矣。』（《幔亭集》卷十六）

按：據『今年秋，余幸領薦書，將戒行李北遊』，序作於中鄉試入京之前。

按：熥《遊鼓山集序》略云：『余自甲申夏至戊子秋，五年中三登鼓山。』（黃任《鼓山志》卷七）參見萬曆十二年（一五八四）《譜》。

按：自甲申夏至戊子秋三登鼓山，二登在萬曆十五年丁亥（一五八七）。詳該年《譜》。

十一月，與謝肇淛赴京考，徐𤊹送至劍津，肇淛有詩別之。陳薦夫有詩送之。

按：《述遊篇》『去年仲冬東行李』，知赴考在是歲冬。參見萬曆十七年（一五八九）《譜》。

謝肇淛《劍津別徐興公》：『羈心不成寐，欲別更淒涼。驛路千山色，長天一鴈行。江聲寒度月，劍氣夜飛霜。最羨東流水，從君入故鄉。』（《小草齋集》卷十二）

陳薦夫《燕京篇送惟和北上》略云：『帝京縹渺青雲裏，北□□城南易水。黃道祥光直北開，紫薇瑞色中宮起。十年王氣聚螭頭，百萬提封富生齒。峨峨閶闔映朝曦，藹藹樓臺澄夕紫……石渠天祿稱文苑，嚴樂鄒枚俱妙選。文奏能令封禪慚，賦成更覺甘泉淺。徐生慷慨文章客，八九胸中吞夢澤。神遊汗漫九垓青，豪氣憑陵五湖白。昨夜嚴霜忽戒途，京華萬里好長驅。謝公莫抗東山志，主父終投北闕書。君不見漢室功名重董賈，虛文抵用賦《三都》。』(《水明樓集》卷二)

按：『昨夜嚴霜』，閩中地氣暖，已入冬令。又據文意，當作於熥首次上春官時。

又按：《述遊篇》歷數途中艱辛云：『閩溪山水何太惡，水似瞿塘山劍閣。仙霞嶺上氣不平，黯淡灘頭膽將落。浙中水淺舟易膠，蒼頭牽纜如傴僂。一日才行十數里，舲前兀坐空百憂。歲除才到雲陽下，縣官正閉奔牛埧。停舟三日不得行，關吏相逢便相吒。楊子長江天際流，江豚吹浪神鼉浮。長年捩舵神色喪，可憐身世同輕漚。黃河之水名九曲，由來舟檝愁傾覆。石尤風急水奔騰，隔江少婦將兒哭。北方景物更荒涼，滿目黃沙古戰場。瘦馬驅馳髀肉損，酸風射眸肢體僵。馳馬衝寒過涿鹿，四郊倏忽飛滕六。千山萬徑少人行，暮抵良鄉無處宿。』(《幔亭集》卷三)

十一、十二月，與謝肇淛北上。舟次小箬溪、泛劍津，越何嶺、塔嶺、仙霞、西陽諸嶺，次龍丘。登富春山，過武林，眷妓月仙；過姑蘇，訪王稚登。十二月，廿七日過毘陵，廿九日至雲陽(南徐州)，除日于雲陽守歲，淒然有鄉閭之感，與謝肇淛相與欷歔。

作《舟次小箬溪遇邵廣文夢弼話别》(《幔亭集》卷五)。

按：王應山《閩都記》卷二十二『郡西北侯官勝跡』：『渡大目溪而西，爲松嶺鋪、白沙新驛、張聖廟、崇壽寺、雙髻峰、湯泉院、梅埔山、小箬驛、仁溪。』『小箬驛，在小箬溪口，今廢。又大箬，距驛五里，並濱江，多人煙。』

又按：邵夢弼，即邵傅，有《村巔集》。《詩人爵里詳節》：『邵傅，字夢弼，閩縣人。隆慶四年歲貢，官王府教授。』（《晉安風雅》卷首）

作《劍津夜泛》（《幔亭集》卷五）。

按：何喬遠《閩書》卷十八《方域志》『南平縣』：『劍津，又名龍津。府城東南，建寧、邵武二水合流之所。』

作《度何嶺憶家》（《幔亭集》卷五）。

作《塔嶺道中》（《幔亭集》卷五）。

按：［萬曆］《古田縣志》卷二：『塔嶺，在水口之北。嶺上有庵，庵前有塔。亦一奇勝云。』

作《仙霞曉發》（《幔亭集》卷五）。

按：李賢《大明一統志》卷四十二『衢州府』：『仙霞關，在江山縣南一百里，抵福建界。爲入閩咽喉之地。今置巡檢司。』

作《度西陽嶺》（《幔亭集》卷五）。

按：黄仲昭《八閩通志》卷十六『建寧府』引《建安記》：『西陽山，宋時，西陽太守全景文所居。』［康熙］《建寧府志》卷五：『西陽山，在清湖里。』

作《舟次龍丘遇尹光禄留飲賦謝》（《幔亭集》卷五）。

按：李賢《大明一統志》卷四十三『衢州府』：『龍游縣，在府城東七十里，本秦太末縣。東漢末孫吳分置豐安縣，又改太末曰龍丘……（宋）紹興復名龍游。』

又按：縣東有龍丘山。

作《雪中登富春山》（《幔亭集》卷七）。

作《西湖立春》（《幔亭集》卷五）。

作《姑蘇懷古》（《幔亭集》卷七）。

作《王百谷招飲半偈庵》（《幔亭集》卷五）。

按：王百谷，即王穉登，吳縣人。百谷，又作百穀。曹學佺《王百穀詩序》：『其交籍遍海内，人皆稱其爲廣大教化主，而不知其抗雲之節，嚌吐哺之行，不以其身傀也，如不終日也。』（《西峰六三集文》）半偈庵，王百穀庵名。詳姚之駰《元明事類鈔》卷二十九。

作《毘陵道中》（《幔亭集》卷五）。

按：毘陵，即常州，漢名毘陵。詳《大明一統志》卷十『常州府』。

作《蘭陵道中寄同社》（《幔亭集》卷七）。

按：蘭陵，常州之古名。東晉初所置僑縣，治所在今江蘇常州西北。李賢《大明一統志》卷十『常州府』：『蘭陵城，在府城北八十里萬歲鎮西南。』

作《南徐除夕》（《幔亭集》卷五）。

按：南徐，即鎮江。南朝劉宋時稱南徐。詳《大明一統志》卷十一『鎮江府』。

謝肇淛《游燕記》：『（上原缺）廿七日過毘陵，廿九日至雲陽，除日于雲陽□歲。徐生淒然有鄉閭之感，余笑謂桑弧夙志、萍海浮蹤，夢幻之間，詎宜自損？雖然高堂雙白，天涯孤身，饑渴之憂兩地同之，實汗顔于遠遊之戒。因相與欷歔。』（《小草齋文集》卷七）

謝肇淛《小草齋詩話》卷五：『月仙者，武林名妓也。戊子冬，徐惟和北上，過而眷之，越數夕，余至，妓詢徐孝廉不去口。』周亮工《閩小記》卷四引略同。

是歲，王世懋卒，年五十三。

參見嘉靖四十年（一五六一）《譜》。

是歲，友人陳士龍卒，年三十四。

陳仲見，字士龍，陳椿子。《亡友陳仲見秀才墓表》：『陳君仲見，年三十有四，以閩邑諸生卒，時萬曆十六年戊子歲也。』（《幔亭集》卷十八）

是歲，重修西湖澄瀾閣。

王應山《閩都記》卷十八『城西湖濱勝跡』：『（澄瀾閣）國朝萬曆五年，按察使徐中行建……十六年，知府江鐸重修。』

萬曆十七年己丑（一五八九） 二十九歲

是歲，徐𤊹二十歲。

正月，與謝肇淛北上。元日，泊舟京口。二日，由京口過揚子江。三日，過邵伯埭。六日，經淮陰拜漂母廟。八日，過下邳。十日，過彭城；在彭城見一異鏡。十九日，發彭城。廿日至沛，廿一日，渡沙河。廿三日，宿汶上。廿四日，至阿。廿七日，過恩縣，暮抵德州。廿八日，過景州。廿九日，宿河間府城下。途中作《帝京篇》，頗見豪情。

作《金山寺别恩上人》（《幔亭集》卷七）。

按：金山，明代在鎮江之北長江江中。

作《煬帝行宫》（《幔亭集》卷七）。

按：煬帝行宫，王象之《輿地紀勝》卷三十七『揚州』引《廣陵志》：『煬帝時，浙人項升進新宫圖，帝愛之，令揚州依圖營建。既成，帝幸之。』

作《揚子江望金山寺》（《幔亭集》卷五）。

作《漂母廟》（《幔亭集》卷五）。

按：漂母廟，在今江蘇淮陰。

作《下邳阻風》（《幔亭集》卷十三）。

按：下邳，今江蘇睢寧。李賢《大明一統志》卷十三『淮安府』：『下邳城，在邳州治東。魏武征吕布於下邳，决泗水以灌其城，即此。《寰宇記》：下邳城有三大城，中城吕布築，小城晉石崇築。』

作《彭城元夕懷故園諸友》（《幔亭集》卷十三）。

按：彭城，今徐州。

作《馬上姬》、《别劉少巳馮希吕》（《幔亭集》卷十三）。

作《經黄河寄懷陳平夫》（《幔亭集》卷七）。

作《易水道中答謝在杭》：『翩翩擊筑共游燕，慷慨行歌易水邊。九曲黄流看似帶，三春楊柳折爲鞭。詩成馬上無須草，酒買壚頭不論錢。此去長安應咫尺，與君同賦《帝京篇》。』（《幔亭集》卷七）

作《任丘道中》（《幔亭集》卷五）。

按：任丘，今屬河北。

作《帝京篇》，略云：『我家京洛何煌煌，山河錦繡軼隋唐。辮髮文身俱稽顙，雕題黑齒盡梯航。三載公車計偕吏，嚴樂鄒枚乘傳至。黄紙承恩金馬門，緑衣錫宴慈恩寺。勅賜當街上五花，金鞭絡繹更堪誇。市中春色濃如錦，身上宫袍爛似霞。』（《幔亭集》卷三）

按：此詩排在七古首篇，爲早年作。

又按：陳田《明詩紀事》庚籤卷二十五『吴兆條』：『非熊以《秦淮鬭草篇》得名，萬曆末詩家長篇如徐興公《玉主行》、鄭翰卿《半生行》、林初文《蛾眉篇》、徐惟和《帝京篇》，俱有盛名。』

謝肇淛《游燕記》記赴考日程甚詳：『元日泊舟京口，二日渡江。天朗風恬，時見江豚出没波間。東望碧海，漲天洪濤萬里，而金、焦二峰挺然砥柱，始信山川吐奇，固天所以限南北也。三日過邵伯埭，求謝東山遺愛，故址其□老尚能道説。六日舟泊淮陰城下，拜漂母祠。又二日至下邳，張子房進履圯橋及項羽下相城存焉。又二日至彭城。月既望矣，而客途方半，寢不成寐，回首故國燈華如晝，兒女歌舞沓雜，而旅邸寒燈獨對孤影，其不爲阮生之哭也者幾希矣。余夕憩邸中，問居停，主人曰：「期逼矣，可奈何？」對曰：「舟魯於行必以陸，而繫馬無至者，即至將爲强有力奪，吾爲若争之。」余哂曰：「争不可以訓，而公步行耳。」乃諸倉頭謂：「郎君體不任勞，奈何自輕千金軀？」力贊主人言。遲二日，而不獲一乘，於是争之議息。余以肩輿行矣。十九日發彭城，行三十里，夕宿道傍茅舍。廿日至沛，廿一日渡沙河，風寒冰合。廿三日宿汶上，廿四日至阿。阿大夫故爲齊威王烹者，余過之，阡陌汙萊，餓莩相屬，竊歎今之郡縣主可勝烹哉？廿七日過恩縣，午憩四女樹下，暮抵德州。廿八日過景州，漢董子故里及周亞夫細柳營，皆有祠焉。廿九日於獻縣東拜獻王墓，宿河間府城下。是日大風沙，晝晦□□不相見。』（《小草齋文集》卷七）

謝肇淛《文海披沙》卷八『鏡條』：『戊子冬，余與徐惟和孝廉計偕之彭城，逢市上鬻一鏡，面照如常，背照人影，倒見頤頞向上，當時傳觀驚駭，亦未買之。』（萬曆三十七年沈儆炌刻本）

按：戊子冬謝肇淛與徐熥北上，到彭城已是正月中旬，『月既望矣』。

二月，二日與謝肇淛至涿州，四日過潞河，日昃入京師。京士皆走熥，讀其詩，皆歎息。九日入院試，望後出。疥足呻吟，望與莆人陳翰臣晤談語。聞永陽盜猖獗，憂之。

謝肇淛《游燕記》：『二日至涿州，四日過潞河，日昃入京師。京師，古冀州箕尾之分，關塞諸山峙於西北，渾河諸水環乎東南，信天府百二之國也。北百里爲天壽山，西三十里爲西山，蜿蜒盤鬱，以拱神都，而宮闕之壯麗、人物之輻輳，不具論。惜余以試事妨，未極其遊耳。九日入院試，望後出。往省惟和，則疥足卧床頭呻吟，顧謂：「謝郎能脱余疾不？」余曰：「久不與阿舅譚耳，但稍借清虚爲汝除却滓穢，何物造化小兒能苦人如此？」乃豁然起坐，曰：「愈矣。能一從子卿語否？」余謹諾。』（《小草齋文集》卷七）

按：陳翰臣，字子卿，莆田人，萬曆十三年（一五八五）應天舉人，有《三秀集》。

陳鳴鶴《徐熥傳》：『春官所徵士及京師縉紳先生皆走熥，讀其所爲詩歌，皆歎息。』（《東越文苑傳》卷六）

三月，在京師。清明，與謝肇淛過燕南陳翰臣旅邸。下第，交結天下名士。擬出仕，謝肇淛勸其還山，時橐中金欲盡矣，親識者貸之，日浮于天庭、香山諸寺中。十六日，謝肇淛出都。徐熥後於謝肇淛出都南下。

作《清明日飲陳子卿燕南客舍》（《幔亭集》卷七）。

謝肇淛有《清明日同徐惟和過陳子卿旅邸得斑字》：『柳色滿燕關，行歌意氣閒。春當愁處暮，家在夢中還。帝闕雲常紫，邊城草自斑。天涯有知己，應得慰離顔。』（《小草齋集》卷十二）

謝肇淛《游燕記》：『子卿者，莆人陳翰臣也，與余二人雅相好，遂以清明日扣之邸中，至則命酌，譚及夜分，拈韻爲詩。越五日榜出，而三人同被□（疑爲『放』字），余故自達，既放則了，了不復芥蒂，束裝視徐生。徐生不任跋涉，謂：「爾姑還山，吾將仕矣。」余時寬譬之：「窮者士之常，且遇合有時，柰何遂寒鷗盟？商山紫芝不笑人欲狂哉？」徐生然余言，視橐中金纍纍欲盡，謀諸親識者，卒稱貸而益之，然日持螯拍，浮於天庭、香山諸寺中，未即行也。以三月十六日策一蹇蒼頭奴，挾一囊，風寒雨泣，行色凄然，回望長安，五雲縹緲。』（《小草齋文集》卷七）

按：肇淛十六日出都，熥後其數日。

陳价夫《徐惟和行狀》：『上春官，不第。往來燕趙吴越間，獲交四方諸名士百餘人，各恨把臂太晚，而惟和益慷慨自喜，囂囂然懼遊道之不廣也。』（徐𤊹選鈔本《招隱樓稿》，藏上海圖

書館）

作《李惟實過集客舍》：『可憐燈影裏，相對兩青袍。』（《幔亭集》卷五）

按：李元暢，字惟實，茂名人。萬曆二十年（一五九二）卒。詳該年《譜》。

作《下第呈孫子樂省元》：『黑貂裘敝出長安，客路春光已半殘。』（《幔亭集》卷七）知仍在三月。

作《出都門懷程五表兄》：『獻策不得意，呼童便束裝。』（《幔亭集》卷五）知下第後旋出都。

作《鄭城感舊》（《幔亭集》卷十三）。

按：鄭城，鄭城驛，在今河北任丘。《清一統志》卷十六『河間府』：『鄭城驛，在任邱縣儒學左。』

作《進香詞》（《幔亭集》卷十三）。

作《月夜》：『鶯花三月出燕關，千里家鄉幾日還。今夜月明天似水，夢魂先到武夷山。』（《幔亭集》卷十三）

作《懷平夫》，略云：『雪花飛盡柳花飛，目斷南天鴈影稀。』（《幔亭集》卷十三）

四月，謝肇淛自上月二十七日于彭城遲熥，四晝夜，即本月初二，熥後至。游邵伯湖，六日，過淮陰。九日，抵瓜州。十日，渡江。十一日，抵毘陵。十二日，陟虎丘；十三日，訪張獻翼於曲水草堂，又於諧賞園別顧大典，又訪王穉登。十四日，過婁江，謁王世懋墓，哭之。十六日宿吳江顧先生家，先生角巾出迎。次日，登舟。二十日，江鐸招遊；過杭州六和塔賦詩，欲題壁，遭僧呵叱；復過月仙，贈詩。廿六日，過嚴陵臺。廿八日，泊蘭溪，日與謝肇淛談，鋒甚健；颶風撼舟，波濤洶湃；渡江，舟幾覆。

謝肇淛《彭城遲徐惟和不至》：『淮水花飛送暮春，雁行中斷淚沾巾。天涯莫歎無知己，與爾同爲失路人。』（《小草齋集》卷二十七）

按：『失路人』，爲下第時作。肇淛兩次赴考，一在今歲；一在萬曆二十年（一五九二），後一次肇淛已成進士，故知此詩作於是歲。

作《平望舟中同在杭晚眺》（《幔亭集》卷七）。

按：平望，平望湖。李賢《大明一統志》卷十二『揚州府』：『平望湖，在興化縣北二十里，南接官塘。其水四望平坦，故名。』

謝肇淛有《邵伯湖晚望同惟和賦》：『萬里澄江碧，孤舟路欲迷。遠山天畔小，殘日鴈邊低。雲影空蘆渚，波光浄柳堤。羣鷗沙際起，鄉思轉凄凄。』（《小草齋集》卷十二）

作《遊虎丘寺》（《幔亭集》卷五）。

作《同吴之衛馬雲卿飲張幼于曲水草堂》：『兩度過吴市，今來得問奇。榻從花下設，人在竹間窺。座客皆黄髮，先生自白眉。名園依曲水，芳宴共題詩。』（《幔亭集》卷五）

按：吴城，字之衛。長洲人。馬繼龍，字雲卿，保山人。張獻翼，字幼于，長洲人，太學生。

又按：張獻翼萬曆二十二年（一五九四）爲《幔亭集》作《序》，詳該年《譜》。

作《諧賞園别顧世卿》（《幔亭集》卷五）。

按：諧賞園，錢謙益《列朝詩集小傳》丁集中『顧學使大典』條：『（顧大典）家有諧賞園、清音閣，亭池佳勝。』顧大典，字世卿，字道行，吳江人，隆慶二年（一五六八）進士。

作《王百谷半偈庵贈順公》（《幔亭集》卷七）。

作《婁江哭王太常敬美先生》（《幔亭集》卷七）。

按：婁江，江蘇太倉。

作《哭王太常墓》，略云：『一夜文星落太空，中原驚歎失人龍。』（《幔亭集》卷七）

作《贈月仙》『匆匆相見未分明，别後逢人便寄聲。萬里歸期看乳燕，一春心事付流鶯。柳枝猶記當年曲，荳蔲難消此夜情。搗盡玄霜三萬杵，夢中還見舊雲英。』（此詩集不載，見謝肇淛《小草齋詩話》卷五，周亮工《閩小記》卷四引，詩原無題，題筆者所擬）

謝肇淛《小草齋詩話》卷五：『翊歲，下第復過（月仙），竟諧繾綣，徐作詩云云。』

按：周亮工《閩小記》卷四：『萬曆己丑，謝在杭與徐惟和下第，過杭州六和塔，愛其幽静，各賦一詩，欲題壁間，而寺僧號呼：「奈何浪疥吾壁！吾且取水滌之。」』

謝肇淛《游燕記》於是歲四月行程記之甚詳：『廿七日至彭城，徐生車先發而後至，同侶促行，余謂：「徐生不在，吾無以爲質矣。」遲之四晝夜而始至，至則同舟而渡，風逆舟不能前。

四月六日過淮陰，題詩漂母廟中。九日抵瓜州，與惟和步至□邊觀豚戲。十日渡江，欲登金山，長年以風不順不可。十一日至毘陵，十二日陟虎丘，蒼木夾道，奇巘疊出。入數十步，又爲吴王試劍石，左憨憨泉。又進爲生公講堂、點頭石及千人坐石，石勢嵯岈，而流泉湛然縈其側。後爲劍池，男女沓遝數百人及僧道輩，攜梧□環坐泉石間，秦女戲行梯、戴竿走繩之屬，中有少年沙彌清慧，頗可與語。徐生頻目攝之，余哂曰：「性行精通，石可點頭，而不能感一僧乎？」一笑而去。上下閣數十□間，壁題殆遍，皆污穢不可近。日夕乃登舟，暮入姑蘇，訪王百穀不遇，得其所留書劄。翌日訪强善長，時惟和復訪張幼于於赤城山房，余以道遠弗能從而歸。十四日有婁江之役，太常王敬美先生捐館舍歲餘矣，方先生督閩學，時拈余文曰：「是誰氏子？將來必爲名士。」讀惟和《易義》，則擊節欲設皋比以待之。迨余二人就公車徵，而先生之訃至，是以來吊。是夜月明如晝，碧濤萬頃，水雲煙樹，種種奏奇，漁歌欸乃，橈聲上下。□□人聯句爲詩，悼王先生之亡也，泫然涕下。翌日至其家，撫棺大慟，顧謂其子亭伯、閑仲曰：「伯牙死，鍾期破琴擗絃。先生不作，吾其已矣。士爲知己者死，何以報先生于九原？」二君噤不能對。暮别去。十六日宿吴江顧先生家。先生角巾出迎曰：「賢輩得無勞乎？姑置丘壑中，風波逼人，無早自苦也。」余唯唯退，則世卿搦槧以待曰：「虎頭爲幼輿臨池，請觀。」有徐元之者亦善畫，以緋梅索余詩。余出扇索作小景。是日飲讙。翌日登舟，二十日至武林，吾郡太守江先生家居，招爲西湖之遊。泛舟湖心亭下，望南北二高峰，拜岳武穆墳，以馬棰擊秦檜、万俟卨像。頃之日夕，未得縱觀。先生期以明日，而余以是時疫盛，不敢久淹辭。詰旦出郡城，步至月輪山下，登六和塔，殘碑篆刻，皆晉唐時甲子也。惟和與余口占賦詩，索筆題之。乃山僧疾呼：「奈何污穢神道，吾取水滌若詩。」余初艴然，既而嘻曰：「是烏足汙吾筆？」投之歸舟。廿六日過嚴陵臺，廿八日泊蘭溪，日與惟和譚百許語，鋒起如蝟，倦則取篋中書畫卷翫之，摩挲不已。時有颶風撼舟，波濤洶湃，余憶宋王榮老持扇，乃黄魯直書韋應物《滁州西澗》詩也。渡江風作，舟幾覆矣，投扇于江，乃獲免。因戲語惟和：「儻蛟龍睥睨至寶，奈何？」惟和曰：「吾與俱斃耳。」余瞪目視曰：「人言阿舅癡，阿舅信癡。若及於我，我爲澹臺子羽。」言訖，而風闃然，乃相與大笑。』（《小草齋文集》卷七）

按：是歲三月二十九天，四晝夜後爲四月初二。

五月，四日，抵清湖，五日，過江郎山，越仙霞嶺。六日，至浦城，嶺滑甚，歎風雨亦來作惡；七日，在浦城觀龍舟。八日，登舟；十日抵建寧（今建甌）。十一日，過黯淡灘。灘巨險，色栗生寒，汗津津下；夜泊吉溪。十二日，至囦溪，夜泛白沙。十三日，至家。

作《午日過江郎山》（《幔亭集》卷五）。

按：江郎山，李賢《大明一統志》卷四十三『衢州府』：『在江山縣志五十里，俗傳嘗有試氏兄弟三人登山巔，化爲石，故名。』

作《至家》（《幔亭集》卷五）。

謝肇淛《己丑五月至家二首》，其一：『鳥雀噪柴關，行人萬里還。高堂新白髮，茅屋舊青山。犬吠重來客，花驚久别顔。貧居無不可，且學舞斕斑。』其二：『相見兩悲歡，踈籬菊半殘。鬢衰兒不識，舌在婦相看。囊槖餘長鋏，滄洲有釣竿。夢魂驚未穩，猶畏路行難。』（《小草齋集》卷十二）

作《述遊篇》：『去年仲冬束行李，掩淚辭親赴燕市。今年五月將中旬，方能税駕歸田里。』（《幔亭集》卷三）

作《行脚僧》（《幔亭集》卷五）一詩在《至家》後《旱》前，當作於五六月間。

謝肇淛《游燕記》：『五月二日抵清湖，遊普陀岩，危石孑立，下瞰大江，後則修竹千竿，迎風成韻，亦僻處一勝云。四日發清湖，復望江郎，雲霧晦冥，雷電轟爍，不可逼視。余兩人下輿疾趨，未及旅邸而驟雨大作，濕襘褘如注。翌日，仙霞嶺滑甚，視昔之難倍之，至晡而驟雨復至。徐生曰：「甚矣，吾道之窮也，豈風雨能作惡哉？」六日至浦城，七日偕居停主人觀龍舟。龍舟以吾郡爲最勝，朱幡錦標，雲煜天日，渡艇千數，喧呼之聲，江水爲沸。顧視此處，祇可供一捧腹耳。午暑甚，憩新溪橋上啗楊梅，穩睡至暮忘歸。翼日登舟，十日抵建寧，十一日過黯淡灘。黯淡爲吾閩最險之所，長年挾柁，謂：「郎君毋恐。」余笑曰：「吾豈嬰兒？」出坐船頭觀之，石峻流急，巨浪躍起丈餘，下拍篷窗。余故未嘗覩，跳躍大呌，以爲奇絶，顧視徐生則色栗生寒，汗沾沾下矣。余聞北人入閩，語及黯淡，輒縮頸吐舌，今始信然。吾篙師視之，何啻兒戲？乃知南乘船，北使馬，非誑説也。夜泊吉溪，與惟和坐譚之。頃有鬼火十餘種，歷録林間，僮僕則恐，余呵之曰：「鼠輩若能譚，可來共語，不然者疾去，毋爲燕昭王墓前物，自取網罟也。」復視之，杳無所見矣。翌日至囦溪，夜泛白沙，月色朗妍，纖埃不起，銀河耿耿，碧落茫寒。余二人立篷上，爲「耶許」之歌，助諸蒼頭舉槳。夜分倦臥，但聞夢中棹歌咿唖，江聲滉漾。久之，曙光漸白，烏山點點，而無諸城上已笳鼓競發矣。』（《小草齋文集》卷七）

謝肇淛《五雜組》卷四：『閩中自浙之江山入度仙霞嶺，亦自險絶，北人度，汗津津下矣。余己丑夏下第，適天欲雨，暝雲四合，與徐惟和自絶頂直趨至平地，而後雨作。』謝肇淛又有《再度仙霞》：『絶巘削千層，年來兩度登。』（《小草齋集》卷十二）

七月，夏旱，入秋猶不雨，三農絶望，米價騰湧。

作《旱》：『入秋猶不雨，望已絶三農。處處憂貙虎，村村祭土龍。人情皆閔歲，天意豈乾封。米價騰如此，軍儲不罷供。』（《幔亭集》卷五）知詩作於本月。

作《嵩山寺贈淨上人》、《芝山寺逢游元封兼懷宗振》（《幔亭集》卷五）。

按：此二詩作于本年，月分待考，附繫於此。

按：游及遠，字元封，莆田人，萬曆布衣，有《小竹林草》。

夏秋間，于紅雨樓南園中構小齋，名『緑玉』。

作《陳价夫歸自崖州談粤中山水因懷舊遊》（《幔亭集》卷七）。

陳价夫《今我傳》：『歲在丁亥，越嶺南渡瓊海，六千餘里，梔欚藺足，謁州守世父於吉陽。歷秋涉冬，孟夏始返。畏途巇嶮，言之尚猶髮豎。己丑，入郡泮爲諸生。』（徐𤊹選鈔《招隱樓稿》）

按：价夫談粤中山水在此歲入郡泮爲諸生之時。

又按：价夫諸父朝錠由定海知縣，遷崖州知州，价夫萬曆十五年（一五八七）往遊。詳《全閩明詩傳》卷二十九。

作《送劉司理考績之京》（《幔亭集》卷七）。

作《贈蔡景明參知》（《幔亭集》卷七）。

謝肇淛有《贈蔡景明參知》：『功成去國伴滄浪，足遍雲山句滿囊。家散黄金收駿骨，匣留紫氣辨魚腸。鷫鸘裘敝貧猶俠，鸀鳿文成老更狂。我有梧桐今未爨，好將山水問中郎。』（《小草齋集》卷十八）

作《過邵夢弼廣文山居》（《幔亭集》卷七）。

作《送趙仁甫司理左遷之京》（《幔亭集》卷七）。

按：趙仁甫，字世顯，閩縣人。萬曆十一年（一五八三）進士。

作《哭邵夢弼廣文》二首(《幔亭集》卷七)。

作《緑玉齋記》:『余家九仙山之麓,寢室後有樓三楹,顏曰「紅雨」。樓之南有園半畝,園中有小阜……歲己丑,余下第還山,乃易構小齋于山之坪。』(《幔亭集》卷十七)

按: 參見卷首。

八月,謝肇淛、陳椿、陳薦夫等過緑玉齋,作詩。

謝肇淛《飲徐惟和緑玉齋得喧字》:『緑玉齋頭酒一尊,桃花疑是武陵源。飛雲片片時留榻,山色青青半在門。海國秋風聞落葉,鼇峰涼雨送黄昏。滄洲白眼愁看汝,若箇於今可避喧。』(《小草齋集》卷十八)

謝肇淛《八月十四夜同陳汝大陳伯孺集緑玉齋》:『秋色將分夜更涼,齋頭緑玉似瀟湘。風敲松韻渾成籟,衣過花陰别有香。海上孤峰先吐月,山中萬木早含霜。劇憐老子情非淺,還向南樓縱酒狂。』(《小草齋集》卷十八)

作《中秋飲西湖澄瀾閣觀妓》(《幔亭集》卷七)。

按: 澄瀾閣,在福州西湖。參見萬曆五年(一五七七)、十六年(一五八八)《譜》。

八、九月間,經沙溪口,會宗周。經劍浦,重陽前一日至邵武,寓寶嚴寺。

作《挽吴門沈汝明處士》、《齊將軍席上聞歌》(《幔亭集》卷七)。

作《送熊益中孝廉歸豐城》(《幔亭集》卷七)。

按：豐城，今屬江西。李賢《大明一統志》卷四十九「南昌府」：「豐城縣，在府城南一百六十里。」

作《贈黄瞻山先生》、《贈歌者》（《幔亭集》卷七）。

作《沙口夜泊答宗思兼見示》：「漫言潘岳猶年少，憔悴西風鬢易斑。」（《幔亭集》卷七）

按：沙口，即沙溪口，沙溪與閩江匯合處。

作《劍浦懷宗思兼先生》（《幔亭集》卷十三）。

按：南平，别稱劍浦。宗周，字思兼，閩縣人。萬曆中監生。

作《重陽前一日寓寶嚴寺》（《幔亭集》卷七）。

按：寶嚴寺，在邵武。黄仲昭［弘治］《八閩通志》卷七十八：「寶嚴寺，在府城北寧德坊。」

十二月，江郡守招飲西湖。除夕，同陳宏己過訪曾仕鑒（人倩）。本年雖下第，而除夕盡享天倫之樂，亦是一喜。

作《江郡侯招飲西湖同曾人倩謝在杭分得遊字》：「大夢山前春意動，澄瀾閣上雨初收。」（《幔亭集》卷七）

按：江鐸，字士振，仁和人，時爲福州太守。「春意動」，冬將盡。

謝肇淛《郡守江先生招遊西湖同嶺南曾仕鑒家舅徐熥賦》：「水晶遺殿控江潯，五馬何來問釣綸。臺榭當年成往事，湖山此日有高人。波光白送千峰雨，草色青回十里春。何似南屏

最高處，水雲如練雪如銀。』（《小草齋集》卷十八）

作《送黃居約司理英州》（《幔亭集》卷七）。

按：英州，今廣東英德。李賢《大明一統志》卷七十九『韶州府』：『英德縣，在府城西南二百二十里，秦爲南海郡……南漢於湞陽縣置英州，宋州仍舊，慶元初陞英德府，元改爲路，本朝改州爲英德縣。』

作《己丑除夕迎春同陳振狂過鐘山寺訪曾人倩適瀚上人至同得僧字》（《幔亭集》卷七）。

按：曾仕鑒，字人倩，南海人。

作《己丑除夕志喜》，略云：『老親歡膝下，稺子戲燈前。栢酒山妻進，辛盤諸弟傳。天倫有真樂，喜極不能眠。』（《幔亭集》卷十）

冬，爲周樸撰墓誌銘。

作《周國材先生墓誌銘》，略云：『先生諱樸，字國材，世爲河南開封西華人。當高皇帝時，有叔祖周順以慣戰頭目起家，周忠繼之。至始祖文，以從龍功授帶刀散騎舍人，既而文皇靖難，文始侯萬户，徙封閩中……先生生於正德乙亥十月十五日子時，卒於萬曆己丑十一月廿三日酉時，享年七十有五。官之友人林生者，爲卜葬地於閩縣東郊孝義里龍窟山，坐亥向己，當未得葬地時，官夢神人指示形勝，後得地，悉如夢中，其事甚怪。葬擇於某年某月某日某時。』（《幔亭集》卷十八）此文當作于本年或稍晚。

是歲，永福（今永泰）陳令平寇，爲作《録序》。

作《永福陳令平寇録序》，略云：『余嘗按閩往事，當英廟時，沙陽鄧茂七者，黄馘匹夫耳，荷鋤持梃，奮臂一呼，遂至毒流數歲，師老財費，其難始平。向令茂七之役，與土木之難同時而發，則朝廷方有北顧之憂，尚能裹糧整旅，用兵數千里外乎？而閩事其殆矣。始蓋起於一二有司畏兵養寇，遂至崩潰四出，不可收拾。至今言之，令人氣短。今年己丑春，余在京師，聞永陽盜甚猖獗，日夜撫膺，有桑梓之慮焉。及自燕歸，則盜已就剿，閩中安堵如故，實我陳侯勘定之力。其事具載石參知記中……寇平，吾鄉士大夫皆有詩歌誦侯功德，而林生彭齡、張生啟瀾等彙梓成帙，敬爲之序，俾考政者采焉。』（《幔亭集》卷十六）

按：陳思謨，河源人，永福縣令。『去之日，至元宿春，百既姓肖像祀之。』（［乾隆］《福州府志》四十八）

是歲，爲莆田周如塤山人作詩序。

作《周所諧詩序》：『友人周所諧亦莆人，困於布衣，稱山人者也。然意氣高邁，骯髒不阿。年五十，丘園自賁，未嘗妄與貴顯者遊。即其里中縉紳學士，非雅相知者，亦罕識其面。故其詩亦抒所自得，温厚雅馴，如明珠湛露，不墜煙火食氣也。若所諧者，可謂幽人之貞，志士之操矣。』（《幔亭集》卷十六）

按：熥《與周喬卿山人》：『遺稿幸備録付僕，且爲删定，謀之有力者行於世。毋令亡者

苦心五十年，竟扼腕於地下。』（《幔亭集》卷二十）

謝肇淛《周所諧詩序》：『己丑歲，余得《周所諧詩》讀之，業爲之序已。』（《小草齋文集》卷四）

按：周如塤，字所諧，莆田人，萬曆隱者。喬卿，如塤子，字千秋。熥《與陳彥宗秀才》：『所諧暴死，造物誠不可知。』（《幔亭集》卷二十）周如塤卒于萬曆二十年（一五九二），熥敘周生平，而未及卒事，序當作於其生前。熥序當與謝肇淛同作於是歲。

約於是歲，作《烏石山訪虛公》（《幔亭集》卷十三）。

按：虛公，烏石山鄰霄臺下太虛庵僧。王應山《閩都記》：『嘉靖初，有僧北來，頂大笠，趺坐烏石岩，後作庵今所。有泉、石、花、竹之勝，號太虛上人。歸寂，壽幾九十，竟不知何許人。』（卷十）相關詩有王應鍾《憩太虛庵》、顧大典《贈虛上人》、陳椿《過太虛上房》等。

是歲，弟𤊹題兄熥緑玉齋。

徐𤊹《緑玉齋敘》，詳本譜卷首。

約於是歲，陳薦夫作《六子詩·徐惟和》。

陳薦夫《六子詩·徐惟和》：『大徐吾同調，蚤歲稟英特。居常好遨遊，一一窮阡陌。探討了不聞，乃反富經籍。既解匡生詩，亦善梁丘易。起家應孝廉，徒步射奇策。魚目混隨珠，高雲鎩長翮。齊瑟不爲竽，荆山豈終石！物固有推移，君情無怵迫。』（《水明樓集》卷一）

按：據此詩詩意，當在熥第一次下第後所作，有勸勉慰藉之意。故暫繫於此。

又按：『六子』爲陳椿（汝大）、陳鳴鶴（汝翔）、徐熥（惟和）、徐𤊹（惟起）、陳邦注（平夫）、陳价夫（伯孺）。

是歲，督學耿定力請撫臺，以廢提舉司合祀羅倫、舒芬，署兩賢祠。

按：詳王應山《閩都記》卷六『郡城西南隅』。

是歲，福州大旱，郡守江鐸黷神。

謝肇淛《五雜組》卷一『天部』：『萬曆己丑，君郡大旱，仁和江公鐸爲守，與城隍約，十日不雨則暴之，既而暴又不雨，則枷之，良久時解。無何，江至芋江，登舟，墮而傷足，病累月，幾殆。人以爲黷神之報也。』

萬曆十八年庚寅（一五九〇）　三十歲

是歲，徐𤊹二十一歲。

正月，元日，曾仕鑒過訪；送曾仕鑒回嶺南。

作《庚寅元日曾人倩過訪同謝在杭分韻》（《幔亭集》卷七）。

徐𤊹同時作有《庚寅元日嶺南曾人倩集小齋分韻》：『東風披佛到林丘，辨得椒觴客暫留。已信韶華如轉轂，誰知人世只虛舟。青山我欲龐公隱，長路君爲陸賈遊。莫向尊前思故國，

梅花香處即羅浮。』（《鼇峰集》卷十三）

作《鐘山寺送曾人倩歸嶺南》（《幔亭集》卷七）。

謝肇淛有《庚寅人日同王汝存陳振狂登釣龍臺送曾人倩歸嶺南》：『亂山落日照登臺，一曲驪歌萬壑哀。覇業遠隨龍氣盡，春雲細逐馬蹄來。薄遊已倦休彈鋏，客路難分數舉杯。歸去羅浮明月夜，相思爲寄一枝梅。』（《小草齋集》卷十八）

曾仕鑒有《宿鐘山寺》：『竇地深雙樹，鐘山匝一枝。蓮燈供夜讀，香積假晨炊。過懶僧留弈，消愁獨吟詩。無心與俗混，名姓恐人知。』（王應山《閩都記》卷九『郡城西北隅』）

二、三月間，有南劍（今南平）之行。此間，謝肇淛同陳鳴鶴過緑玉齋，謝有詩懷熥。

作《春興》（《幔亭集》卷五）。

作《訪瀚上人》（《幔亭集》卷五）。

陳薦夫有《贈瀚上人》：『一衲敝如此，何年出白雲。法隨根器說，名厭衆生聞。燈火明無盡，風旛寂不紛。東溪禪定處，松月夜分明。』（《水明樓集》卷三）

作《溪行晚眺》、《清明客中寄惟起弟》（《幔亭集》卷五）。

作《同王玉生惟揚弟登劍州明翠閣因懷宗思兼先生》（《幔亭集》卷五）。

按：王崑仲，字玉生，閩縣人。善畫。南劍州，今南平。

作《王臺驛》：『灘聲寒午夢，鶯聲動春愁。』（《幔亭集》卷五）

按：王臺驛，延平古驛。

謝肇淛《同陳汝翔集綠玉齋兼懷惟和》：『一榻群峰對白袍，千竿寒玉照葡萄。山中客到星應聚，坐上詩成月漸高。花氣晴生陰洞霧，天風夜送海門濤。遥憐雙劍何時合，潦倒尊前首重搔。』（《小草齋集》卷十八）

作《劍浦得幼孺書》（《幔亭集》卷五）。

秋，歸家。與陳鳴鶴等集陳椿山齋。

作《舟行》二首，其一：『舟行正暮秋，晚眺思悠悠。』（《幔亭集》卷五）

作《秋日同女翔伯孺惟起集女大山齋》（《幔亭集》卷五）。

徐𤊹有《秋日同陳汝翔陳伯孺惟和兄集陳汝大于山草堂》：『蔣生三徑荒，今日過求羊。一榻蘿陰合，滿堦梧葉涼。晚楓當户赤，殘菊映衣黄。客散柴門寂，鳥聲喧夕陽。』（《鼇峰集》卷十）

按：徐𤊹此詩，《鼇峰集》似列於萬曆二十年（一五九二）[一]，就詩題及情調而言，似與兄熥《秋日同女翔伯孺惟起集女大山齋》同時作。

按：陳价夫，字伯孺，弟薦夫，從弟邦注，閩縣人，萬曆諸生。

[一] 陳慶元《徐𤊹年譜簡編》，《鼇峰集》附録，廣陵書社，二〇一二年。

作《病中遲陳道育不至》、《贈陳元之刺史》（《幔亭集》卷五）。

作《慰陳振狂失釣艇》三首，其一：『一夜秋江漲，聞君失釣艇。』（《幔亭集》卷五）

作《送江太守兵備三吳》：『登車覽轡正秋分，臥轍無能借寇君。』（《幔亭集》卷七）

謝肇淛作有《送郡守江先生備兵吳中》：『幾年臥治海城頭，此日攀轅不可留。露冕已看雙麥秀，星文遥指百花洲。山當繡嶺攢雲出，水合婁江抱郭流。六月飛霜隨使節，姑蘇臺上萬家秋。』（《小草齋集》卷十八）

陳益祥《送江太守兵備蘇松》：『芋江清水瀉青天，高駕仙飆向日邊。五載行春恩不淺，六條宣化政誰前。姑蘇明月懸龍節，茂苑清風肅綵旆。此日閩中正凋耗，留君不住益淒然。』（《陳履吉采芝堂文集》卷八）

作《送謝伯元之金陵》（《幔亭集》卷七）。

按：謝兆申，字伯元，號耳伯，邵武人，萬曆貢生。

作《温永叔郡丞以詩見贈賦答》（《幔亭集》卷七）。

按：温景明，字永叔，順德人。

作《聞警》四首，其一：『西賊寒盟秋犯邊，黄塵漠漠暗胡天。』（《幔亭集》卷七）

謝肇淛《聞警》二首，其一云：『邊風吹雪草蕭蕭，胡馬秋肥箭在腰。金繒幾年歸日逐，玉關無計閉天驕。龍城塵合看如霧，瀚海冰堅渡作橋。聞道三河徵騎士，將軍誰是霍嫖姚。』其二：『榆林羽檄到幽都，塞上雲愁白骨枯。萬里長城空飲馬，頻年烽火照飛狐。天山八月寒無草，上谷千家夜有烏。願借君王食前箸，從容畫出九邊圖。』（《小草齋集》卷十八）

九月，九日與陳椿登于山；陳宏己等登鼓山，爲作《集序》。

作《遊山集序》：『鼓山東臨大海，其高無量，余自甲申夏至至戊子秋，五年中三登其頂，而景界變幻，皆成瑰觀。今年九日陳振狂、王玉生、謝在杭、仲弟惟起，將買舟邀遊，邀余同往，適余與陳汝大有于山登高之約，不果。語在振狂《記》中。夫吾閩，山川奇勝甲天下，霍童、武夷、七臺、九鯉、玉華、太姥、大武、清源諸山，自古躡蹻賫糧者趾相錯，然其事有傳有不傳也。鼓山雄於吾郡，遊屐不少著者，堇堇蔡君謨、趙子直、朱元晦、李伯紀諸公，餘皆湮没不稱。此故難言之矣。余三遊皆有佳景，皆有詩，以同遊者寡和，尋復棄去，間有一二書寺壁者，半爲蒼煙碧蘚所蝕，磨滅不可讀，心甚恨之。兹遊也，翩翩同調，唱和詩文爛然成帙，足以不朽，而余復不得與，怏然於懷。在杭既彙集遊稿，殺青以傳，而屬余序其簡首，庶幾當臥遊之一助耳。萬曆庚寅重陽後二日題。』（《幔亭集》卷十六，又黄任《鼓山志》卷七作《遊鼓山集序》，文小異）

按：參見萬曆十二年（一五八四）《譜》。

陳宏己《遊鼓山記》略云：『萬曆庚寅九月七日，社友謝在杭同錢塘胡德長過余廬中磯，約以九日登絶頂。余躍然報可，獨徐孝廉惟和以旦日期陳女大登于山辭。』（黄任《鼓山志》卷八）

謝肇淛有《九月八日同陳振狂王玉生徐興公往石鼓泛舟白龍江》、《舟泊鼓山下》、《望海門》、《宿靈源洞》、《鼓山歸宿振狂江亭得文字》（《小草齋集》卷十二）。

謝肇淛有《九日登鼓山絶頂》（《小草齋集》卷十八）。

十月，與謝肇淛等訪曾文表。

作《雨中同謝在杭胡德長陳汝翔訪曾文表醉歌行》（詩佚，題筆者所擬）。

謝肇淛《雨中同徐惟和胡德長陳汝翔訪曾文表醉歌行》：『寒風十月動林藪，細雨蕭蕭行人走。短屐衝泥步屢顛，遠訪城邊灌園叟。老叟蓬頭面未洗，蔽竹窺人便倒屣。齋頭書劍亂縱横，畫角瓊簫漆雕几。几上古琴五十張，朱絃玉軫錦爲囊。自云一一焦桐質，年代豈識晉與唐？旋呼瞎僮炊精飯，入池網魚魚破膽。鱸鱖跳躍困入疱，頃刻銀絲出玉椀。坐間汝翔更大嚼，徐卿杯酒顔如渥。胡生矮小謝生狂，抵几争言醉相搏。酒闌歌罷意故長，浮生歡會安可常？日斜分手出門去，明朝世事兩茫茫。』（《小草齋集》卷八）

冬，作《歲暮懷鄭六初》、《夜坐》（《幔亭集》卷五）。

十二月，歎其貧寒；淫雨經旬。約陳椿、陳鳴鶴、陳振狂、弟徐熛、甥謝肇淛出城至藤山看梅，宿陳宏己之蘆。

作《歲盡》：『范叔寒如此，其如復逼年。文章能作祟。吾道合迍邅。吏預催官税，門多索子錢。縱然貧到骨，不敢怨皇天。』（《幔亭集》卷五）

作《苦雨》三首(《幔亭集》卷五)。

作《約汝大汝翔振狂惟秦在杭藤山看梅》二首,其一:『藤山梅萬樹,冬盡一起開。』其二:『梅塢餘殘雪,疏枝冷不禁。』(《幔亭集》卷五)

謝肇淛還作有《藤山看梅六首》,其一:『曙色乍微茫,江南一路霜。人裁梁苑賦,花學漢宮粧。粉面含雲濕,芳魂度月涼。不妨沉醉去,玉屑滿衣裳。』其二:『不識山中路,逢人即問梅。繁枝圍屋隱,老樹壓牆頹。瘦藉輕煙補,開須夜雨催。春光未衰謝,攜酒賞千回。』其三:『但得看花地,何須問主人。山中一夜雪,江上隔年春。徑細香難散,寒多色未勻。無端風底急,撩亂白綸巾。』其四:『騎馬訪花神,繁枝照眼新。詩應憐水部,花亦愛山人。夜月迷青嶂,寒江亂白蘋。坐來清到骨,不復夢紅塵。』其五:『山氣曉冥冥,長林玉作屏。半遮流水白,時雜數松青。地主供花酒,人家結竹亭。客來香可醉,盡日不能醒。』其六:『一望白如虹,前山第幾峰?隨風香處處,隔水影重重。短樹堪藏鶴,踈枝欲作龍。羅浮今夜夢,恍在月中逢。』(《小草齋集》卷十二)

按:藤山,梅塢,在福州倉山。王應山《閩都記》卷十四『郡南閩縣勝跡』:『其脉一起一伏,如瓜引藤,亘五六里,故名。山多梅花,開時郡人載酒出遊。有明真庵在梅塢中。由藤山分派一峰,反顧於後,爲鼇頭山。藤山之東爲下渡,廛居成市。』

作《同女翔在杭看梅先宿蘆中磯》二首(《幔亭集》卷五)。

按：女翔，即汝翔，陳鳴鶴字。

謝肇淛有《看梅宿陳七蘆中》：『松風吹落日，江上釣磯寒。屐向蘆中買，花先夢裏看。雲陰茅榻静，霜氣薜衣單。明發還攜汝，前林雪可餐。』（《小草齋集》卷十二）

按：陳七，即陳宏己。郭柏蒼《竹間十日話》卷五：『（陳宏己）隱於南臺倉下洲。』

作《蘆中磯曉起喜汝大惟秦至》、《曉起看梅》（《幔亭集》卷五）。

謝肇淛《報徐惟和看梅帖二首》：『聞道藤江路，青山十里梅。定當騎馬去，或作隔年回……願陪兔園客，花裏共銜杯。』（《小草齋集》卷十二）此詩在《己丑除日》與《辛卯春二日汝大興公過山齋二首》之間，知作於本歲。

是歲，悲歎履歷多險巇。

作《詠懷》，略云：『處世三十年，履歷多險巇。』（《幔亭集》卷二）

是歲，源溪黃隱君貽《高秦仲山水圖》，藏之。

按：據《高秦仲山水圖》（《幔亭集》卷十九）所云『此幅爲源溪黃隱君所貽』；又云『藏之十年』，而題《高秦仲山水圖》作于萬曆二十七年（一五九九），逆推，知此圖當始藏於是歲。參見萬曆二十七年《譜》。

是歲，弟熥長子陸生。後陸聘陳价夫季女陳懷珮。

徐熥《生子》：『庚年卯月日當辰，蓬矢懸門喜氣新。』（《鼇峰集》卷十三）

陳衎《徐存羽墓誌銘》：『生於萬曆庚寅二月廿一日。』（《大江集》卷二十）庚寅，萬曆十八年（一五九〇）。

陳薦夫《先茂才行狀》：『丈夫子二，則不孝藩爲長，字价夫……懷珮配徐陸。』（《水明樓集》卷十三）

按：徐陸，字存羽。

是歲，林應起于方廣巖募建空華閣。

王應山《閩都記》卷二十八『西永福勝跡』：『萬曆庚寅，林太守春澤子應起，募建空華閣於岩之下。林應憲書「方廣洞天」四大字，刻于石。』

是歲，王世貞卒，年六十五。

參見嘉靖四十年（一五六一）《譜》。

萬曆十九年辛卯（一五九一）　三十一歲

是歲，徐熥二十二歲。

春，過宿南臺陳宏己吸江亭，林應起面壁洞。同林應憲、鄧原岳、王崑仲及弟𤏳游錦溪竹林，有詩。

作《春日閒居》四首（《幔亭集》卷五）。

作《宿陳七吸江亭》（《幔亭集》卷五）。

按：吸江亭，陳宏己居所亭名。郭柏蒼《柳湄詩傳》：『宏己隱于福州南臺之倉下洲，築三棄堂、吸江亭，與陳椿、葉向高、徐熥、徐𤊹、曹學佺多有贈答。』（《全閩明詩傳》卷三十七）

作《烏石山贈僧》、《風雨》（《幔亭集》卷五）。

作《送陳十二仲溱歸柯嶼幽居》：『落日□□渡，春風柯嶼山。』（《幔亭集》卷五）

按：柯嶼，在福州南郊。熥《陳惟秦詩序》略云：『惟秦居南郊之柯嶼，去城三十里而遥。』（本集卷十六）

作《過白雲寺》（《幔亭集》卷五）。

作《送劉季德還嶺南》（《幔亭集》卷五）。

徐𤊹《送劉季德歸南海辛卯》：『相逢苦不早，相送復沾衣。愁見孤帆影，遥從五嶺歸。青看海氣近，白望瘴煙微。家在羅浮下，秋風獨掩扉。』（《鼇峰集》卷十）

按：劉克治，字季德，順德人。

作《送張叔弢博士自永嘉還長溪》（《幔亭集》卷五）。

按：張叔弢，即張大光，字叔弢，長溪（今福建寧德）人，官羅浮令、夜郎刺史。曾校訂陳鳴鶴《泡庵詩選》、《田家儀注》，並爲《田家儀注》作序。

作《懷鄭四琰客邊》（《幔亭集》卷五）。

按：鄭琰，字翰卿，排行第四，又稱鄭四，閩縣人。布衣任俠。有《翰卿詩選》、《二陬詩稿》。

作《經湧泉廢寺》：『經臺歲久蘿陰合，香積春深草色荒。』（《幔亭集》卷七）

陳仲溱《經廢寺》附於此：『寒花落遍講經筵，寶刹灰殘六十年。鳥下空廊人寂寂，猿啼香積草芊芊。壇移貝葉印芳鮮，座隱金蓮分暮煙。破衲斷飄廖落甚，春風春雨更淒然。』（《閩都記》卷十二）

按：灰殘六十年，湧泉寺嘉靖二十一年（一五四二）燬於火，至是歲五十年。仲溱此詩或後作，或誤記。待考。

徐𤊟有《湧泉廢寺》：『古寺灰殘久，猶存昔日名。空壇松鼠跡，森木竹鷄聲。釋子樓荒廡，農人耨化城。苔花春雨後，漸向佛頭生。』（《鼇峰集》卷十五）

徐𤊟又有七律《湧泉廢寺》：『寺經樵火久銷亡，古道秋風蔓草荒。廢殿有基崩夜雨，斷碑無字臥斜陽。遊人借宿茅茨裏，田父來耕瓦礫傍。試問前朝金布地，老僧垂淚説南唐。』（《閩都記》卷十二）

安國賢《湧泉廢寺》：『灰燼前朝刹，山門覆亂藤。碑從叢莽認，路向落花登。松火燒畬客，經文演寺僧。廢興那可問，靜對一龕燈。』（《晉安風雅》卷六）

按：曹學佺《北遊記》：『明嘉靖壬寅歲六月，橋圮。是年，鼓山湧泉寺先四月災。迄至

萬曆戊午歲，寺始用興復。』（《石倉文稿》卷六）

又按：熥又有《湧泉廢寺》，詳萬曆二十一年（一五九三）《譜》。

作《過大笠僧太虛故居》：『重攜竹杖訪禪棲，鐘磬無聲鳥亂啼。隻履乍逢歸竺國，衆香今已指曹溪。』（《幔亭集》卷七）

按：大笠僧即虛公，熥兩三年前曾造訪，詳萬曆十七年（一五八九）《譜》。今虛公已圓寂。

作《贈趙茹霞羽士》（《幔亭集》卷七）。

作《吸江亭送林隱之山人還永嘉》（《幔亭集》卷七）。

七月，父棉召熥、𤊹，擬爲書生平得意詩；前此，熥曾爲彙刻一帙。

徐𤊹《先君子手書詩卷》略云：『萬曆辛卯之秋，先君年七十九，耄矣。忽一日召熥、𤊹諭曰：「汝輩俱以四聲馳譽，吾心甚善，家聲不墜，是在汝輩。然吾生平有得意詩百數篇可出長箋，吾爲汝書之。」熥對曰：「正兒所深願而不敢請者也。」……先君平生之詩頗夥，熥曾彙刻一帙。』（《重編紅雨樓題跋》卷二）

按：參見萬曆三十三年（一六〇五）《譜》。

謝肇淛《故永寧令徐翁詩卷跋》略云：『此卷所書五十餘篇尤平生得意之作，書法結構頗類鄭繼之吏部，書未竟而先生没。』（《小草齋文集》卷二十四）

作《送黃博士典試之楚》二首，其一：『送汝正秋初，河橋柳漸疏。』（《幔亭集》卷五）

作《送周喬卿》(《幔亭集》卷五)。

按:周千秋,字喬卿,莆田人。

作《歌者陳郎戲作胡姬妝即席調贈》(《幔亭集》卷五)。

八月,六日,離家赴考,吐氣如虹。同行者有莆田陳翰臣。謝肇淛、陳鳴鶴等送到芋江驛。過劍溪溯流而上。

謝汝韶《送惟和上春官》:『晉安推獨步,才子屬修仁。舊業三冬足,嚴裝八月辰。驪駒歌駕路,鷴鶚出風塵。肅肅商飈起,紛紛落葉新。秋雲停羽蓋,寒雨動征輪。萬里青萍劍,高堂白髮人。行行各努力,不必淚沾巾。』(《天池先生存稿》卷四)

按:參見次歲《相坡公行狀》。

按:謝肇淛《遇徐惟和宅艱南奔》:『八月芋江曾送爾,吐氣如虹思萬里。』(《小草齋集》卷八)

陳鳴鶴《送惟和上春宮》略云:『車轔轔,夜將旦,騰空出匣電光爛。遊子氣勃勃,駕車薄霄漢。男兒自有經世論,分手寧能囑飧飰。途路阻且修,贈君雙吴鈎。願言去去莫稽留,路人爭識韓荆州。』(《泡庵詩選》卷三)

作《建溪中秋懷馬季聲諸子》、《闕門曉發》(《幔亭集》卷五)。

作《中秋集周光禄花亭觀妓》(《幔亭集》卷七)。

作《送蒼峽王巡檢罷官歸鄉》：『越王臺上送將歸。』(《幔亭集》卷七)

按：蒼峽，又作滄峽。在古田縣。王應山《閩都記》卷三十『郡西北古田勝跡』：『滄峽，在黄田上二十里，與延平分界。有巡檢司、遞運所。』

作《寄吳叔嘉》：『作客生涯雲共薄，懷人愁緒月同孤。』(《幔亭集》卷七)此爲客中懷人之作。

按：吳運嘉，字叔嘉，長洲人，處士。

九月，次檇李，得疾，臥船不知人者五日。過吳門，偶得疾，不知人者數日，猶索沈野，十日不得；去後，有詩懷沈。九日，集于張獻翼曲水草堂，獻翼贈寫本《陸士龍集》，熥有題跋以記其事。又于滸墅逢王稚登。又與閔齡邂逅金山，謂閔齡爲青華之士。至京口。是月，二十一日，父棉卒於家，年七十九。

按：《先考永寧府君行狀》：『次檇李，熥偶得疾，臥船窗中，不知人者五日。至吳門，疾益亟。吳友張幼于舘熥於別墅，爲求良劑，數日後稍愈。九月念一日，與莆友陳子卿宿閶門舟中。是日也，熥意忽忽，如有所失，皮肉俱顫，以爲咄咄怪事。子卿用好言慰藉，熥意稍解，遂不復疑慮。』(《幔亭集》卷十八)

又按：《沈從先詩序》：『辛卯歲，余有燕之役，至吳門而病不知人者數日。然神雖昏憒，而心念從先不置，時時從床第問問沈郎無恙乎，索十日不得，竟去矣。』(《幔亭集》卷十六)

作《九日集張幼于曲水草堂》(《幔亭集》卷五)。

作《滸墅關逢王百谷》（《幔亭集》卷五）。

按：滸墅關，在蘇州。陸廣征《吳地記》：『秦王東巡，至虎丘，求吳王寶劍，虎當墳而踞。始皇以劍擊之，其虎西走二十五里，忽失。即今虎疁。』唐諱虎，錢氏諱疁，改爲滸墅。

作《懷沈從先》：『與君未傾蓋，吳門費相尋。十日不能得，嗟哉誰知音。故人不我棄，題書貽空林。感此歲月異，傷兹年鬢侵。寥寥千古意，悠悠萬里心。花殘吳苑暮，月落楓橋陰。望君不可見，思君空自深。』（《幔亭集》卷二）

作《寄惟起弟》（《幔亭集》卷五）。

作《金昌贈錢功父》（《幔亭集》卷五）。

按：錢允治，字功父，長洲人。

作《雲間旅情》（《幔亭集》卷五）。

按：雲間，今松江（屬上海）。李賢《大明一統志》卷九『松江府』：『郡名雲間，因晉陸雲有雲間陸士龍之語而名。』

作《京口夜泊遲陳汝大不至》（《幔亭集》卷五）。

按：京口，今江蘇鎮江。李賢《大明一統志》卷十一『鎮江府』：『郡名京口，三國吳名。』

作《同彭正休陳子卿游金山遇張函一孝廉閔壽卿山人恩公若公》（《幔亭集》卷五）。

按：閔齡，字壽卿，處士，歙縣人。恩公，即雪浪禪師。若公，即海若禪。

作《金山別閔齡》(《幔亭集》卷十三)。

作《陸士龍文集》:『辛卯秋北上,道經吴閶,客張幼于曲水草堂。臨別,幼于出此爲贈。今坊間二陸已有善本,但此寫本尤所難得,又爲張君手披之物,誠爲可珍。況是歲余覆舟吕梁,所載書俱爲波臣所得,獨斯集既已溺去,旋撈得之,不至磨滅,尤奇也。並識。』(《幔亭集》卷十九)

按:《蓬累遊序》:『徽之布衣閔君壽卿,壯歲學爲詩,詩工矣。已而自悔曰:「此何關於性命,四大既離,五字焉用乎?」遂棄家隱茅山者幾年,又隱金山者幾年……憶余辛卯之役,與壽卿邂逅金山,出一滙集見示,則嘔肝剔腎爲之。步驟古人,不失尺寸,余謂君青華之士耳。』(《幔亭集》卷十六)參見萬曆二十二年(一五九四)《譜》。

徐𤊹《祭酒嶺造墳記》:『先子卒于萬曆辛卯九月念一日,壽七十九歲。』(《紅雨樓集·鼇峰文集》册九,《上海圖書館未刊古籍稿本》第四十四册)

按:萬曆十九年辛卯(一五九一)七十九,逆推,棉生於正德八年(一五一三)參見次歲《相坡公行狀》。

十月至十一月望,與陳翰臣過廣陵,訪吴運嘉、陸君弼等。發交河,過吕梁洪,疾覆。過東平時于沈刺史席上邂逅歌者周文成。

按:《先考永寧府君行狀》:『越一月,過吕梁洪,熥假寐舟中,夢先君車從輿馬甚都,與吾鄉故博士薛君寅甫者，蹴熥起。熥忽驚寤，即具衣冠過子卿舟，欲述夢中事。未發口而熥舟已覆矣，以此得不死。薛君者，爲先君執友，與計偕溺死呂梁。』(《幔亭集》卷十八)

又按：『越一月』之前爲『九月念一日』。詳上。

作《同陳子卿過廣陵訪夏玄成吳叔嘉留飲席上分得燈來二字》二首，其一：『歲晚天涯客，孤舟度廣陵。』(《幔亭集》卷五)

按：『歲晚』，知此詩于下作於十月之後。

作《酬陸無從率爾見贈之作》(《幔亭集》卷五)。

按：陸君弼，字無從，江都人，貢士。有《正始堂詩集》。

陸君弼有《徐惟和陳子卿兩孝廉過訪時將赴春公試》：『命駕情何至，方舟興不群。人初窺合璧，賦共擬凌雲。木葉蕪城盡，鶯聲易木聞。恠來雙劍氣，常射斗牛殷。』(《正始堂詩集》卷八)

按：雙劍氣，喻徐熥、陳翰臣。

作《交河早發》(《幔亭集》卷五)。

按：交河，故址在今河北省泊頭市交河鎮一帶。李賢《大明一統志》卷二『河間府』：『交河縣，在府城南八十里，舊爲中水縣地。』

作《河間宵征》(《幔亭集》卷五)。

按：明河間府，治河間縣，今屬河北。李賢《大明一統志》卷二『河間府』：『戰國時爲燕、趙、齊三國之境，秦爲鉅鹿、上谷二郡，漢置河間國……元爲河間路，本朝洪武初改河間府，屬北平布政司。』

作《憶故園梅花》、《北地》、《至京》(《幔亭集》卷五)。

作《客中憶惟起惟揚弟》：『誰憐歲晚滯征途，無那離心滿五湖。花外煙霞雙屐冷，竹中風雨一孤燈。』(《幔亭集》卷七)

作《東原別歌者周郎》七絶四首(集僅存一首，《幔亭集》卷十三)。

按：東原，即東平。周郎，即周文成，詳下。

作《贈歌者周文成詩序》，略云：『辛卯之冬，道過東平，于沈刺史席上，邂逅青陽歌者周文成。幻質江南，棲蹤濟北，聲掩秦青之妙技，衣留韓椽之餘香。風神一片玉同清，眉黛九華山並秀……未遂平原十日之飲，難爲郵亭一夜之眠。雞既鳴矣，恨僕夫之整駕；馬不進矣也，實爲爾而躊躕。行行重行行，天涯地角；嘆息復嘆息，日居月諸。齊州安在哉？心憂曷已；美人不見兮，我勞如何！顧予浪跡難期，君亦萍蹤無定。漫賦四絶，用□寸心，異日重逢，持爲左券。』(《幔亭集》卷十六)

作《再至京師》：『遥控秦關百二重，九天宮闕絢芙蓉。醉中但擊荆軻筑，夢裏驚聞漢闕鐘。』(《幔亭集》卷七)

按：熥至京師在十一月，時父訃已至半月，恐無心緒作此豪壯之詩。此詩當作於入都前。

十一月，望，入京，父棉訃已至京半月。手持衰絰，徒跣奔歸，痛深屠割。是時，鄧原岳至京，尋之于酒人群，而惟和徑歸矣。歸途，遇謝肇淛于平原。

按：《讀禮感懷》四首，其三：『素車白馬出燕關，風急雲寒雪滿山。當日已拚成死孝，此身何敢望生還。』（《幔亭集》卷七）

《先考永寧府君行狀》：『先君生於正德癸酉十月二十七日寅時，卒于萬曆辛卯九月二十一日申時，得壽七十有九。』（《幔亭集》卷十八）

按：詳次歲《相坡公行狀》。

鄧原岳《徐子瞻令君傳》：『往惟和之入燕也，與不佞好爲約：「吾挾駿骨爲爾先驅。至則會荆軻市中，期擊筑爲信。」不佞敬諾。蓋惟和行月餘，不佞始發。及不佞抵闕下，尋惟和于酒人群。則徐先生凶問且至，惟和徑歸矣。不佞舉酒酹地，南鄉哭，失聲久之。』（《西樓全集》卷十四）

謝肇淛《遇徐惟和宅艱南奔》略云：『今日平原逢爾歸，手持衰絰雙淚垂。來往風霜可憐色，杜鵑處處啼紅血。知君雞骨不支床，枯殺鼇山幾枝柏。』（《小草齋集》卷八）

鄧原岳《與徐惟和孝廉》略云：『居一日，而何尉來，乃知素車白旐，翩翩而南者，卿耶？爲之絶地大叫，髮上指冠也。』（《西樓全集》卷十八）

除日，作《辛卯除夜姑蔑舟中》(《幔亭集》卷五)。

按：姑蔑，今浙江衢州。李賢《大明一統志》卷四十三『衢州府』：『春秋爲越西鄙姑蔑之地……本朝改龍游府，尋改爲衢州府。』

是歲，王崑仲爲作《山水卷》。

作《王玉生山水卷》：『往辛卯歲，玉生爲作此長卷，窮工極變，可謂精絶。』(《幔亭集》卷十九)

是歲，爲張圻暨配鄭孺人撰《行狀》。

作《張隱居暨德配鄭孺人行狀》，略云：『少石張先生卒之明年，其孤勳輩將奉其柩與元配鄭孺人啟馬鬣而封焉。勳衰杖造余，再拜泣下曰：「先人之棄諸孤也，骨肉將歸於土矣。所有生平行誼不與骨肉俱朽者，則有墓中之石在耳。顧先君子潛德弗耀，何以徵名公長者之一言，願藉手於足下，狀我先德，足下其無辭焉。」余應之曰：「唯唯。」作張隱君、鄭孺人《行狀》。張隱君者，閩中人也，名圻，字孟京，號少石居士……萬曆辛卯年臘月十有一日以微疾而逝，享年七十有七……孺人生於正德戊寅年二月初八日，卒於萬曆乙亥年八月二十一日，壽五十有八。』(《幔亭集》卷十八)

按：鄭氏卒于萬曆三年(一五七五)；張隱居圻卒于萬曆十八年(一五九〇)，『卒之明年』，即本年。故知此行狀作於是歲。

約於是歲，開始與陳薦夫等選輯《晉安風雅》。

陳薦夫《晉安風雅敘》：『眷言同調，輒預校讐，網羅纂修，屬草屢易。更端繕寫，寒暑七徂；逮夫成書，足稱快睹……萬曆戊戌五日。』（《晉安風雅》卷首）

按：薦夫《敘》作于萬曆二十六年（一五九八）五日，距動手編《晉安風雅》已歷七寒暑，逆推，約始於是歲。

是歲，鄧原岳有書致𤊹。

鄧原岳《與徐惟和孝廉》：『不佞抵吳，則已聞足下北矣，爲之躑躅于横塘煙雨間，意極惘惘。既入燕，便訪足下于酒人群，絶無蹤跡也……』（《西樓全集》卷十八）以下敘𤊹南下奔父喪事。故知此書作於是歲。

是歲，曾異撰生。

異撰，字弗人，晉江人，家福州。崇禎十二年（一六三九）舉人，有《授紡堂詩集》、《授紡堂文集》。據異撰《丙子元日予於是年四十有六矣》（《紡授堂詩集》卷五）、《丁丑元日次陳道掌韻是歲爲崇禎十年予年四十有七》（《紡授堂二集》卷五），崇禎九年丙子（一六三六），年四十六；崇禎十年丁丑（一六三七），年四十七，逆推，生於是歲。

是歲，曹學佺、董應舉舉於鄉。

按：［乾隆］《福州府志》卷四十。

是歲，郡人爲徐中行建徐公祠。

王應山《閩都記》卷十八『城西湖濱勝跡』：『徐公祠，在玄武行宫之西，謝泉之東。萬曆十九年建，祀按察使徐中行。』

按：徐中行，字子輿，湖州人。

是歲，郡人爲郡守江鐸建江公生祠。

王應山《閩都記》卷十八『城西湖濱勝跡』：『江公生祠，在城西鋪之右。國朝萬曆十九年，爲知府江鐸建，郡人參政王應鍾有《記》。』

萬曆二十年壬辰（一五九二）　三十二歲

是歲，徐𤊹二十三歲。

正月，奔喪至家，有祭文。

按：詳下《相坡公行狀》。

作《奔喪歸祭先府君》：『詎意生離，竟成死别。燕京聞訃，求死不得。徒跣奔歸，肝腸寸裂。遺像徒存，音容永隔。嗚呼哀哉！昊天不仁，胡至此極。父子至情，不能一訣。天地有窮，此恨無極。不及黄泉，相見何日。隙駒如流，忽經五月。卒哭逾期，虞祭已畢。兹辰薄奠，徒增慘切。嗚呼哀哉！父既死矣，三釜不及。三釜不及，祭亦何益。嘉餚不御，旨酒盈觴。幽明路隔，咫尺茫茫。撫床憑几，益斷肝腸。父靈有知，當亦悲傷。哀痛哽咽，語不能長。嗚呼哀哉！』

（《幔亭集》卷十八）

陳薦夫作有《聞惟和奔喪歸家寄唁》：『豈不憚行役？微官欲逮親。水中風不定，薤上露何新。孰是□□□，□然萬里身。出來三釜養，今古總傷貧。』（《水明樓集》卷三）

正、二月間，與弟𤊹、熛論次父棉生平行事之概，爲父作《行狀》。遷祠龕于紅雨樓。

作《相坡公行狀》：『不肖孤熥之上春官也，先府君春秋七十有九，耄矣；二母髮亦種種白矣。然熥家酷貧，念不末無可養者。故以辛卯八月六日束行李辭先君於庭。熥泣數行下，引裾不能先別，先君固訶止之，謂：而翁尚善飯，無恙，兒第往，毋内顧爲。熥掩淚驅車而去，及次檇李，熥偶得疾，臥船窗中，不知人事者五日，後稍愈，與莆友陳子卿宿閶門中，意忽忽如有所失，皮肉俱顫，以爲咄咄怪事。子卿用好言慰藉。熥意稍解。越一月，過吕梁洪，熥假寐舟中，夢先君車從輿馬甚都，蹴熥起，熥忽驚悟，即具衣冠過子卿舟，欲述夢中事，未發口，而熥舟已覆矣。以此得不死，心益怪之。仲冬望日，入長安，而先君之訃至長安已半月矣。嗚呼！熥之去高堂游萬里外者，圖升斗養耳，乃三釜不及而抱恨終天。徒跣奔歸，痛深屠割，故昏迷之中掩淚捉筆，與弟𤊹、熛論次先君生平行事之概，著之於篇，以傳示來世。熥族猥微，譜牒散佚，斷自宣義公而下。宣義公諱景宗，景宗生孔明，孔明生鏗，世居閩之臺江。孔明蚤世，鏗公始謀入城定居焉。鏗公復蚤世，故先世之事弗詳。鏗生演，號叟公，即不肖孤之王父也，娶林氏，舉丈夫六人。先君行在第五，諱棉，字子瞻，號相坡，生而穎異。拔異等，遂得廪餼，試於省闈者八，試於京者一，俱不利。乙丑，丹陽姜公來閩督學，時詔天下郡縣貢士毋拘資，必得年力英茂、經明行修者充選，先君遂以薦上春官。隆慶己巳，授江西南安府儒學訓導廣文，當時崇義邑缺令，當道命署篆，先君不欲越俎成代，乃稱疾，固辭。南安爲章貢上流，山巒環麗，然東隅稍缺，故科目不及他郡。先君采形家言，於當道建塔郡城之東，閱歲而成，是歲庚午遂有首鄉薦者，至今人士猶頌説之。有某者貧甚，值督學使者檄召赴他郡，歲試資斧無策，虞後期又失此青衿，乃鬻其子以往。先君聞之，出俸金爲贖其子，仍與之同舟往還，其人德先君甚。先君竟秘其事不以告人。萬曆癸酉，擢廣東茂名縣儒學教諭，先君時年六十有一，念閩中至高州遠甚，道路多梗，且甲子已周，三子又俱孱弱，欲棄官歸。客有謂：「君家無卓錐，奈何遽舍此苜蓿，令他日饑欲死乎？」先君不得已，始登車度庾嶺，非其志也。丙子歲，擢永寧令。永寧，嚴邑也。界萬山中，土瘠民貧而喜訟。先君雅不長吏事，性又畏聞箠楚，是以投牒乞休。郡守太倉張先生，謂先君循吏，再三勸留，每牒上，輒匿去，以此綬竟不得解。及張先生考績入都門，先君始得掛進賢，棄五斗矣。先君年六十有六也。先君素性侃直，自少成壯而老，未嘗有苟言苟行。年雖老而精神矯健無異少時。臨水登山，屐齒不倦，故熸兩與計偕，即有離別可憐之色，而無風木之慮。先君亦不自慮也。乃遘微疾，不旬日竟卒，雖當易簀，而神爽不亂，謂二弟曰：「人生如隙駒，石火其將化也。無論富貴功名，如幻如夢，即此七情，天之所賦，性之所具，亦澌滅無餘，兀然空一身耳。吾返吾真，更何復何憾？」客來問疾，猶延入榻前，語笑自若，無𣨼羸態。至於家事，絶不掛齒。頗所諄諄者，花木、竹石、圖書而已。無不歎先君達者。家人環而泣，先君顧而笑曰：「宋某墓木已拱，而我方就木，彼已返其真，而我尚爲人，我天之戮民也。乃圖久生，不亦惑乎？」遂欣髯而逝。宋某者，先君之摯友，與先君年同干支，先先君卒者三十四年，修短不齊，故先生（按：似當作『君』）舉以自解云。及熥奔喪歸，仲氏、季氏，與姊丈謝長史述先君臨終時狀如此，而熥弗得見。嗟呼！生不及養，死不及訣，熥罪人耳！何覿先君於黄壤也。熥等將某年月日奉先君柩葬於某山之陽，謹泣備具實如右。先君生平所爲詩稿頗多，熥請于陳价夫爲選出其精者若干首，名曰《徐令集》，行於世。又有《周易通解》、《養生纂要》若干卷藏於家；《晉宋人物考》，書將成而卒。』（《荆山徐氏譜·詩文集》，又《幔亭集》卷十八作《先考永寧府君行狀》，文稍異）

按：據『徒跣奔歸，痛深屠割，昏迷之中掩淚捉筆』等語，當作於奔喪歸來不久。熥至京在十一月望，訃已先至半月，自榻卒至訃至京師，約四十日。據此推算，奔喪至閩最快亦得四十餘日，則至家已在次年歲初。㓜《吳遊記》：『歲辛卯之秋，余不天先大人溘然棄諸孤而逝。是歲壬辰，諸孤痛哭悲號無以報先人於地下者，伯兄手書生平行誼。予裹三月糧走吳中丐諸君子一言以銘先人之幽，遂於六月十三日行。』（《紅雨樓集·鼇峰文集》册九，《上海圖書館未刊古籍稿本》第四十四册）『生平行誼』，即《行狀》。據此，《行狀》當作於去歲歲終至今歲六月，又據文中『徒跣奔歸，痛深屠割，昏迷之中掩淚捉筆』等語，當作於奔喪歸來不久，故繫本文於是歲春。

徐㶿《徐氏紅雨樓書目·經類》：『《徐氏周易通解》八卷，先大令著。』（道光七年，劉氏味經書屋鈔本）

按：棉著述除《先考永寧府君行狀》所載外尚有：《世説紀稱》一卷（《徐氏紅雨樓書目·姓氏》）。

又按：《徐氏家藏書目·年譜》、《徐氏紅雨樓書目》卷一有《徐永寧年譜》一卷，無撰人名。

徐㶿《遷祠龕記》：『余家向無宗祠，先府君列神主於屋之西偏。府君歿，先兄遷置紅雨樓，新創一龕，稍敞；髹漆丹堊，稍精。以爲可妥先靈于永久。』（《紅雨樓集·鼇峰文集》册九，《上海圖書館未刊古籍稿本》第四十四册）

二、三月間，有書致陳邦注，有遊九鯉之想。莆田游日益過訪。清明，感念父卒。

作《送郭士龍》：『離心寄雲水，春夢隔關河。草色晴尤媚，鶯聲暖漸和。』（《幔亭集》卷五）此爲初春之證。

作《送葉廷藎》（《幔亭集》卷五）。

作《病中得王少文詩》（《幔亭集》卷五）。

按：王叔魯，字少文，崑仲之子。

作《哭張隱君》：『先令云亡日，君猶慟哭過。』（《幔亭集》卷五）此爲棉殁後不久之證。

作《與惟秦夜話因懷惟起客水西》（《幔亭集》卷五）。

作《送劉宋卿還家兼訊顧長卿世卿》：『一年春色啼鶯裏，千里歸心去馬間。爲問姑蘇臺上客，幾人飛夢到閩關。』（《幔亭集》卷七）

作《送陳仲徽之齊省兄》二首，其一：『念我征鞍方暫息，不堪江上送君行。』（《幔亭集》卷七）爲熥已回閩之證。

作《寄陳子卿》（《幔亭集》卷七）。

作《孫子長居湖上別業卻寄》（《幔亭集》卷七）。

按：孫昌裔，字子長，又字鳳林，承謨子，學稼父，閩縣人。萬曆三十八年（一六一〇）進士。

作《送玉生諸子游方廣巖》（《幔亭集》卷七）。

按：方廣巖，在永福（今永泰縣）。

作《喜興公弟遊方廣巖歸》：『犬吠竹間扉，遊山客乍歸。杖頭嵐翠在，衣上水簾飛。路入羚羊谷，舟停鷗鷺磯。慚余多勝具，此地却相違。』（《幔亭集》卷五）

按：此次遊方廣巖，除弟𤊹外，還有王崑仲等。

作《石嵩廢寺》：『寺廢久無鐘，禪關掩萬峰。空廊惟臥虎，棄鉢不歸龍。牆塌埋殘碣，苔深翳古松。倘非樵子引，那識往來蹤。』（《幔亭集》卷五，《閩都記》卷十九作《經石松廢寺》）

陳价夫《晚過石松寺》：『山僧乞食去，日暮不聞鐘。坐設三生石，門扃一粒松。夕風翻貝葉，秋雨暗芙蓉。寂寞經壇下，空餘猿鶴蹤。』（《閩都記》卷十九）

按：石松寺，一名石嵩寺。王應山《閩都記》卷十九『湖西侯官勝跡』：『在三都。宋大中祥符三年建。初名靈鳳。紹興十年，僧天石於石上種松，因易今名。國朝成化九年重建，後多頹廢。萬曆間興復。』熥知遊時寺尚未興復。

作《春暮送周喬卿》（《幔亭集》卷五）。

作《送田將軍武薦上司馬》二首（《幔亭集》卷七）。

作《游宗謙山人見過》（《幔亭集》卷七）。

按：游日益，字宗謙，莆田人。及遠父。有《辟支巖集》。

作《清明日感懷》：『此心如夢復如疑，荏苒春光欲暮時。啼比杜鵑先有血，愁同楊柳更多絲。林花開遍誰爲主，社燕重來亦似悲。寒食已過非禁火，閉門猶自絕晨炊。』（《幔亭集》卷七）

作《寒食日熙吉玉生惟秦振狂伯孺少文集緑玉齋》（《幔亭集》卷五）。

作《送妓入道》二首、《題郭士龍隱居》（《幔亭集》卷七）。

作《送人還九江》：『天涯草色今猶短，驛路楊花尚未殘。』（《幔亭集》卷七）

作《與陳平夫》：『足下信善病，徐生亦癯然骨立矣。仲氏與伯孺裹糧入名山方廣，真大快事。昨與振凱盟，將支笻九鯉，則爲兩生牛後，足下能陪吾杖屨否？』（《幔亭集》卷二十）

按：𤊹遊方廣在此歲春。

四月，有詩賀林懋和七十初度。

作《林方伯先生七十初度是日爲吕純陽誕辰》（《幔亭集》卷七）。

按：林方伯，即林懋和。《筆精》卷七『藏書』條：『又林方伯公懋和、王太史公應鐘，亦喜聚書，捐館未幾，書盡亡失。』據傳吕純陽生於四月十四日巳時。然此詩列於《送人還九江》之前，或前於四月而預作。

五月，有書兩通報陳价夫，言自伏苦以來，携二弟挨門稽顙。

作《與陳伯孺》：『子衿已青，而督學使者，又如程不識用兵。足下安得遂麋鹿故性耶？下帷狀良苦，然徐卿不先爲之乎？幸勉旃，意毋解。僕自伏苦以來，了無所事，借白雲半畝寄此餘生，暇則稍弄鉛槧。昨計近所爲近古體詩歌共八十餘首，意欲録寄二足下，而苦腕弱，不得遍書，非把臂時不得面彈射也。近日携二弟挨門稽顙，尚未畢。稍畢，即當渡江至兩君處，一崩厥角，謝區區耳。仲氏吳之役已逼，二足下驪歌不當倚馬就乎？』（《幔亭集》卷二十）

按：『伏苦以來』，『近日攜二弟挨門稽顙，尚未畢』，奔喪回鄉尚未久；『仲氏吳之役已逼』，𤊹赴吳乞銘在六月。故繫於此。

又作《與陳伯孺》：『異鄉聞訃，幾欲無生，但念二母在，故復苟活耳。承二卿惓惓慰藉，知愛我良深。然苦塊之中，欲得知己者一談，不啻饑渴，幸毋惜此一請矣。吕梁之變，僅以身免，不

然得無煩足下賦《公無渡河》兩篇哉。』(《幔亭集》卷二十)

按：此篇與前篇後先作。『吕梁之變』，詳去歲十、十一月《譜》。

夏，居喪，追悼亡父。

作《送林宗大之玉田》：『馬影雲邊見，蟬聲雨後聽。』(《幔亭集》卷五)

按：林宗大，字時中，邑諸生也。玉田，古田縣别稱，今屬福建。黄仲昭《八閩通志》卷二《地理》『古田』：『玉田，田中嘗産青玉，故名。』《春暮送周喬卿》云『春已去』，此詩聞蟬，當已入夏。

作《送陳道育下第歸玉融》(《幔亭集》卷五)。

按：陳陽和，字道育，號元周，湯敬孫，福清人。萬曆乙卯鄉薦。玉融，今福建福清市。以有玉融山，故名『玉融』，詳黄仲昭《八閩通志》卷五『福清縣』。

作《贈隱者》、《贈漁者》、《夢》(《幔亭集》卷五)。

作《讀禮感懷》四首，其一：『相見黄泉未有期，每思往事淚交頤。』其三：『忍看堂上遺容在，無復花前舞袖斑。』其四：『哭向靈幃唤不醒，可憐從此隔幽冥。』(《幔亭集》卷七)

六月，弟熥之吴乞父銘，王崑仲同行，十三日出洪江，十四日發舟；熥附書致顧長卿兄弟，向顧氏推薦崑仲；又致書王穉登、張獻翼、强善長、謝肇淛；其致張獻翼，言及往日張曾予接濟。送弟至江干。二十二日，熥至邵武，有家書。

作《江上送惟起弟》(《幔亭集》卷五)。

徐𤊹作《別惟和兄壬辰》：『昨日離慈母，今朝別阿兄。江干一分手，血淚幾行傾。春草池塘夢，秋風鴻雁情。潮平催解纜，腸斷棹歌聲。』(《鼇峰集》卷十)

徐𤊹《吳遊記》：『予裹三月糧，走吳中丐諸君子一言，以銘先人之幽。遂於六月十三日行。念北堂髮已種種白，重以遠游，拜別膝前，麻衣增血。日向夕，出洪江，而伯兄惟和、陳生惟秦、王生少文追送江滸。是夜中宿舟中。十四日別諸子發舟。』(《紅雨樓集·鼇峰文集》册九，《上海圖書館未刊古籍稿本》第四十四册)

作《送興公弟之吳爲先人乞銘》二首，其二：『叮嚀數語淚千行，此去關山路渺茫。三伏炎蒸過劍浦，一江風雨度錢塘。魂隨遠嶼孤鴻斷，目極遥天匹練長。當念倚門雙白髮，莫將行色滯他鄉。』(《幔亭集》卷七)

陳鳴鶴《送惟起入吳爲其先明府乞銘》：『秋風正摇落，念爾復何之。丘隴嗟存没。關山惜別離。太湖乘夜渡，閩海望雲飛。政待君歸日，爭看有道碑。』(《泡庵詩選》卷四)

陳益祥《送徐惟起之吳爲永寧公求墓誌》：『負土初成幾尺墳，擔簦萬里泣離群。無金何處求諛墓，有道還看乞葬文。驛路淒風千樹響，江天啼鴂寸心焚。窮途莫謂知音少，處處溪山有白雲。』(《陳履吉采芝堂文集》卷八)

陳薦夫有《興公之吳乞銘臨送不及》：『迢遞向雲間，淒涼遊子顔。行將求片石，欲以重青

山。到處可乘興，知君惟閉關。臨岐嗟不及，惆悵若爲還。』（《水明樓集》卷三）

作《送王玉生游吴》、《寄王百谷》（《幔亭集》卷七）。

作《送高廣文之蜀》二首，其二：『秋風登劍閣，月夜度蠶叢。』（《幔亭集》卷五）

按：『秋風』爲想像之蜀後之詞，故知此詩尚作於夏日。

作《與顧長卿兄弟》，略云：『去歲兩過吴門，竟不得一面。人生聚散，寧可常哉？近薛生歸，詢二卿動定，知方卒業太湖。太湖，山嵯峨，水揚波，以二卿磊砢者當之，真與山川相映發也。弟遭此閔凶，五内痛裂。思無可以報先人於地下者，獨有老師一言，足光泉壤。仲弟冒伏暑，裹一月糧，哀籲於門下。仲氏橐中如水，桂玉無資，懇二卿從臾老師，即賜命筆，令得早歸，免弟日切看雲之念耳。所與俱行王生者，雅善丹青，七閩人士無能出其右者。足下今之虎頭，能加一盼，當增聲價幾倍也。』（《幔亭集》卷二十）

作《與王百谷》，略云：『滸墅一别，頓成河漢。乃僕遭憫凶，自長安奔歸，再過吴門，日在崦嵫，遂不及夜過王先生一雪涕也。還家以來，杜門待盡，然念先君子骨肉未歸於土，輒復苟活耳。卜以今年初冬奉遺蜕藏於窀穸，僕抱風木之悲，思藉大方一言以當三釜，謹泣血具實。而仲弟衰杖造王先生，丐幼婦之辭以表兹墓。蓋王先生能自不朽也，故能不朽人。倘先生不棄諸孤而念及先人也，慨然泚筆，則澤枯之仁與貞珉俱久。諸孤幸甚，先靈幸甚！仲弟少年初客，且當哀毁之中，神情肅□，惟先生教督焉。所與俱者，王生崑仲，與僕爲石交，其筆端丘壑在七閩

爲輞川，不識能當王先生一賞否？王先生薦士若不及，必不靳齒牙餘論耳。』（《幔亭集》卷二十）

作《與張幼于》：『天涯病客，得足下假以舘舍，濟以刀圭，此之爲感，固不獨銘心鏤骨已也。江干一別，意殊悵悵，不意甫至長安，即聞先君之變，旋即奔歸。過吳門時，值日入虞淵，歸心勃勃，不得一叩閶闔，控此哀衷。曾已寄聲善長，轉聞於門下，想當爲僕扼腕也。徒跣歸來，又餘半載。所幸二母無恙，復偷生人世。然終天之恨，曷其有極耶？先君位不滿德而生平隱行，良有可述，門下當世董狐，而僕又托孔李之好，謹泣血具實，上干記曹。求門下捃摭成傳，以垂不朽。庶爲先君傳神寫照，存者亡者感張先生，寧有涯哉！』（《幔亭集》卷二十）

作《與強善長》，略云：『夜過金昌，得與足下把臂者半刻，足紓鬱抱，次日遂解維，不及一別爲恨。弟以今歲春首抵家，痛念先人，五内如割，形神俱敝，癯然骨立矣。弟自今以往，以餘生許嶠雲；而雲霄之念，付之邯鄲一夢。横塘烟雨，徒有神遊已耳。兹仲弟有吳門之役，所與俱者爲王生玉生，兩人興復不淺，而王生又雅善丹青，不識能當足下賞鑒否？』（《幔亭集》卷二十）

作《與謝在杭》，略云：『仲弟與王玉生以此月十三日買舟入吳，求吳中諸君子爲先君作誌銘、傳、表，計初冬方得返棹。山齋閴寂，無可與語者，爲之奈何？兹爲置書郵者鄭君爲僕表姊丈，以文無害遊京師，欲望見足下顔色，且徼足下之惠，得見于大阮光禄公之前。倘得吹噓送上天，即僕屋上之烏矣。』（《幔亭集》卷二十）

作《與陳伯孺》：『惟起、玉生於六月十三日解維，昨得其來書，已在樵川矣。計自吳返棹，當在秋杪冬初。山齋寥落，無可與語。近患目青甚劇，心緒尤作惡耳。』（《幔亭集》卷二十）

七、八月間，弟入吳乞銘，熥屢懷之。

作《得舍弟吳中書》（《幔亭集》卷五）。

作《懷惟起弟》：『遠客憐吾弟，離愁有阿兄。久無鴻鴈信，空聽鶺鴒聲。歲月三秋晚，寒温兩地情。山齋長寂寞，日日計歸程。』（《幔亭集》卷五）

徐𤊹《啼螿賦·序》：『歲在壬辰，宅艱寢塊。一丘未掩，千里徵文，旅寓吳門，心懷故國，孤燈兀坐，顧影寂寥。忽聞四壁寒螿，不禁千行淚血。淒然傷感，欝矣增悲。欲抒哀情，漫成斯賦。』（《鰲峰集》卷一）

作《送王大游吳兼訊舍弟》、《中秋同惟秦震卿集女大草堂看月因懷惟起客吳》（《幔亭集》卷七）。

作《贈方伯書》、《贈性言上人》二首、《題徐氏池亭》二首、《碧山庵逢亮上人》、《送李驛使之官雷陽》、《過挹翠亭》（《幔亭集》卷五）。

作《送陳子卿歸墨潭精舍》（《幔亭集》卷七）。

作《雨夜登玉皇閣》（《幔亭集》卷七）。

陳仲溱有《雨夜登玉皇閣》：『畫閣岧嶢接太清，蕭蕭落葉送秋聲。雲浮古洞千峰隱，雨散

懸崖萬壑鳴。寶磬敲殘人境寂，金丹煉就道緣成。尋真不用過蓬島，只向鼇山頂上行。』（王應山《閩都記》卷五）

按：玉皇閣在福州于山。

作《逢慶良上人》、《送良上人還金陵静海寺》（《幔亭集》卷七）。

陳鳴鶴《送慶良和尚歸金陵》：『一時來天竺，黄梅止慧能。誰知千劫裏，猶有六通僧。法證無生偈，禪□取上乘。化城雖暫息，彼岸已先登。功德應無際，機鋒不可淩。忽然飛錫杖，便欲返金陵。潮落江聲杳，秋深樹色凝。尋鐘孤島外，洗鉢白雲層。□衲從茲去，南宗無盡燈。』（《泡菴詩選》卷四）

陳薦夫有《逢慶良上人》：『緇流曾問訊，何處得如君，五緼空塵障，三生淨垢氛。曇花猶有相，貝葉不離文。始悟悠悠者，晴空一片雲。』（《水明樓集》卷三）

按：良上人，即慶良上人。

作《寄顧學憲先生》，略云：『舟過垂虹時，正當薄暮。而𤊹方寸已亂，不能暫停江滸，一候顔色。獨以片刺投於函丈，遥想清音，徒用耿耿。𤊹遭酷禍，甘填溝壑。然念二母垂白，而先君尚在淺土，復以饘粥自延苟活至今。卜以今歲初冬，奉遺蜕，啟窀穸而藏焉。謬藉通家之愛，欲徼一言，勒之于石，納諸壙中。則白骨可肉，黄壚不夜，豈惟諸孤哀感，即先君亦待此而瞑也。』（《幔亭集》卷二十）

按：『舟過垂虹時』，奔喪時過吳也。此文作于父喪之後。

九月，九日，與黃道晦、陳仲溱飲。是月，與林應憲、陳鳴鶴、王崑仲、弟𤊹、陳价夫等遊方廣巖。是月或稍後，鄧原岳作《徐子瞻令君傳》。

作《九日大風雨與黃道晦陳惟秦飲屋後小山》（《幔亭集》卷五）。

按：黃道晦，人稱黃隱居，侯官溪源人。詳《黃隱君室人鄭氏墓誌銘》（《幔亭集》卷十八）。

作《王百谷爲先永寧表墓寄此答謝》（《幔亭集》卷七）。

按：據《吳中記》，𤊹乞墓表于王稚登。《吳中記》又云，𤊹九月十二日抵家。《王百谷爲先永寧表墓寄此答謝》當作於𤊹抵家稍後。

作《蕭山司訓池公墓誌銘》，略云：『小子熥曩歲之遊樵川也，邂逅西甌池君濯纓於嵩山蘭若，把臂甚歡，如是往還者十餘載。歲戊子，熥上公車，道過西甌，具衣冠，拜濯纓令尊君先生於堂下，稱觴上壽而別。時先生年已髦耋，翩翩乎杖履無恙也。越五載，歲在辰龍九月之朔，先生卒于西甌濠棟之故里，享春秋九十有二。時熥方斬然衰絰之中。濯纓走一使賫先生狀來乞銘。讀其狀，嚱籲涕泣，潺潺不絕。豈所謂同病相憐者耶？按《狀》：先生諱鍾慶，字必大，號觀瀾。其先由河南光州固始徙居閩。』（《幔亭集》卷十八）

按：今歲壬辰，故稱『辰龍』。熥父棉卒於去歲，故今歲仍在衰絰之中。此文作於本歲無疑。

鄧原岳《徐子瞻令君傳》略云：『不佞還里，先生既祥，惟和弟惟起復走吳，謁顧道行、王百谷二先生爲表若銘，歸而屬不佞爲之傳。曰：「不腆先令之骨，實藉此以不朽。」不佞哀而許之。徐先生名梠，子瞻其字，號相坡居士。閩中人也。徐先世受賈，先生始以逢掖起家。凡再爲文學掌故，以至令尹。先生束髮讀《易》，則從舒紹安御史、游御史門牆。稍峻，每橫經，弟子無敢亢者。先生一再發難，輒踞其上。舒大卿謂徐卿：「嶽嶽欲折吾角邪？」其年隸學官，遂既廩。於是，貴谿江于順、錢塘田叔禾，後先督學，名能知人，爲先生推轂甚力，然終不第。嘉靖乙丑，僅以貢上春官。蓋先生屢困省試，其文從容醞藉，皆根極理窟，倉卒若不能詳。及被放後，則無不爲徐生申恨者。先生謁選，得江西南安訓導，而守南安者爲林允中，與先生爲筆硯交。先生自公庭延接外，絕不肯私覿。崇義缺令，臺檄先生攝，先生謝不往也。諸生張某赴他郡，歲試，貧不能具資斧，至鬻其子以行。先生爲出橐中裝，贖還之。其守正尚義多類此。滿三歲，遷廣東茂名教諭，守功令如初。先生爲人介而和，所至身自督課，以士行相切劘，故諸生每憚其嚴。然婉曲情至，絕無他腸，士以此歸之。而當道者久亦廉其賢，而爲之延譽，竟以薦擢江西永寧令云。先生雅不習爲吏，又惡聞箠楚聲。嘗取唐人「拜迎長官心欲碎，鞭撻黎庶令人悲」二語榜之座右。永寧租庸歲三千緡耳，又多逋負，令坐此奪俸。先生謂民色如菜，寧忍割其脂膏，令立槁乎！終不加一箠。或謂徐令弱不任事，先生歎曰：「吾有去吾官耳。吾不欲以繭絲易五斗也。」遂投劾歸。先是吉州張守君雅知先生，屢匿其牒，弗以聞。至是，張以考績行，乃得請。先生之在邑也，無赫赫之功。其去也，百姓思之，謂徐侯長者，即先生可知矣。既歸，買宅鼇峰之麓，雲山四封，幽寂可憩。植花木百十種，手自剪剔，妙得其候。每花時，佳客過從，出濁醪，相對煮笋燒藿，雅歌留連，客未醉，而主人已頹然。客散去，不知也。先生雖逃于酒乎，内行尤淳備。少事父母以孝聞。伯兄無子，嫂趙老而盲，先生母養之。所得俸錢，歲分給與諸兄弟，隨手盡。其學自六經、子史以至稗官小説，無不漁獵。三爵之後，篇什間作，要以寫其所自得而止，不求工也。先生素強無疾，其視履，飲食不減少壯，俄得病，遂卒。春秋七十九矣。屬纊之時，語賓客曰：「人生駒隙耳。其將化，無論富貴功名，如夢如幻，即此四大，歸之泡影。奈何以幻化之軀，久視息於世間也？」賓客相顧歎息，是安得達者之言而稱之。所著有《徐令集》、《周易通解》、《養生纂要》，藏於家。三子熥、𤊹、熛。皆負儁才。熥即惟和，籍孝廉；𤊹名布衣，俱能詩，與不佞同社。鄧原岳曰：「人謂先生治邑如陽道州勇，退如陶彭澤，任達如王無功，篤行如繆羊令，庶幾近之。余獨怪先生口不談莊、老，其臨化之言，一何懸解也！故曰：不知悦生，不知惡死。不以心捐道，不以人助天，是之謂真人。」』（《西樓全集》卷十四）

按：此文當作於𤊹自吳歸之時或稍後。

按：永泰縣方廣巖今存林應獻行書『方廣洞天』高約三尺題刻，落款云：『萬曆壬辰秋侯官林應憲與徐熥、陳鳴鶴、王崑仲、徐𤊹、陳价夫、薦夫、應起弟同遊，書此。』據上文，六月出門乞銘九月十二乞始抵家，則秋遊方廣巖必在此月。

九月或稍晚，評謝肇淛《游燕二集》以爲『心計既粗，面目都惡』。

謝肇淛《游燕二集自序》：『戊子，余一游燕矣，越三載而復遊也……是遊以九月望離家，歸以次載九月望之二日，往還道里程百晝夜有奇，留滯京師幾九易晦朔，爲詩如干首。舅氏徐惟和見之，曰：「昔吾與子雖空行空返，猶有似也，其癯也。而子且爲犧矣，心計既粗，面目都惡，何暇唱渭城乎？」余笑而不應，然心沐浴其言，因以爲敘。』（《小草齋文集》卷四）

按：肇淛上年成進士，今年九月歸家，作此序當在本月或稍晚。

秋冬間，聞寧夏事，感歎生不逢辰，希冀天下太平。

作《得朗公詩卻寄》（《幔亭集》卷五）。

作《哭林文烈》二首（《幔亭集》卷五）。

按：林文烈，莆田人。《與陳彥宗秀才》：『貴鄉有林文烈者，與僕有十年神交。近鄭性之來，僕猶問其無恙，不知其在鬼籙者幾何年矣。又痛悼者久之。並賦二詩往，足下過其廬時，幸爲徐卿作變徵聲歌之，以當慟哭也。』（《幔亭集》卷二十）

又按：『賦二詩』，即《哭林文烈》。

作《得寧夏消息》二首，其一：『叛卒雄心舊，元戎血刃新。中原多戍壘，邊郡半胡塵。時事何旁午，吾生寔不辰。願聞烽火息，老作太平人。』（《幔亭集》卷五）

按：胡塵，文淵閣《四庫全書》本改爲『征塵』。

冬，友人王孔振之臨邛，以《杜工部集》寄熥。後，孔振竟客死於瀘州。謝肇淛便道還家過訪。

作《送王生之臨邛省州守叔父獻甫》二首（《幔亭集》卷七）。

徐𤊹有《賦得蜀道難送王震甫同侄孔振入蜀省刺史兄》：『吾聞山川奇絶稱蜀都，蠶叢之路何崎嶇。懸崖峭壁百萬狀，過客無不長嗟吁。七盤峻嶺千重棧，三峽奔流九折阪。半夜鵑啼别淚滋，一聲猿嘯人斷腸。大江渺渺過平羌，山聳峨眉更莽蒼。行人足跡所不到，妖魑野魅爭趨蹌。蜀道之難已如此，嗟君此别摧肝腸。君今去作臨邛客，到處探奇經古跡。丞相祠堂不可尋，子雲舊宅成陳跡。卓女壚頭安在哉？襄王雲雨只空臺。行藏好向君平卜，詞賦誰當太白才。跋涉風塵休憚遠，蒙山高頂茶香煖。君家大陸正看雲，況復茲行同小阮。把酒臨岐日欲殘，馬頭西望劍光寒。天涯骨肉能相聚，不必嚱吁蜀道難。』（《鼇峰集》卷七）

按：徐𤊹題《杜工部集》：『杜詩五十卷，杜文二卷，共八册，乃友人王孔振所藏者。壬辰冬，孔振將入臨卭，恐扃之篋笥，秪以飽蠹，寄余齋中。去年孔振客死瀘州，且未有子，此集將誰歸乎？尤宜謹藏，以當王君手澤。然每一披閱，不勝存亡之痛矣。』（《幔亭集》卷十九）

作《讀禮日謝在杭拜官湖州便道還家見訪賦贈》（《幔亭集》卷七）。

十月，初三，熥、𤊹、熛徐母陳孺人（棉原配）卒，年七十五。

作《後感懷》四首，其一：『家難相尋最可憐，麻衣如雪淚如泉。』其二：『忽爾無心呼阿母，猶然有夢禮醫王。』其三：『懷似陸郎徒有橘，孝慚考叔竟無羹。』（《幔亭集》卷七）

陳益祥有《祭徐母陳孺人文》（《陳履吉采芝堂文集》卷十四）。

曹學佺《陳孺人墓誌銘》：『孺人生於正德戊寅年九月初七日，卒于萬曆壬辰年十月初三日。』（《石倉文稿》卷二）戊寅，正德十三年（一五一八）。

按：參見萬曆二十八年（一六〇〇）𤊹《先妣陳孺人行狀》。按：《荊山徐氏族譜》所載『棉配陳氏生正德十年乙亥四月十八日申時，卒萬曆四年丙子十月初二日戌時，壽六十一』，誤。

作《寄劉季德秀才》，略云：『倪理官廝養歸，得削牘良慰。時老母方臥床笫間，不能舍刀圭而事筆硯，遂缺報章爲罪。神理荼酷，家難相尋，竟以此月哉，生明奄然棄諸孤以逝也。蓂莢一更，椿萱遞謝，無怙無恃，痛何可言！號咷之聲不絕於口，素車白馬絡繹在户。如此而生，不若溘先之爲快耳。』（《幔亭集》卷二十）

按：書作於喪母之月。

十、十一月間，致友人書敘母喪之痛；佘翔爲徐棉集作序，熥有書致之。友人李元暢（惟實）、周所諧（如塤）相繼過世，有詩哭之。鄧原岳歸省，與之遊。有書致李伯實，希冀父棉能入茂名《名宦》之列。

作《與陳子卿》，略云：『不肖聞變長安時，痛楚萬狀，足下慰藉之言，猶在耳也。甫經祥練，又復奪我先慈。即令不肖腸如金石，淚如湧泉，能不枯且竭邪？門衰祚薄，大變頻仍，癯然之軀且未知所稅駕也。』（《幔亭集》卷二十）

作《與林兆綸》：『先令之歿也，諸君子越三百里而惠挽章、誄文。墨痕尚未燥也，乃皇天椓我，復以此月哉，生明奪我所恃。歲月一週，二親淪喪就木，殘魂恨不從先人於地下耳。所幸者，仲氏遊吳事竣即歸，歸二十晝夜而老母下世，不然幾蹈不肖故轍矣。』（《幔亭集》卷二十）

作《與陳彥宗秀才》：『削牘仁風之惠，拜命已久，緣老母在床笫間，遂久缺奉報主臣。主臣天禍，寒門竟以此月哉，生明棄諸孤而逝也。自去秋徂今冬，白衣冠之客屨錯户外，哭泣之聲日夜無休。時僕神理既傷，形骸轉憊，對鏡啞然，僅如塚中枯骨，不但從前太瘦生耳。高堂閴寂，形影相弔，不能寧居。』（《幔亭集》卷二十）

作《與佘宗漢明府》：『先令遺集，雖不敢遠望左冲，然得佘先生一言，免飼醯雞，功當百於皇甫哉！即欲修謝，緣家難洊至，老母又復辭堂，哀毁悲摧，僅餘喘息。日對吊客，擊顙數千，顙成贅疣，哀冗所奪，猶缺戔戔，徒抱悲感。』（《幔亭集》卷二十）

作《哭李惟實孝廉》四首（《幔亭集》卷七）。

作《與池簪南秀才》：『前聞足下有荀奉倩之悲，已爲短氣，乃令廣文，竟溘然朝露也。豈勝驚悼！昊天不仁，奪我所怙，而猶未已，又禍及先慈。』（《幔亭集》卷二十）

按：《幔亭集》目録作『與池簪南秀才』，正文作『與池秀才』。

作《寄劉季德》（《幔亭集》卷七）。

作《寄許靈長》（《幔亭集》卷七）。

按：熥《寄許靈長太學》：『僕三年四過西子湖，竟不得一識許先生。乃反爲仲氏所先，阿奴即此可掩其兄。寧用火攻下策哉？扇頭諸詩，讀之香滿齒頰，出入懷袖間，可令荀令慚沮矣。紫陽洞千巖萬壑，嵯峨壘砢，得足下伊吾嘯詠其間，當與山川映發耳。僕遭閔凶，仲氏歸方二旬，而先慈又復見背。重罹大變，痛何可言！既辱神交，當爲扼腕。小詩一首奉寄，惟足下彈射之。』（《幔亭集》卷二十）

作《寄曠上人》（《幔亭集》卷七）。

作《鄧汝高進士轉餉遼東便道過家見訪喜贈》（《幔亭集》卷七）。

鄧原岳《雨中過緑玉齋看惟和兄弟》：『齋頭小雨釀新寒，短策悠然問考槃。别後青山成隔歲，到來白社念同歡。雲迷曲徑層陰合，風過疎林落葉乾。堦下籜龍看漸老，憑君裁作竹皮冠。』（《西樓全集》卷五）

徐𤊹《鄧汝高轉餉遼東便道過家見訪答贈》：『馳驅關塞朔風寒，不向衡門再考槃。花看長安過柳陌，粟輸遼海度桑乾。心懸霄漢勤王事，夢戀煙霞問所歡。别後松枝今漸長，入林恐礙進賢冠。』（《鼇峰集》卷十三）

作《送在杭司理湖州》四首（《幔亭集》卷七）。

陳鳴鶴《送在杭司理湖州》：『晨雞鳴，駕駟馬。廄吏迎，越城下。傾玉缸，飲君酒。拂長劍，折高柳。此去吴興擁華旗，才高莫即厭官卑。君不見，君家謝安石曾居此郡嗟落魄，一□□鎮石頭城，百萬秦兵皆辟易。謝家□□絶群，弱冠才名天下聞。獻書北闕見天子，南宫賜宴揚清芬。承恩拜命黄金殿，少年糾郡顔如練。吴興重見謝東山，過家上冢人爭羨。斗間昨夜使星明，郭外傾都出相餞。我非兒女仁，揮手發征輪，江南力竭，君行苦辛。更聞靈武陷胡塵，宣室還須佐聖人。』（《泡菴詩選》卷三）

作《寄答沈從先》（《幔亭集》卷七）。

作《得胡御長詩卻寄》（《幔亭集》卷七）。

按：熥《答胡御長》：『僕交君家之季而不識君，君識吾家之仲而不識僕。然通家之誼，則僕與君共之。見貽諸什，盡琳琅珠玉。漫賦一章奉酬，不覺形之穢矣……茲以一緘並詩一紙，上記曹。』（《幔亭集》卷二十）

作《哭周所諧》四首（《幔亭集》卷七）。

按：參見下條。

作《與周喬卿山人》：『近方有書報尊君，不意尊君之不及讀也。嗚呼，痛哉！僕之淚痕如匡廬秋瀑，得此凶問，更潺湲不止矣。尊君素性無恙，其得疾而舁歸也，何故屬纊之時，尚能了了剌剌，與家人訣絶乎？或竟奄然與氣運俱盡也。遺稿幸備録付僕，且爲删定，謀之有力者行於世。毋令亡者苦心五十年，竟扼腕於地下。哭章四律，矢口而成，情之所□，寧論工拙。』（《幔亭集》卷二十）

按：『哭章四律』即《哭周所諧》四首。

作《戲東謝使君》、《贈佘宗漢明府》二首（《幔亭集》卷七）。

作《送李廷燁令東莞兼柬鄧香山》二首（《幔亭集》卷七）。

按：東莞，今屬廣東。李賢《大明一統志》卷七十九『廣州府』：『東莞縣，在府城東南二百五十里，本番愚縣地。』

作《送丁亨文進士司理邵陵》二首（《幔亭集》卷七）。

按：丁起濬，字哲初，又字亨文，晉江人，德化籍。萬曆二十年（一五九二）進士。邵陵，明寶慶府舊稱邵陵（治今湖南邵陽市）。李賢《大明一統志》卷六十三『寶慶府』：『秦屬長沙郡，漢屬長沙國，東漢屬零陵郡，三國吴置邵陵郡，屬荆州……宋仍爲邵州，後升寶慶府，元改爲寶慶路，本朝仍改爲府。』

作《與丁亨文司理》：『足下乘堅策肥，頭上進賢岌岌矣，乃顧我蓬户，握手於苫塊之中，厚誼不方駕古人哉？承奠先慈，哀感無量。新在凶粗，不能至行部一稽顙，耿耿如何！束帛戔戔，聊布謝悃。更奉送小詩一首，真下里之音，漫題扇頭，以當送君南浦。然不堪携入郢中，與白

雪相和也。』(《幔亭集》卷二十)

作《又與丁亨文司理》:『小詩不足重君行李,聊博軒渠耳。乃以佳箋索敝帚,得無與嗜痂者類乎?墨楮之汚,誠不知顔之厚矣。昨面鄧汝高,談足下鋭意雅壇,篇什甚富。幸録一二報我,毋以我爲木桃也。而屑越之雨,絲絲不絶。從者倘未即發,能信宿齋頭,猶勝别後夢思也。』(《幔亭集》卷二十)

按:小詩,即《送丁亨文進士司理邵陵》二首。

作《鄧汝高雨中載酒見訪分得園字》(《幔亭集》卷七)。

鄧原岳《冬日過徐惟和孝廉緑玉齋》:『風流且莫嘆漂零,獨向青山結草亭。花下開尊空翠落,竹間岸幘凍雲停。人家殘日堪蕭瑟,仙觀疎鐘乍杳冥。怪爾公車方待詔,行人錯指少微星。』(《西樓詩選》卷下)

作《侯君右來自永嘉喜贈》(《幔亭集》卷七)。

作《贈黄道晦隱君》二首、《問黄道晦病》(《幔亭集》卷七)。

按:永嘉,今浙江温州。

作《寄李伯實太學》,略云:『去秋領削牘,朱提白葛之惠,拜命之辱,無以爲報。練裙數幅,涼薄太甚,然足下風流如羊欣,故以相遺。僕筆不如椽,不敢效小令漫汚之。僕去年入長安,得先君子之訃,匍匐奔歸,近者老母復以天年下世。兩歲之交,奪我二人。其屬纊之辰,皆立冬前一日。神理荼酷，一至是耶？此固足下變色於談虎者，自當同病相憐也。先君向在茂庠，功令頗舉，承貴郡人士獎借良深。倘有去後之思，得分半豆於《名宦》諸公之後，則血食無窮，先人骨且不朽。』（《幔亭集》二十）

作《再與劉季德秀才》，略云：『君子舊宦高涼，鐸聲甚舉。雖廣文先生官獨冷，然彼中人士，猶畏壘之于庚桑乎。僕於明歲欲裹糧爲五嶺之遊，求俎豆先人於其地。道經五羊，與足下作十日期也。』（《幔亭集》二十）

按：《寄李伯實太學》有云：『幸爲我謀于舊游諸君，果有玉成，至意，僕明歲當裹三月糧一謁。』兩書前後作。

作《寄陳崇禮孝廉》，略云：『都門分手，不勝黯然，今又幾年所矣。僕去歲甫至長安，驟得先君之訃，徒跣奔歸。』（《幔亭集》卷二十）

作《與王君聖貢士》，略云：『僕遭閔凶，去歲杪秋喪父，今歲初冬喪母。』（《幔亭集》卷二十）

作《與陳建聖孝廉》，略云：『熥不天，去歲有公車之役，先君子竟奄然棄熥也。近者老母復以天年終。』（《幔亭集》卷二十）

作《答林晉伯》，略云：『先令之喪，甫及祥練，此月哉，生明老母又棄諸孤而逝矣。』（《幔亭集》卷二十）

作《答王百谷》，略云：『自先大夫之棄諸孤也，想像容聲，如疑如慕。得王先生一言，不待燈燭帷幙，真以先大夫爲生也。豈惟不肖一字一纇，即徐氏高曾而下德，黄絹之惠，寧有涯乎？仲氏未歸，而民母已奄在床笫，及税駕經旬，竟從先大夫于地下。非王先生慨然泚筆，則終天之痛亦所不免矣。洊遭閔凶，心緒荒落，竟缺修謝。』（《幔亭集》卷二十）

作《寄吳叔嘉山人》，略云：『拍浮舟中，持蟹螯，烹鳧鴈，聽廣陵濤聲，真人生奇遘。及僕麻衣歸自長安，再過寓所，則聞方在床笫間，不及捉麈，悵然者久之。僕歸半載，而先慈又逝。鞠凶如此，頭顱可知。』（《幔亭集》卷二十）

按：以上數篇作母喪之當年。

十一月，與陳鳴鶴、王崑仲、陳价夫、陳薦夫等出遊永福方廣巖。二十七日，出洪江，泛舟至南嶼，二十八日，游太平山；二十九日，游勾漏洞。

作《至日對客》（《幔亭集》卷五）。

作《宿林熙工面壁洞》（《幔亭集》卷五）。

陳薦夫《宿面壁洞》：『焚香擁褐宿空壇，三徑蕭疏竹數竿。滿地梅花門不啟，更疑深雪臥袁安。』（《水明樓集》卷八）

徐𤊹《月夜宿面壁洞》：『古洞無塵掩薜蘿，洞門惟許野僧過。夜深法磬聲初定，滿地松花月影多。』（《鼇峰集》卷二十四）

陳鳴鶴《面壁洞贈熙工》：『徑轉才通客，豁然開洞天。雲歸禪榻裏，花暗佛堂前。居士但

趺坐，山童恒晝眠。何須更面壁，覺性本來□。』(《泡庵詩選》卷四)

陳鳴鶴《宿面壁洞》：『隔江遥指水雲邊，松桂陰深别洞天。不爲折蘆□面壁，江南江北但隨緣。』(《泡庵詩選》卷六)

按：出遊後一日，鄧原岳作《至旗山聞徐惟和陳伯孺先一日游方廣巖寄懷一首》：『爾去尋仙入永陽，扁舟不爲歲寒妨。水簾風捲長如霧，石室煙收定有霜。遠磬微茫朝禮塔，殘燈寂静夜焚香。杖藜到處多探歷，囊裏新詩好寄將。』(《西樓全集》卷五)

作《渡峴江訪林熙吉》二首(《幔亭集》卷五)。

鄧原岳《渡峴江》：『峴江江上放孤艇，客思蕭蕭雪滿途。何處漁歌聽斷續，幾村柘景入虛無。天寒日晚牛羊下，風急霜清鸛鶿呼。谷口歸來歲復晏，但將踪跡混菰蘆。』(《西樓全集》卷五)

按：峴江，福州水西峴山水域。林氏家於此。林其蓉《閩江金山志》：『至旗尾曰「南嶼」，稱「水西林」。明太守春澤壽一百四歲，世居於此。』

作《同林熙吉鄧汝高遊錦溪竹林》、《水西遲陳伯孺不至》(《幔亭集》卷五)。

按：林應憲，字熙吉。王應山《閩都記》卷十九『湖西侯官勝跡』：『錦溪，在南嶼，旗山之别渚也。』錦溪竹林，在南嶼。原岳竹林草堂，在東郊。郭柏蒼《柳湄詩傳》：『鄧定築耕隱堂在東郊竹嶼，原岳仍其地成竹林草堂。』(《全閩明詩傳》卷三十三引)

鄧原岳《同林熙吉熙工王玉生徐惟和興公游錦溪竹林》：『苦愛西溪竹千挺，修篁瑟瑟逗晴暉。石林空翠如煙潤，澗道流泉作雨飛。載酒偶隨芳草去，迴車猶惜白雲違。山中桂樹堪招隱，矯首風塵幾是非。』（《西樓全集》卷五）

按：鄧原岳《行卷小序》：『余既歸自長安，則謝客之竹林舊里，攜筆床茶灶往也。庶幾有賢豪命駕者乎，則把臂入林耳。』（《西樓全集》卷十二）此竹林爲東郊之竹林，非錦溪竹林。

徐㶿《同林熙吉熙工鄧汝高王玉生惟和兄集錦溪竹林》：『選勝共班荆，重林暑氣清。短橋通樹色，叢竹隱溪聲。日落鳥雙下，風高蟬亂鳴。悠然歸路晚，正值暮潮平。』（《鼇峰集》卷十）

作《錦溪八景爲林熙吉題》（《幔亭集》卷十一）。

按：錦溪八景：團青島、積翠臺、五雲岡、七星塢、遷鶯林、宿猿洞、蘿徑門、松風壑。

作《旗山勾漏洞》四首（《幔亭集》卷五）。

陳鳴鶴《同熙工伯孺遊旗山勾漏重訪林煉師竹林》：『勾漏最奇峰，沿溪鳥道通。岩開千竹裏，泉掛亂雲中。靈液分山谷，方岩教道童。因之留一醉，高臥落松風。』（《泡庵詩選》卷四）

按：《游方廣巖記》略云：『壬辰冬十一月，余與王君玉生謀偕熙工諸子齎糧往。以二十七日，肩輿出洪江，泛舟至南嶼，抵面壁洞，則汝翔先在焉。遂折簡報伯孺、幼孺，以兩

人居遠未來，不得發。二十八日，遊太平山。二十九日，遊勾漏洞，歸而伯孺兄弟且至。』（《幔亭集》卷十七）

又按：面壁洞在錦溪，錦溪在南嶼；南嶼在水之西，又稱水西。

又按：出游方廣巖持續至下月。

十二月，與林應憲、林應起、陳鳴鶴、王崑仲、陳价夫、陳薦夫遊方廣巖。初二日，登舟，夜泊瀨下，三日，過赤壁瀨，捨舟遊山；夜宿華嚴閣。四日，過登天橋，登捨身崖觀水濂發源處。五日，尋玉泉洞，瑞松塢諸勝不得，觀聽經石。六日，別山僧，離方廣巖，循舊路歸，登舟，至瀨下。七日，昧爽，由楊崎入城。歲暮，鄧原岳過緑玉齋看惟和兄弟。

作《瀨下晚泛》（《幔亭集》卷五）。

陳仲溱《赤壁瀨》二首，其一：『客路纔經日，舟行入幾重。載流多是石，繞岸半爲松。潭影摇空翠，灘聲急暮春。一樽聊自適，看盡絶奇峰。』（王應山《閩都記》卷二十八『郡西南永福勝跡』）

陳鳴鶴《瀨下晚泊》：『渚白寒潮落，溪回半夕暉。客舟依犬吠，野燒送僧歸。山色幻青靄，人聲隱翠微。回看風浪裏，還有海鷗飛。』（《泡庵詩選》卷四）

按：《游方廣巖記》：『十二月初二日，遂登舟夜泊瀨下。初三日，過赤壁瀨。壁瞰溪濱，高可數十丈，宛若屏障，石皆片坼，重疊相承，若切以刀斧而砌之者。古樹蒙籠其上，下則

潭水澄碧，可鑒鬚眉。勝國王總管翰用文者，勒「赤壁」二字于石，故名。』（《幔亭集》卷十七）

又按：瀨下，即赤壁瀨，在永福（今永泰）。曹學佺《西峰字說》卷二十二『福建福州府永福縣』：『赤壁瀨，在方廣巖下溪畔，懸崖壁立如削，上多喬松，與萬嶺相望，元王翰篆書「赤壁」二字。』

作《登岸》、《山行》、《放船》、《贈潮上人》、《贈波上人》（《幔亭集》卷五）。

作《方廣巖》（《幔亭集》卷七）。

林應起《尋方廣巖》：『金仙香火處，自與世情違。拂露穿青嶂，捫蘿上翠微。洞深天各別，泉噴雪爭飛。落日迷歸路，雲光照客衣。』（謝肇淛《方廣巖志》卷三，雍正十三年刻，光緒增補本）

林應起《初至方廣巖》：『洞邃全無日，巖開別有天。水簾經雨潤，石乳入秋堅。字翳殘碑蘚，池荒舊社蓮。開山僧夙訂，一衲共安禪。』（謝肇淛《方廣巖志》卷三）

林應起《再至方廣》：『古洞禮方廣，良遊不厭頻。千花山殿曉，孤磬法筵新，水樂調清唄，松濤滌幻塵。靈羊歸窟後，勝地屬閒人。』（謝肇淛《方廣巖志》卷三）

林應起《方廣巖》其一：『星岩松塢遠蒼蒼，閒逐泉聲到上方。風捲水簾翻石燕，雲歸山洞閉靈羊。千峰迢遞傳寒磬，雙樹參差皆夕陽。靜室六時無一事，焚香持呪坐繩床。』其二：

『高閣沉沉隱翠微，闌杆十二掩岩扉。雲生古樹兼花落，泉灑晴雲作雪飛。鳥道憑虛僧獨往，捏龕向暖燕相依。每從福界眈幽勝，幾日留連未忍歸。』（謝肇淛《方廣巖志》卷三）

陳鳴鶴《方廣巖》：『幽邃全無日，鴻濛別有天。水簾懸絶澗，石室依層巔。鶴唳松門下，僧歸夕照邊。塵寰如可謝，高枕答風煙。』（《泡菴詩選》卷四）

陳薦夫《方廣巖》：『迢遥十里翠微煙，路入雲關更有天。銀瀑亂兼黄葉落，珠宫高綴碧巖懸。橋頭斷碣前朝蝕，鳥外疎鐘亂壑傳。不向此中聞半偈，應嗟浮世枉三千。』（［萬曆］《永福縣志》卷五）

按：林應起萬曆十八年（一五九〇）首倡修復方廣廨院，以上所録林氏五詩，其中或有作於十八年者。

又按：《方廣巖》一詩，謝肇淛《方廣巖志》卷四作《初到方廣巖》。

作《宿華嚴閣》、《巖中曉望》（《幔亭集》卷七）。

林應起《宿方廣巖》：『歷盡千山與萬山，日斜纔到石門間。寥寥人境雲遮斷，借得僧房一夢間。』（謝肇淛《方廣巖志》卷三）

按：華嚴閣，在方廣巖。《游方廣巖記》：『由石磴緣左而上，爲山門。其上即鐘樓，榱桷崩摧，僅存四壁。用文孫王振，並三山高起宗諸人題詩於上，墨蹟磨滅，拂拭始得，皆洪熙改元時筆也。越此即華嚴閣，自山門至閣，皆在石室之下。』（《幔亭集》卷十七）

又按：《游方廣巖記》略云：『方廣巖在永福縣七都，石室弘敞，林壑勝絶。宋慶曆間邑人黄非熊搜得之，遂架閣其中，以奉浮屠。歲久，閣崩，屐跡罕至。萬曆丁亥歲，友人林熙工、陳汝翔、陳伯孺同釋真潮往遊，感故址頽廢，熙工遂捐資募衆，構天泉閣，供方廣佛其中，真潮主之。壬辰冬十一月，余與王君玉生謀偕熙工諸子齎往，以二十七日肩輿出洪江……林熙吉名應憲，熙工名應起，陳汝翔名鳴鶴，王玉生名崑仲，陳伯孺名价夫，幼孺名薦夫，余仲弟㶿興公者，曾先遊兹，以病不與。余則東海氏徐熥惟和也。』（《幔亭集》卷十七）

又按：游方廣在今歲，《游方廣巖記》則作於次歲。

作《游方廣巖登絶頂二十四韻》：『方廣華嚴地，神州一洞天。寺藏青嶂裏，路繞白雲邊。氣候晴兼雨，峰巒斷復連。樹枝多臃腫，蘿磴自盤旋。猿嘯聽經石，龍生洗鉢泉。水簾天際捲，鍾乳半空懸。境出塵寰外，巖開混沌前。金身餘五百，世界度三千。淨室鄰飛瀑，沙彌種石田。空門灰幾劫，削壁字何年。谷有靈羊險，山從鳥道緣。地偏堪避世，境寂可安禪。貝葉飄香界，曇花落法筵。桑門同客饌，石榻伴僧眠。已得澄心訣，渾忘俗累牽。探奇情未已，躋險興翩然。披莽尋支徑，捫蘿到上巔。畏途尤巀嶪，側足更迍邅。彳亍聲俱喘，蹣跚膝在肩。聳身摩斗柄，迴睇盼雲煙。遠水看如帶，重岡小似拳。秪疑天闕近，還聽谷聲傳。客有玄暉趣，僧如支遁賢。從兹尋覺路，長此奉金仙。』（《幔亭集》卷十）

林應起《宿方廣巖次日登絕頂》：『碧落憑高閣，青冥啟曙煙。杖藜淩翠巘，披莽陟層巔。鳥道獸聯臂，□行草□□。□□□欲盡，峭崿望猶懸。力薄攀柳喘，途危藉石眠。狎入狙擲果，飲澗鹿分泉。徑路鵬霄外，山河蠟屐前。微茫雲接寺，浩蕩水連天。萬井形如點，千峰小似拳。平生丘壑意，於此獨泠然。』（謝肇淛《方廣巖志》卷三）

陳鳴鶴《登方廣巖絕頂》：『碧落憑高閣，清冥□□□。杖黎淩翠巘，披莽陟層巔。鳥道僧聊啟，蛇行□在扃。窮□登欲盡，峭崿望猶懸。力薄擊茅□，途危精石岷。避人猿嫋嫋，當路草芊芊。界絕塵寰外，客來星斗邊。微茫雲接寺，浩蕩水連天。萬井形如點，千山小似拳。平生丘壑意，于此倍陶然。』（《泡菴詩選》卷四）

作《別方廣巖》（《幔亭集》卷五）。

作《重遊錦溪懷鄧汝高進士》，略云：『斷橋流水自潺湲，與客重來憶所歡。當日共看溪上竹，於今偏握省中蘭。』（《幔亭集》卷七）

按：郭柏蒼《柳湄詩傳》：『鄧定築耕隱堂在東郊竹嶼，原岳仍其地成竹林草堂。』（《全閩明詩傳》卷三十三）

作《壬辰除夕》：『人事悠悠歲月徂，堂前空對一燈孤。哀來瘦骨全如鶴，聽得啼聲半是烏。酹酒幾迴悲伏臘，稱觴明日罷屠蘇。春風不散終天恨，斷盡柔腸淚欲枯。』（《幔亭集》卷七）

徐𤊹《壬辰除夕是年有先孺人之喪》：『浮生擾擾總非真，虛度韶華暗傷神。歲序只隨孤燭

盡，生涯休問白雲貧。萬家鼉鼓腸堪斷，雙袖龍鍾淚更新。壯志漸消年漸長，明朝二十四回春。』（《鼇峰集》卷十三）

是歲，作《贈王少文》（《幔亭集》卷三）。

按：王叔魯，字少文，卒于萬曆二十一年（一五九三），年二十。詳該年《譜》。此詩云：『王生今年纔十幾，籍籍香名滿人耳。』《江上答客傷王少文》：『去歲江頭同送客，江水茫茫江月白。』《江上答客傷王少文》作于萬曆二十一年，詳下年《譜》。

是歲，爲友人陳士龍撰《亡友陳仲見秀才墓表》。

作《亡友陳仲見秀才墓表》：『陳君仲見，年三十有四，以閩邑諸生卒，時萬曆十六年戊子歲也。越三年，辛卯冬某月某日，其父汝大先生暨二孤葬其柩於某丘某原。既葬之，明年，其友人徐熥哀其志，爲文以表之。俾千秋萬歲後，知吾閩有陳仲見者，才且賢，而夭死，埋其骨於此中也。』（《幔亭集》卷十八）辛卯之明年，即本年。

按：仲見，陳椿子。

是歲，檢父篋中扇面書畫，裝成一卷，並爲跋。

徐𤊹《諸家扇面書畫卷》略云：『先君弗祿，伯兄檢篋中若干幅，擇其善者裝成一卷，且自爲跋，不惟存手澤，且志孝思也。』（《重編紅雨樓題跋》卷二）

按：父棉卒于上年末，熥奔喪至家已歲盡，檢篋作跋當在本年。參見萬曆三十二年（一六〇四)《譜》。

是歲，與弟𤊹稍究心地理之學。

徐𤊹《祭酒嶺造墓記》略云：『壬辰有嫡母陳孺人喪，始知雙親體魄不可不慎重而擇吉壤也。方與伯兄熥稍稍究心地理之説，則見東嶽壽藏，龍穴沙水四者無一焉。』(《紅雨樓集·鼇峰文集》册九，《上海圖書館未刊古籍稿本》第四十四册)

是歲，書七律十餘首，風骨遒整。

謝肇淛《徐惟和詩卷跋》：『吾友中工七律者推惟和爲白眉。今觀此卷所書，雖僅僅十餘首，而才情婉至，風骨遒整，絶世之技亦已見一斑矣。憶自壬辰迄今二十有五載……』(《小草齋文集》卷二十四)

按：參見萬曆四十四年(一六一六)《譜》。

是歲，鄧原岳有詩贈之。

鄧原岳《贈徐惟和》：『我愛南州徐孺子，年來安穩臥柴關。逢人且莫歌長鋏，招隱惟應賦《小山》。半榻白雲心共遠，數聲清磬夢俱閑。可憐門外仙臺近，暇日登臨一破顔。』(《西樓全集》卷五)

按：此首在《至旗山聞徐惟和陳伯孺先一日游方廣巖寄懷一首》後，『仙臺近』，隱指不久前出遊方廣巖；在《寄翁兆震太史》(有『春明回首即天涯』句)前，故可推斷作於本歲。

是歲，女坤生。

《途中感遇效同谷七歌・五歌》：『男年十五女七歲。』（《幔亭集》卷三）此歌作于萬曆二十六年（一五九八），是歲坤七齡，逆推，則生於本年。

是歲，鄧原岳成進士。

葉向高《中順大夫湖廣按察司副使翠屏鄧公墓誌銘》（《蒼霞續草》卷十；喻政［萬曆］《福州府志》卷四十七）。

是歲，謝肇淛成進士；是冬，拜湖州司理。

徐𤊹《中奉大夫廣西左布政使武林謝公行狀》：『壬辰，再上南宮，成進士。出粵西太史蕭公雲舉之門。是冬，拜湖州司理。』（《小草齋文集》附録）

是歲，翁正春廷試第一。

翁正春，字兆震，侯官人。萬曆二十年廷試第一人。任翰林院修撰。據徐𤊹《晉安風雅》卷首《詩人爵里詳節》。

是歲，曹學佺上春官，下第，下帷苦讀。董崇相極賞其文。娶龔氏（鼎元龔用卿孫女）。

曹孟喜《行述》：『壬辰，會試未第，歸，始娶鼎元龔公女。益下帷攻苦。每手文一篇，同年司空董公必讀賞之，謂漆園、左氏當讓其唇舌也。』（江蘇古籍出版社影印本《曹學佺集》附録）

曹學佺《祭龔瑤圃六舅文》：『余岳父光禄公有男子八人，女子五人，俱長成，而婚嫁、而殤折者不與焉……爲之女也者，僅存適于葉符卿之安人；而爲其女之婿也者，惟不佞在耳。』（《西峰六一文》卷四）瑤圃，即懋修，燿之第六子。

曹學佺《奠内弟龔克廣文》：『余岳翁念雲公舉丈夫子八人，不爲不多，而今作者七人矣。乃克廣與予先淑人又同母……謂己則不售，而望大售於其子，以繼厥祖父殿元業。』（《西峰六七集文》）

按：龔用卿子燿。燿，字彦升，號念雲；雲念八子，第四子懋峻，字克廣。

又按：適曹學佺者爲懋峻女，用卿孫；曹孟喜《行述》誤作用卿女。

是歲，李元暢卒。

按：《寄劉季德秀才》：『李惟實暴死客中，或云其絓於吏議，恐傳者妄也。哀痛之中，復失良友，益增悲慟，有淚盈河。』（《幔亭集》卷二十）《寄劉德季秀才》作于本年，詳上。

萬曆二十一年癸巳（一五九三）　三十三歲

是歲，徐𤊹二十四歲。

正月，有詩懷杭妓月仙。遊福清石竹（竹又寫作『竺』）山，讀顧大典（道行）詩碑。約於今歲歲首補記《游方廣巖記》，並作書報林應憲，將遊方廣岩文並詩結集名之曰《靈鷲篇》，游石竹者名《蕉鹿篇》。友人林天茂欲求林應憲書，請熥轉致其意。

作《癸巳元日》、《迎春日》（《幔亭集》卷七）。

作《春日懷舊》：『千山萬水夢魂遥，簫鼓聲中憶阿嬌。半夜朱樓巫峽雨，幾行紅淚浙江潮。青鸞錦字終難寄，司馬琴心不再挑。一别西湖成隔歲，春風春雨長蘭苕。』（《幔亭集》卷七）

按：此詩懷杭妓月仙，參見萬曆十七年（一五八九）《譜》。

作《元夕冰燈》（《幔亭集》卷七）。

徐𤊹有《詠元夕冰燈》其一：『火樹熒煌列畫堂，獨懸銀燭映琳琅。雙雙湘佩臨波解，顆顆隋珠徹夜光。一片空潭澄净水，半輪微月照寒霜。春宵縱飲千巡酒，猶怯餘輝滿座凉。』其二：『玉壺一片差堪同，遥望還疑色是空。夜月遠侵雲母障，夕陽斜照水晶宫。輝煌影射翻生白，熒焰花開不見紅。只合高懸何處所，蘂珠殿裏廣寒中。』（《鼇峰集》卷十三）别詳《𤊹譜》。

作《春日曉起》、《送鄭承武之東魯》二首（《幔亭集》卷五）。

作《晚至石竹山》：『尋真當薄暮，暝色滿松關。絶壁猿聲斷，遥空鶴影還。雲邊春草路，天際夕陽山。應識仙都近，鐘聞杳靄間。』（《幔亭集》卷五）

袁敬烈《晚至石竺》：『玉洞千年古，都消物外情。暝煙孤鶴返，微月夜鐘清。石磴盤猿穴，松風雜鳥聲。神仙如可問，同此學長生。』（《閩都記》卷二十七）

按：石竹山，又作石竺山。王應山《閩都記》卷二十七『郡東南福清勝跡』：『在永壽里。山形峭拔，有石魏然山顛。漢何氏九仙所遊之地，禱夢輒應。』

作《月夜度石梁登摘星臺》（《幔亭集》卷五）。

按：摘星臺，福清石竹山之一景，詳［乾隆］《福清縣志》卷二『地輿志』。

作《贈岩上人》（《幔亭集》卷五）。

作《石竺山遲陳道育不至》（《幔亭集》卷五）。

作《讀顧道行先生碑刻》：『使者登攀處，春風又幾年。詩留孤嶂裏，人老五湖邊。屐齒埋荒蘚，碑棱隱斷煙。摩厓愜幽賞，惆悵隔山川。』（《幔亭集》卷五）

顧大典《游石竺山》：『亦是棲真地，雲房終日扃。竹侵幽澗緑，石繡古苔青。飛閣懸疑墜，孤筇振復停。入林依宿莽，抱葉見寒□。伏磴窺潛鯉，層臺仰摘星。紫雲時拂洞，丹灶尚留亭。旅館宵無寐，塵心夢未醒。還棲歸隱處，一爲叩仙靈。』（《閩都記》卷二十七）

按：熥所讀詩當此篇。

作《登石竹山》（《幔亭集》卷十，又見《閩都記》卷二十七）。

作《石竺山乞靈疏》：『熥海邦微賤，下界愚蒙。早歲蹉跎，愧乏雕龍之技。丁年偃蹇，虛慚馬齒之增。事筆硯者十年，玷賢書者六載。長安下第，嗟壯志之成灰；燕市遭艱，痛麻衣之如雪。天乎降罰，毋復辭堂，苦已似於茹荼，心頓忘乎捧檄。然家徒四壁，難遽出乎樊籠；而年逾三旬，竟未知所税駕。敬陳衷悃，上叩仙靈，伏望指我迷途，醒茲大夢。九仙赤鯉，仰世代之非遥；一枕黄粱，覺神靈之不爽。雖窮通壽夭，已預定乎生前；而得失憂虞，賴潛通於夢境。』（《幔亭集》卷十九）

按：此疏云：『長安下第，嗟壯志之成灰；燕市遭艱，痛麻衣之如雪。』又云『年逾三旬』，作於此行無疑。

又按：本篇題目録作『石竺山乞靈告何仙疏』。

作《寄陸無從》（《幔亭集》卷七）。

作《寄陸無從貢士》：『倚棹蕪城，不淹晷刻。麈柄未温，榜人促發。回首瓜步，惟見長江天際流耳。熥自歸來，鞠凶洊至。先令纔及小祥，而老母又以天年下世。蓂莢一週，椿萱遽謝，但有聲徹天，淚徹泉耳。』（《幔亭集》卷二十）

作《寄夏玄成》（《幔亭集》卷七）。

作《寄夏玄成孝廉》：『再過廣陵時，以舟人報潮生，遂急于解維，然把臂數語，猶勝夢思也。不肖歸來，雙袖未乾，而北堂繼殞。欲知瘦骨柴然，請視揚州鶴也。足下近況，定是清佳。二十四橋明月夜，何處不可着夏生。屐齒小詩，録小箋奉寄，足下毋惜去其蟬翼手。北鴈南來，敢希一繫其足。』（《幔亭集》卷二十）

按：小詩，即《寄夏玄成》。

作《過鄭惠州墓》二首（《幔亭集》卷七）。

作《送趙仁甫令梁山》（《幔亭集》卷七）。

徐𤊹《送趙仁父令梁山》：『四牡驕嘶逐曉風，王程何日到蠶叢。錦官驛路殘雲外，白帝城牆落照中。百里絃歌誇茂宰，千年風化説文翁。釜中自有游鱗在，莫問魚來丙穴東。』（《鼇峰集》卷十三）

按：梁山，今梁平縣。李賢《大明一統志》卷七十『夔州府』：『梁山縣，在府城西六百里。』

作《送人游吳楚》（《幔亭集》卷七）。

作《淘江舟中送張博士之官鎮海》（《幔亭集》卷七）。

按：淘江，王應山《閩都記》卷十四『郡南閩縣勝跡』：『在永慶里，臨以塔峰、長林之勝。江邊有亭，俗呼淘邊。』鎮海，鎮海衛，福建海防十一衛之一。羅青霄修纂［萬曆］《漳州府志》卷二十三『鎮海衛』：『鎮海衛城，在漳浦縣二十三都太武山之南，鴻山之上。國朝洪武二十年，江夏侯周德興修以備倭。』

作《與林熙吉》：『鄧汝高入南嶼，時僕以倦遊故，不能附其青雀，然神未嘗不在錦溪、勾漏間也。不識曾至方廣巖中否？大書已搨幾十紙乎？幸乞分惠。僕舊歲與諸君入巖，近方捃摭爲記，末附以詩，名《靈鷲篇》，並近游石竹者，名《蕉鹿篇》。恨龐公不入城，不得面請正耳。友人林天茂，欲求四大書，扁之廳事，不敢徑請，轉托於僕。令其蒼頭渡江，代布尺一於門下，請即泚筆，授之以歸，不勝延佇。』（《幔亭集》卷二十）

按：林熙吉游方廣曾書『方廣洞天』四大字。詳上年《譜》。此書言近遊石竹，作于遊石竹之後無疑。

二月，出東郊，過常思嶺。與陳仲溱等登鼓山，經廢寺，遊喝水岩、靈源洞，宿方丈。

作《東郊晚行》（《幔亭集》卷五）。

作《過常思嶺憩福海庵次韻》：『白雲深處梵王家，回望千層鳥道賒。滿室空香薰貝葉，一聲殘磬落松花。聽經野鹿群依草，出定山僧獨施茶。禮罷瞿曇留偈別，寒鴉影裏夕陽斜。』（《幔亭集》卷七，《閩都記》卷十三引作《憩福海庵》）

陳薦夫《遊福海菴》：『獨尋雙樹叩禪關，身世無如雲影間。秋草自生僧定處，岩花故落水流間。天邊西嶺斜陽路，鳥外東林過縣山。遠樹蕭蕭明月裏，一聲孤磬送人還。』（《水明樓集》卷五）

徐熥《次韻》：『踏遍危峰到梵家，白雲流水望中賒。隔山斷靄千重翠，滿路東風二月花。座上焚香翻貝葉，佛前鳴磬供新茶。樵歌隱隱孤村外，回首平林夕陽斜。』（《閩都記》卷十三）

按：據此詩『東風二月花』知熥詩亦作於二月。

又按：常思嶺，王應山《閩都記》卷十三『郡東南勝跡』：『界閩、福清二縣，高數千仞，袤二三里，又名相思嶺。高處有福海菴，有亭以憩行者。』

作《紫雲洞》（《幔亭集》卷七）。

按：紫雲洞，在福清石竹山，詳王應山《閩都記》卷二十七『郡東南福清勝跡』。

作《淘江訪林德鳳茂才》（《幔亭集》卷七）。

作《東際亭眺萬曆癸巳仲春》：『虚亭蒼翠間，煙霞變奇景。微鐘起梵音，空潭自清影。行來竹靄深，坐久松風静。冥然道心生，倏爾塵緣屏。吟眺猶未闌，殘陽在西嶺。』（《幔亭集》卷二，又見《鼓山志》卷十）

按：《幔亭集》無『萬曆癸巳仲春』六字。東際亭，在福州鼓山湧泉寺東。

作《湧泉廢寺》二首（《幔亭集》卷五）。

按：𤊹又有《經湧泉廢寺》，詳萬曆十九年（一五九一）《譜》。

作《喝水岩贈瓢庵頭陀》（《幔亭集》卷五；《鼓山志》卷十一）。

陳鳴鶴《同鄭君大林熙工王玉生宿喝水巖聞惟和與惟秦先一日來遊》：『歷盡懸崖度石橋，踈林積翠晚蕭蕭。河山百粤通滄海，巖岫千層出紫霄。酒伴已乘黄鶴去，玉笙空憶鳳凰調。定知今夜茅齋下，望斷雲霞共寂寥。』（《泡菴詩選》卷五）

按：《鼓山志》題下有『癸巳歲』三字。

又按：徐𤊹《竹窗雜録》『喝水巖』條：『唐僧神晏住鼓山湧泉寺，東西有二澗。晏誦經，惡水聲喧轟，叱之，水逆流西澗，東澗遂涸。』（《榕陰新檢》卷十三『勝跡』引）

作《靈源洞懷謝在杭》（《幔亭集》卷五）。

按：靈源洞，在鼓山，多摩崖石刻。

作《擬送僧歸日本》四首（《幔亭集》卷五）。

鄧原岳《擬送僧歸日本》：『隨緣元不染，乞食且東歸。指日浮杯渡，凌空卓錫飛。毒龍馴淨鉢，駭浪濕僧衣。禪誦知何處，天涯相見稀。』（《西樓全集》卷三）

徐𤊹《送僧歸日本》四首，其一：『真僧何所去，遥指扶桑東。浣衲春潮白，洗瓢朝旭紅。飄零隨貝客，掛搭借鮫宮。海水明如鏡，可將禪定同。』其二：『震旦從今别，歸心逐逝波。真僧殊域少，慧日故鄉多。錫杖携雲水，袈裟搭海艖。蛟龍遥睥睨，浪裏念彌陀。』其三：『寶筏去冥冥，風波不暫停。心先到暘谷，夢只在滄溟。梵唄夷王識，經聲水族聽。朝暾猶未起，但望啟明星。』其四：『故國滄溟遠，鄉心島嶼孤。緇衣晞若木，白足踏寒蘆。妖蜃噓香火，驪龍覬念珠。朝朝禪誦處，初日照跏趺。』（《鼇峰集》卷十）

作《病僧》二首（《幔亭集》卷五）。

鄧原岳《病僧》：『一室塵埃滿，孑然空病空。愁眉猶帶雪，破衲不禁風。抱破枯蟬似，休糧瘦鶴同。由來斷思想，只識主人翁。』（《西樓全集》卷三）

徐㶿《病僧》：『伏枕耽禪寂，講壇應久虚。香錢還藥債，貝葉换方書。苦惱嗟藤鼠，呻吟罷木魚。衆生來問訊，面目不如初。』（《鼇峰集》卷十）

作《宿鼓山寺方丈》二首、《重游喝水岩》（《幔亭集》卷七）。

三月，在鼓山。二十七日，友人王叔魯卒，年僅二十。

作《半山小憩呈惟秦》（《幔亭集》卷七）。

作《落花》四首（《幔亭集》卷七）。

按：此題作於暮春。

作《柳》、《白桃花》、《桃花片》、《花影》二首、《水中花影》二首、《夕陽》、《白雁》、《白燕》、《弓》、《萍》、《蝶》（《幔亭集》卷七）。

作《虞美人草》、《病美人》、《老農》、《老醫》（《幔亭集》卷七）。

按：從《柳》至《老醫》十餘題，閑居時作，寫作時間難於準確判定，附繫於此。

作《題王太史家藏孫都護墨菊》（《幔亭集》卷七）。

按：王太史，即王應鍾。《筆精》卷七『藏書』條：『又林方伯公懋和、王太史公應鍾，亦喜聚書。』

作《水簾》、《壽林天懋母黄太夫人》（《幔亭集》卷七）。

按：以上三詩，寫作時間難於準確判定，附繫於此。

作《哭王少文秀才》十首（《幔亭集》卷十三）。

陳薦夫《哭王三少文》：『淒淒風雨冶城邊，往事傷心最可憐。文酒相歡才幾日，乾坤此別又千年。重泉不掩慈烏恨，綺帳應乖卜鳳緣。莫謂空山可埋玉，殘珠斷璧世爭傳。』（《水明樓集》卷五）

徐𤊹《哭王少文》二首，其一：『戴角鮮上齒，英雄苦無年。人生根蒂淺，匪如金石堅。良友忽云歿，灑淚徒涓涓。追尋易簀言，沉痛心憂煎。哽咽不能道，悲風聲淒然。相期固膠漆，何忍歸九泉。紅顏委黃土，旅櫬悲荒阡。山鬼吊空壁，暗蟲吟秋烟。死者不復知，生者徒哀憐。知音窅何許，三嘆鍾期絃。』其二：『交情生死分，一別變寒燠。滿眼人俱存，胡君獨不祿？爲君灑淚盡，不能復成哭。大暮永無晨，懊恨詎云足。淒惻入君門，事事堪愁目。主人悵不見，含哀問童僕。達生非蒙莊，悲感亂心曲。壽命嗟太促，倏忽同浮雲。千載金石交，何期中路分。北邙松栢樹，風露淒荒墳。昔爲鸞鶴侶，今爲狐兔群。幽魂去窅窅，吊客徒紛紛。山陽一聲笛，斷腸應爲君。』（《鼇峰集》卷四）

作《江上答客傷王少文》（《幔亭集》卷三）。

作《王少文誄》：『萬曆二十一年三月二十七日壬午，友人王少文年甫二十，以疾卒于鳳池里之故第。嗚呼哀哉！年之不永，命也如何？昔伯牙輟流水于鍾期，濬冲嘆河山于嵇阮。情之所鍾，千古同痛。余也懷倚玉之摽，抱焚芝之嘆，托招魂之誼，附絮炙之情，抒悲惋于一時，章

盛美于來禩。敢藉素旗，爰作斯誄。』（《幔亭集》卷十八）

徐𤊹《竹窗雜録》：『友人王叔魯，幼有異質，喜爲詩，舉清逸雅淡類其爲人。年僅二十卒。』（《全閩明詩傳》卷四十一引）

按：郭柏蒼《柳湄詩傳》：『叔魯美秀而文，兼能書畫，與徐熥兄弟交最深。卒于萬曆二十一年。徐熥爲誄哀之。』（《全閩明詩傳》卷四十一引）

春，追作《方廣巖記》。

作《又與林熙吉》：『僕舊歲與諸君入巖，近方捃摭爲記。』（《幔亭集》卷二十）

按：去歲游方廣在十一、十二月間，追記當不至於太晚。

春，代友人林天茂乞字于林應憲。

作《又與林熙吉》：『其蒼頭渡江，代布尺一于門下，請即泚筆，授之以歸，不勝延佇。』（《幔亭集》卷二十）

按：此書云去歲游方廣巖，有記。則本文作於是歲。

夏，與鄧原岳集烏石别墅；與鄧原岳、陳仲溱、弟𤊹、袁敬烈、陳薦夫等過鄭善夫墓。

作《集鄭氏烏石别墅》二首（《幔亭集》卷五）。

鄧原岳《夏日集烏石别墅》：『炎敲不可耐，載酒問花源。少憩青蓮宇，如行金谷園。山光隨杳靄，雨氣異朝昏。藉草聊同醉，相看無一言。』（《西樓集》卷三）

作《法雲寺對月》(《幔亭集》卷五)。

按：法雲寺，即南法雲寺，在福州于山之陰。王應山《閩都記》卷五『郡東南隅』：『五代唐清泰五年建。初名地藏通文寺，宋祥符間更今名，賜額。國朝宣德中重建。大雄殿之北爲法堂，其西爲千佛閣，東南爲吸翠亭。山門之内，砌石數十級以登，乃爲二門。東南山川若俯而視焉。』

作《挽陳太學》二首(《幔亭集》卷五)。

按：陳太學，即陳良鼎。徐𤊹《竹窗雜録》：『陳良鼎，字廷器，閩清人。以太學生需選公車，值世廟南巡，抗疏諫止，詔獄除名，黜爲民。隆慶改元，録言事諸臣，鼎已老矣。福建按察使徐中行贈之詩云：「千官扈從漢江行，泉禮山陵自盛情。總爲扣閽危萬乘，却教止輦讓諸生。精神不教雷霆拆，肝膽仍逢日月明。世廟諫臣徵欲盡，客星猶複卧孤城。」未幾卒。伯兄唯和挽之詩云云。夫以太學生抒忠忱而訐朝政，漢惟劉唐、何蕃，宋惟陳東，及鼎四人而已。殁後立廟崇祀。』(《榕陰新檢》卷二《忠義》『太學直諫』條引，萬曆本)

作《樹下禪僧》二首(《幔亭集》卷五)。

作《過鄭吏部墓》二首(《幔亭集》卷五)。

鄧原岳《過鄭吏部繼之墓》二首。其一：『繫馬梅亭下，懷賢落日邊。蘭摧仍此地，鶴化是何年。草已没殘碣，雲還迷舊阡。臨風一掬淚，感激向重泉。』其二：『吾憐鄭吏部，慷慨説

時艱。一日看長夜，千秋識此山。詩名杜老後，書法晉人間。寂寞西州路，悲風損客顔。』（《西樓集》卷三）

陳仲溱詩《過鄭吏部墓》：『詞客去不返，荒丘空暮煙。亂滕纏古隧，落葉壅寒泉。恨不同時見，徒增異代憐。青山多白骨，獨識大夫阡。』（《閩都記》卷二十三）

徐𤊹《過鄭吏部墓》二首，其一：『昔賢寧復起，大雅久無聞。黄土空銷骨，青山不葬文。精靈沉夜月，吟詠冷秋雲。詞客應相識，詩成墓所焚。』其二：『風流山吏部，白骨閟泉扃。異代思相見，千年不肯醒。松楸護靈氣，川岳暗文星。墓隧無人治，遺篇又殺青。』（《鼇峰集》卷十，又《閩都記》卷二十三）

袁敬烈《過鄭吏部墓》二首，其一：『落日暝煙收，淒涼閉一丘。生年無四十，姓名有千秋。孤嶺寒猿嘯，空山過客愁。可憐風雨夜，蕭瑟是松楸。』其二：『空林閉白雲，深處易斜曛。詞客當年淚，先生絶代文。藤蘿牽斷碣，狐兔走孤墳。向夕悲風起，淒涼不可聞。』（《閩都記》卷二十三『湖西北侯官勝跡』）

陳薦夫《過鄭吏部墓》二首，其一：『寥落冶城西，悲風鳥亂啼。荒墳樵子識，豐碣君侯題。磨滅名猶在，蓁蕪路欲迷。尚餘靈秀氣，長此伴虹霓。』其二：『梅亭多舊壟，獨識此間墳。諫草傳青漢，詩名戾白雲。骨應何日朽，地見幾家分。東里西華意，蕭條不可聞。』（《閩都記》卷二十三『湖西北侯官勝跡』）

按：鄭善夫，字繼之，閩縣人。弱冠舉弘治乙丑十五年（一五〇五）進士，卒年三十九。鄭善夫墓，王應山《閩都記》卷二十三『湖西北侯官勝跡』：『鄭善夫墓，在梅亭山。』徐𤇆《過鄭吏部墓》，郭柏蒼題注：『少谷子墓，在福州城西群鹿山。』（《全閩明詩傳》四十）

作《贈史使君》二首、《贈黃生懋政》、《過鄭君大白雲莊》（《幔亭集》卷五）。

作《夏日靈山堂避暑》（《幔亭集》卷八）。

陳椿《靈山堂避暑》：『勝地重來愜賞心，捫蘿與客眺層嶺。山當睥睨千峰起，路入祇園一徑深。古木淩風驅伏暑，懸巖飛靄變秋陰。狂歌不但誇河朔，還有清談似竹林。』（王應山《閩都記》卷八『郡城東北隅』）

按：靈山堂，王應山《閩都記》卷八『郡城東北隅』：『在芝山之東。舊爲開元寺經院。』

秋，與弟𤇆、顏容軒等集鄧道鳴行署；又曾集顏容軒旅館。

作《冶城懷古》二首，其一：『千里山河霽色開，清秋臨眺獨徘徊。』（《幔亭集》卷八）

按：冶城，福州別稱，相傳歐冶子曾鍛劍於此，故名。王應山《閩都記》卷二『城池總敘』：『閩自無諸開國，都冶爲城，所從來久遠。晉太康三年，置郡樹牧，狹視冶城。』

作《越王臺懷古》：『旌旗影滅秋風冷，劍戟聲沉暮雨愁。』（《幔亭集》卷八）

陳椿《越王臺懷古》：『釣龍臺枕大江隅，江水滄茫帶綠蕪。城廓昔曾歸霸略，山川今已入皇圖。片帆落日沉孤鳥，畫角淒風起暮烏。欲向斷碑探往事，苔痕半已没龜趺。』（《閩都記》

卷十四）

鄧原岳《越王臺懷古》：『日落汀洲江吐雲，君王遺殿晚氤氳。樓船北出鄱陽道，劍璽東歸威武軍。馬瀆潮平天外直，龍湫潮咽夜深聞。一時霸業堪蕭索，愁對青山越水濆。』（《西樓全集》卷五，又《閩都記》卷十四）

陳薦夫《越王臺懷古》：『八郡封疆世幾更？高臺尚有越王名。雲山不變古今色，江水但流嗚咽聲。逐鹿舊都無客在，釣龍荒井幾時平？遺民只用矜形勝，聖代萬年誰戰爭！』（《水明樓集》卷五，又《閩都記》卷十四『八』作『七』）

徐𤊹《越王臺懷古》：『寂寞高臺翠色重，居人千載吊遺蹤。殿前煙雨迷銅獸，江上風雷起玉龍。城廓萬家猶禹貢，河山八郡舊秦封。昔時霸業蕭條盡，空有寒潮送暮鐘。』（《鼇峰集》卷十三，又《閩都記》卷十四）

按：越王臺，相傳爲閩越王釣龍之處，在福州城南。王應山《閩都記》卷十四『郡南閩縣勝跡』：『（釣龍臺）在惠澤山之南。相傳閩越王余善釣白龍處，一名「越王臺」。其亭榭今多蕪没。』

作《寄長溪史使君德明》（《幔亭集》卷八）。

作《送林熙工陳女翔陳伯孺潮上人游武夷》：『津亭落木已紛紛，無那離情對夕曛。』（《幔亭集》卷八）

作《秋日陳女大載酒林氏水亭》(《幔亭集》卷八)。

作《送老卒還鄉》(《幔亭集》卷八)。

徐𤊹《送老卒還鄉》二首，其一：『蕭蕭白髮出重圍，萬里鄉關此日歸。烏隼不從沙上戰，羽書猶向夢中飛。九邊夜静閒刁斗，絶塞秋深卸銕衣。想對故園兒女子，幾回含涕説金微。』其二：『沙場少小事櫜鞬，垂老生還別塞垣。無限繫心思故國，不堪回首望秋原。腰間寶劍當年氣，臂上金鎗舊日痕。歸到家山明月夜，尚疑烽火照營門。』(《鼇峰集》卷十三)

作《經古戰場》(《幔亭集》卷八)。

徐𤊹《古戰場》：『欃槍空照古行營，此地猶傳舊戰爭。雲雨晝昏金甲影，風雷夜吼寶刀聲。連天白草冤魂苦，滿目黄沙恨血明。枯骨河邊看似雪，年年惟有亂鴉鳴。』(《鼇峰集》卷十三)

作《贈顔廷愉將軍》(《幔亭集》卷八)。

按：顔容軒，原名正色，在軍中改名廷愉，漳州人。少攻詩，又長於騎射，慨然有請纓之志，卒兜鍪韎韐，隸籍材官，事海上之役。有《鳴劍集》。熥曾爲其《緩帶編》作《序》。詳《幔亭集》卷十六。

作《秋日居法雲寺瀚上人見訪》(《幔亭集》卷八)。

作《秋夜同顔廷愉黎廷彬二將軍王元直秀才觀微上人興公舍弟集鄧道鳴閫帥行署賦得紫薇夜

漏同用花字》(《幔亭集》卷八)。

徐𤊹有《秋夜同顏廷愉黎廷彬王元直瀚上人惟和兄集鄧道鳴行署賦得薇垣夜漏同用花韻》：『秋宵良會興偏賒，薇署殘更到晚衙。銀箭頻催天色曉，玉繩低度夜光斜。聲隨月下閨人杵，響雜軍中壯士笳。酒伴詩僧歸去晚，轅門小隊散高牙。』(《鼇峰集》卷十三)

作《顏廷愉旅館聞歌》(《幔亭集》卷八)。

徐𤊹有《同諸子集廷愉客舍聞歌》：『將軍愛客意翩翩，族舍頻聞玳瑁筵。半夜清霜寒劍戟，一天明月送箏絃。漫從流水尋紅葉，且向青山結白蓮。文酒相歡情不淺，風流誰復似延年。』(《鼇峰集》卷十三)

作《陳廉訪先生七十初度》、《送陳道育游吳》、《得李伯實太學書》、《知其移家金陵卻寄》、《同王元直讀書法雲寺》(《幔亭集》卷八)。

作《送林叔度游支提寺》(《幔亭集》卷八)。

按：支提寺，在寧德支提山。李賢《大明一統志》卷七十四『福州府』：『支提山，在寧德縣。山之東有童峰，雙峙壁立無際。西有神僧石窟，葛公仙岩，南有蘇溪、鶴嶺，北有菩薩、紫帽二峰。』

作《贈別康孟擔》(《幔亭集》卷八)。

按：康當世，字孟擔，莆田人。

作《送陳元凱明經北上兼覲省》二首，其二：『江干分手動悲歌，迢遞關山歲杪過。獨夜懷人魂夢遠，中年知己別離多。車驅微月寒登隴，馬踏殘冰曉渡河。若遇長安舊相識，爲言生計久蹉跎。』（《幔亭集》卷八）

陳勳《將北行留別徐惟和》三首，其一：『將行對酒復聽歌，況值征鴻雪裏過。岐路自傷爲客久，離情偏覺故人多。楓林回首山當驛，柳色驚心春渡河。離念素衣今盡染，風塵歲月恐蹉跎。』其二：『劍花襟淚共斑斑，誰唱離歌慰別顏。同調一時淩白雪，相思明日隔青山。客心迢遞浮雲去，官道逶迤落照間。中歲爲儒堪自笑，獨將短策叩燕關。』其三：『折柳紅亭酒未乾，車行且住惜餘懽。亦知舌在從游薄，奈有魂銷覺別難。絃管醉來西日落，驪駒嘶去北風寒。丈夫不必悲游子，歸去登樓莫依欄。』（《陳元凱集》卷四；其一，陳田《明詩紀事》庚卷二十作《將北行留別徐惟和》）

徐㶿《送陳元凱應貢之京兼省親》二首，其一：『翩翩征馬上王畿，正值長途百卉腓。雪滿燕臺人北望，月明淮浦雁南飛。一身作客雙龍劍，萬里寧親五色衣。此去橋門應早達，更誰同采故山薇。』其二：『送君歲晚動離憂，形色匆匆不可留。莫雨寒風吳苑騎，夕陽殘雪潞河舟。南宮樹影連仙仗，壁水書聲過御樓。丘壑雲霄從此別，相思兩地總悠悠。』（《鼇峰集》卷十三）

按：陳勳詩三首，《幔亭集》僅二首，疑編集時删去一首。

按：陳勳，字元凱，閩縣人。鄭善夫外曾孫。萬曆二十九年（一六〇一）進士，有《元凱集》。

作《送葉進卿太史還朝》（《幔亭集》卷八）。

葉向高《發三山鄉縉紳祖餞途次寄謝》：『鄉里衣冠遠送行，别來雲樹總關情。尊前折柳春還早，馬上看山雨欲晴。鴻雁不堪辭海國，鵷鸞虛添綴承明。亦知芳草牽離恨，萬那偏隨去路生。』（《蒼霞草詩》卷五）

按：葉向高，字進卿，號臺山，福清人。萬曆十四年（一五八六）進士。向高是歲北上補官，送行詩作於是歲。次歲初春方成行，向高致謝詩作於次歲。

作《陳汝大六十初度》：『桑弧正及黄花節，一度花開一壽君。』（《幔亭集》卷八）

作《遊仙洞壽陳女大》四首，其二：『山自蒼蒼海自流，難將甲子記春秋。』（《幔亭集》卷十三）

謝肇淛有《陳女大先生六十序》：『自吾黨建旗鼓而談詩也，則女大實盟葵丘云。女大年長矣，其意氣健於五陵兒，時蠟屐探洞壑，或刻燭拈韻，苦吟不已。』（《小草齋文集》卷二）

按：據謝肇淛此《序》，陳椿爲閩中復振風雅的重要詩人之一，以苦吟著稱。

又按：陳鳴鶴《東越文苑傳》卷六載陳椿卒年六十六，椿卒於萬曆二十七年（一五九九），則本年六十歲。作此詩尚在九月。

作《送人之邊》二首，其二：『滿路寒霜朝倚劍，一天明月夜吹蘆。』（《幔亭集》卷八）

徐㶿有《送人之邊》：『天涯秋氣深，行子別家林。客淚月中笛，邊愁馬上碪。風沙連朔漠，鼙鼓散窮陰。後夜相思處，空聞胡雁音。』（《鼇峰集》卷十，又《晉安風雅》卷六）

作《晚泊七里灘》：『旅夢驚潮破，漁歌過瀨停。一竿秋水碧，孤棹晚山青。』（《幔亭集》卷五）

鄧原岳《晚泊七里灘》：『扁舟依落日，山色赴空灘。秋水峽中淨，晚潮江上寒。微茫漁火動，昏黑雁聲殘。雲黯嚴陵廟，蕭條過客看。』（《西樓集》卷三）

按：疑熥見原岳詩，和之。熥此時似不能前往七里瀨並實地作詩。

作《山中古廟》三首（《幔亭集》卷五）。

作《元直秀才觀微上人過宿》（《幔亭集》卷五）。

作《送瀚上人遊越》三首，其三：『白足他山月，緇衣滿路霜。』（《幔亭集》卷五）

十月，初三，與弟祭陳母，上食，哭聲震天，林木震動；與曹學佺會于竹林，竹林者——緑玉齋也。

曹學佺《陳孺人墓誌銘》：『不肖之獲交于徐氏昆弟也。其有母喪，云是時孺人已逝期矣。一旦，折簡相邀于竹林，談笑未竟，有童子報，事已治，舅弟語客且安坐，下走堂中，哭聲震天，林木震動而山谷沸也。不肖心悔其來，然不解何故。未幾，昆弟又入林曰：「客不樂乎？今日余輩當上食孺人，召子之來者，以享祭餘也。不肖自惟有母逝十及期矣，予昆弟孩而癡，尚不及菽麥，何知哀痛？上食時又何能哭若此慟也？」於是竹林之間，相顧悽然。竹林者，所稱「緑玉齋」也。』（《石倉文稿》卷二）陳母逝，參見上年《譜》。

冬，作《得譚比部寄先永寧書感而賦答》：『淒風生敝廬，忽枉故人書。』（《幔亭集》卷五）

按：譚比部，即譚忠卿，廣東人。𤊹《寄譚華南比部》：『一自先君子振鐸南安也，不肖𤊹實生於庚之黌舍……先兄孝廉曾辱貽書，業有詩章奉寄，刻之集中，附呈教正。』（《紅雨樓集·鼇峰文集》册六，《上海圖書館未刊古籍稿本》第四十三册）

作《送危博士之官馬平》（《幔亭集》卷五）。

按：馬平，在廣西柳州。李賢《大明一統志》卷八十三『柳州府』：『馬平縣，附郭。本漢潭中縣地，屬郁林郡。三國吴置馬平縣。』

作《送陸畫師還錢塘》：『客懷當暮冬，去矣不從容。』（《幔亭集》卷五）

作《埔山看梅過曾文表墓》（《幔亭集》卷五）。

徐𤊹《峬山看梅》：『寒芳看未足，又過一重山。花勝前村密，林隨曲路環。蝶尋春香入，鳥訝白雲還。數樹尤堪愛，斜臨水一灣。』（《鼇峰集》卷十）

按：埔山，在福州郊外。

作《送楊太學之金陵》（《幔亭集》卷五）。

作《故黎平太守袁公輓歌》四首，其一：『應知千載後，不朽是遺文。』（《幔亭集》卷五）

徐𤊹《挽袁景從先生》二首，其一：『廣柳聲隨松柏聲，北邙狐兔嘯新塋。人間吟魄山中冷，天上文星地下明。墓道風雷哀鼓吹，郭門煙雨灑銘旌。詞華自是傳千古，不獨生前太守名。』其二：『閉却泉臺即萬春，應憐大雅喪斯人。握符不復分銅虎，營葬還看豎石麟。五尺朱幡雲外轉，一抔黃土隴頭新。北山孤塚纍纍起，若個能文堪與鄰。』（《鼇峰集》卷十三）

按：黎平袁太守，即袁表。表，字景從，閩縣人。嘉靖三十七年（一五五八）鄉貢，表卒年五十七。黎平，今屬貴州。

作《甲午迎春》（《幔亭集》卷八）。

徐熥《甲午元日》：『海國東風一夜生，強斟柏葉待春明。麋鹿自昔交還在，犬馬應慚齒漸更。累世裘箕空有志，十年書劍兩無成。愁聞鼓吹家家動，催盡韶光是此聲。』（《鼇峰集》卷十三）

按：甲午春入於舊年，故詩作於是年。

作《無題和李義山》二首（《幔亭集》卷八）。

按：李商隱，字義山。此詩似隱含憶戀月仙之意。

作《擬劉晨阮肇入天台山效曹唐》、《劉阮洞中遇仙子》、《仙子送劉阮出洞》、《仙子洞中憶劉郎》、《劉阮再至天台不復見仙子》、《萼綠華將歸九疑留別許真人》、《玉女杜蘭香下嫁張碩》、《張碩重寄杜蘭香》、《織女寄牛郎》（《幔亭集》卷八）。

又作《與林熙吉》：『錦溪之遊纔一歲耳，而汝高龍奮長安，足下豹隱林麓，玉生、興公躡屐虎丘，不佞則支床雞骨，匪惟顯晦異軌，欣戚殊衷，而蹤跡晨星有同隔世，往事淒其，憂思如搗。

久欲買一葦過峴江，而俗務羈維，竟虛宿諾耳。』（《幔亭集》卷二十）

按：去歲十一月，熥與林熙吉、鄧原岳遊錦溪，作有《宿林熙工面壁洞》、《同林熙吉鄧原岳游錦溪竹林》、《錦溪八景爲林熙吉題》。詳該年《譜》。

作《歲暮感懷》（《幔亭集》卷八）。

作《林伯儀自金陵還莆過訪話別》（《幔亭集》卷五）。

作《癸巳除夕》（《幔亭集》卷五）。

徐𤊹《癸巳除夕》：『獨嗟落魄困塵埃，回首方驚歲月催。老却紅顔殘臘過，送將青帝曙光來。淚痕已共銅壺滴，壯志應同蠟炬灰。栢葉椒花徒自好，數聲簫鼓獨興哀。』（《鼇峰集》卷十三）

冬，築父母墳宫于東岳麥園。

徐𤊹《祭酒嶺造墳記》：『癸巳之冬，築墳宫于東岳麥園，安厝二柩。』（《紅雨樓集·鼇峰文集》册九，《上海圖書館未刊古籍稿本》第四十四册）

是歲，弟𤊹代作《全嬰堂集序》。

徐𤊹《全嬰堂集序》題下注：『癸巳年代家兄作，偶拾出，存之。』（《紅雨樓集·鼇峰文集》册一，《上海圖書館未刊古籍稿本》第四十二册）

是歲，友人趙我聞入閩，與熥及𤊹弟游。

徐㶿《筆精》卷五《方外》『出家偈語』條：『皖城趙我聞，字用拙，萬曆癸巳入閩，遍游名山，與余交最密。用拙深於禪理，歸浮山，逾年薙髮爲僧，更名法鎧。』

按：《幔亭集》中有《趙用拙招游白雲洞迷路而返卻寄》、《贈趙用拙居士》（卷五），《自鼓山歷鳳池尋白雲洞不得誤抵山麓而歸口占寄趙用拙居士》、《鷲峰寺逢趙用拙》（卷十三）等詩。

是歲前後，蕃薯傳入福建。

周亮工《周小記》卷三『蕃薯』條：『萬曆中，閩人得之外國。瘠土砂礫之地。皆可以種。初種於漳州郡，漸及泉州，漸及莆，近則長樂、福清皆種之。蓋渡閩海而南，有吕宋。』

按：據近人陳遵統考證，蕃薯（俗稱地瓜）傳入福建有二説，周亮工説主由漳而北，時間比較模糊，也無確定人。另一説爲長樂人陳振龍於萬曆二十一年從小吕宋帶回，福建巡撫金學曾批以試種，成功後推廣。萬曆初中期，閩人，特别是閩南人前往吕宋者不是三人兩人，所以也不一定只有陳振龍一人帶回薯種。當然，政府的重視，當是迅速推廣的重要原因（詳陳遵統《福建編年史》第三編）。

萬曆二十二年甲午（一五九四）　三十四歲

是歲，徐㶿二十五歲。

正月，鄧原岳還朝，與弟𤊹詩送之。

作《甲午元日》（《幔亭集》卷八）。

作《送鄧汝高進士還朝》二首（《幔亭集》卷五）。

徐𤊹《三日送鄧汝高赴闕》：『江上梅花照別筵，尊前酒盡各雲天。故鄉春信方三日，京國風塵又幾年。長樂鐘聲隨佩玉，建章柳色引垂鞭。翻憐同調從今遠，結社何人共白蓮。』（《鼇峰集》卷十三）

作《送林貞發之漢陽兼寄陳仲敬明府》：『江干折柳正春初，閩楚相看萬里餘。』（《幔亭集》卷八）

春，游通谷洞、烏石山、面壁洞，登鼓山。鄧原岳、曹學佺等過齋頭。

作《游通谷洞》（《幔亭集》卷五，又王應山《閩都記》二十二）。

徐𤊹《遊通谷洞因尋宋潘昉探花墓》：『石馬臥斜曛，松聲咽水濆。危橋斜度月，邃谷暗藏雲。骨自何年朽，名猶異代聞。豐碑頹折盡，留得掘餘墳。』（《鼇峰集》卷十，又王應山《閩都記》二十二作《次》，即次熥此詩）

按：通谷洞，王應山《閩都記》卷二十二『郡西侯官勝跡』：『在閩政橋南。其下巖嶂多奇勝，若桃源。笏石、奇峰、仙冠石、紫岩亭、高潔臺、越王亭、一線天、六華岩，稱十八景。宋潘昉庭堅未第時，讀書於此。』

作《登烏石山》、《同微師至面壁洞》(《幔亭集》卷五)。

作《題惟揚弟法雲寺書舍》(《幔亭集》卷五)。

陳薦夫有《題徐惟揚法雲寺書舍》二首，其一云：『習静結緇流，陳書汗白牛。韋編三藏積，環堵十方修。塵拂楊生肘，文成石點頭。談經雙樹裏，馴虎誤相投。』(《水明樓集》卷三)徐𤊹有《題惟揚弟法雲寺書舍》二首，其一：『禪宫堪習静，一徑暮雲封。蠹簡收龍藏，雞窗借鷲峰。燈分三昧火，吟答數聲鐘。坐到忘言處，月光生古松。』其二：『業以三冬足，鐘多五夜聞。惜陰貪佛日，鑿壁破慈雲。讀準蓮花漏，功參貝葉文。堦前苾蒭草，一半是香芸。』(《鼇峰集》卷十)

作《絶粒僧》(《幔亭集》卷五)。

作《送顔廷愉將軍料兵海壇山》(《幔亭集》卷五)。

按：海壇山，今平潭，明代屬福清縣。李賢《大明一統志》卷七十四『福州府』：『海壇山，在福清縣東南海上。遠望如壇，故名。』

作《同微公元直興公弟至鼓山》、《鼓山寺》、《靈源洞與微公賦》(《幔亭集》卷五)。

作《趙用拙招游白雲洞迷路而返卻寄》(《幔亭集》卷五)。

按：趙我聞，字用拙，安慶人，處士。萬曆二十一年入閩，遍遊名山(詳徐𤊹《筆精》卷五)。白雲洞，在鼓山。謝肇淛《游鼓山白雲洞記》：『鼓山白雲洞，僧悟宗開於丙戌……磴級

斬然如升梯，時遇巨石横道，則鑿爲痕，僅容半趾。行者拊峭壁而躡之，亦足毛髮洒淅也。』（《小草齋文集》卷九）

作《喜果慧禪師見訪》（《幔亭集》卷五）。

作《自鼓山歷鳳池尋白雲洞不得誤抵山麓而歸口占寄趙用拙居士》、《湧泉寺懷融上人》（《幔亭集》卷十三）。

作《宿鼓山寺方丈二首萬曆甲午春》，其一：『維摩丈室絶塵氛，坐對珠龕演梵文。松際窺人孤嶂月，山中留客半床雲。疏鐘出寺過林隱，怪鳥啼春徹夜聞。真性由來愛空寂，名香親向殿前焚。』其二：『孤峰天畔削芙蓉，入夜遥看紫翠重。一片禪心千澗水，五更殘夢數聲鐘。雲生淨土龍歸鉢，露冷空壇鶴淚松。借宿僧寮經幾度，蒼苔埋卻舊遊蹤。』（黄任《鼓山志》卷十二）

按：此二詩《幔亭集》不載。

作《王相如文學千里來訪詩以贈别》、《送歐陽霖仲歸鄉》（《幔亭集》卷八）。

按：王相如，即王若。郭柏蒼《全閩明詩傳》卷三十八：『王若，字相如。蓋君父，清流人。有《文園集》。』郭柏蒼《柳湄詩傳》：『遍交諸名士。陳勳、康彦登、曹學佺、鄭琰、徐熥、徐𤊹、王宇諸人多與酬唱，故陳元凱稱其「非盡友天下士，則不止；非歷覽方輿之勝，則猶不愜也」。萬曆時，閩中七子所刻詩文等書，多與參定。』（《全閩明詩傳》卷三十八引）

又按：《幔亭集》即王若參定並捐貲所刻。

作《送周公子還金溪》(《幔亭集》卷八)。

按：周公子，周兆聖之子，江西金溪人。兆聖，侯官知縣。李賢《大明一統志》卷五十四『撫州府』：『金溪縣，在府城東南一百一十里。』

作《送徐半刺之官淮陽》：『東風吹送片帆輕，江北江南萬里程。』(《幔亭集》卷八)

按：淮陽，今屬河南。明陳州别稱。《大明一統志》卷四『陳州』：『漢置陳縣，爲淮陽國治，東漢改爲陳國……北齊改曰信州，後周改曰陳州。』

作《鄧原岳進士張叔弢廣文曹能始孝廉過齋頭》(詩佚，題筆者所擬)。

鄧原岳《同張叔弢廣文曹能始孝廉過惟和齋頭》：『杖藜忽指百花潭，勝日遥憐此盍簪。對客獨懸青草榻，題詩却憶白雲庵。叢蘭經雨香初歇，新竹臨風籜半含。可惜鶯聲今漸老，虚攜斗酒與雙柑。』(《西樓全集》卷五)

按：疑張、曹亦有詩。

春、夏間，陳价夫病，問訊。

作《問伯孺病》：『時事已如此，看君轉自愁。不堪燃桂苦，況抱采薪憂。藥以何錢買，糧應幾日休。妻兒皮骨在，相向淚交流。』(《幔亭集》卷五)

按：此詩在《寄徐惟和》(詳萬曆二十年)後。從《寄徐惟和》至《同張叔弢廣文曹能始孝廉過惟和齋頭》前諸詩寒暑看，又歷一年有餘。此詩稱曹學佺爲孝廉，定在萬曆二十三年

（一五九五）前。

作《贈趙用拙居士》、《贈張少府》二首（《幔亭集》卷五）。

五月，貧民噪呼，餓莩噪通衢。

作《甲午端陽即事》：『滿市貧民盡噪呼，誰家尊酒泛菖蒲。漢廷久已饑方朔，楚澤何人吊左徒。殘喘厭看長命縷，空囊安用辟兵符。愁來試上孤城望，幾處炊煙幾處無。』（《幔亭集》卷八）

陳价夫《今我傳》：『甲午……是歲大歉。五月，郡城洶洶，白晝掠人錢穀。鄉諸無賴，乘時俱訌，富人遂閉糴，一石幾至百緡。』（徐𤊹選鈔《招隱樓集》）

陳价夫《思齋林隱君墓志銘代》：『甲午福諸屬苦饑，有鄧三者唱亂，鄉井多暴，乘風而起，一時喧訌。』（徐𤊹選鈔《招隱樓集》）

謝肇淛有《與客問答三首甲午歲》其二，略云：『連年旱復蝗，民無旦暮儲。官府禁遏糴，富室急追租。五月初三日，餓莩噪通衢。白刃斫富商，赤刃掠村墟。骸骨亂如麻，處處狐與烏。脱身得西走，但幸保頭顱。』（《小草齋集》卷四）

秋，續修《徐氏家譜》，作《重修徐氏家譜序》。

作《重修徐氏家譜序》：『《書》曰：「敦睦九族。」《易》曰：「君子以類族辨物，族弗類則罔與敦。」譜者，所以類之也。顧不重歟？自氏族廢而敦睦衰矣。大家世族，或能遡其遠胄，若衰宗寒門，則至孫忘祖諱，季犯昆名者有之，傷已！余族不知所自始，自宣義公而下，年歷二百，人傳九代，不甚久遠也。而族人有不相往來者，余甚悲之。遂緣先永寧府君所修舊譜而增葺之。族之人各畀一帙而藏之，望以敦睦之道焉。慶弔當相及，貧賤當相恤，孤嫠當相收，患難當相救。勿以華膴而忽寒微，勿以藻繪而輕椎魯。歲時伏臘，歡然相聚。則涣者可萃，敦睦之政行，而祖考之心慰矣。此余修譜之意也。《大傳》有之：「積善之家，必有餘慶。」願與族人共三復之。』（《幔亭集》卷十六，又《荊山徐氏譜·序文》）

按：《荊山徐氏譜·共勸宗事》：『明十七世諱熥，字惟和，續修家乘。』

七月，三上春官，别親友。弟𤊹與陳鳴鶴等有詩送之。又于芋江别二弟。謝肇淛、陳鳴鶴有詩寄之。

作《甲午赴京留别社中諸子》、《别陳惟秦》（《幔亭集》卷六）。

作《將發芋江别惟起惟揚二弟》：『霜落烏啼半上潮，江頭那忍解蘭橈。』（《幔亭集》卷八）知發舟已在秋。

徐𤊹《驛樓送惟和兄北游》：『夜静江空欲上潮，榜人催唤解蘭橈。離腸禁得幾迴斷，别夢不辭千里遥。沙起交河陰漠漠，風吹易水冷蕭蕭。關山迢遞何時盡，此是他鄉第一宵。』（《鼇峰集》卷十三）

謝肇淛《聞惟和北遊寄之》：『夢君兄弟芋江頭，萬事驚心一葉秋。雞骨不支多病後，馬頭

又作隔年遊。白雲幾處勞回首，綠玉何人共倚樓。若問吳興近消息，五湖東畔有扁舟。』（《小草齋集》卷十九）

陳鳴鶴《寄惟和》其一：『七載謁明主，憐君多苦辛。馬蹄穿白雪，人面障黃塵。尺素報山客，刀圭養谷神。始知金殿裏，曼倩可容身。』其二：『江上別遊子，長居太乙壇。河車通土釜，雷火霹泥丸。兩鬢都無改，三花盡可飡。相思同入定，相見總非難。』（《泡庵詩選》卷四）

七、八月間，陳薦夫、曹學佺亦北上，而熥已先發，故熥有詩留別曹學佺。沿閩江溯流而上，經小箬溪，泊黯淡灘，登觀音寺。經建甌、浦城漁梁驛。夜泛七里灘，曉發桐廬，過杭州，游昭慶寺。泊楓橋，過吳門，尋沈野不遇，與王元直露宿江干；又吊高啟。經毗陵、句容，至金陵。沿途所作詩甚夥。中作書報陳仲溱，憶竹下風景。

作《小箬溪懷邵夢弼》（《幔亭集》卷十三）。

作《送張叔弢之官昌化》三首（《幔亭集》卷十三）。

陳薦夫《送張叔弢之官昌化》其一：『薄宦意不愜，況之炎海南。朝飡供石蟹，野毒避金蠶。官舍居無定，黎音聽未諳。寧須齎苜蓿，慧苡可防寒。』其二：『朱崖風土異，過客倍魂銷。朔望兩回市，東西半月潮。鯨鯢窺海舶，蛇蠍踔官橋。旦夕青氈下，毡歌雜漢謠。』（《水明樓集》卷二）

按：李賢《大明一統志》卷三十八『杭州府』：『昌化縣，在府城西二百一十里，本漢於潛縣地。唐析置紫溪縣……宋更名昌化，元仍舊，本朝因之。』

作《留别曹能始》四首，其三：『西去長安路渺漫，天涯蹤跡覓來難。我今到處題名姓，待汝經過到處看。』（《幔亭集》卷十三）

作《與王生對酌》（《幔亭集》卷十三）。

作《溪行即事寄女翔平夫》（《幔亭集》卷六）。

作《泊黯淡灘登觀音寺》（《幔亭集》卷六）。

按：黯淡灘，在南平東。祝穆《宋本方輿勝覽》卷十二『南劍州』：『在郡東十里。灘極峻，人多禪之。』［嘉靖］《南平府志》卷二『山川』：『汾、竹林後、高桐、鑿、黯淡，已上五灘，並在東溪，其中黯淡一灘，古稱最險。』

作《建溪逢游宗振》（《幔亭集》卷三）。

按：建溪，祝穆《宋本方輿勝覽》卷十一『建寧府』：『建溪，源出武夷，至城外，今東溪。』

又按：游士豪，字宗振，莆田人。

作《同游宗振陳伯岑集陳季廸齋中》（《幔亭集》卷三）。

作《西甌道中寄答伯孺病中見送之作》（《幔亭集》卷三）。

按：伯孺病，詳上春、夏間。

又按：西甌，今福建建甌。

萬曆二十二年

作《金鳳山逢許道人》（《幔亭集》卷六）。

作《漁梁道中懷葉志卿》（《幔亭集》卷六）。

按：漁梁，漁梁山，在福建浦城。曹學佺《西峰字説》卷二十二『建寧府浦城縣』：『漁梁山在樂平里，鄉人堰水養魚其中，有巨石横亘如梁。《古記》以爲天下名山之一。水南流者爲建溪，北流者爲信溪。其地盛寒，諺云：「無衣無裳，莫過漁梁。」即此。』

作《七里灘夜泛》（《幔亭集》卷六）。

按：七里灘，在浙江桐廬。《文選》卷二十六謝靈運《七里瀨》李善注引《甘州記》：『桐廬縣有七里瀨，瀨下數里，至嚴陵瀨。』祝穆《宋本方輿勝覽》卷五『建德府』：『距州四十餘里，與嚴陵灘相接。諺云：「有風七里，無風七十里。」』

作《桐廬曉發》（《幔亭集》卷六）。

作《西湖飛來峰歌》（《幔亭集》卷三）。

按：飛來峰，在杭州西湖。李賢《大明一統志》卷三十八『杭州府』：『在府城西二十餘里。晏殊《地志》：「晉咸和中，西天僧慧理登此山嘆曰：『此是中天竺國靈鷲山之小嶺，不知何年飛來。』因號其峰曰『飛來』。一曰『鷲嶺』。」』

作《靈隱寺尋耶溪上人》（《幔亭集》卷三）。

按：靈隱寺，在杭州。李賢《大明一統志》卷三十八『杭州府』：『在武林山。晉咸和初建寺。有觀風、虛白、候山、見山、冷擴五亭。』

作《紫陽洞》（《幔亭集》卷六）。

按：紫陽洞，在杭州吳山。

又按：熥《寄許靈長太學》：『紫陽洞，千岩萬壑，嵯峨壘砢，得足下伊吾嘯詠其間，當與山川映發耳。』（《幔亭集》卷二十）

作《飲黃白仲娑羅館兼柬屠緯真使君》（《幔亭集》卷三）。

按：黃之璧，字白仲，上虞人，處士。屠隆，字長卿，又字緯真，鄞縣人。萬曆五年（一五七七）進士。

又按：屠隆萬曆二十九年（一六〇一）爲《徐幔亭先生集》作《序》，詳該年《譜》。

作《三茅觀尋許靈長不遇》（《幔亭集》卷六）。

按：三茅觀，在杭州。李賢《大明一統志》卷三十八『杭州府』：『三茅觀，在府治南七寶山之麓，有茅君像。』許光祚，字靈長，錢塘人，舉人。

作《過昭慶寺》（《幔亭集》卷十三）。

按：昭慶寺，在杭州。李賢《大明一統志》卷三十八『杭州府』：『在府城西。宋陳堯佐詩：「湖邊山影裏，靜景與僧分。一榻坐臨水，片心閒對雲。」』

作《湖上書所見》、《戲呈朗公》、《禦兒舟中別朗公》、《夜泊即事》（《幔亭集》卷十三）。

作《吴門尋沈從先不遇》：『當年踏遍吴門路，十日尋君不知處。年來蹤跡雖相聞，鄰人又道移家去。閶闔城中多岐路，異鄉客子那能知，東尋西訪竟不得，惟有殘月相追隨。幾迴欲向朱門問，知君不與朱門近；欲向紅塵問故人，知君寄跡非紅塵。行盡朱門兼白屋，夜深空作窮途哭。出城昏黑迷歸舟，滿天風露江干宿。』（《幔亭集》卷三）

按：《沈從先詩序》：『今年余復過吴閶，日已晻竳，入尋從先所居，則鄰人云已徙去，踉蹌出閶闔門，覓舟不得，所與偕者王生元直，露宿江干，達旦竟去矣。』（《幔亭集》卷十六）

又按：『當年踏遍吴門路，十日尋君不知處』，詳萬曆十九年（一五九一）《譜》。

又按：姚旅《露書》卷三《韻篇》上：『姑蘇沈野作《寒食》一詩：「廚下出來烟火斷，不知寒食是今朝。」徐熥賞其語，往訪之。及進閶門，重門已閉，進退不得，因於簷下坐一夜。沈因是得名。』

作《寄懷黄道晦》二首、《晚至毗陵》（《幔亭集》卷六）。

作《句曲道中望茅山》（《幔亭集》卷六）。

按：茅山，初名句曲山，在江蘇句容縣。李賢《大明一統志》卷六『南京應天府』：『茅山，在句容縣南八十里。山形如「句」字，初名「句曲山」，後因茅君得道於此，更今名。』

作《飲胡元瑞蘿月軒》（《幔亭集》卷八）。

按：胡應麟，字元瑞，蘭溪人。蘿月軒，胡應麟軒名。胡應麟《蘿月軒》：『横琴當緑蘿，

萬籟夜俱寂。涼月何紛紛，飛螢暗中入。』(《少室山房集》卷七十)

作《寄別幼孺次來韻》、《寄贈屠長卿儀部》二首、《題公郎寶函樓》、《寄懷瀚公》、《松陵舟中》(《幔亭集》卷八)。

作《吳閶吊高季迪太史》(《幔亭集》卷八)。

按：高啟，字季迪，明初詩人。

作《旅次石頭岸》(《幔亭集》卷八)。

按：石頭，石頭城，在南京。李賢《大明一統志》卷六『南京應天府』：『石頭山，在府西二里。蜀漢諸葛亮云「石頭虎踞」是也。』又：『石頭城，在府西二里，吳據石頭爲城。』

作《松陵夜泛》、《滸墅關懷王百谷》、《楓橋夜泊夢鄧汝高進士》、《舟中對酒懷陳子卿》、《夜雨》、《懷任夫》(《幔亭集》卷十三)。

作《與陳惟秦》：『別時天氣如坐甑中，今則挾□者，□時□□□書至，足下想得共讀。弟之行藏已知大概，□途中冗奪，遂不得頻頻另啟相問也。弟此行雖苦太早，然遊道頗廣，恨不攜吾党二三兄弟共振旗鼓耳。回思與足下竹中風景，不覺腸斷。』(《幔亭集》卷二十)

按：熥七月便發芋江江干，故云此行苦早。

九、十月，在金陵，遍游牛首山、雞鳴寺、瓦官寺、靜海寺、靈谷寺、碧峰寺、金陵故宮、清涼寺、浦口珠泉、燕子磯、朝天宮、青溪、桃葉渡、鷲峰諸勝。遇閔齡(壽卿)，始信壽卿爲有道之士。與姑蘇陸文組、雲間曹志伊遊，爲之作《秣陵倡和稿序》。有詩留别金陵諸友，吴稼澄有詩别之。

作《游牛首山弘覺寺》（《幔亭集》卷六）。

按：牛首山，在南京南。李賢《大明一統志》卷六『南京應天府』：『在府南三十里，舊名牛頭山。有二峰，東西相對。』《江南通志》卷十一『輿地志·江寧府』：『由山麓石磴數百級，杉檜森夾，而上有弘覺寺，寺有浮圖二，殿宇依山而構，望之如畫屏。』

作《牛首山祖堂尋雪浪禪師不遇》（《幔亭集》卷六）。

按：祖堂，在牛首山。李賢《大明一統志》卷六『南京應天府』：『祖堂山，在府南四十里，唐法容禪師得道於此，爲南宗第一祖師，故名。』雪浪禪師，釋洪恩，又稱恩上人或恩公，字三懷，居南京長干寺，嘗説法雪浪寺，故又稱雪浪禪師，有《雪浪集》。

作《雞鳴寺贈印空上人》（《幔亭集》卷六）。

按：雞鳴寺，在南京。李賢《大明一統志》卷六『南京應天府』：『雞鳴寺，在雞鳴山。洪武二十年建。置寶公塔於寺後山頂。』

作《喜林天懋至得家書》：『兩月相思淚，今霄應暫乾。』（《幔亭集》卷六）

作《盧子明張子明何性中胡彭舉林叔度小集客舍》（《幔亭集》卷六）。

按：盧純學，字子明，通州人，處士。張正蒙，字子明，上元人，處士。何思唐，字性中，會稽人，太學生。胡宗仁，字彭舉，上元人，隱於冶城山下。

作《瓦棺寺贈全上人》(《幔亭集》卷六)。

按：瓦棺寺，即昇元寺，在南京。祝穆《宋本方輿勝覽》卷十四『建康府』：『昇元寺，即瓦棺寺也。在城西隅，前瞰江面，後據崇岡，最爲古跡……瓦棺寺之名起自西晉。』

作《同陸纂父郭聖僕雨夜集曹重甫客舍得涼字》(《幔亭集》卷六)。

按：陸文組，字纂甫(父)，吴縣人。郭天中，字聖僕，莆田人，布衣。曹志伊，字重甫，青浦人，太學生。

作《送何性中還會稽》、《送王獻子山人客粤西》、《送林吾宗南還時余將入燕》、《送林叔度之廬江尋劉使君》(《幔亭集》卷六)。

作《題静海寺慶良上人房》(《幔亭集》卷六)。

按：静海寺，在南京北。李賢《大明一統志》卷六『南京應天府』：『静海寺，在府北二十里。洪熙元年賜額。』

作《靈谷寺》(《幔亭集》卷六)。

按：靈谷寺，在南京鐘山東。李賢《大明一統志》卷六『南京應天府』：『晉建，宋改太平興國寺。本朝洪武中徙建於此。殿堂之後立寶公塔。』

作《詠雨中新草》、《不寐感懷示元直》(《幔亭集》卷六)。

作《金陵懷古》(《幔亭集》卷八)。

作《客中感秋呈王德載廬子明柳陳甫諸公》（《幔亭集》卷八）。

按：王元坤，字德載，上元人，都指揮使。

作《送張孺愿還四明爲兒娶婦》（《幔亭集》卷八）。

按：張邦侗，字儒愿，鄞縣人。四明，寧波府別稱。

作《送胡彭舉之衡陽》（《幔亭集》卷八）。

作《葛震父招遊雨花臺同張康侯姚佩卿諸子》（《幔亭集》卷八）。

作《送陸篡父山人還洞庭別業》（《幔亭集》卷八）。

作《同吳翁晉姚叔乂諸子集陳公衡衙齋》（《幔亭集》卷八）。

按：吳稼竳，字翁晉，孝豐人。陳其志，字公衡，莆田人，萬曆十一年（一五八三）進士。

作《別金陵》（《幔亭集》卷六）。

吳稼竳《留別徐惟和》：『寒逼壚頭酒易醒，蕭蕭匹馬爲君停。城西落日山逾紫，河畔秋風草尚青。桃葉嬾呼雙楫伎，蓮花歸奉一函經。江流滿目還相憶，塞鴈寥寥不可聽。』（《玄蓋副草》卷十五，萬曆家刻本）

作《贈李茂承太學》、《隔簾美人》（《幔亭集》卷八）。

作《同梅季豹林叔度碧峰寺訪如愚上人》（《幔亭集》卷八）。

按：梅守箕，字季豹，禹金之叔，宣城人。碧峰寺，在石頭城南。如愚上人，如愚，字蘊璞，江夏人。居石頭城南碧峰寺，遂號石頭和尚。詳錢謙益《列朝詩集小傳》閏集。

作《同閔壽卿王獻子二山人集王德載都護溪閣同得蕭字》（《幔亭集》卷八）。

作《馬姬館贈梅子馬》（《幔亭集》卷八）。

按：馬姬，即馬守真。朱彝尊《静志居詩話》卷二十三『馬守真』條：『馬守真，字湘蘭，一字元兒，又字月嬌，金陵妓。有集。湘蘭貌中人，而放誕風流，善伺人意，性復豪俠，恒揮金以贈少年。』梅蕃祚，字子馬，宣城人，有《寄馬湘君》云：『流澌十月下雙魚，傳得金陵一紙書。馬角未寒盟語後，蠅頭猶漬淚痕餘。夢中暮雨題難就，鏡裏春山畫不如。紅杏碧桃千萬樹，待儂花下七香車。』（徐𤊹《筆精》卷四《詩評》『梅子馬寄情詩』條）

作《壽雪浪禪師九月九日五十初度》、《金陵故宫》（《幔亭集》卷八）。

作《重陽後顧世卿招游清涼寺翠微亭》（《幔亭集》卷八）。

按：清涼寺，明名清涼報恩寺，在南京石頭城。李賢《大明一統志》卷六『南京應天府』：『南唐名清涼寺，本朝洪武中重建，易今名。』

作《陳彦莊侍御招遊清涼寺》（《幔亭集》卷八）。

作《送何伯達太學還鯉湖》（《幔亭集》卷八）。

按：何伯達，仙遊人。鯉湖，即九鯉湖，在仙遊。李賢《大明一統志》卷七十七『興化府』：『在仙遊縣東北。昔何氏兄弟九人煉丹湖側，丹成，各乘一鯉仙去。』

作《燕子磯》(《幔亭集》卷八)。

按：燕子磯，在南京長江邊。《江南通志》卷十一《輿地志·山川》『江寧府』：『燕子磯，在上元界觀音門外。磴道盤曲而上，丹崖翠壁，淩江欲飛，絶頂有亭，能攬江天之勝。』

作《觀浦口珠泉》(《幔亭集》卷八)。

按：珠泉，又稱珍珠泉，在南京浦口。王象之《輿地紀勝》卷三十八：『(六合山)有三泉，曰虎跑，曰真珠，曰白鼉。』

作《訪梅禹金秦淮客舍》：『一秋桃葉居淮水，十月梅花夢敬亭。』(《幔亭集》卷八)

按：梅鼎祚，字禹金，宣城人。朱彝尊《静志居詩話》卷十七『梅守箕』條：『梅氏一門群從，禹金最負時名，嘗後先過王元美，元美贈詩云：「從誇荆地人人玉，不及梅家樹樹花。」』

作《朝天宫贈沈道士》(《幔亭集》卷十三)。

按：朝天宫，在南京。李賢《大明一統志》卷六『南京應天府』：『朝天宫，在府治西北，即吴冶城、晉西池地。本朝洪武初建爲宫，命以今名。凡大朝賀將行禮，百官前期於此習儀。』

作《桃葉渡訪張幼于》(《幔亭集》卷十三)。

按：桃葉渡，在南京秦淮口。李賢《大明一統志》卷六『南京應天府』：『晉王獻之愛妾名桃葉，其妹曰桃根。獻之嘗臨此作詩歌以送之。』

作《青溪逢吴叔嘉投贈》（《幔亭集》卷十三）。

按：青溪，在南京。李賢《大明一統志》卷六『南京應天府』：『吴鑿東渠名「青溪」。溪有九曲，連綿數十里，通潮溝，以洩玄武湖水。發源鐘山，接以秦淮。』

作《尋汪堯卿不遇》（《幔亭集》卷十三）。

作《鷲峰寺逢趙用拙》（《幔亭集》卷十三）。

按：鷲峰寺，在南京。《江南通志》卷四十三《輿地志·寺廟》『江寧府』：『鷲峰寺，在府城中鈔庫街。南齊爲東府城，梁爲江總宅，唐乾元中刺史顔魯公置放生池。東接青溪，北通運瀆。宋淳熙間待制史正志移於青溪之曲，明天順間即其地建寺，賜額曰「鷲峰」。』

作《蓬累遊序》：『甲午之歲，又遇君（閔齡）於秣陵，讀所謂《華陽編》者。其所選述在有意無意之間，乃與余抵掌者，皆性命玄同之旨。余始信君爲有道之士也。』（《幔亭集》卷十六）參見萬曆十九年（一五九一）《譜》。

作《秣陵倡和稿序》，略云：『秣陵故佳麗之地，三國、六朝間，文士趾錯肩摩，不可勝數，至今而餘教未衰也。今年秋，余薄遊此中，日策蹇驢，懷敝刺，遨遊於都市，求海内賢豪之士而謁之。即余所居湫不容膝，矮不直項，而門外長者車轍常滿矣。以此得交于姑蘇陸君纂甫、雲間曹君重甫。兩君者攻於詩而意氣倜儻不群，與余相見而交相賞，稱傾蓋歡焉。兩君因出《秣陵倡和

篇》見示，而命余敘其首。』(《幔亭集》卷十六)

十一月，陳价夫有書致熥。折回吳興，攜陳仲溱詩過謝肇淛。又與肇淛泛舟碧浪湖，又與謝肇淛圍爐共閲《墨梅卷》；游道場山，謁孫一元墓。謝肇淛有詩送其北上。復過吳，遊虎丘寺；訪得沈野，托請張獻翼、顧大典爲《幔亭集》作序。過鎮江，憩甘露寺觀音洞，渡江北上。其間，有書致陳仲溱，論詩當學唐，但不可專一模擬，正音雅道在閩。

陳价夫《寄徐惟和》略云：『足下此行，行李蕭索，不佞甚爲憂。聞自金陵復過苕川，從謝郎假貸，謝故多情，其如貧不相副何。幼孺舉孝廉時，計足下尚在越中，卒然聞之，不知與謝郎同折幾兩屐也。不佞與惟起面目如昔日，爲足下掃除竹中磐石而已，他何可言。幼孺傲僻未除，造物者忌之，因以阽疾，淹其試期，令不獲慮足下同醉燕市，豈命耶也？』(徐𤊹選鈔《招隱樓稿》)

按：价夫弟薦夫因病遲發，尚未北上。次歲開考前，薦夫趕至京城。詳次歲。

作《陳惟秦詩序》，略云：『余既困於公車，稍厭棄故業，日與仲、季二氏杜門掃軌，以柔翰自娛，其所往還最歡者，莫如陳生惟秦。惟秦居南郊之柯嶼，去城三十里而遥，每入城，便宿余家，濁醪相命，脱粟共飽，或匝月經旬始别去。而惟秦興復不淺，或出遊未嘗以倦自免……余今年游燕，挾惟秦詩一册置橐中欲授之梓，而且有待也。過吳興，謝在杭司理見而欲付於匠氏。在杭于惟秦爲微時之交，稱同社，故雖行其詩，而不傷惟秦無求之介，余遂許而授之。在杭出東山

而坐苕水者三年於此矣。』（《幔亭集》卷十六）

按：謝肇淛《陳惟秦詩序》（《小草齋文集》卷四），文繁，不備録。

作《沈從先詩序》：『頃從建業歸，始得與從先把臂而後喜，可知也。時從先方病足，不出户庭。余依依未忍別去。令奚奴襆被其中。從先貧，不能爲設孺子設榻，但與王生共跏趺几上耳。因得卒業其所著《尊己》、《撚枝》、《閉户》諸集……履吉談從先時，云其娟娟韶秀，有安仁叔寶之風。不十餘年而憔悴枯槁，已成壯夫。由今而至於老死，不知歲月幾何，乃榮通醜窮而爲此拘拘也，亦大惑矣！藜藿膏粱，短褐紈綺，所適不同，同歸於盡，士顧不朽，謂何耳？後世有揚子雲，乃知揚子雲，此美談也。從先勉矣！』（《幔亭集》卷十六）

謝肇淛《沈從先詩序》：『余與從先故不相識，往歲從陳履吉游，常爲余言從先才且窮狀。古今詞人窮者不乏，然不過家無二頃，腰少萬纏，秋汩没而無所之，則已矣。從先併日而食，計黍而炊，正貎纓絶，捉襟肘見，至有王孫後塵之歎，求莒女、淮媪其人而不可得者。嘻！天之窮從先甚矣。今歲徐惟和自姑蘇來，手從先所著詩，讀之則大不然。其詩從容委宛而色澤不枯，軼才王思，横生筆外，如蹁躚獨鶴，而非山澤之癯。即有時捧心坐嘯，擁膝兀吟，以寫其離憂孤憤不自聊賴之情，而卒亦煉心定性，歸之大雅，無復昔人咄咄書空之態。』（《小草齋文集》卷四）

萬曆二十二年

按：據上文所述，熥赴京，先過吳，訪沈野不遇，至金陵，然後又折回吳越，故知此作於是時。

作《懷王粹夫》（《幔亭集》卷六）。

按：王毓德，字粹夫，應山子，侯官人，萬曆間布衣。［乾隆］《福州府志》卷六十《人物》『文苑』：『游金陵，主友人林古度家，其鄉有貴人招之，弗肯往，竟去。吟詩最苦，詩成不喜示人，故傳者絶少。』

作《同温允文史聲伯集張穉通清遠居分得留字》（《幔亭集》卷六）。

作《孝友堂慈竹歌爲張穉通賦》（《幔亭集》卷三）。

作《天聖寺》（《幔亭集》卷六）。

按：天聖寺，在浙江湖州。《浙江通志》卷二百二十九『寺觀·湖州』引［萬曆］《湖州府志》：『寺有古檜，元趙孟頫摹爲圖，因扁其堂曰「古檜」。今檜已枯死，堂與圖俱毁，不存矣。萬曆二年知府栗祈重修。』

作《碧浪湖泛夜同在杭》（《幔亭集》卷六）。

謝肇淛《十一月望夜同惟和碧浪湖看月》：『浄水吐片月，清光上人衣。乍驚漁火出，翻共浪花飛。寺遠踈鐘斷，江寒過鳥稀。峴山煙樹裏，無數暮帆歸。』（《小草齋集》卷十三）

謝肇淛《送惟和北上二首》，其一：『朔雪暗天地，胡爲獨遠遊。十年三獻賦，萬里一孤舟。潮落金門曉，風寒易水秋。别離何足戀，春色在皇州。』其二：『作客年垂盡，風塵亦可憐。

路隨人語改，月屢馬蹄圓。水勢過淮緩，山形入岱偏。菰城一枝柳，聊作繞朝鞭。』（《小草齋集》卷十三）

按：碧浪湖，在浙江湖州。謝肇淛《遊峴山記》：『吴興山至多，獨峴山蟠郡南而近，下據碧浪湖，遊客蓋肩相摩云。』（《小草齋文集》卷七）謝肇淛爲湖州司理，詳下。

作《苕川尋錢叔達不遇時叔達在閩》、《夜坐懷玉生》二首、《吴興感懷呈在杭》、《詠燕》、《過錢功父懸磬室》（《幔亭集》卷十三）。

作《再尋王太古不遇》（《幔亭集》卷十三）。

按：王野，字太古，無錫人，處士。

作《題顧學憲先生聞禽閣》（《幔亭集》卷六）。

陳薦夫《題顧學憲先生聞禽閣》：『小閣白雲邊，啾啾當絃管。孤吟春曉日，半噪夕陽天。響雜交交鳥，聲非嘒嘒蟬。總然無俗韻，知不攪清眠。』（《水明樓集》卷三）

按：北上時薦夫不與熥同行，南歸同行至松陵舟中别去，至吴作此詩。熥題詩在前，薦夫在後，且同題，故録以備考。

作《題顧長卿小影》，略云：『郎君年少稱高格，髮未勝冠纔覆額。』（《幔亭集》卷三）

作《贈陳道源參軍》（《幔亭集》卷六）。

作《同強善長包蒙吉計仲嘉徐子晉斯學上人集寶林寺鏡公房時蒙吉來自東甌仲嘉歸自燕趙》

（《幔亭集》卷八）。

按：斯學，字悦支，號瘦山，海鹽慈會寺僧，故稱斯學上人。斯學天分絶高，故吐詞多自然秀拔。詳《四庫全書總目》卷一八〇『《幻華集》二卷』條。東甌，明温州府（今屬浙江），漢名東甌。明治所在永嘉。詳《大明一統志》卷四十八『温州府』。

作《爲王百谷悼亡》（《幔亭集》卷八）。

陳薦夫《爲王百谷悼妾》：『桃葉歌殘團扇秋，人間天上兩悠悠。鐘聲咽是催魂斷，燭淚紅因帶血流。恩絶不曾緣换馬，心傷那忍看牽牛。一丸靈藥千年恨，悔作蟾蜍向月遊。』（《水明樓集》卷五）

按：薦夫此詩作於次年下第歸途。

作《虎丘寺》（《幔亭集》卷八）。

陳薦夫《虎丘懷古》：『玉鴈金鳧歲不同，幾人曾此泣遺弓。石因試後芙蓉裂，花爲啼殘杜宇紅。舊宅至今祠短簿，講臺何處覓生公。青山一望誰長在，只有蕭條松柏風。』（《水明樓集》卷五）

按：薦夫此詩作於次年下第歸途。

作《曉至甘露寺因憩觀音洞》（《幔亭集》卷六）。

按：甘露寺，在江蘇鎮江。李賢《大明一統志》卷十一『鎮江府』：『甘露寺，在北固山上。

吳甘露中建，因名。內有梁武帝所書「天下第一山」六字，所賜鐵鑊二，其量容百斛。』作《與陳惟秦》：『別來不覺半載，每登山臨水，對月臨風，未嘗不思及二弟與我惟秦也。仲氏書來，云足下久不到竹中，豈恐費主人脫粟乎？令人愈增懸念耳。弟客金陵者三月，所交海內同調者頗衆，然多離正音而墮時響。此時雅道，斷當在吾閩中也。但雖當步驟唐人，亦不可過於平淡，方爲作手。若專一模擬古人，而掇其糟粕，有如嚼蠟耳。此僕近來議論，與仲氏向日所談者頗合，第不可偏愛穠纖，落時人窠臼而已。近讀佳作，乃先得我心，必傳無疑，大爲喜慰。過吳門，晤沈從先，敝廬不蔽風雨，且枵腹對二三黃口作伊吾之聲。貧士失職，無如此君。意明年欲攜家入閩，藉履吉爲地主。履吉意氣，自是不群，且與此君爲石交，當不令其落莫耳。又聞足下與熙工共受思江先生玄旨，此公所授，自是正傳。幸拳拳服膺，共成至道，即吾黨無窮受用也。勉之！勉之！幼孺得雋，大爲吾道之光，僕所深喜。元直南還，客懷更加寂寞，歸來想時時聚首。飛鴻有便，莫靳相聞。』（《幔亭集》卷二十）

按：此文作于訪沈野、王元直南還之後。又云，別家半載，客金陵三月，當仍在吳越而未入京。

謝肇淛《夜讀陳惟秦詩》：『惟和自南來，奚奴負鴟夷。中有雲錦囊，云是陳生詩。我來燒燭開一卷，五色龍蛇忽驚見。怪底雲霞千萬重，玉屑如花飛片片。秋缸倒盡歌未畢，梧桐樹杪風蕭瑟。滿地時聽金石聲，虛堂已聞神鬼泣。月印空潭千頃寒，雪壓孤峰一天白。又如泜水立赤幟，坐令趙卒無顔色。陳生陳生風骨殊，少年不患肝腸枯。誓將大業俟千載，豈與里耳争錙銖。腊鼠漫稱鄭客璞，彈雀寧用隨侯珠？君已泥塗甘曳尾，我今丘壑從此始。會須抛却五斗米，與君共釣龍江水。』（《小草齋集》卷八）

按：首句言熥北上過訪。此詩可與熥書、序相發明。

謝肇淛《墨梅卷跋》：『甲午冬，與惟和擁爐共閲，歎吾郡先輩餘風宛然在斷簡殘墨間。』（《小草齋文集》卷二十四）參見萬曆三十年（一六〇二）《譜》。

謝肇淛《遊道場山記》：『甲午冬，偕徐惟和行治具，盱及巔，暮矣，不能窮山之觀。』（《小草齋文集》卷七）

本月前後，張獻翼、顧大典爲《幔亭集》作《序》。

張獻翼《幔亭集敘》：『詩豈易言哉！求其成一家言良不易易，況備諸體稱大家乎？蓋工近體者，或弱於古風，長於七言者，或短於五字，即王、孟二氏，盛唐名家，一以清婉稱近體，一以風骨雄古風，且各擅所長，況其他乎！予友徐惟和氏，永寧令名父之子也，授玄肖諸童烏，屬草方之文考。少即抵掌而談秦漢，奮力以挽風騷，非晉魏之音，絶口不談；非六籍之書，屏目不視。蓋病乎世之決裂以爲體，飣餖以爲詞，故音非朱絃、詞非黄絹，寧棄去不屑就也。弱冠嘗循例計偕登臺，展驥都人，欽遲朝列虚左。詩歌本之古《選》，興寄備乎開元，彬彬然名家矣。每停橈見過，輒下榻信宿，凡三眎予詩。初見之，已無杜德機矣；再見之，其善者機也。別去三易寒暑，乃出《幔亭集》二帙，余執簡歎曰：「其衡氣機矣。」夫當其興寄於山川，發憤於歲月，周爰於驅馳，宣情於羈旅。由樂府而逮五七言古，由近體而達五七言絶，調匪偏長，體必兼善，力追古則，盡滌時趨，可謂頭頭是道、重重發光矣。又一字之工，聞奇而傾耳，片言之巧，覯縟而躍心。紙價騰湧於都門，蕭譜浸淫於禁掖。雕章綺合，藻思羅開，行且上書鳳鳴解褐，鴻漸探其襟抱，將扶摇宇内，豈區區槍榆所可控而笑哉！閩中一時諸子昆弟，咸追述大雅，取裁風人，作者響臻，同好景附，真足馳騁海内，而惟和則獨步當時矣。予歲方遲暮，筆硯都燒，徒有輟翰毁草，烏能述匠心之源、究作者之概乎！因不愛其敝帚，而答其請之意。長洲張獻翼幼于撰。』（萬曆本《幔亭集》卷首，又《四庫全書》本卷首）

按：張序作于本年，詳下。

又按：《四庫全書》本僅載此序，而顧大典、屠隆、鄧原岳、謝吉卿諸序皆不載；屠本畯《題詞》亦不載。《四庫全書》本僅題『明徐熥撰』，而萬曆本則題『閩中徐惟和著』。萬曆本另有選編者姓氏名字：友人陳薦夫幼孺選、王若相如編。王若，即鄧原岳序中所稱《幔亭集》梓者，詳萬曆三十年（一六〇二）。

顧大典《幔亭集敘》：『閩中有徐惟和者，工於舉子業，復賈其餘力以工詩，與余言詩，輒有起予之益。甲午之冬，三上春官，道經江上，謁余諧賞園中，出其所爲詩一編，題曰《幔亭集》。余讀之，見其儀範古哲，而舒寫襟抱，其創格，則峨然其騰踔也；其構思，則淵然其紆徐也；其摛詞，則鬱然其婉麗也；其遺調，則鏗然其中金石而協宫商也。翩翩欲仙乎！豈從人間來哉？嘗聞武夷有幔亭峰，秦皇帝時玉帝與太姥爲武夷君、王子騫輩設綵屋，雲裀霞褥，鸞笙鳳吹，宴鄉人於其中，而呼爲曾孫，咸登上壽。觀鈐記之所標、而洞經之所詑者，不曰峰峻而流紆，則曰林深而籟發，蓋仙境云。迺惟和，則煙霞其思而丹青言，峨然者，非峰巒之巇嵲乎？淵然者，非溪流之沿洄乎？鬱然者，非林樾之榮蔚乎？鏗然者，非清籟之振響於空谷乎？昔人謂詞賦有得於山川之助，非虚語矣。客曰：「惟和雖閩産，而居會城，其目之所寓、而身之所歷者，武夷蓋無幾焉；且集中所詠諸山者十不得其一二，何以《幔亭》名集也？」噫！詩言志也。志者，意之所通也，故曰：觸境而生者情，托境而生者意。游以跡者，屨局塵中；游以意者，神超象外。惟和之詩，蓋意生於所托者、興超於象矣，又奚必身在六六三三之間、而後可掉臂於斯集乎哉！惟和待奏公車，得時而駕，行將侍從承明，翱四海遊，於日廣，著述日富，《幔亭》一集，何足以盡惟和哉！雖然，語有之立朝而意在東山，又曰勒成一家言，以藏之名山，則他日所以休明一世，而不朽千秋者，即槩而名之曰《幔亭》，誰曰不可？不然，則茲山名勝甲于寰宇，即在遐陬，猶然欲褰裳濡足以託名名壤，而況近在閩境乎？固知人傑地靈交重而益彰也。惟和勉矣！毗黎居士顧大典撰。』（萬曆本《幔亭集》卷首）

按：本年熥上春官經吳，托請顧作此序，則上篇張序當亦托請於此時，故二敘均題爲《幔亭集敘》，而與熥歿後諸《幔亭先生集序》題異。

作《渡江》(《幔亭集》卷十三)。

十二月，於安徽固鎮連城鎮失劍。過彭城、德州、易水。除夕，在汶上。

作《失劍》(《幔亭集》卷十一)。

按：此劍次年南歸再過連城鎮，復得。詳次歲。

作《贈彭城蘇姬》(《幔亭集》卷八)。

作《初春德州道中有懷故園》(《幔亭集》卷八)。

按：德州，今屬山東。

作《甲午汶上除夕》(《幔亭集》卷六)。

按：汶上，今屬山東。

又按：下年入春在本年除夕前。陳薦夫《水明樓集》卷八《立春日感懷》在《武林除夕》前，可爲證。

是歲，爲林應起詩作序。

作《林熙工面壁洞詩序》，略云：『旗山真隱，峴水幽棲。小洞如丸，可面九年之壁；方池似斗，長開五葉之蓮。怪石懸空，地是福門真境界；壇花散影，人如天竺古先生……如熥者，學愧周顒，志慚許椽，佛容爲弟子，百千萬億有清淨；因天許作閒人，三十四年無罣礙。故拈花而赴會期。』(《幔亭集》卷十六)

按：熥撰此序三十四歲，在是歲。

是歲，作書貽謝肇淛，求高迪《缶鳴集》。

作《高太史缶鳴集》：『國初詩，余最嗜高季迪太史。然見者，皆諸家所選，未睹其全。曾借張德南比部所藏者一讀，未幾索歸。甲午歲，移書吴興司理謝在杭，求此種，久不見寄。』（《幔亭集》卷十九）

是歲，在南京爲弟㶿刻《紅雨樓稿》。

徐㶿《答王元禎》：『《紅雨樓稿》，是甲午歲先伯兄梓之白門。皆弱冠時所作，十分乳臭。門下何從得之乎？子雲悔少作，即此《稿》之謂也。』（《紅雨樓集·鼇峰文集》册六，《上海圖書館未刊古籍稿本》第四十三册）

按：㶿此書作于萬曆三十八年（一六一〇）。詳《㶿譜》。

是歲或稍晚，爲福清周翁作《墓誌銘》。

作《玉融周翁墓誌銘》，略云：『周翁者，玉融之龍江人也。生而軀幹修偉，洪聲美髯，性倜儻任俠……按狀：翁諱德安，字思欽，别號沙村。其先世自清源里出居仁壽鐘山之陽，後徙居龍江……翁生正德壬申年十月十七日辰時，卒于萬曆辛卯年三月十九日戌時。大同輩將于萬曆甲午年某月某日奉翁柩葬於某山之陽，而丐熥言勒石於壙，熥不敢辭也。』（《幔亭集》卷十八）

是歲，陳一元、陳薦夫舉於鄉。

〔乾隆〕《福州府志》卷四十。

是歲，張燮舉於鄉。

據何喬遠《閩書》一百十八。

萬曆二十三年乙未（一五九五） 三十五歲

是歲，徐𤊹二十六歲。

正月，元日，赴京考途中，過交河。十一日，抵京，與鄧原岳、曹學佺，時相過從。

作《易水懷古》（《幔亭集》卷八）。

按：易水，在河北西部，源出易縣。李賢《大明一統志》卷二『保定府』：『易水，在安州城北……《史記》記燕太子丹使荆軻刺秦王，送至易水，歌曰：「風蕭蕭兮易水寒，壯士一去兮不復還。」』

作《交河道中》二首，其二：『黄沙漠漠馬駸驔，北地春光久自諳。』（《幔亭集》卷十三）

按：交河縣，明代屬河間府；今爲交河鎮，今屬河北省泊頭市。

作《旅店感舊》：『壁上題名八九春，重來疑是夢中身，幾迴欲覓題名處，忘卻誰家是文人。』（《幔亭集》卷十三）

按：惟和首上春官在萬曆十六年（一五八八），至今已經八年。

鄧原岳《寄徐興公》：『開春十又一日，阿和抵都。於是不佞方有通州之役，與阿和劇談丙夜，遲明而別，心甚恨之。旬日始竣事，歸，阿和已移居東邊，時時跨蹇馬過從，各出近作，繁聲歌之，覺易水悲風不減荆卿時狀，又何必緑玉叢竹中哉！』（《西樓全集》卷十八）參見是歲《𤊹譜》。

又按：阿和，即惟和。

作《懷張道輔》（《幔亭集》卷六）。

二月，在京城。月初，陳薦夫抵京。與陳薦夫、曹學佺步月長安街。集鄧原岳署中。

作《賦得逍遥游送鄔子遠山人》（《幔亭集》卷六）。

陳薦夫《賦得逍遥遊送鄔子遠》：『去去何年别，悠悠萬里餘。身非能御氣，跡已類憑虚。獨往雲爲伴，徐行步當車。不須婚嫁畢，始遂尚平初。』（《水明樓集》卷三）

按：鄧原岳《寄徐興公》：『初得幼孺書，謂病甚，不果來，令人無色。一日，與曹能始共飲阿和樓中，忽見幼孺使者風雪中至，云以前月二十三日抵彭城矣。計程三日且至，爲狂躍不能自制。此君來，便成鼎足，但不知執牛耳何人耳。』（《西樓全集》卷十八），知至遲本月初陳薦夫已抵京。

按：鄔子遠，字嘉文，丹陡人，處士。

作《題許靈長快雪亭》（《幔亭集》卷六）。

陳薦夫《題許靈長快雪亭》：『反徑穿危石，憑欄俯郡城。人煙當晝合，僧磬隔林鳴。松下雪千頃，竹間泉一泓。湖光與山色，宜雪復宜晴。』（《水明樓集》卷三）

按：許光祚，字靈長，錢塘人，舉人。

作《題吳象文抱膝軒》（《幔亭集》卷六）。

作《同幼孺吉甫能始長安街步月》（詩佚，題筆者所擬）。

陳薦夫《同惟和吉甫能始長安街步月》：『十里天街並轡迴，夜深明月照金臺。』（《水明樓集》卷八）

按：據薦夫此詩，熥同時應有所作。

作《同許靈長太學張去華山人陳幼孺曹能始二孝廉集鄧汝高計部署中賦得長安新柳送張成叔太學還四明》（《幔亭集》卷八）。

陳薦夫《同許靈長太學張去華山人徐惟和曹能始二孝廉集鄧汝高民部署中賦得長安新柳送張成叔太學還四明得樓字》：『千枝萬樹影悠悠，絳閣西偏紫陌頭。淺緑乍迷游冶路，新黄先映狹邪樓。腰肢未軟那堪舞，眉黛方舒已帶愁。張緒風流年尚少，故園歸去莫淹留。』（《水明樓集》卷五）當與熥同時作。

鄧原岳《陳幼孺徐惟和曹能始孝廉許靈長太學張去華山人共集署中賦得長安新柳送張成叔還四明》：『二月晴光動上林，玉河柳色晝將陰。柔條映水那堪折，短葉臨風轉不禁。隋苑

微寒春尚淺，灞橋疎影月初沉。可憐張緒風流遠，天畔依依繫此心。』（《西樓全集》卷五）

按：《寄張成叔貢士》：『去春鄧民部署中，得陪卜夜之歡。刻韻分題，片言千古。次日欲謁幸舍，聞馬首遂南，悵然而生。』（《幔亭集》卷二十）

又按：張振藻，字去華，上海人，處士。張應文，字成叔，慈溪人，貢士。

三月，在京城。與陳薦夫同時下第，擬在京謀一職以養生母，陳薦夫強之南歸。鄧原岳有詩送之。

曹學佺成進士，留京。

作《下第後書懷》二首，其一：『自是揚雲白未玄，不才那敢怨蒼天。回看故園八千里，誤戴儒冠十七年。貧倚詩書元失計，窮知文字信無權。雄心銷盡囊如水，流落依人面可憐。』其二：『一領青衫萬斛塵，溝湟十口計全貧。關河偏阻空囊客，童僕潛歸得意人。雲路豈能容野性？帝鄉元不住閑身。長安浪説春光好，未見丘園非是春。』（《幔亭集》卷八）

鄧原岳《送陳幼孺徐惟和下第南還》：『天涯相見忽分襟，世態悠悠歎陸沉。但説荆山收白璧，竟從燕市失黄金。關門風雨窮交淚，驛路鶯花故國心。却愧馮君淹漢署，蕭條短髮不勝簪。』（《西樓全集》卷五）

徐㶿《得惟和落第書》，云：『歷夏徂冬又復春，天涯消息苦難真。艱危縱得還鄉信，南北誰憐失路人。塵土暗消青鬢客，門閭愁倚白頭親。一氈本是吾家物，到處横經莫歎貧。』（《鼇峰集》卷十三）

陳薦夫《下第後書懷》：『故園今去嘆途窮，半死形骸似夢中。筆障已隨蝸角北，心旌又逐馬頭東。千家曉色蒼黄日，二月春光慘澹風。雖是思鄉情不淺，江南羞見杏花紅。』（《水明樓集》卷五）

作《送張子環下第枉道之楚尋丁亨文法曹》（《幔亭集》卷六）。

陳薦夫《送張子環下第游楚》：『欲將何計慰窮愁，千里還尋鸚鵡洲。路到荆山腸自斷，帆過湘水淚應流。天涯此去慚知己，世上誰人愛薄遊。歸去故園須及蚤，荷衣猶勝黑貂裘。』（《水明樓集》卷五）

按：張維樞，字子環，晉江人，本年下第，二十六年（一五九八）成進士，有《澹然齋》等集。丁起濬，字哲初，晉江人，萬曆二十年（一五九二）進士。

作《南還留别許靈長張叔弢馮咸甫鄧泰素文夢珠柯起之諸子》（《幔亭集》卷八）。

陳薦夫《將出都留别鄧女高許靈長張叔弢諸子》：『半年京國困風塵，無那思家淚滿巾。鄉路八千歸去遠，故國三畝到來貧。關門似阻窮途客，花柳偏憎失意人。今日别離還是夢，却慚知己爲傷神。』（《水明樓集》卷五）

陳价夫《徐惟和行狀》：『乙未，試南宫，復不第，念禄養不逮考妣，而所生母老且病，將求一氈爲養。會予弟薦夫亦被放，謂惟和之才，何難一第，奈何便圖升斗之養乎？强之南歸。』（徐𤊹選鈔本《招隱樓稿》，藏上海圖書館）

按：馮大受，字咸甫，華亭人，貢士。鄧文明，字泰素，南昌人，舉人。文從龍，字夢珠，長洲人，舉人。

又按：陳薦夫《戲詠宮柳柬曹能始進士》略云：『只因賜得宮中綠，便與人間隔萬重。』（《水明樓集》卷八）

三、四月，南歸，不勝途窮身賤之慨。過連城鎮復得去歲所失劍。與陳薦夫同行，春盡，至松陵舟中始分手，有詩懷之並柬謝肇淛及苕上諸友，吳稼竳有詩和之。過仙霞嶺，題名，經浦城歸家。

作《燕南道中懷君大熙吉熙工玉生諸子》（《幔亭集》卷十三）。

作《詠道傍柳》（《幔亭集》卷十三）。

陳薦夫《南還詠道傍柳》：『十里堤頭覆短亭，和煙和雨曉冥冥。柔條不似人情變，失路歸時倍眼青。』（《水明樓集》卷八）

陳薦夫《送惟和北上序》略云：『乙未之歲，余與惟和並轡南還，謔柳嘲花，傷時感事，或殷憂成更泣，或相樂而行歌。』（《水明樓集》卷八）

陳薦夫《送惟和北上》其八《平原詠柳》小序：『惟和《平原詠柳》詩云：「莫言此物無情甚，送盡天涯落魄人。」余答之云：「柔條不似人情變，失路歸時倍眼青。」』詩云：『平原驛路柳參差，記得詩成共眼時。手拆柔條應憶我，縱無人和也題詩。』（《水明樓集》卷八）

按：陳薦夫《送惟和北上序》作於萬曆二十六年（一五九八）。

作《新城阻雨》（《幔亭集》卷十三）。

陳薦夫《新城道中阻雨》：『惆悵無媒别帝京，孤村煙火隔新城。淹留未必關風雨，此路從來不可行。』（《水明樓集》卷八）

陳薦夫《送惟和北上》其九《新城阻雨》小序：『與惟和行次新城，阻雨，車不能發。余有詩云：「淹留未必關風雨，此路從來不可行。」』詩云：『新城春夜雨蕭蕭，猶憶當年擁敝貂。君去更休尋舊舘，恨他窗外有芭蕉。』（《水明樓集》卷八）

按：新城，明屬濟南府，故址在今山東桓臺县西。

作《東阿道中》（《幔亭集》卷十三）。

陳薦夫《送惟和北上》其五《東阿並馬》小序：『自出都門，車行沃野中，及至東阿，始買小蹇聯騎出山谷間。惟和有詩云：「雖然不及江南好，猶勝平原曠野行。」』詩云：『舊愛東阿一日程，看山聯轡稱幽情。而今懶過東阿路，一日山爲兩日行。』（《水明樓集》卷八）

按：東阿，今屬山東。李賢《大明一統志》卷二十三『兖州府』：『在州西北七十里。』

作《陽穀馬上戲作呈幼孺》：『萬樹垂楊送客行，春風三月未聞鶯。』（《幔亭集》卷十三）

陳薦夫《東平馬上戲答惟和》：『帝城春色正氤氳，那得鶯聲遠送君。縱使陌頭千萬囀，也應不似上林聞。』（《水明樓集》卷八）

陳薦夫《送惟和北上》其六《陽穀嘲鶯》小序：『陽穀道中，惟和《嘲鶯》詩云：「上林此日方千囀，不向歸人喚一聲。」余答之云：「縱使陌頭千萬囀，也應不似上林聞。」』詩云：『三年前是怨尤情，陌上無聲恨曉鶯。今日縱啼君莫聽，春風須有上林聲。』（《水明樓集》卷八）

按：陽穀，今屬山東。李賢《大明一統志》卷二十三『兗州府』：『陽穀縣，在州西北一百四十里。』

作《過東平城北元故丞相墓》（《幔亭集》卷十三）。

陳薦夫《過東平城北元故丞相墓》：『東平州北見荒阡，斷碣空題勝國年。只有石人猶剥落，更誰能守墓門前。』（《水明樓集》卷八）

按：東平，今屬山東。李賢《大明一統志》卷二十三『兗州府』：『東平州，在府城西北一百五十里。』

作《暮出茌平宿二十里村店》（《幔亭集》卷六）。

按：茌平，今屬山東聊城。

作《贈瑕丘灌園郭叟》（《幔亭集》卷六）。

按：瑕丘，古縣名，治所在今山东兖州县东北。在山東濮陽縣城東南固堆西。

作《滋陽道中逢金陵秀峰和尚因訊雪浪耶溪秋園諸上人》（《幔亭集》卷六）。

按：滋陽，屬山東兗州。因境内嵫山得名。

作《汶上感舊》（《幔亭集》卷十三）。

按：熥去歲除夕在汶上，作有《甲午汶上除夕》，詳上年《譜》。

作《謁孔林》（《幔亭集》卷八）。

按：孔林，在山東曲阜。

作《同幼孺馬上見桃花》（《幔亭集》卷十三）。

陳薦夫《送惟和北上》其七《阜城看桃》小序：『阜城桃花甚，連村接通塢，惟和詩云：「開行不覺旗亭遠，看盡桃花又一村。」余時有所懷，因賦詩云：「念君亦有如花面，每見花時使憶君。」』詩云：『此地同君寄所思，夭桃曾折兩三枝。君行怕念從前事，須趁桃花未發時。』（《水明樓集》卷八）

按：據薦夫《阜城看桃》，熥此詩當作於曲阜。

作《宿界河驛夢從許靈長索書蘭亭記》（《幔亭集》卷十三）。

按：界河驛，在山東鄒縣。《山東通志》卷十七《驛遞志》：『界河驛，在（鄒）縣東南五十里。驛丞管理。』

作《過薛君故城》（《幔亭集》卷十三）。

按：薛君故城，戰國孟嘗君故城，即薛國城。在今山東滕縣。《山東通志》卷九《古跡志》：『薛國城，在（滕）縣南三十里薛河之北。』

作《掛劍臺》（《幔亭集》卷十三）。

陳薦夫《掛劍臺》：『吳干曾此掛新墳，斷碣年深臥白雲。不爲延陵遺跡在，更誰下馬吊徐君。』(《水明樓集》卷八)

按：掛劍臺，在今江蘇徐州雲龍山之麓。《江南通志》卷二百《雜類志》『辨誤』：『泗州掛劍臺，《寰宇記》：掛劍臺在大徐城，臨朱沛水，相傳爲季子掛劍處。』

作《亞父塚》(《幔亭集》卷十三)。

陳薦夫《亞父塚》：『玉斗紛紛碎作塵，空將遺恨續亡秦。當時已幸君先死，猶有荒丘可葬身。』(《水明樓集》卷八)

按：亞父塚，即范增塚，在徐州。李賢《大明一統志》卷十八『徐州府』：『范增墓，在州城南。增，項羽謀臣，罷歸彭城，疽發背死，葬此。』

作《彭城感舊》(《幔亭集》卷十三)。

作《戲馬臺今改爲昭烈廟》(《幔亭集》卷十三)。

陳薦夫《戲馬臺》：『高臺百尺枕黄河，臺上曾經翠輦過。縱使當年堪戲馬，無如不逝玉騅何。』(《水明樓集》卷八)

按：戲馬臺，在徐州。李賢《大明一統志》卷十八『徐州府』：『戲馬臺，在州城南。項羽嘗戲馬於此，故名。』沈約《宋書·孔季恭傳》：『宋臺初建，令書以爲尚書令，加散騎常侍，又讓不受，乃拜侍中、特進、左光禄大夫。辭事東歸，高祖餞之戲馬臺，百僚咸賦詩以述其美。』

作《燕子樓》（《幔亭集》卷八）。

陳薦夫《燕子樓》：『劍履塵生繐帳垂，獨眠人愧燕差池。北邙黃土千秋恨，東楚紅樓半夜悲。柳葉凝煙愁縷縷，牡丹含雨淚枝枝。十年多少沉吟意，只有尚書地下知。』（《水明樓集》卷五）

按：燕子樓，李賢《大明一統志》卷十八『徐州府』：『在州城西北隅，唐貞元中尚書張建封鎮徐州，有妾曰盼盼，爲築此樓以居之。』

作《登雲龍山放鶴亭》（《幔亭集》卷六）。

按：萬曆二十三年（一五九五），陳薦夫下第，與熥過彭城，作《彭城懷古》，首聯云：『雲龍山色碧崔嵬，曾見河清幾度來。』（《晉安風雅》卷九）

又按：雲龍山放鶴亭，在徐州。李賢《大明一統志》卷十八『徐州府』：『放鶴亭，宋熙寧間，雲龍山人張天驥作於東山之麓。山人有二鶴，旦則望西山而放，暮則傍東山而歸，故名。蘇軾作《記》。』

作《得劍》（《幔亭集》卷十一）。

按：陳薦夫《送惟和北上》其四《連城訪劍》小序：『惟和向歲北上時，行次連城鎮，失其蒯緱。比與余歸，從主人訪得之，因賦《得劍》詩，有「神物合雄雌」之句。』詩云：『魚腸

覓得幾經春，須訪連城舊主人。昔日共來今獨往，與君離合愧延津。』（《水明樓集》卷八）

作《漂母祠》（《幔亭集》卷十一）。

作《廣陵別陸無從》（《幔亭集》卷十三）。

按：熥《寄陸無從》：『向道廣陵，得承下榻，以彌天風雨，急於解維，深懷怏怏。然扇頭佳什，載之俱南。』（《幔亭集》卷二十）

作《歸渡揚子江》（《幔亭集》卷十一）。

作《舟抵京口作》（《幔亭集》卷十三）。

作《丹陽舟中與幼孺對月時余南還幼孺將客苕川》（《幔亭集》卷十三）。

陳薦夫《丹陽舟中對月答惟和》：『暫繫輕舟宿浦雲，孤帆明發又將分。與君記取今宵月，後夜重圓似對君。』（《水明樓集》卷八）

陳薦夫《送惟和北上》其三《丹陽泊舟》小序：『川陽泊舟時，余將自苕舟之遊，惟和欲先歸，方舟玩月，惟和詩云：「應知此月重圓夜，君在他鄉我故鄉。」』詩云：『夜夜維舟對月光，不知何處斷人腸。丹陽城下君應念，此夜清光我故鄉。』（《水明樓集》卷八）

作《舟中書懷》二首，其二：『豈是依人拙，此行誰可依。途窮勝事少，身賤勢交稀。客路儒無術，關門吏有威。時時戒童僕，莫比晝遊歸。』（《幔亭集》卷六）

按：此詩感歎落第歸途遭受冷落。

作《吴門逢鄭四》（《幔亭集》卷十一）。
作《將别幼孺》（《幔亭集》卷六）。
作《松陵舟中送幼孺入苕川兼柬在杭使君及苕中諸舊遊》（《幔亭集》卷六）。
吴稼澄《徐惟和客苕上賦寄》：『離尊曉醉白門鴉，握手遲遲感鬢華。遠道懷思空桂樹，經年書信斷梅花。賣薪落日歸樵艇，繫柳寒雲擁釣槎。任是當壚不相識，爲君清酒夜能賒。』
（《玄蓋副草》卷十五）
作《懷平夫》、《懷惟秦》、《題落日孤舟扁面送幼孺》（《幔亭集》卷十三）。
作《夾浦橋感舊寄謝在杭》（《幔亭集》卷十三）。
按：夾浦橋，明代在元和縣。今元和縣已併入江蘇吴縣。《江南通志》卷二十五《輿地志·關津橋樑》『元和縣』：『夾浦橋，橋東即屬吴江縣。』
作《書懷》、《聞人仲璣卜居西湖詩以寄之》（《幔亭集》卷八）。
作《寄聞人仲璣》：『齋頭一宿，不減竹林之遊。别後遂同河漢，然以吟屐尚在五嶺間，不知足下之已爲逢萌也。且聞受侮于河伯，豈橐中有神物，竟爲蛟龍所睥睨耶？卜居西子湖，三竺兩高，悉受杖屨。造物之待足下，良不薄矣。藉令頭上進賢尚在，且將折腰貴人前，能爾爾耶？仲氏入杭，感足下綈袍之意不淺。僕家難相尋，先令肉尚未寒，而老母又復棄世，五内崩摧，神理頓盡。僕且將絶榮進之念，以一丘自老，而倦如相如，又乏勝具。足下能以丹青惠我，作少

文臥遊，即環堵皆五嶽矣。小作二首，聊寄遠懷，足下得無纓絶乎？』（《幔亭集》卷二十）

按：『仲氏入杭』，指弟𤊹不久前客杭。『小作二首』，即《聞人仲璣卜居西湖詩以寄之》，今集存一首。

作《女冠還俗》（《幔亭集》卷八）。

作《戲嘲鄭四效長慶體》（《幔亭集》卷八）。

按：鄭四，即鄭琰，字翰卿。

作《重集諧賞園憶歌者陳情》二首（《幔亭集》卷十三）。

作《八尺湖夜泊懷李與熙張子環》（《幔亭集》卷十三）。

按：八尺湖，在江蘇吴江縣。

作《石門晚泊即事》（《幔亭集》卷十三）。

按：石門，在浙江桐鄉縣。

作《寄弟》、《對鏡》（《幔亭集》卷十三）。

作《舟中懷幼孺》：『春風並轡出都時，江北江南處處隨。一自松陵分手後，幾多山水不題詩。』（《幔亭集》卷十三）

作《漁梁街逢陳彦宗》（《幔亭集》卷十三）。

按：熥過仙霞嶺至浦城漁梁街，在嶺上題名。稍後，陳薦夫過嶺，見其題名，作《仙霞嶺見

惟和題名》：『閩越山川嶺上分，哀猿送客下層雲。斷腸正值相思處，得見題名似見君。』（《水明樓集》卷八）

又按：後二歲，熥復上春官，陳薦夫作《送惟和北上》十絶，憶今歲京城步月及南行諸事，可與今歲熥詩參證。見以上各條。

五月，鄧原岳抵家。

鄧原岳《與王玉生山人》：『不佞以五月二十六日抵家。』（《西樓集》卷十八）

秋，與鄧原岳遊，或宿鄧竹林山莊，或鄧過宿山齋。與陳椿、鄧原岳、陳宏已、陳邦注、陳薦夫、袁敬烈及弟𤇆等集綠玉齋，原岳將奉使入浙督餉，徐𤇆亦將有吴越之遊。原岳行至古田囦溪，有書報惟和兄弟。

作《秋夜汝高振狂伯孺過宿山齋時汝高將赴闕》（《幔亭集》卷八）。

鄧原岳《宿徐惟和綠玉齋同陳伯孺作》：『入林欣把臂，招隱得同心。白社吾將老，青山爾共尋。窗虛蘿月動，榻冷竹風侵。夢淺斷殘磬，情多愁遠砧。寒蛩依砌静，宿鳥擇枝深。晦跡甘雲臥，浮生愧陸沉。從來丘壑相，不負紫芝吟。』（《西樓詩選》卷上）

作《送鄧汝高户曹督餉之浙》（《幔亭集》卷八）。

葉向高《送鄧汝高督餉兩浙》：『朝看擁節向江津，馬首花飛欲暮春。不爲供儲勞使者，那從山水借騷人。吴門粳稻全輸薊，越嶺風烟半入閩。覽勝時尋天竺路，可能回首落京塵。』

（《蒼霞草詩》卷五）

陳薦夫《送鄧汝高督餉之吳興》：『銅扉粉署度支郎，銜命猶聞舌有香。粟引千艘浮震澤，槎乘八月渡錢塘。盤龍殿古尋天聖，伏虎山高訪道場。雖是使君留不住，瓜期也待柳枝黄。』（《水明樓集》卷五）

徐熥《送汝高督餉浙中》：『雞舌新含晝省香，轉輸應屬度支郎。柳攀殘緑過南浦，粟輓陳紅上太倉。使者隨星馳漢節，庾公乘月據胡牀。故人督是公家餉，他日相尋欲裹糧。』（《鼇峰集》卷十三）

作《秋日陳汝大鄧汝高陳振狂陳子卿陳幼孺袁無競興公弟集緑玉齋時余與子卿幼孺下第歸自長安汝高將使浙中興公將游白下》（《幔亭集》卷八）。

鄧原岳《秋日陳汝大振狂幼孺子卿袁無競集惟和興公緑玉齋時子卿歸自長安幼孺歸自吳興興公將遊秣陵余將以使事之浙》：『高齋雨過散秋雲，三逕蕭條易夕曛。雙劍相逢憐去住，尺書何處寄殷勤。薊門鴈向閩山落，白下江從浙水分。唱罷陽關各南北，城頭哀柝豈堪聞。』（《西樓全集》卷六）

陳薦夫《秋日同汝大振狂子卿汝高惟和惟起無競集緑玉齋時惟和子卿下第歸自燕予歸自吳興汝高將以使事入浙惟起將遊吳越》：『聚散匆匆共夕陽，交歡情短別情長。那堪遠道還家日，更對臨岐送客觴。到處雲山分旅夢，舊遊風土斷人腸。相逢又作生離恨，不信尊前是

故鄉。』（《水明樓集》卷五）

徐熥《秋日陳汝大鄧汝高陳振狂陳子卿陳幼孺袁無競惟和兄集緑玉齋時子卿幼孺惟和下第歸自燕都汝高將奉使入浙余亦吴越之遊》：『門掩空山黄葉飛，同心聚首此應稀。尊前客是銷魂别，天末人非得意歸。一曲離歌催去馬，幾行清淚濕征衣。他鄉後夜相思處，秋水蘆花夢釣磯。』（《鼇峰集》卷十三）

鄧原岳《與唯和兄弟》：『不佞萬里風塵，神骨俱俗，然每憩緑玉齋，便如華胥之國，君家兄弟風流爾雅，人士所宗，以不佞參之，則臭味矣。湖上重辱祖道，相對黯然，至不能出一語而别。既登舟，則出贈言，作曼聲歌之，何必曉風殘月哉！唯起當以秋幕入越，不佞幸先至，且勑道場山靈邀杖履也。困溪舟次寄聲。』（《西樓集》卷十八）

八月，弟熥有吴越之役，與陳仲溱、陳宏己、袁敬烈附舟往游武夷；熥有詩别社中諸子。十三日發白龍江，十五日，遇雨；十六日次困溪，宏己以病留；廿一日次劍津，登玄妙觀。廿四日次建安，登善見塔、丹青閣；會莆田吴文潛，文潛適從武夷歸，又挾之登舟同往。二十八日次建陽。陳惟秦、吴元瀚同游，陳振狂途中病留。

作《遊武夷發白龍江》四首（《幔亭集》卷十四）。

徐熥《留别社中諸子》：『滿天秋色雁來時，離思應隨斷雁悲。貧賤依人投刺懶，艱難爲客束裝遲。一家十口饔飧薄，千里孤身道路危。本是浪遊非得意，不勞同調送行詩。』（《鼇峰

集》卷十三）

按：白龍江，今俗稱閩江。林楓《榕城考古略》卷下第三：『白龍江，又名臺江。與閩江同源，至洪塘分爲二岐，北行者經釣龍臺爲臺江，納北上衆流，過鼓山，復與南行者合流，匯于馬頭江，以達於海。』

作《溪夜時與惟秦興公遊武夷》（《幔亭集》卷六）。

按：《遊武夷山記·由萬年宫至茶洞》：『《道經》稱天下三十有六，吾閩居其二。第一爲霍童山霍林洞天，第十六爲武夷山昇真玄化洞天，皆神仙窟宅。霍童僻處長溪，遊屐罕至。武夷在崇安之南，一葦可航也。歲乙未，仲弟興公有吳門之役，余遂附舟往遊。先期報陳惟秦、陳振狂與俱，以八月十三日發白龍江。』（《幔亭集》卷十七，又衷仲孺《武夷山志》卷十七）

作《中秋遇風雨》（《幔亭集》卷六）。

作《陳振狂擬游武夷舟次囦溪興盡而返戲嘲之》四首（《幔亭集》卷十四）。

按：《遊武夷山記·由萬年宫至茶洞》：『十六日次囦溪。振狂以病留囦溪，賦詩而別。』（《幔亭集》卷十七）

作《過劍津》（《幔亭集》卷十四）。

徐𤊹《宿劍州次韻答無競》：『才攀衰柳出河濱，又值風帆宿劍津。鄉信未逢歸路客，土音

初變異州人。暮天雲樹猿啼急，秋水蘆花雁叫頻。跡落江湖心自悔，青山君莫嘆沉淪。』（《鼇峰集》卷十三）

按：《遊武夷山記·由萬年宮至茶洞》：『廿一日次延津。』（《幔亭集》卷十七）

又按：泊延平之前，過黯淡灘，游黯淡寺，弟𤊹作有《題黯淡寺》（《鼇峰集》卷十）。疑熥有同題作。

作《登延平玄妙觀》（《幔亭集》卷八）。

徐𤊹《延平玄妙觀》：『百折危峰翠色盤，中天棲觀拂雲看。風吹帝子幢幡捲，苔蝕遊人姓字殘。幽壑水奔龍氣散，古松煙暝鶴聲寒。碧窗深鎖紅塵遠，晚磬泠泠下醮壇。』（《鼇峰集》卷十三）

按：玄妙觀，在南平。李賢等《大明一統志》卷七十七『延平府』：『玄妙觀，在府城南，宋名天慶，元改今額。本朝洪武初重修。』

作《登芝山善見塔》（《幔亭集》卷八）。

徐𤊹《同吳元瀚陳惟秦惟和兄游芝山丹青閣》：『磴道紆迴入杳冥，黃金布地護山靈。雲藏老佛龕前火，風語阿王塔上鈴。四起峰巒爭紫翠，半空樓閣剥丹青。歸林啼鳥聲初歇，月照龍池又誦經。』（《鼇峰集》卷十三）

按：芝山，建寧府（治今福建建甌）紫芝山。何喬遠《閩書》卷十三《方域志》『建寧府』：

『王審知據閩時，是山産芝。其地有紫芝坊。』

又按：《遊武夷山記·由萬年宫至茶洞》：『廿四日次建安，訪友人陳季迪，會莆山人吳元翰自楚歸，客季迪齋中，先數日，元翰偕林太史咨伯泛舟至武夷五曲而返，遊興未盡，至是余挾之俱往，元翰欣然登舟。』（《幔亭集》卷十七）

又按：吳文潛，字元翰（瀚），莆田人，布衣，後爲僧。林堯俞，字咨伯，一字兼宇，莆田人，萬曆十七年（一五八九）進士，改庶吉士。

作《謁馬仙姬廟》（《幔亭集》卷八）。

按：馬仙姬廟，在建甌水東。

作《同惟秦興公舟中夜坐》、《贈惟秦》、《曉發》、《贈送黄君甫山人》（《幔亭集》卷六）。

作《村中晚步》二首（《幔亭集》卷十四）。

按：《同惟秦興公舟中夜坐》至《村中晚步》諸詩，往武夷途中所作。

九月，朔，至武夷，踴躍稱快。初二，至茶洞，過懷仙館。初三，舟次五曲，捨舟至紫陽書院，謁朱先生遺像；夜歸宿雲窩，友人江仲魚自崇安來會。仲魚導遊三十六峰。七日，作詩贈安道士。初八日，由水簾洞出赤石街，取道登大王峰，復至萬年宫。初九，溪口送徐㷆往江西；與吳文潛、陳仲溱買舟歸。在山中凡十日，作《遊武夷山記》凡四篇、詩若干篇。過洪江，懷『二孺』，作書陳价夫。

作《初至武夷》（《幔亭集》卷八）。

按：《遊武夷山記・由萬年宮至茶洞》：『九月朔日，未及武夷數里，從舟中望大王、獅子諸峰，巋然天表，客皆踴躍稱快。』（《幔亭集》卷十七）

作《萬年宮》（《幔亭集》卷八）。

徐𤊹《宿冲祐萬年宮》：『青山如黛水如烟，借得玄宮此夜眠。一粒金丹千萬刼，兩行香火十三仙。虹連彩幔疑秦代，魚薦瑶壇紀漢年。雲冷石牀清夢遠，閬風扶上大羅天。』（《鼇峰集》卷十三）

按：萬年宮，在武夷山。何喬遠《閩書》卷十五《方域志》『建寧府』：『（武夷山）山下有宮，曰「冲祐萬年宮」，蓋漢設壇處。唐始屋之，曰「武夷觀」。』

又按：《遊武夷山記・由萬年宮至茶洞》：『既而舟至溪滸，遂舍舟登陸，行松陰中，蒼翠欲滴。越里許，始達萬年宮。中祀魏王子騫，旁列張湛等十二人。前爲漢祀亭，余黄冠羽衣，與諸客焚香膜拜其下。』（《幔亭集》卷十七）

作《宿冲祐觀》（《幔亭集》卷八）。

按：李賢《大明一統志》卷七十六『建寧府』：『冲祐觀，在武夷山。唐建，名武夷觀。宋賜額「冲祐」，元加「萬年」。』《大明一統志》『冲祐』誤作『冲佑』。

作《宿接笋峰道院》（《幔亭集》卷八）。

作《登接笋峰》(《幔亭集》卷六)。

按:《武夷山遊記·由接笋峰至小桃源》:『既至茶洞,接笋峰在眉睫間,而三梯相續,高可十餘丈。時日已高春,余謂當乘輿往,客皆衣短後衣,賈勇而上。梯盡左折,鑿石爲徑,僅容半趺,以鐵絙縻崖腹,握絙附崖而行。數武徑絶,接以二木梁,梁廣與徑等,而徑實梁虚,履之尤覺惴恐。』(《幔亭集》卷十七)

作《懷僊舘》、《懷僊舘憶女翔熙工伯孺因覓伯孺所畫煙雨圖不得》(《幔亭集》卷十四)。

按:《武夷山遊記·由接笋峰至小桃源》:『越里許,達懷僊舘,道人劉隱虚、廖東陽、吳中虚出肅客。舘後爲僊奕亭,亭外有精舍數楹,隱虚修習之所也。』(《幔亭集》卷十七)

徐𤊹《再宿接笋峰懷仙舘》:『别去仙源又四春,重來應不畏迷津。留題丹嶂成陳跡,初識黄冠若故人。一夜烟霞銷俗夢,幾時雲水了閒身。敢云絶磴經過熟,自與川靈有夙因。』(《鼇峰集》卷十三)

作《聽劉隱虚道人談玄》、《贈羽士》(《幔亭集》卷十四)。

按:劉隱虚,懷僊舘道士。詳上條。

作《玄都觀尋道士不遇》(《幔亭集》卷十四)。

徐𤊹《游玄都觀》:『古院荒涼白日斜,玄都道士已無家。只今滿地荆榛色,落盡秋風野菜花。』(《鼇峰集》卷二十四)

作《別虚道人》(《幔亭集》卷十四)。

按：虚道人，即劉隱虚道人。

作《陷石堂》(《幔亭集》卷六)。

按：《武夷山遊記·由接笥峰至小桃源》：『過石門……負山爲陷石堂，相傳山多巨石，宋天聖間，一夕掊于雷，故石多縱横，自成經緯，即所經石門是也。』(《幔亭集》卷十七)

作《小桃源呈吴元翰陳惟秦江仲魚》(《幔亭集》卷十四)。

按：謝肇淛《五雜組》卷四『地部』：『武夷之小桃源，居萬峰之中，秀色環抱，石門一徑，可杜可絶，其中豁然，别是一天地，有田有水，又有村落，可以伴伍；養蜂、蒸楮，可以爲生；鵝鴨雞豚，可以自給。山寇所不及，海賊所不到，想武陵避秦之地未必勝此也。』

作《武夷十詠》十首(《幔亭集》卷十四)。

按：十首爲《玉女峰》、《架壑船》、《僊掌峰》、《换骨巖》、《大王峰》、《徐仙巖》、《金雞洞》、《幔亭峰》、《投龍洞》、《虹橋板》。其《幔亭峰》云：『一曲賓雲酒一卮，共乘鸞鶴醉歸遲。至今五色霞千片，猶似當年結彩時。』

徐𤊹《武夷雜詠十首》：《幔亭峰》：『奏罷人間曲可哀，仙家零落紫霞杯。若逢結幔重開宴，我是曾孫依舊來。』《玉女峰》：『仙宫煙鎖鏡臺昏，瑶草青青抹黛痕。三十六峰秋雨過，半空翻倒洗頭盆。』《仙船巖》：『枯棹千年架石頭，風吹難動水難流。却憐浮世風波客，來往身如不繫舟。』《換骨巖》：『何人蛻骨寄巖間，曾是山中煉九還。若使當年仙不學，依然孤塚北邙山。』《粧鏡臺》：『粧鏡臺高片石留，菱花如水月光浮。神仙自有還童術，萬古何曾照白頭。』《徐仙巖》：『一丸丹熟去朝元，千載岩頭骨尚存。莫謂升真非拔宅，重來今日有雲孫。』《金雞洞》：『天半金雞洞杳冥，千年伊喔不曾停。怪來只報仙家曉，多少人間夢未醒。』《仙掌峰》：『青葱十指插天開，掌上分明玉露來。怪殺武皇求不到，漢宮空築集靈臺。』《桃源洞》：『武夷深似武陵家，疊嶂千重曲徑斜。到此自應迷去路，不須多種碧桃花。』《鼓子峰》：『宴罷曾孫散彩虹，鳳笙龍管杳無蹤。一時徹盡仙家樂，留得前溪鼓子峰。』（《鼇峰集》卷二十四）

作《桃花澗訪吕山人》（《幔亭集》卷十四）。

作《紫陽書院》（《幔亭集》卷十四）。

按：紫陽書院，朱熹所創，在武夷九曲溪第五曲。詳下條。

作《宿雲窩贈陳司馬》（《幔亭集》卷八）。

按：雲窩，在武夷山接筍峰下。陳司馬，即陳省。詳嘉靖四十年（一五六一）《譜》。葉向高《通議王夫兵部右侍郎兼都察院右僉都御史幼溪陳公墓志銘》：『以功晉兵部右侍郎兼右僉都御史。亡何，江陵没，言者以公爲江陵所用，又開府其鄉，遂糺公，而公歸矣。道武夷，宿接筍峰上……遂築室其間，名曰「雲窩」，日與諸生講學論文，翛然有以自樂，尤酷好山水，凡閩中諸名勝，無不遍遊，筆墨篇章，淋漓照映於層崖窮壑、琳宮梵刹，翩翩然有淩空步虚之意。』（《蒼霞續草》卷十一）

又按：《武夷山遊記·由萬年宮到茶洞》：『舟次五曲，舍舟至紫陽書院，謁朱先生遺像，讀陳伯孺、謝在杭、興公弟壁間詩。鄭繼之先生詩題小閣中，筆力遒勁可愛……經數折而入雲窩，雲窩舊爲宋陳丹樞修煉之所，近吳航陳司馬公結廬棲隱其中。』（《幔亭集》卷十七）

又按：謝肇淛《陳少司馬八十序》：『先生敝屣進賢，棲心靈岳，誅茅剖石，闢雲窩而老焉。』（《小草齋文集》卷二）

又按：徐𤊹《竹窗雜録》『紫陽書院』條：『長樂陳少司馬致政還山，結廬于武夷五曲雲窩，隱焉。雲窩占九曲之勝，曲榭危闌，高軒疎牖，莫不精麗。雲窩之左爲朱文公書院。』（《榕陰新檢》卷十六《詩話》引）

按：《武夷山遊記·由接筍峰至小桃源》：『（九月初三）是夜歸宿雲窩，而友人江仲魚自崇安來會。』（《幔亭集》卷十七）

徐𤊹《宿天遊觀》：『千峰晚對院門扃，臺起中天近七星。露濕仙人雙峰白，煙迷玉女兩鬟青。羽流花裏窺龍篆，童子松間掃鶴翎。何幸雲遊前度客，碧窗重借誦黄庭。』（《鼇峰集》作《天遊觀》）（《幔亭集》卷八）。

卷十三）

按：天游觀，在武夷山仙掌峰左。何喬遠《閩書》卷十五《方域志》『建寧府』：『隱屏峰平立於前，外敞内邃，中有天遊觀。』

又按：《武夷山遊記·由天遊觀至鼓子峰》：『次日余以事之崇安，同遊諸子已先登天遊。獨隱虛道人宿雲窩遲余，余薄暮始至。晨起，微雨不絶，與隱虛冒雨而登。繡薄叢于路側，竹栢蔭于層石。經五里，始至觀。觀處九曲之中，溪水迴環，三十六峰皆可指顧。接笥、龍脊，對峙其前，磴路屈曲，梯級懸絶，白雲亂飛，丹楓如染，視身在峰上，更爲殊觀。』（《幔亭集》卷十七）

作《贈安道人》（《幔亭集》卷六）。

按：安道人，武夷山鼓子峰道士。熥《武夷山遊記·由天遊觀至鼓子峰》：『（九月）初七日，作詩贈安道人。』（《幔亭集》卷十七）

作《贈江仲魚》（《幔亭集》卷六）。

徐𤊹《筆精》卷四《詩評》『江仲魚』條：『崇安江仲魚，諸生也。予從王粹夫識仲魚。乙未，予之武夷，仲魚導予遊三十六峰。仲魚雖諸生，有碩人之致。武夷諸峰，各置書帙筆硯，隨意所適，留連旬月，衣道衣，冠道冠，又儼然羽流也。仲魚善詩，詩不作人間語。』

作《宿鼓子峰道院》（《幔亭集》卷八）。

徐𤊹《宿鼓子峰道院》：『重重翠巘絶行蹤，問路猶言過數峰。朽木緣崖欺蜀棧，枯株横磵亞秦松。鼓留片石聲猶在，仙去寒岩骨未封。獨叩玄關仙犬吠，隔雲遥送夕陽鐘。』（《鼇峰集》卷十三）

按：鼓子峰，在武夷山。何喬遠《閩書》卷十五《方域志》『建寧府』：『一峰屹立，有石如鼓。下有鼓子道院，倚崖爲屋，峻絶開豁……崖壁廣數百丈，裂開一洞，外溢中寬。』

又按：《武夷山遊記·由天遊觀至鼓子峰》：『既出天遊，元翰以病臥雲窩，余與諸子取道入鼓子峰……路窮，則以木棧相接而度。有石如鼓，履之逢逢有聲，故名。由西而折，有梯二十餘級。登梯，入吳公洞，洞乃吳公蜕處。惟秦由石壁側足而入，余與諸人不能從。是夕，宿院中，道人二十餘衆，焚香誦經，余輩亦隨衆參禮，夜分始罷。』（《幔亭集》卷十七）

作《游水簾洞時久不雨飛沫稍微賦得一首》（《幔亭集》卷八）。

徐𤊹《詠水簾》：『誰挂冰綃到十洲，潺湲不斷灑龍湫。微風亂織絲千縷，新月斜懸玉一鈎。漢女佩從江上解，鮫人淚向夜深流。下方隔絶紅塵遠，遮却神仙白玉樓。』（《鼇峰集》卷十三）

按：水簾洞，在武夷山，又名唐曜天巖。《武夷山遊記·由水簾洞至大王峰》：『諸客復謀爲水簾洞之遊……將至洞，谷聲與人聲相應。山下有亭，亭之上有池，即水簾所匯也。洞壁高數十丈，穹窿如屋，延袤里許，石皆赤色。登石磴數百級，爲三教堂。右折爲道院，水

簾瀉其前。時久不雨，飛沫稍微。』（《幔亭集》卷十七）

作《尋和叔道士不遇》（《幔亭集》卷八）。

徐熥《訪和叔羽士不遇》：『一去雲遊消息稀，碧窗塵滿舊霞衣。不題名姓言相訪，到處爲家不必歸。』（《鼇峰集》卷二十四）

按：和叔，姓佘，和叔爲其字。曾與閔齡隱于武夷。閔、佘詩合集曰《同亭詩蜕》。熥有《同亭詩蜕序》（《幔亭集》卷十六）。

作《懷鄭君大》（《幔亭集》卷十四）。

按：謝肇淛《小草齋詩話》卷五：『徐惟和有友鄭君大，豪爽滑稽，喜遊山水。嘗至武夷折筍峰，峰有三梯，折登其一，懼而下，恐爲衆笑，乃令從者細記景物，歸而詑曰：「吾登折筍矣。」詰之，一一不謬。又數年，惟和復至武夷，宿折筍峰，有詩《懷君大》云云。君大見詩大恚曰：「道人誤我，道人誤我！」蓋當時深囑道人勿泄其事，至是見一梯之語，疑徐得其情也，其言所以，聞者皆爲絶倒。』

作《懷顏廷愉》（《幔亭集》卷六）。

按：顏容軒《西陽懷徐惟和惟起時候屠田叔未至客周二松江樓》略云：『湖海飄零相思切，家山迢遞旅魂驚。何時明月驅雙駕，酒篆歌籌弟與兄。』（《鳴劍集》，《石倉十二代詩選·社集》）

又按：顔詩未必答熥詩，因爲互懷，録以備考。

作《送興公游吴越》（《幔亭集》卷六）。

作《武夷溪口送惟起弟度關》二首，其二：『青山遊侶散紛紛，況復臨岐遠送君。兩地鴈鴻難顧影，一時鸞鶴總離群。人從杜若洲邊去，路在桃花洞口分。明發登高各惆悵，鵝湖斜日幔亭雲。』（《幔亭集》卷八）

徐㶿《武夷溪口别元翰惟秦仲魚》：『悔逐桃花出水頭，仙風吹散武夷舟。客中得酒無心醉，别後逢山不愛遊。蹤跡幾時歸白社，夢魂長日戀丹丘。迴腸一夜君知否，試看清溪九曲流。』（《鼇峰集》卷十三）

按：熥詩『鵝湖』云云，㶿至江西鵝湖，作《鵝湖道中》：『鵝湖山色黯秋雲，天外鴻聲不可聞。半嶺子規行客路，百年翁仲相公墳。孤村旅店殘烟滅，遠浦危橋野火焚。惟有前林黄葉影，一時和淚共紛紛。』（《鼇峰集》卷十三）回應熥詩。

作《武夷送吴元翰還莆》、《再送元翰次來韻》（《幔亭集》卷八）。

作《同元翰惟秦雨宿舟中懷惟起弟》：『細雨扁舟泊近村，三人同卧亦銷魂。誰憐此夜孤身客，山店殘燈獨掩門。』（《幔亭集》卷十四）

作《遊武夷山記》四篇：《由萬年宮至茶洞》、《由接筍峰至小桃源》、《由天遊觀至鼓子峰》、《由水簾洞至大王峰》（《幔亭集》卷十七）。

作《題畫菊贈黄博士印坤》：『開向三秋晚，飡來五内香。』（《幔亭集》卷六）

按：黄中，字印坤，古田人。萬曆中歲貢，官延平府教授。創紫陽詩社，有《江上草》。

作《與陳伯孺》：『僕與惟秦、惟起、振狂，同爲武夷之遊。至困溪，振狂興盡，先返。至建溪，逢莆友吳元翰，遂與偕往。住武夷者十日，峰則天遊、接筍、鼓子、大王。洞則陷石、桃源、水簾。吳公、丘公，此皆足跡所至者。若目之所見，則難以枚舉矣。較足下與君大所遊，似爲差勝，猶恨未愜也。得詩五十餘首，頗不類食人間煙火者。俟二卿來，纔得賞鑒耳。惟起以九日度關，計此時當抵常山矣。舟抵洪江，知二卿在家，不知何日得入城相見也。僕之此行，於山得武夷，於人得元翰，可謂雙快。』（《幔亭集》卷二十）

九月，自武夷歸後，訪太醫薛煉師思齊。過宿鄧原岳竹林山莊；與諸友人送王叔魯葬西郊。

作《陳惟秦爲先人營葬久居永南山寄訊》（《幔亭集》卷八）。

作《訪薛煉師思齊》（《幔亭集》卷八）。

按：薛煉師思齊，太醫。熥曾於武夷山爲之購仙茅。《武夷山遊記·由水簾洞至大王峰》：『又數里，過火焰峰。峰悉赭壁，若紅雲秀天……地産仙茅，服之能益壽。余解杖頭易數百根，以寄薛煉師，蓋煉師别時所托也。』（《幔亭集》卷十七）徐𤊹《祭薛思齊内人文》：『思齊晚歲精於醫，所延譽者皆當道名公與夫縉紳學士。名隆隆起，而業亦稍稍振。』（《紅雨樓集·鼇峰文集》册十，《上海圖書館未刊古籍稿本》第四十五册）

作《壽李司理》二首(《幔亭集》卷八)。

作《送王懋宣先生之泰順》(《幔亭集》卷八)。

按：王應山，字懋(又作『茂』)宣，侯官人。著有《帚言摘録》、《閩都記》、《閩大記》。秦順，今屬浙江。

作《宿鄧汝高竹林山莊》(《幔亭集》卷八)。

鄧原岳《玉生惟和興公無競宿山莊》：『荒郊落日澹平蕪，白社還同舊酒徒。極目煙霞晴窈窱，隔林雲樹晚模糊。石床草榻人初静，流水柴門鳥亂呼。永夜月光清映廓，分明一片輞川圖。』(《西樓全集》卷五)

按：鄧原岳此詩似非同時作，録以備考。

徐𤊹《宿鄧汝高竹林山莊》：『精廬遥結翠微間，借得雲窗一夕閒。流水斷橋通古路，斜陽殘磬下空山。犬聲似豹聞茅舍，螢火隨人入竹關。桑柘滿村堪寄隱，與君吟臥却忘還。』(《鼇峰集》卷十三)

作《送王少文藁葬西郊》(《幔亭集》卷八)。

陳薦夫《送王少文入城西殯宮》：『薤露歌成不可留，長辭華屋向山丘。人隨白馬如雲散，兆有青鳥計日求。暮雨寒狐入繐帳，夕陽山鬼吊松楸。縱然相送知何處，門掩荒郊水亂流。』(《水明樓集》卷五)

陳薦夫《秋日過王少文殯宫》：『華屋無人蕙帳空，素車白馬各西東。秋來落葉埋官路，野火隨風繞殯宫。』（《水明樓集》卷八）

徐熥《送王少文藁葬西郊》：『一去黄泉路不通，白楊時動隴頭風。從今再過西郊道，荒草無情長殯宫。』（《鼇峰集》卷二十四）

按：王叔魯卒於萬曆二十年（一五九二）。詳該年《譜》。

作《擬積雨輞川莊》、《擬長沙過賈誼宅》二首（《幔亭集》卷八）。

作《無題》十首，其三：『錦衾羅帳淚潸然，淡月微霜夜可憐。嚙臂尚思當日約，同心空結片時緣。瓶沉古井渾身碎，珠孕靈淵幾箇圓。一别天台成隔世，桃花流水自年年。』其十：『玉殞珠沉思悄然，明中流淚暗相憐。常圖蛺蝶花樓下，記刺鴛鴦繡幕前。只有夢魂能結雨，曾無心膽似非煙。朱顔皓齒歸黄土，脈脈空尋再世緣。』（《幔亭集》卷八）

按：此當爲追念月仙之作。時月仙已逝，故悼之。

陳薦夫《和徐大無題》：『連理凋殘璚樹枝，玉環從此杳難期。平分韓椽香猶在，心許徐君劍獨知。有夢豈能通枕席，無緣空使負床帷。鍾陵千載重相見，翻羨雲英未嫁時。』又：『青鳥無情信誓空，靈犀難禁往來通。春遊罷去桃應笑，秋恨傳來葉自紅。蠟燭生拚雙淚盡，流蘇死結兩心同。憑君莫怨芳菲節，不道楊花暫信風。』（《水明樓集》卷五）

徐熥《和幼孺無題》：『恨倚蒹葭玉一枝，暗中虚度破瓜期。劍分雷焕歸何日，鏡剖徐郎合

未知。五十斷絃愁錦瑟，一雙條脫繫羅帷。世間自少昆侖使，那有今生得見時。』（《鼇峰集》卷十四）

按：徐大，即徐熥。

作《烈女吟》、《送林觀察備兵金衢》（《幔亭集》卷八）。

作《贈車子仁郡侯》（《幔亭集》卷八）。

按：車子仁，即車大任。朱彝尊《静志居詩話》卷十五『車大任』條：『車大任，字子仁，邵陽人。萬曆庚辰進士，除南豐知縣，歷南禮部郎中，出知福州、嘉興二府，升浙江按察副使，進右參政。有《囊螢閣草》。』

作《寄譚忠卿比部》（《幔亭集》卷八）。

秋冬間，徐𤊹致書曹學佺，賀其獲捷，並敘及徐熥下第落魄不事産業，追逐於貴人之前。

徐𤊹《寄曹能始》略云：『暮春得捷音，屐齒幾折，猶望足下臚唱也。乃閲題名，殊未愜願。朝廷安可稱至公哉……家伯兄名不見收，敝貂羸馬，落魄還家，何減蘇季、劉蕡之困？竟不以苜蓿自飽，而彈短鋏、歌無魚於貴人前，得無鍾鳴漏盡乎！』（《紅雨樓集·鼇峰文集》册三，《上海圖書館未刊古籍稿本》第四十二册）

冬，有古田之行，遊極樂寺。

作《送陳永奉游金陵》：『揚子風高潮自白，隋堤秋盡柳無青。』（《幔亭集》卷八）

徐𤊹《送陳永奉之留郡謁趙中丞時予將遊白下》：『滿目秋陰日色昏，不關離思自銷魂。斜陽斷雁青溪渚，衰柳啼鴉白下門。感舊人哀孫相國，留驩客醉趙平原。相期買笑秦淮渡，欲别何須灑淚痕。』（《鼇峰集》卷十三）

按：詩作於往武夷之前，熥自武夷歸，永奉尚未成行。

又按：謝肇淛《送陳永奉還家·引》：『永奉，書生也，未知遊。乙未冬，爲其從子要之吳，道相失。至姑蘇城下，爲盜所刼。奔金陵，丐衣於其從子。時方盛寒，從子以葛衣畀之，凍餒幾死。遇周喬卿、徐興公，衣食之。』（《小草齋集》卷八）

作《壽大司馬吳公》二首、《送薛君大秀才游武林》（《幔亭集》卷八）。

作《送孫四之金陵》（《幔亭集》卷八）。

作《古田極樂寺》（《幔亭集》卷八）。

按：古田，今屬福建。李賢《大明一統志》卷七十四『福州府』：『古田縣，在府城北二百八十里。』［萬曆］《古田縣志》卷十四：『極樂寺，唐天寶元年僧志文建。宋令李堪喜遊其寺，没而寺僧思之，奉爲護法神。天順間，内監阮詹主緣，住持僧道貴重建。嘉靖壬戌，倭毁。隆慶庚午，僧海樑、海松募建法堂、山門。萬曆己丑，僧道焕募造方丈。』

作《過鄭樵林山人市隱堂》（《幔亭集》卷八）。

徐𤊹《寄家兄弟》：『口腹驅人出，翻令骨肉疏。寄來書乏雁，歌罷鋏無魚。見月思同被，瞻

雲念倚閭。好培三徑竹，吾自愛吾廬。』（《鼇峰集》卷十）

按：此詩編入乙未年。參見《𤊹譜》。

冬，徐𤊹在杭州知曹學佺請告將南歸，致書，提及兄徐熥下第，學佺慰藉之，並有資斧之助。弟𤊹在吳越懷熥，有詩寄之。

徐𤊹《寄曹能始進士》：『惟和落羽南歸，得八行珍重，情義懇至，更兼以朱提之惠，感愧駢集。足下貴矣，猶不忘布衣之交，曹丘生誼至高哉！』（《紅雨樓集·鼇峰文集》册三，《上海圖書館未刊古籍稿本》第四十二册）

是歲，蒙霍童支提寺天恩法師真受印記。

陳鳴鶴《天恩法師塔誌銘》：『乙未歲，應起延師芬子菴，講《楞嚴經》，余與徐孝廉熥、陳文學价夫、陳孝廉薦夫，及余姪仲溱蒙師印記。其後林方伯如楚建石嵩寺，請師駐錫，余輩復侍左右者一年。』（謝肇淛《支提寺志》卷四）

是歲，莆田陳邦注爲預卜葬地。

作《與陳子卿孝廉》：『向歲足下所擇古山葬地，弟已購得之三年矣。言佳者什九，言不佳者什一，以故尚在狐疑，未即營造。』（《幔亭集》卷二十）

按：此書作于萬曆二十六年（一五九八），『前三年』，即是歲或下歲。後熥下葬在鹿坪山，非此處。參見崇禎二年（一六二九）《譜》。

又按：邦注精於堪輿。

是歲，謝汝韶因謝肇淛秩滿，進奉政大夫。

徐𤊹《中奉大夫廣西左布政使武林謝公行狀》：『秩滿，進天池先生階，爲奉政大夫。』（《小草齋文集》附録）

是歲，弟𤊹有吴越之遊。參見《𤊹譜》。

是歲，曹學佺成進士，策問戰車，以舟戰論。

費元禄《曹能始先生》：『乙未讀南宫試録，足下褎然高對大廷，豪舉哉！』（《甲秀園集》卷三十八）

［民國］《福建通志·列傳》卷二十八《曹學佺傳》：『乙未，會試，策問車戰。對曰：「臣南人也，不諳車戰，請以舟戰論。」因詳陳舟戰法。考官張位奇之，初定第一。衆謂部郎房中首選信無此例，乃改第十。』

是歲，閩省夏秋大旱。陳薦夫作《禱雨謡》刺官府禱雨、富人屯糧索高價。

徐𤊹《榕陰新檢》卷十六《詩話》『大旱禱雨』條引《竹窗雜録》：『萬曆乙未夏秋，閩省大旱，官府令諸鄉村作土龍、捕蜥蜴祈雨，富人閉糴，索高價。陳幼孺作《禱雨謡》，云：「禱雨禱雨，土龍背裂蜥蜴死。貧民撾鼓號籲天，淵中老龍不得眠。師巫禹步走田野，唇焦面赤喉生烟。東鄰富兒檢廂籍，陳陳尚有三年積。但願粟價十倍售，何必年年是豐日！貧人籲泣復怨嗟，火雲祈得紅如霞。龍王無靈天帝遠，巫師漸次逃還家。土龍前致富翁語，但旱貧人不旱汝。」』

按：土龍，福州方言，即蚯蚓。

萬曆二十四年丙申（一五九六）　三十六歲

是歲，徐㶿二十七歲。

正月，元日，得弟㶿書。㶿此日在杭州。

作《丙申元日得惟起弟越中書聞王玉生客苕消息因柬錢叔達》（《幔亭集》卷九）。

按：徐㶿此日在武林。㶿作《丙申元日客武林》：『浮生蹤跡嘆飄零，又見春回一葉蓂。尊酒共誰孤舘醉，笙歌不比故園聽。梅花無賴當窗白，柳色何知向客青。旅夢易醒腸易斷，曉鶯啼罷雨冥冥。』（《鼇峰集》卷十四）

二月，弟自吴越歸家。鄭邦衡惠書並詩扇；使君屠本畯過訪，贈書。花朝社集。

作《鄭邦衡以書見貽兼惠玉章詩扇賦此答贈》（《幔亭集》卷九）。

作《春夜同錢叔達陳惟秦齋中雨坐》（《幔亭集》卷六）。

徐㶿《春夜同錢叔達小齋雨坐丙申》：『古樹梟啼夜，寒籬犬吠煙。微風修竹徑，疎雨落花天。短塵燈前話，殘鐘定後禪。非君塵想絶，誰伴白雲眠。』（《鼇峰集》卷十）

作《寄陳平夫》、《春日雨中喜惟秦至》、《過惟秦幽居》（《幔亭集》卷六）。

作《送翁兆震太史册封周潘事峻還朝》（《幔亭集》卷九）。

車大任《送翁兆震太史還朝》二首，其一：『雙旌計日發三山，供奉絲綸第一班。藩邸桐圭榮使命，家庭萊縁慰親顔。從來臺宿依天上，此去仙槎入門間。閶闔若承明主問，爲言閩海歲逢艱。』其二：『二月韶華到處同，送君征旆出閩中。桃花色映朱旗日，榕樹聲牽早蓋風。名世才華齊八斗。還期勳業待三公。驪歌欲盡情無盡，應有相思寄去鴻。』（《邵陽車氏一家集》十卷，一九三二年刊本）

王毓德《送翁兆震太史還朝》：『詞臣載筆謁重瞳，玉笥班回禁闕中。衣濕上林花外露，珂鳴太液柳邊風。千秋著述歸黄閣，五夜傳宣入紫宫。天禄莫吹藜杖火，金蓮還捧御煙紅。』（《晉安風雅》卷九）

按：翁正春，字兆震，侯官洪江人。萬曆二十年（一五九二）廷試第一人，任翰林院修撰。

作《送張宗道之金陵兼懷諸舊好》（《幔亭集》卷九）。

作《屠田叔使君枉過兼惠藏書賦謝》（《幔亭集》卷九）。

按：屠本畯，字田叔，鄞縣人，有《屠田叔詩草》。

作《送陳汝翔建溪書林》（《幔亭集》卷九）。

按：建溪書林，指建陽書肆。

作《寄題郭張虛香雪齋》(《幔亭集》卷九)。

胡應麟《香雪齋爲郭張虛茂才賦》:『茅齋餘十尺,香雪綻雕欄。獨樹孤山老,千花大庾寒。高樓吹漸落,古驛寄仍殘。欲唤娉婷語,師雄夢未闌。』(《少室山房集》卷三十八)

作《花朝社集送佘宗漢明府之南廉訪楊使君》(《幔亭集》卷九)。

徐𤊹《送佘宗漢之南康》:『幾人垂老愛馳驅,白髮憐君尚畏途。馬首寒光攜劍匣,鳥邊雲氣辯香爐。他鄉作客黄金盡,故國談詩白社孤。此去莫耽彭澤酒,遥天日日待雙鳧。』(《鼇峰集》卷十四)

按:花朝爲二月十四日。佘翔,字宗漢,莆田人。南康,明治今江西星子縣。

作《送了空禪師歸長干寺是日爲觀音大士初度》(《幔亭集》卷九)。

徐𤊹《二月十九送了空禪師還金陵是日爲觀音大士降誕》:『空門去住本無期,却爲慈悲感别離。了悟真僧行腳日,圓通菩薩化身時。波心斷葦浮千頃,瓶裏新楊贈一枝。歸到高臺重説法,半天花落雨參差。』(《鼇峰集》卷十四)

按:觀音大士初度據傳爲二月十九日。

二月下旬至寒食前,陳价夫之姑蘇,有詩送之並簡謝肇淛。後价夫見謝肇淛,肇淛性吝,价夫示惟和詩,肇淛遂厚禮价夫。

作《分得要離塚送陳伯孺之姑蘇》(《幔亭集》卷九)。

陳价夫《今我傳》：『丙申，我乃遊吳越。』（徐𤊹選鈔《招隱樓集》）

陳薦夫《分賦百花洲送伯孺家兄》：『清波如練遶吳門，孤渚青青花正繁。影落湖中西子面，香歸月下館娃魂。東風羅綺芙蓉幕，晴日笙歌栢葉樽。惟有江楓漁火客，斷腸桃李憶芳園。』（《水明樓集》卷五）

徐𤊹《分得洞庭霜送陳伯孺之吳門》：『震澤風高起夜涼，木奴千樹盡含霜。未秋先綴枝枝緑，斜日爭垂顆顆黄。落處金丸難辨色，剖來瓊液自生香。袖中莫忘懷三箇，堂上慈親待陸郎。』（《鼇峰集》卷十四）

按：陳价夫《游湖一記》：『歲丙申三月十三日，余始至虎林。』（徐𤊹選鈔本《招隱樓稿》）

據此，价夫動身往姑蘇至遲在二月下旬。

作《再送陳伯孺兼柬在杭》（《幔亭集》卷九）。

陳薦夫《送伯孺兄游吳興遂之姑蘇》：『扁舟適越更游吳，飄泊行蹤半五湖。鳥外嵐光玄墓小，城頭山色洞庭孤。交情白首誰知己，世路黄金是壯夫。弟去兄來同此地，還將面目媿陶朱。』（《水明樓集》卷五）

徐𤊹《再送伯孺》：『千里西吳一騎輕，君行應是我歸程。孤身漂泊辭知己，八口饑寒仗友生。繞澗松篁天竺路，滿湖菱芡下菰城。旅遊到處羞貧賤，好向人前諱姓名。』（《鼇峰集》卷十四）

按：郭柏蒼《竹間十日話》卷五：『謝在杭性吝嗇。陳介夫往姑蘇，告行於徐惟和。和作詩箋贈之，兼簡在杭。囑云：「若告歸日，行囊蕭瑟，取吾箋令見之。」詩云：「離筵酒盡即他鄉，豈爲分攜始斷腸。失路客身輕似葉，倚門親鬢白於霜，歸裝不望中人産，内顧先營百日糧。未必綈袍能解贈，秋風先《幔亭集》作『臨行還』。囑寄衣裳。」及往，果如言。在杭挈而觀之，曰：「惟和度我，我適有不及矣！」留伯孺數時，厚禮而歸之。』（光緒刻本）

又按：介夫，即价夫。

作《送陳振狂游玉華》（《幔亭集》卷九）。

按：玉華，即玉華洞，在福建將樂。

作《懷吴元翰》（《幔亭集》卷九）。

徐𤊹《懷吴元翰》：『流落天涯獨問津，何門堪寄夢中身。半宵有淚孤燈泣，四海無家一劍貧。失路悲歌誰結客，窮途生計且依人。他鄉我亦漂零久，今日思君倍損神。』（《鼇峰集》卷十四）

作《贈薛君佐秀才》（《幔亭集》卷九）。

三月，清明，屠本畯爲作《幔亭集題詞》。寒食，與陳椿看海棠。病。某日，與錢叔達、陳椿等及弟興公集袁敬烈水亭。同鄭吉甫過仁王寺。雨中，屠本畯招飲烏石山，屠本畯又過其草堂。雨中，邀黄景莪（仲高）、張邦侗（孺愿）等及弟興公集萬歲寺。吴江顧大典卒，本月或稍晚，爲之作

《誄》。

屠本畯《幔亭集題詞》：『《幔亭集》者，蓋徐惟和之詩，而自命其篇者也。幔亭，當武夷北首，相傳玉帝與太姥爲武夷君、王子騫輩設幔亭綵幄，紫褥雲裀，宴鄉人二千於上，呼爲「曾孫」。雖滄桑互換，靈氣恒披，乃惟和儀度開爽，風襟穆如。朗映玉山，等高情於裴叔；飛霏木屑，托遠韻於王郎。猶冀奏賓雲左右之曲，而曾孫旦暮遇之也。爾其發爲聲詩，力贍肌豐，情注神傳，俯仰古今，錯綜名理，故能疆幟早樹，籬唾不拾，上震尊君大令之菁英，下協令弟興君之蘭茝，人美機、雲，家標謝、陸，後來之彦，鬱然名流矣。昔人稱武夷諸勝，有縝潤如玉立者，莊嚴如正人者，婉麗如美姝者，俯仰如禮容者，突兀如樓臺者，翔踞如龍虎者，即以之狀惟和之詩，其誰曰不然？是以挹其高情者，霞標六六之峰；誦其雅什者，風動三三之曲也。伊予不慧，謬厠交遊，遂弁數語於簡端，用傳同好。萬曆丙申歲清明日。』（萬曆本《幔亭集》卷首）

作《寒食日陳汝大園亭看海棠》（《幔亭集》卷九）。

作《春日同叔達女大惟秦幼孺粹夫能始興公集無競南郊水亭》（《幔亭集》卷九）。

陳薦夫《春暮同汝大玉生惟秦惟和惟起能始集無競城南水亭》：『荒郊緑樹野煙和，檻外池光十里波。鬥草暗教牽弱荇，流觴偏畏觸新荷。麥秋蚕晚花期盡，穀雨陰晴柳浪多。待得城頭纖月上，題詩相答采菱歌。』（《水明樓集》卷五）

按：袁敬烈，字無競，袁表子。

作《同鄭吉甫過仁王寺懷徐仲和久客莆中》：『春盡鶯花老，天長蝶夢疎。』（《幔亭集》卷六）

按：仁王寺，在福州郡治烏石山。

作《病》：『一春餘幾日，況復臥文園。』（《幔亭集》卷六）

作《病中試鼓山寺僧所惠新茶》（《幔亭集》卷九）。

按：《竹窗雜録》『鼓山細茶』條：『鼓山靈源洞之後居民數家，種茶爲業，地名茶園。産不甚多，而味清冽。王敬美督學在閩評鼓山茶爲閩第一。武夷、清源不及也。同時僚屬陳玉叔、顧道行諸公大加稱賞。』（徐𤊹《榕陰新檢》卷十四『物産』引）

作《雨中屠田叔使君招集烏石山同錢叔達陳幼孺王粹夫曹能始興公弟分得深字》：『衣中春寒薄，鐘過暮靄沉。』（《幔亭集》卷六）

屠本畯《鄰霄臺別諸社友》云：『可怪蘭石集，紛飛雨映空。盍簪難藉草，張幕亂依叢。雲積遥吞海，臺高易受風。兹遊興不愜，歸醉暝煙中。』（王應山《閩都記》卷十『郡城西南隅』）

按：鄰霄臺在烏石山。

徐𤊹《春日雨中屠田叔轉運使招飲鄰霄臺同錢叔達山人陳幼孺孝廉王粹夫文學惟和家兄分得觴字》：『愛山還愛客，飛蓋復飛觴。文與煙霞密，談將禮數忘。雁摽雲際塔，鶯送雨中簧。四座高陽侶，爭看倒載狂。』（《鼇峰集》卷十）

陳薦夫《春日雨中屠田叔使君招飲鄰霄臺同錢叔通徐惟和惟起王粹夫分得齊字》：『□徑蹋香泥，蘼蕪一望齊。臺登疎雨背，塔拄亂雲西。却蓋依松色，停驂讓鳥啼。山公新理詠，不唱白銅鞮。』（《水明樓集》卷三）

按：薦夫此詩『叔通』誤，當作『叔達』。

作《分得黃金臺送屠田叔轉運使京》（《幔亭集》卷三）。

陳鳴鶴《社中分得淮陰市送屠田叔轉運之北京兼呈沈相公》：『層濤疊浪淮水西，鷓鴣格磔市中啼。雄心不惜袴下死，至今劍氣淩虹霓。袴下橋邊水花碧，橋上行人長太息。一飰難逢擊絮人，千金空有垂綸客。千金一飰那足齒，割肝輸膽爲知己。重瞳不識戲下郎，何況閭閻少年子。往事悠悠春夢殘，荒城寂寂秋風寒。南昌亭長不好客，三尺魚腸行路難。憑君此地莫停轂，漢室高壇今正築。相國應須笑鄭侯，王孫去後方追逐。』（《泡庵詩選》卷三）

陳薦夫《賦得戲馬臺送屠田叔使君之京》：『吕梁洪下黄河曲，河水茫茫山簇簇。驚濤濁浪卷彭城，煙火蕭條幾家屋。河上層臺土半傾，離離秋草接雲平。沐猴人去無消息，逐鹿場空只戰爭。當年霸氣氛馳騖，此是都門盤馬處。磴道疏龍狂自高，何曾極目邉西顧。銀鞍玉勒錦纓繁，驅出天閑影欲翻。帳下美人嬌一笑，千群汗血盡承恩。炎矩西來雲棧絶，臺上經年久離别。名駒鐵騎逐戎行，不到臺前重簡閲。軍中夜半楚歌聲，吹散雄心作怨情。此日黑騅猶是戲，驕嘶欲逝不成行。往來陳跡成今古，幾百年來經宋武。九日離筵倒離尊，千金霸業餘黃土。黃土無情暈碧花，臺前駐馬久咨嗟。空悲歲月隨河水，不見山川屬漢家。河流瀰瀰風雲散，此去知君腸欲斷。懷古偏當客路中，思鄉併在荒臺畔。使君名宦自無媒，却恨鯫生困草萊。若過當年曾戲處，定收駿骨上金臺。』（《水明樓集》卷二）

徐𤊹《分得荆軻市送屠田叔使君之京》：『燕山峨峨勢雄峙，山下嗚嗚流易水。貫日長虹白氣昏，千年尚説荆軻市。荆軻市上别燕丹，怒髮蕭蕭上指冠。日暮驅車登祖道，西風吹起筑聲寒。擊筑頻酣燕市酒，相看泣下同携手。將軍一命等鴻毛，壯士千金求匕首。欲别翻爲變徵歌，黃雲慘淡陰風多。衣冠變白過平谷，頸血流紅出玉河。舞陽同載咸陽出，俠氣感天天雨粟。殿前倚柱笑不休，豈是平生疎劍術。此地猶傳刺客名，古碑磨滅苔花青。樵蘇半上燕王塚，野火燒殘督亢亭。使君乘傳從茲去，策馬幽州城下路。趨朝曉起綴鵷鸞，懷古秋深感狐兔。幽并自古多壯夫，不知還有荆軻無。俠遊市上酣歌日，肯憶當年舊酒徒。』（《鼇峰集》卷七）

按：送行之後，屠本畯并未即刻成行。鄧原岳便道歸閩後尚得相見。鄧作《賦得苧蘿村送屠田叔轉運便道歸越》（《西樓全集》卷二）。

作《屠田叔雨中過酌草堂分得窮字》（《幔亭集》卷六）。

徐𤊹《雨中屠田叔枉集草堂同陳彦宗陳惟秦分得山字》：『一官盟白社，幾度到青山。試問軒車客，誰如夫子閒。石稜苔色古，井甃雨痕斑。送酒鶯聲好，酣歌且莫還。』（《鼇峰集》

卷十）

作《寄張成叔》：『玉河堤畔柳，又見一回新。月冷閩天夢，花明越嶠春。』（《幔亭集》卷六）

按：張應文，字成叔，慈溪人。

又按：熥《寄張成叔貢士》：『去春鄧民部署中，得陪卜夜之歡，刻韻分題，片言千古。次日欲謁幸舍，聞馬首遂南，悵然而生。及讀《新柳》佳篇，張緒風流，依然在目矣。舍弟歸自姑蘇，始知有尊公之變，河山遼邈……蓋尊公梁木既壞，而先子墓材亦栱，然足下與愚兄弟得結蓮社之交，則通家之誼，傳之世世矣。茲田叔過家，肅此奉唁，惟節哀自玉，不盡縷縷。』（《幔亭集》卷二十）

作《邀黃仲高張孺愿錢叔達張公魯陳女大陳女翔陳惟秦王玉生陳幼孺王粹夫顔廷愉曹能始與公弟雨中集萬歲寺即席送徐仲和歸錢唐》：『緑波春草長途別，白社蓮花半日閑。』（《幔亭集》卷九）

徐㶿《邀黃仲高張孺愿錢叔達張公魯及同社諸子集萬歲寺因送徐仲和還錢唐》：『未向長亭折柳條，看花猶且甜僧寮。人天佛日空門静，瘴雨炎風去路遥。馳道青驄蘇小墓，騰江白馬子胥潮。與君不是無期別，醉後離魂也盡銷。』（《鼇峰集》卷十四）

按：黃景莪，字仲高，鄞縣人，舉人。

又按：萬歲寺，李賢《大明一統志》卷七十四『福州府』：『在閩縣治東南，唐建中有定光塔及有王審知所塑金粟像。』

作《鐘山寺訪張孺愿留酌話舊》（《幔亭集》卷九）。

車大任《同屠田叔曹能始張孺愿王汝存集鐘山寺得遥字》：『上方鐘磬隔迢遥，與客飛觴散寂寥。萍醒一時聊自聚，芝蘭何處不相招。堦前明月蟲聲細，海上長風蜃氣驕。詞賦似君須滿座，喜將清論度中宵。』（《邵陽車氏一家集》卷十，一九三二年刊本）

作《寒食郊行傷少文》：『最是無情墳上草，年年寒食自青青。』（《幔亭集》卷十三）

按：詩作於藁葬之後。

作《三月晦日送人之安南》二首（《幔亭集》卷十三）。

按：原刻『三月』作『二月』。據本詩『長途征馬踏殘花』及徐熥詩（詳下），當作『三月』。

徐熥《三月晦日送人之安南》：『落花飛絮委東流，春色行人總不留。却恨春風已歸去，豈能吹夢到交州。』（《鼇峰集》卷二十四）

按：熥此詩在《送王少文藁葬西郊》之後，少文藁葬於萬曆二十三年（一五九五）秋，詩當作次年。

又按：安南，今越南。李賢《大明一統志》卷九十『安南』：『安南，古南交之地。秦屬象郡，漢初爲南越所有……本朝洪武初，陳日煃率先歸附，乃賜安南國王印璽。』

三、四月間，得子，五日而殤。

作《悼殤子》：『五日人間世，千秋骨肉情。』（《幔亭集》卷六）

作《詠佛手柑》（《幔亭集》卷六）。

作《喜康元龍歸自靈武》（《幔亭集》卷六）。

謝肇淛《康元龍自靈武歸談邊事有作》：『憐君疋馬戰場間，風雪凋零壯士顏。漢地鼓鼙通上郡，秦城烽火近榆關。防秋諸將皆成寵，平夏三軍尚未還。莫向尊前談往事，傷心最是賀蘭山。』（《晉安風雅》卷九）

按：謝肇淛此詩《小草齋集》不載。

又按：李賢《大明一統志》卷三十六『慶陽府』：『靈武城，在府境白馬嶺北。《漢·地理志》：靈武縣，屬北地郡。』

作《輓周侯官》、《柬陳女大》（《幔亭集》卷六）。

陳薦夫《侯官周明府挽詩》：『鵬在長沙鶴去遼，只今華屋是山椒。一官竟乏中人產，雙舄應起上帝朝。墮淚蒼生碑在口，感恩門客劍橫腰。玉棺有意函仙骨，不許當年積毀銷。』（《水明樓集》卷五）

按：周侯官，侯官知縣周兆聖，金溪人，萬曆十七年（一五八九）進士（陳衍《閩侯縣志》卷五十八《職官》四）。

四月，晦日，與邀屠本畯等於西湖觀渡。

作《四月晦日邀屠田叔錢叔達陳彦宗陳汝翔王玉生陳惟秦陳幼孺王粹夫陳正夫曹能始林子真興公弟西湖觀競渡分得寒字》：『高閣俯澄瀾，湖光入座看。遥空簫管咽，夾水綺羅寒。笑語連天沸，呼聲動地歡。揚旌過曲浦，撾鼓下驚湍。翠袖飄文檝，紅標颭畫欄。臥波蒼甲偃，迴棹玉鱗蟠。共聽菱歌度，渾忘蓂葉殘。土風爭不禁，禮法醉猶寬。藉草情偏洽，迷花興未闌。日斜遊騎散，墜珥滿江干。』（《幔亭集》卷十）

陳薦夫《四月晦日邀屠田叔及同社集西湖觀競渡分得四支韻》：『晦節平湖上，新晴落漲時。開樽邀汗漫，洗酌破漣漪。坐向臨流合，筵因選勝移。方舟文桂楫，豔曲采菱詞。伐鼓矜先捷，懸標戒獨遲。波驚翻澤芷，棹轉亞江蘺。日落明紅袖，風生拂錦陂。目隨跂足盡，手應勝心麾。歲序催朱䕫，年光續彩絲。由來能賦客，不作楚臣悲。』（《水明樓集》卷四）

徐𤊹《陪屠田叔四月晦日西湖觀競渡得飄字》：『滿湖龍舸鬥，綺縠蔽雲霄。巨甲騰空至，蒼髯駕浪驕。波澄明彩翠，風細咽笙簫。觸槳荷錢散，迎旗荇帶飄。蛟宫煙外見，雉堞鏡中摇。緑水分羅袂，丹霞雜錦標。玉杯鸚鵡酌，豔曲鳳凰調。鼓震千聲沸，魂沉九辯招。菖蒲花欲吐，蓂莢葉全凋。游妓紛長陌，行人簇短橋。使君恣歡賞，不憚馬蹄遥。』（《鼇峰集》卷十二）

陳鳴鶴《四月晦日西湖競渡》：『驅獸餘殘日，飛鳧競碧川。氣蒸桐葉雨，聲撼芰荷烟。兩岸招紅袖，方舟舞采旃。臥龍雲外起，奔馬浪中穿。鼓□尋常駛，標爭尺寸先。水花

□□□，□□□燒天。急槳衝排荇，歸橈□□□。□□看□□，今夜幾人眠。』（《泡庵詩選》卷四）

五月，送陳木還松溪。又送黃景莪之漳州。

作《送陳可棟還松溪》：『紅辭荔枝火，寒翠夢松雲。』（《幔亭集》卷六）

陳薦夫《送陳可棟還松溪》：『湖海飄零氣未除，枉彈長鋏曳長裾。酒中間作驚人語，門下誰通逐客書。到處雞群應是鶴，秋來鱸膾豈無魚。交遊贈得詩千首，南粵行裝恐不如。』（《水明樓集》卷五）

徐𤊹《陳可棟還松溪丁酉》：『古貌癯于鶴，深山老布衣。二毛爲客慣，五字和人稀。失計乃思隱，有懷應欲歸。萬松溪水上，一枕臥苔磯。』（《鼇峰集》卷十）

按：陳木，字可棟，松溪人。擅古文詞，與陳至言、葉貫、范茂先、魏濬同時，稱『五才子』。有《陳可棟集》。據［民國］《福建通志·藝文志》卷六十。

又按：松溪，今屬福建。

作《送黃仲高之漳州》：『五月楓亭扶荔雨，幾村茅店刺桐天。』（《幔亭集》卷九）

五、六月間，曹學佺往江西吊其座師周兆聖，諸子送之。屠本畯招集社中諸子集陳正夫水亭。

作《送陳女翔遊龍虎山》（《幔亭集》卷六）。

陳薦夫《送陳汝翔游龍虎山》：『爲訪名山去，祈靈太乙壇。行隨雲縹緲，禮到斗闌干。符

籙風雷秘，刀圭雪霰寒。前途方辟穀，服食當加餐。』（《水明樓集》卷三）

徐㶿《送陳女翔遊龍虎山》：『方外尋真謁紫冥，芒鞵踏遍曉峰青。樂聞鳳管千聲沸，符請龍泥一道靈。行炁洞中呑夜月，步罡壇上禮秋星。朝回變盡人間服，集得仙家白鶴翎。』（《鼇峰集》卷十四）

按：李賢《大明一統志》卷五十一『廣信府』：『龍虎山，在貴溪縣西南八十里，山峰峭拔，兩石對峙如龍昂虎踞。道書爲第三十二福地。』

作《送陳彦宗之永嘉》（《幔亭集》卷六）。

陳薦夫《送陳彦宗以曹能始書謁永嘉令君》：『飄泊更何處，謀生只薄遊。孤身辭瘴海，六月向温州。失路自應困，出門難計愁。游揚有書札，或可賴曹丘。』（《水明樓集》卷三）

按：薦夫詩題及詩意較詳。

作《送余印卿秀才還濉陽》：『行裝三伏雨，孤棹百重灘。』（《幔亭集》卷六）

陳薦夫《送余印卿歸濉陽》：『片帆何處落，知在鶴溪南。山色洗經雨，瀨聲收入潭。燭孤宵不寐，舟熱午難堪。忽忽對誰語，枕前書數函。』（《水明樓集》卷三）

按：濉陽，今河南商丘。

作《送曹二進士之金溪吊周明府》（《幔亭集》卷九）。

陳薦夫《送曹能始之金溪吊座師周明府》：『三載緘哀獨損神，西風吹動素車塵。知音一顧

慚公瑾，良友千秋痛伯仁。枯眼尚含臨别淚，餘生猶是報恩身。憐君抗質存孤劍，繫死墳頭萬樹春。』（《水明樓集》卷五）

徐𤊹《送曹能始之撫州吊周令君》：『何事征衣淚滿痕，傷離嘆逝兩銷魂。半生永抱孤琴痛，千里空愁一劍恩。古道悲風奔白馬，新墳愁雨哭清猿。此情不似羊曇淺，醉裏含哀叩寢門。』（《鼇峰集》卷十四）

曹學佺《留别諸同社》：『徂暑戒行邁，揮汗成浸淫。江樹吐焦色，火雲無片陰。諸子賦遠别，被歌皆楚音。重以哀傷感，隕涕烏能禁。云我酬剖璞，胡不念斷金。師友無異誼，生死難盡心。死者不可返，生者能續尋。願期秋明月，同照入山林。』（《掛劍篇》）

按：曹二，即曹學佺。周明府，即周兆聖。

作《賦得廣陵濤送客之維揚》（《幔亭集》卷九）。

徐𤊹《賦得金山寺送客之維揚》：『層層塔影映中流，古寺鐘殘暮靄收。蒼鶻博風分上下，巨鼇聞呪半沉浮。隔江月照瓊花夜，遠岸潮喧鐵甕秋。杯酒墳前澆郭璞，片帆乘浪過瓜州。』（《鼇峰集》卷十四）

作《同屠田叔張孺愿錢叔達張公魯及社中諸子集陳正夫水亭分得文字》（《幔亭集》卷九）。

徐𤊹《同屠田叔張孺愿張公魯錢叔達集陳正夫水亭分得狂字》：『使君千騎下東方，乞假相攜問辟疆。月裏金尊絲管咽，風前銀燭綺羅香。王猷看竹尋芳徑，山簡迷花入醉鄉。鷺座

不成鸚鵡賦，當筵庶學少年狂。』（《鼇峰集》卷十四）

作《不寐感懷》（《幔亭集》卷九）。

夏秋間，送鄭震卿之吳越尋兄鄭琰（翰卿）。王孔振客死瀘州，有詩吊之。

作《送鄭震卿之吳越尋兄》（《幔亭集》卷六）。

陳薦夫《送鄭震卿尋兄之吳中》：『難兄多載別，聞在闔閭城。念償相尋去，家人行復驚。風波俱浪迹，山水易關情，見面即回首，故園無弟兄。』（《水明樓集》卷三）

徐𤊹《送鄭震卿之錢塘尋兄》：『漂泊辭家黯斷魂，情深長念鶺鴒原。秋風短褐千行淚，夜雨孤燈十載言。湖上殘荷天竺寺，路傍衰柳武林門。此行莫令南飛雁，先爾雙雙到故園。』（《鼇峰集》卷十四）

作《送林應卿進士理梧州》（《幔亭集》卷六）。

陳薦夫《送林穉虚進士赴梧州司理》：『單車雲外去，銅鼓驛前停。霧濕蚺虵毒，風嘶蛤蚧腥。蠻家編作甲，峒女健成丁。徭俗原淳樸，逢君更恤刑。』（《水明樓集》卷三）

徐𤊹《送林穉虚之官梧州》：『一官新被命，千里粵西遊。果緑生人面，山青露佛頭。夷風驅毒蠱，蠻客貢犀牛。地有黄茅瘴，丹砂莫憚求。』（《鼇峰集》卷十）

徐𤊹《送人之蒼梧》：『一身南去入蒼梧，聽得蠻音處處殊。翡翠曉寒巢灌木，蚺蛇春煖曬平蕪。古祠舊淚枯斑竹，廢井香魂怨緑珠。四月火山丹荔熟，輕紅能似故園無。』（《鼇峰集》

卷十四）

按：林應卿，即林穉虛。

又按：李賢《大明一統志》卷八十四『梧州府』：『漢武帝平南粵，以此地爲廣信縣，置蒼梧郡……至元中改置梧州路，本朝洪武初改爲梧州府。』

作《送張公魯還甬東》（《幔亭集》卷六）。

陳薦夫《送張公魯還家兼遊武夷》：『哀柳殘蟬處處鳴，可堪杯酒送君行。張顛草聖超三昧，賀客詩狂壓四明。霜淬雷公潭裏劍，月寒毛女洞前笙。還家更遂尋真樂，厭聽臨岐腸斷聲。』（《水明樓集》卷五）

徐𤊹《送張公魯歸甬東》：『春明遊瘴海，秋盡返勾章。別曲歌楊柳，行裝載荔香。旅魂孤店月，鄉淚五更霜。歸隱鑒湖上，一竿垂夕陽。』（《鼇峰集》卷十）

徐𤊹《送張公魯》：『越客東行不蹔停，孤城遥指海溟溟。窮村勒馬登途倦，罟市烹魚入饌腥。山鬼叫殘林月黑，畬人耕破瘴雲青。鷓鴣聲裏思鄉切，腸斷輈輈未慣聽。』（《鼇峰集》卷十四）

按：甬東，今寧波一帶。

作《答贈黃君甫》（《幔亭集》卷六）。

作《送朱善侯秀才》（《幔亭集》卷六）。

按：朱善侯，延津（今福建南平）人，有《攬莽齋詩》。熥爲之作序，詳《幔亭集》卷十六。

作《哭王孔振客死瀘州》（《幔亭集》卷六）。

按：王孔振於萬曆二十年（一五九二）入瀘州。客死，無子。詳熥題《蘭亭記》、《杜工部集》（《幔亭集》卷十九）

又按：瀘州，今屬四川。

作《哭顧道行先生》：『誰謂江干別，意成生死分。梨園飄薤露，苔館閟蘿雲。地遠訃難定，天高哭不聞。酬恩空一劍，何敢掛孤墳？』（《幔亭集》卷六）

陳薦夫《挽顧道行學憲》其一：『尊前樂府共清宵，回首松陵歲月遥。楚客不來魂未散，鄭人相聚夢成妖。觴流曲水春銷歇，翰染臨池晚寂寥。我有西州公子恨，他年那忍過虹橋。』其二：『兩袖青衫淚未收，琵琶曾譜白江州。西風客散宜沽店，夜雨魂飛環玉樓。十院尚餘紗繫臂，千金那復錦纏頭。升天入地何須遍，只合芙蓉洞裏求。』（《水明樓集》卷五）

作《故福建按察司提學副使顧公誄》云：『故福建按察司提學副使衡宇顧先生，弱冠薦於鄉，二十七成進士，例得外補，乞爲會稽博士。稍遷括蒼司李，以治刑最，徵入爲尚書郎。上書陳情，改南司勳氏。十年，擢山東臬憲，復調督學閩中。無何，遭吏議，即投劾歸家。食十餘年，于萬曆丙申年三月某日，以疾終於吳江之故里，享年五十有六。嗚呼，哀哉！閩晉安徐熥，先生門下士也。初，以明經受知，再以騷雅見盼，軌燭易簀之誼曠焉。莫展炙雞絮酒之忱，緬然

有懷。時因户部主事鄧原岳還朝，道出門下，謹修香帛之奠，掩涕爲文，敬吊先生焉。』（《幔亭集》卷十八）

按：謝肇淛有《哭顧道行先生三首》，其一：『早向閩山賦《采薇》，十年長揜白雲扉。玉樓天上名還在，金谷園中事已非。繁雪春添慈母鬢，芳苔夜上使臣衣。盈盈一水西州路，泪灑吴江舊釣磯。』其二：『《薤露》難招壯士魂，身隨箕尾别吴門。匣餘紫氣雙龍劍，家有青山數畝園。夜雨長鯨歸震澤，秋風弔客散平原。由來國士恩難報，欲挂吴鈎未敢言。』其三：『玉樹朝霞春可憐，談詩已嬾學逃禪。老歸白社長耽酒，貧買青山不受錢。《蒿里》歌殘人已遠，梨園樂散譜空傳。定知紫氣西行後，留得眞言字五千。』（《小草齋集》卷十九）

又按：熥萬曆二十六年（一五九八），過吴江再哭。詳該年《譜》。

七月，陳价夫客吴，有詩懷之。七夕，鄧原岳招集玉皇閣。鄧道鳴招集烏山鄰霄臺。作《聞伯孺由吴興入姑蘇遥有此寄》、《再懷伯孺》（《幔亭集》卷九）。

陳价夫《今我傳》：『（丙申）是秋，入吴謁王伯穀，爲先茂才求傳，遂獲交吴越諸名士。』（徐𤊹選鈔《招隱樓集》）

陳薦夫《懷伯孺兄客吴興》：『日斷孤鴻去渺然，計程今在太湖邊。孤城漏咽殘燈雨，峴首笻扶半屐烟。家念轉殷爲客日，鄉愁偏劇困人天。舊遊風土同時節，兩地情懷似去年。』（《水

明樓集》卷五）

陳薦夫《懷伯孺兄》四首，其一：『行李發江干，鶯花向未闌。一從征袂解，又見客衣寒。新作夢無據，舊傳書再看。恐添羈思緩，不敢寄平安。』其二：『計程乃計日，愁雨更愁風。彼此各天外，往來俱夢中。路長知客慣，歸緩卜途窮。應是還家近，無心覓便鴻。』其三：『家貧非不返，返亦只家貧。且就同心侶，應憐失意人。去留難自決，消息豈能真。敢信歸期近，時將慰老親。』其四：『鄉書何處返，傳得在吳門。計日久應發，望歸今已煩。魂當思忽斷，淚到見無痕。來往蓴鱸地，可能忘故園？』（《水明樓集》卷三）

徐熥《懷伯孺客吳》：『故人蹤跡隔吳閶，目斷遥天匹練長。楊柳影深迷笠澤，芰荷香暖滯寒塘。鐲鏤帶血尋空巷，響屧無聲感舊廊。懷古知君情最切，題詩墓上吊真娘。』（《鼇峰集》卷十四）

作《柬程子暉》（《幔亭集》卷九）。

作《七夕鄧女高民部招集玉皇閣同佘宗漢謝修之明府鄧道鳴閫帥錢叔達王粹夫山人陳女大康元龍袁無競秀才陳幼孺孝廉興公舍弟賦分得五歌》（《幔亭集》卷九）。

按：謝吉卿，字修之，晉江人。萬曆八年（一五八〇）進士，清江令。熥歿後，爲《幔亭集》作序，詳萬曆二十八年（一六〇〇）《譜》。

萬曆二十四年

鄧原岳《玉皇閣》：『傑閣岧嶢接渾茫，飛甍縹緲駐斜陽。遥空日月開銀牓，天地山河護玉

皇。江上潮平無宿莽，城頭煙暝有垂楊。憑欄極目浮雲細，西北天高是帝鄉。』（《西樓全集》卷五）

陳薦夫《七夕鄧女高民部招集玉皇閣同錢行道佘宗漢謝修之鄧道鳴陳汝大康元龍王玉生徐惟和惟起袁無競分韻時汝高以督餉使浙便道還家》：『畫閣朱欄爽氣多，勝情良會夜如何。新詩暫借雲中錦，小扇輕翻月下羅。只畏貪歡慚玉帝，誰同乞巧效青娥。使君莫更憑高望，恐有星槎犯絳河。』（《水明樓集》卷五）

徐㷆《七夕鄧汝高計部同佘宗漢謝修之明府鄧道鳴閫帥錢叔達山人陳汝大王粹夫文學陳幼孺孝廉康元龍袁無競茂才惟和家兄集玉皇閣得珠字》：『帝座溟濛近可呼，拍肩同到太清都。天孫佳會停雙杼，地主留驩送百壺。烏鵲正填橋上路，驪龍誰得掌上珠。憑欄忽聽金風起，剪斷疎林一葉梧。』（《鼇峰集》卷十四）

作《鄧道鳴閫帥招集鄰邦霄臺送鄧女高計部還朝》：『三疊離歌繞翠微，涼風初動葉初飛。』（《幔亭集》卷九）

鄧原岳《鄧將軍招飲鄰霄臺同温司馬閻别駕劉法曹曹孝廉分韻得仙字》：『澤國風煙清可憐，高臺突兀隱諸天。白雲映帶青山小，紫海滄茫碧漢連。此日旌旗閒部曲，一時寇蓋集神仙。憑欄側目生愁思，薄暮寒砧何處邊。』（《西樓全集》卷五）

陳薦夫《蚤秋鄧道鳴都閫招集鄰霄臺送鄧汝高民部還朝》：『秋容山色兩蒼然，高處方驚氣候先。帳下班荆俱揖客，望中行李是登仙。還朝策贈鞭非柳，隔座詩成幕有蓮。總道淩霄臺百尺，不知何地見幽燕。』（《水明樓集》卷五）

按：陵霄臺，即鄰霄臺。

徐𤊹《初秋鄧道鳴將軍招集鄰霄臺席上送鄧汝高計部督餉還朝》：『青山面面擁高牙，載酒邀賓坐紫霞。明月金鐃秋一曲，微霜砧杵夜千家。呼盧暫借行軍令，惜别難攀奉使槎。他日登高重望遠，五雲西北是京華。』（《鼇峰集》卷十四）

八月，十四日夜，招張邦侗等集于山平遠臺觀燈。

作《八月十四日夜招張孺愿錢叔達謝修之陳女大王玉生袁無競集平遠臺觀萬歲神光二塔燈分得八庚》（《幔亭集》卷九）。

徐𤊹《中秋夜邀張孺愿錢叔達謝修之曾波臣陳汝大俞青父袁無競集攬鼇亭觀萬歲神光二塔燈分得七虞》：『永夜嬋娟瑩玉壺，半天金粟落浮圖。千花舍利空中相，百寶牟尼藏裏珠。清影並輝忘色戒，慧光雙照悟迷途。蓮花漏盡從生滅，還有山河大地無。』（《鼇峰集》卷十四）

作《送張孺愿還四明》（《幔亭集》卷九）。

徐𤊹《送張孺愿歸明州》：『海國秋高鴈獨征，西風吹動故鄉情。歌殘柳岸紅亭酒，散盡芝山白社盟。野店寒星低馬首，關門涼月引雞聲。茫茫此夕思君夢，長伴飛雲過四明。』（《鼇

峰集》卷十四）

作《送黄仲高還四明》（《幔亭集》卷九）。

徐𤊹《送黄仲高孝廉還四明》：『紅亭緑酒醉黄花，客子逢秋倍憶家。海上伽山皈佛日，嶺頭歸路出仙霞。驛樓古樹寒嘶馬，野店衰楊晚噪鴉。此地懷人空一水，滿天涼露灑蒹葭。』（《鼇峰集》卷十四）

作《寄鄧德咸明府》（《幔亭集》卷九）。

按：鄧良佐，字德咸，南海人。

九月，送葉體玄還松溪；送陳宏己往汀州。

作《送葉秀才還松溪》：『試問君歸興，如何秋色濃。』（《幔亭集》卷六）

徐𤊹《送葉體玄還松溪》：『家鄉七百里，歸去路非遥。但以追隨久，離魂能不銷。荻花投岸渚，松色夢溪橋。明月芝山寺，書聲夜寂寥。』（《鼇峰集》卷十）

按：葉秀才，即葉體玄，松溪人。

作《送陳振狂之汀州》：『秋色將殘樹影稀，故人西去鴈南飛。滿林楓葉栟櫚寺，兩岸蘆花鐵石磯。』（《幔亭集》卷九）

袁敬烈《送人之汀州》：『送子出鄉關，微茫落照間。縱然非遠道，亦自黯離顔。勒馬逢殘雪，駈車入亂山。遲回忽不見，矯首白雲間。』（《晉安風雅》卷六）

按：汀州，今福建長汀。

作《與吴元翰話舊》：『明朝又作匆匆别，目斷西風獨倚樓。』（《幔亭集》卷九）

徐𤊹《喜吴元翰遠歸過訪》：『何處歸來道路長，匆匆下馬説他鄉。故衣未换征人淚，往事空迴遠客腸。夜月愁心歌舊雨，秋風哀鬢染新霜。去年此日黄花酒，玉女峰頭醉石床。』（《鼇峰集》卷十四）

冬，與弟𤊹宿陳薦夫招隱樓，有詩題之。别駕張昭招集鐘山客舍。

作《爲親乞禄詩贈丁文統邑丞》二首（《幔亭集》卷六）。

徐𤊹《題爲親乞禄卷贈丁文統少府》：『詞賦登壇重子虚，一官瀕海嘆居諸。承歡秖愛嬉萊彩，捧檄寧辭領簿書。仙吏操同冰自潔，老親頭比雪何如。潘郎滿縣桃花發，日日春風御板輿。』（《鼇峰集》卷十四）

作《題陳幼孺招隱樓》二首（《幔亭集》卷六）。

徐𤊹《宿幼孺招隱樓》：『雲際樓居隱，層梯轉翠微。泉聲諸浦合，峰影八窗歸。鶴虱盤蘿幌，鷗雛狎草衣。夜深孤枕夢，長繞水煙飛。』又：『林壑鬱重重，危闌俯萬松。亂花穿暗水，疎竹漏晴峰。遠火緣溪棹，斜陽過嶺鐘。招攜出蘿徑，踏斷白雲蹤。』（《鼇峰集》卷十）

陳薦夫《女翔惟秦惟和惟起無競枉集招隱樓賦答》：『獨有危樓上，嵐光四望濃。窗窺松際月，池浸竹間峰。倚檻天盈尺，躡梯雲幾重。揔非煙火客，叢桂合相容。』又：『雖近人煙處，

憑欄面面幽。梧桐聲受雨，桒柘受宜秋。樹裏雲邊足，山蓬霧裏頭。更堪君輩客，來續八公遊。』(《水明樓集》卷三)

按：陳价夫、陳薦夫所居樓名招隱樓。郭柏蒼《全閩明詩傳》卷三十六：『薦夫居福州南門下渡。』

又按：陳价夫集名《招隱樓集》。

作《偶成》、《題博古齋贈蔣子才》(《幔亭集》卷六)。

作《張叔麟別駕招集鐘山客舍席上聽伎共限冷香二韻》(《幔亭集》卷九)。

陳薦夫《張叔麟別駕及諸同社夜集鐘山客舍聽李姬歌共限冷香二韵》：『一曲清歌子夜長，箜篌纖指弄微霜。紅綃玉露花魂冷，翠袖籠寒月影香。倚笑誤傾杯蟻綠，靚粧輕拂髩鴉黃。行雲響遏餘音斷，去遶盧家玳瑁梁。』(《水明樓集》卷五)

徐𤊹《張叔麟別駕招集鐘山客舍席上觀妓共得香字》：『新詞迴雪繞空梁，引鳳蕭聲墜馬妝。銀燭滿屏延夜漏，玉簪敲竹蹋春陽。裙翻月照蓮花冷，佩解風傳荳蔻香。不用琵琶訴幽恨，座中先斷使君腸。』(《鼇峰集》卷十四)

按：張昭，字叔麟，永嘉人。

作《送鄧道鳴參戎東粵》(《幔亭集》卷九)。

徐𤊹《送鄧將軍之東粵》：『車騎如雪鼓角鳴，南荒萬里仗干城。劍光夜冷霜侵寨，弓影秋

高月照營。槎上葡萄通漢使，笛中楊柳咽蠻兵。一時名將推詞客，露布千言倚馬城。』（《鼇峰集》卷十四）

作《贈林敷毅公子》（《幔亭集》卷九）。

作《送張参戎鎮秦川》（《幔亭集》卷九）。

按：秦川，泛指今陝西、甘肅秦嶺以北平原地帶。

作《送長樂令郁文叔謝病還晉陵》（《幔亭集》卷九）。

按：長樂，今屬福建。郁文叔，即郁文周。[崇禎]《長樂縣志》卷三『名宦』：『郁文周，字文叔，江陰人。萬曆中知縣事。存心愛人，操履耿介，綏徵恤寡，詰盜懲奸。修水利，興學校，士民愛戴之。以疾去，卒於家。』晉陵，今江蘇常州。

作《贈張太醫》、《題芳草王孫卷爲羅生挽所知》（《幔亭集》卷九）。

作《丙申除夕》（《幔亭集》卷九）。

徐𤊹《丙申除夕》：『辛盤將進换神荼，又見韶華此夕徂。失意自悲城上雀，浮生真類隙中駒。客催畫債覔新歲，鋪索書錢急舊逋。猶憶去年殘雪裏，采梅騎馬過西湖。』（《鼇峰集》卷十四）

是歲，題劉松年《溪閣納涼小景》、高棅《晚閣溪雲圖》、米芾《春山積雨圖》。

作《題劉松年溪閣納涼小景》（《幔亭集》卷三）。

作《題高漫士晚閣溪雲圖》，略云：『主人愛溪還愛雲，去年走謁武夷君。九曲溪流太清泚，千峰雲氣何氤氳。幔亭得預曾孫宴，歸帶白雲千萬片……恍疑接筍峰前見，還記天游頂上居。一別溪頭峰六六，經年不舉看雲目。』（《幔亭集》卷三）

按：熥去歲遊武夷，故云『去年走謁武夷君』，此行曾宿於天遊峰。詳去歲。

作《題春山積雨圖》，略云：『元章不作房山死，誰寫雲山縑素裏。耳畔如聞滴瀝聲，眼中似見嵐煙起。』（《幔亭集》卷三）

按：米芾，字元章，號襄陽漫士，山西太原人，居江蘇鎮江。宋代畫家。

是歲，爲錢叔達作《閩遊草序》；徽人閔齡隱武夷，作《送閔壽卿隱武夷》（《幔亭集》卷三），又爲之作《蓬累遊序》。

作《閩遊草序》：『錢叔達，吳興人也。家故貧，而二親髮且種種，無可爲養者。叔達天性至孝，日餬其口于四方。筆耕舌耨，以供菽水，而猶時時不給也。去年挾兩奚奴敝衣羸馬入閩，謁一相知貴人。值閩事多艱，貴人方拮据兵食，吏治旁午，無暇爲治布衣之飲，下令一切謝客，故雖舊歡如叔達，刺亦不得通……日與吾鄉二三兄弟結社爲詩，詩益工而貧日益甚矣。然叔達雖落落不得志，而詩冲恬爾雅，略無感憤不平之意。仁人之言藹如也。庶幾大雅遺音乎……余既取其詩，爲之刪定，友人呼將軍允齡捐食邑之餘而授之梓，故叔達挾是編以歸也，游閩之裝腆矣。』（《幔亭集》卷十六）

按：徐𤊹有《送錢叔達還吳興》，云：『三載滯閩關，西風憶故山。』（《鼇峰集》卷十），作于萬曆二十五年（一五九七），則錢叔達入閩在二十三年。此序作于叔達入閩次年，亦即是歲。參見萬曆二十五年（一五九七）《𤊹譜》。

作《送閔壽卿隱武夷》，略云：『此山元是神仙窟，接筍天遊雙崒嵂。玉女妝殘峰頂霞，金雞叫落灘頭月。君今築室此中居，永絕塵緣與世疏。回視形骸同糞土，能將神氣返空虛。我也行年三十幾，半生蹤跡多城市。入藥空燒九轉紅，著書枉識關門紫。海外徒聞更九州，此身期伴赤松遊。何時重預曾孫宴，同醉仙山十二樓。』（《幔亭集》卷三）

鄧原岳《送閔壽卿山人遊武夷二首》，其一：『曾向金山結草亭，人間聊復托沉冥。虹橋却赴曾孫宴，一曲遊仙夢裏聽。』其二：『十年對客説長生，買各靈山隱姓名。它日丹成在羽翰，蓬萊鸞鶴坐相迎。』（《西樓全集》卷十）

陳薦夫《閔壽卿山人自金山移居武夷》：『真誥遥傳煮石經，十年辛苦註黄經。鼎攜揚子中泠水，榻下群仙大隱屏。碧嶂不須留蜕骨，□鑪只待煉元形。功成未必雲窩住，別有虹霓□幔亭。』（《水明樓集》卷五）

徐𤊹有《送閔壽卿山人隱武夷》二首，其一：『出家休用買山錢，方外尋真住洞天。芒屨竹筇修净福，藥爐茶竈結清緣。一竿春雨桃花水，雙屐秋峰薜荔烟。玉笥班中新注籍，幔亭寧但十三仙。』其二：『奏罷遊仙一曲歌，方袍桐帽入雲窩。竹溪夜泛風吹笛，芝圃朝耕雪滿

蓑。峰頂采真呼玉女，洞中行氣引黄婆。碧窗覓我留題處，半壁殘詩翳古蘿。』（《鼇峰集》卷十四）

作《蓬累詩序》：『徽之布衣閔君壽卿，壯歲學爲詩，詩工矣。已而自悔曰：「此何關于性命？四大既離，五字焉用乎？」遂棄家隱茅山者幾年，又隱金山者幾年，既謂「金山爲南北之衝，游屐洊至，酬應爲勞」。慕吾閩武夷之勝，裹糧來游，將終老焉。自别金山，度仙霞，入晉安，窮清源，探九鯉，閩之形勝幾盡矣。一衲一瓢，蕭然自得，然尚不能忘其口業也。或感物興懷，時形之於詩，詩皆矢口而成，工拙弗論也。』（《幔亭集》卷十六）

按：據此文，當作于閔初隱武夷之時。參見萬曆十九年（一五九一）、二十二年（一五九四）《燉譜》。

又按：閔齡于萬曆二十五年（一五九七）曾還金山歸隱華陽洞，而二十六年再隱武夷。《幔亭集》卷九有《送閔壽卿從武夷還金山兼隱華陽洞》，《鼇峰集》卷十《閔壽卿佘渾然同隱武夷一號爲九曲漁父一號爲三十六峰樵者戊戌》，可爲證。參見萬曆二十五年（一五九七）、二十六年（一五九八）《譜》及《燉譜》。

是歲，爲屠本畯詩集作序。

作《屠田叔詩集序》，略云：『田叔督鹾閩海，退食之餘，締交同調。熥之愚蒙，亦荷虚左。敘我拙集，獎借過情，而又以不朽之業，索序於熥。是玄晏乞言於太冲，中郎借聲于王粲，蠡測管

窺之見，其何以述作者之意，而逃著穢之譏乎？然金以享帚，使君之惠弘矣。而桃以報瓊，小子其何敢讓焉。』（《幔亭集》卷十六）

按：據『敘我拙集』，熥此《序》作於本畯爲熥集作序之後，當在是歲。

是歲，陳价夫、陳薦夫母卒。

作《祭陳伯孺母林孺人》（《幔亭集》卷十八）。

作《陳幼孺詩卷》：『此帙乃幼孺甲午冬至丁酉冬所作，未刻稿也。甲午上公車，乙未下第還故山，丙申家居，遂有北堂之變。』（《幔亭集》卷十九）

約於是歲，偶得鄉前輩《賓月樓》、《空江秋笛》二卷，爲作《題後》。

作《題賓月樓空江秋笛二卷後》，其《序》云：『余偶得前輩陳伯煒、鄭孟宣家藏二卷，皆洪、永中海內名公之筆，剝落者過半矣。然殘金斷璧自足爲寶，乃合裝一卷而作此歌。』歌有云：『嗟呼！奇物顯晦自有數，豈但柯亭之竹嶧山桐？』（《幔亭集》卷三）

徐𤊹題《賓月樓卷》：『陳伯煒先生名輝，爲宋儒北山先生孔碩忠肅公韡之裔也。登永樂乙未進士，官廣東按察副使。有詩名，尤善草書。家在于山之麓。忠肅有園，居法海寺左，至今名花園。有樓曰「賓月」，國初名公多爲詠題……歷今二百餘年，故居易主，試問先代遺跡，誰有俯而吊之者？而斷箋遺墨，猶令人愛慕如此，善夫摩詰輞川之詩曰：「來者復爲誰？空悲昔人有。」至哉言也！天啟丙寅初夏，重爲裝裱，漫識於後。』（《重編紅雨樓題跋》卷二）

徐𤊹題《空江秋笛卷》：『吾鄉鄭浮邱先生字孟宣，善擊劍，工古篆草書，陳友定辟爲記室，友定敗，亡命交廣間，久之，還居長樂。高皇帝末年，徵授延平訓導、國子助教。著詩數卷曰《澹齋集》，多軼弗傳。《空江秋笛卷》則官助教時，乞名公所詠題者也……向余兄惟和得之，以陳伯煒《賓月樓》合爲一卷，作歌題其殿。又逾三十餘秋，裝潢未善，余今分而爲二，正所謂離則雙美者也。天啟六年丙寅初夏，三山徐𤊹興公識於汗竹巢。』（《重編紅雨樓題跋》卷二）

按：徐𤊹兩題跋作於天啟六年（一六二六），云自熥得此二卷已逾三十餘年，則熥得此二卷並作歌當不遲於是歲，暫繫於此。

是歲，屠本畯撰《閩中海錯疏》三卷。𤊹爲之補疏。

按：屠本畯《自序》作于萬曆丙申仲春二月。《閩中海錯疏原序》：『萬曆丙申仲春朔，南海周裔先書於三山正誼堂。』

又按：《閩中海錯疏提要》：『中間又有注「補疏」二字者，則徐𤊹所續也。』（《四庫全書總目》卷七十）𤊹所續時間不詳，附繫於此。

是歲，謝肇淛作《吳興竹枝詞》，爲太守所謗。

徐𤊹《竹窗雜録》『詩調司理』條：『謝在杭司理吳興時，太守北人，極忌衣白，或出遇白衣者輒置之法，因前守卒於官，甫涖任，盡撤其堂宇廨舍，掘地數尺，重爲架造，百姓苦之。在杭作《吴興竹枝詞》十數首……太守聞之，不悦。時當計吏，遂陰中之，調爲東昌司理。然民間盛傳其詩，爲口實也。』（《榕陰新檢》卷十六《詩話》引）

按：謝肇淛調東昌司理在萬曆二十七年（一五九九）。

是歲，顧大典卒。詳上。

是歲，宗周卒。

按：《登仕郎姚江簿宗先生墓誌銘》：『卒于萬曆丙申年二月二十四日己時，享年六十有九。』（《幔亭集》卷十八）

萬曆二十五年丁酉（一五九七） 三十七歲

是歲，徐𤊹二十八歲。

元日，元日，與閔齡等過光定寺訪樂上人。

作《元日同閔壽卿錢叔達興公弟過定光庵訪樂上人》（《幔亭集》卷六）。

作《丁酉元日》（《幔亭集》卷九）。

徐𤊹《丁酉元日》：『年長羞將甲子推，雄心差減少年時。栢傳春色杯中葉，梅送香魂雪後枝。佳惡詩文元自得，疎狂情態更誰知。牀頭三尺華陰鐵，一片寒光夜陸離。』（《鼇峰集》卷十四）

春，閔孝昭送其尊人隱武夷之後回廣陵，熥有詩送之。曹學佺赴京謁選，同社諸友有詩送之。

作《閔孝昭送其尊人隱武夷自歸廣陵賦此以送》二首（《幔亭集》卷六）。

徐𤊹《送閔孝昭還廣陵》二首，其一：『嚴親堅進道，之子暫還鄉。禪理雖無住，別情能不傷。故山指浮玉，歸橐載沉香。定省重來日，武夷霜葉黄。』其二：『寧親未忍別，欲別故從容。白望雲千里，青看雨數峰。客愁臨水店，鄉夢隔江鐘。菽水休縈念，桑門饌可供。』（《鼇峰集》卷十）

徐𤊹《再送閔孝昭還廣陵》：『人歸秋色裏，正值雁來先。客路雲雙屐，行裝月半肩。馳驅梨嶺騎，哀咽柳塘蟬。他是相逢處，瓊花古觀前。』（《鼇峰集》卷十）

按：閔孝昭，歙縣人，閔齡之子。

作《送林兆綸游武夷》（《幔亭集》卷六）。

徐𤊹《送林兆綸遊武夷》：『亂流迴九曲，一曲數峰盤。鶴吹天門曉，雞聲月洞寒。崖攀千仞翠，梯躡百層丹。隔斷人間世，春風漢祀壇。』（《鼇峰集》卷十）

作《送張叔麟別駕歸永嘉》（《幔亭集》卷六）。

徐𤊹《送張叔麟別駕還温州》：『蕭蕭衰鬢獨還家，故園雲山夢永嘉。一曲清歌攀柳色，千秋白社散蓮花。夕陽古驛驅羸馬，暮雨孤村宿亂鴉。自愧臨岐何所贈，雌雄雙劍報張華。』（《鼇峰集》卷十四）

作《送彭興祖游燕》：『都亭新柳折爲鞭，又別閩南北向燕。』（《幔亭集》卷九）

徐熥《送彭興祖還吴》：『歷遍閩天一歲中，歸裝仍似到來空。鳥啼春樹軥輈響，馬踏山花躑躅紅。短刺虛將當路謁，長途偏爲故交窮。從今蹤跡過湖海，莫信諸侯禮士風。』（《鼇峰集》卷十四）

按：熥《與彭興祖》略云：『足下之客閩，雖逾半載，然半在清源、九鯉間。及入晉安，又以淫霖作惡，即咫尺鐘山，難於蜀道。至春和景明，天地開朗，而翠袖紅妝，擁之以去。其間能把彭先生之臂者，寥寥矣。忽爾言旋，私心如割。所謂黯然銷魂者，僕猶謂江郎語淺也。足下故多情，當知此言不謬矣。窮交無可爲贈，口占一詩書扇頭，聊記別情，未免爲行李之累。』（《幔亭集》卷二十）『一詩』，當即此篇。

作《分得胭脂井送陳淳夫太學之金陵》（《幔亭集》卷九）。

徐熥《分得邀笛步送陳淳夫之金陵》：『蘆花秋水白茫茫，溪上停舟憶野王。蒼玉半枝枯蜀管，緑苔千古翳胡床。參差律吕清宵月，長短關山獨夜霜。不用送君歌折柳，曲中三弄倍思鄉。』（《鼇峰集》卷十四）

作《送陳志玄還中都》：『一片離心雙淚垂，人歸偏在送春時。』（《幔亭集》卷九）

陳薦夫《送陳志玄還中都兼懷陸無從夏玄成》：『東風吹緑草萋萋，淚應芳郊杜宇啼。京口客程沙際鴈，淮南鄉夢雨中雞。舟從別浦回偏近，天入長江望覺低。何事送君腸早斷，故人

多在楚雲西。』（《水明樓集》卷五）

徐𤊹《送陳志玄太學還中都》：『海國春殘杜宇悲，王孫芳草念歸期。飛花逐馬紅千點，垂柳藏鶯緑萬絲。客路風煙辭劍浦，故山雲樹望鍾離。斷腸最是天南北，夢隔長江兩不知。』（《鼇峰集》卷十四）

按：中都，明安徽鳳陽稱中都。李賢《大明一統志》卷七『鳳陽府』：『（鳳陽府）本朝爲興業之地，吴元年改臨濠府，洪武三年改中立府，定爲中都，七年改鳳陽府，自舊城移治中都城，自隸京師。』

作《送黄君甫還劍津》（《幔亭集》卷九）。

作《分得宫花一萬樹送曹能始赴闕》：『芳菲叢裏拜楓宸，鈴索聲中雨露新。香霧有時分太極，穠華隨處拂勾陳。重重緑染宫袍色，片片紅酣御輦塵。不似曲江騎馬日，杏林惟採一枝春。』（《幔亭集》卷九）

作《再送曹能始》（《幔亭集》卷六）。

徐𤊹有《送曹能始進士赴闕》：『年少風流漢署郎，鄴中詞賦動君王。九重仙仗煙光暖，五夜鐘聲月色涼。馳道亂花蒼玉佩，御河垂柳紫絲韁。趨朝不用含雞舌，荀令生來自有香。』（《鼇峰集》卷十四）

作《分得季子裘送錢叔達歸吴興》（《幔亭集》卷九）。

按：季子，即蘇秦，戰國時洛陽人。《戰國策·秦策》：『蘇秦始將連橫……說秦惠王書十上而說不行，黑貂之裘敝，黄金百斤盡，資用乏絶，去秦而歸，羸縢履蹻，負書擔囊，形容枯槁，面目犂黑，狀有歸色。歸至家，妻不下紝，嫂不爲之炊，父母不與言。』

作《題黄伯寵秀才歐冶山房》：『微風幽徑竹遥青，觴尋曲水流三月。』（《幔亭集》卷九）

按：歐冶山房，以歐冶池得名。王應山《閩都記》卷八『郡城東北隅』：『歐冶池，越王鑄劍處。唐元和十四年置院，名「劍池院」。池周回數里，或大風雨，波濤晦冥。僧惟鑿浚池，得刀、環諸物，送武庫。冶灶今猶在竹林中。』

三月，編選《晉安風雅》成，並作序。

作《晉安風雅序》：『閩中僻在海濱，周秦始入職方。風雅之道，唐代始聞，然詩人不少概見。趙宋尊崇儒術，理學風隆，吾鄉多譚性命，稍溺比興之旨。元季毋論已。明興二百餘年，八體四聲，物色昭代，郁郁彬彬，猗矣盛矣。高廟之時，林膳部鴻崛起草昧，一洗元習，陶鈞六義，復還正始，懸標樹幟，騷雅所宗。門有二玄，實爲入室，屬詞比事，具體而微。高待詔棅、王典籍恭、王檢討偁、唐觀察泰，追述古則，私淑閫奥，各成一家，十子之名，播於宇内。同時賢才輩出，羅布衣泰、林學士誌，切磋彌篤，藝苑聿興。又有鄭迪、趙迪、林敏、鄧定、賁于丘園，鋭志詞賦，取裁爾雅，斐然成章矣。成、弘以降，林文安父子、陳方伯群從，秩位惟崇，對揚廊廟，而風人之致溢於言外。林司空、許黄門，讚揚詞旨，海内騰聲，賡歌太平，於期爲盛。正、嘉之際，作者雲集，鄭吏部善夫實執牛耳，虎視中原，而高、傅二山人左提右挈，閩中雅道，遂曰中興。時有郭户部波、林太守春澤、林通政炫、張尚書經、龔祭酒用卿、劉給舍世揚爲輔，斯蓋世之才，粲然可觀者也。世宗中歲，先達君子，沿習遺風，斯道孔振。袁舍人表、馬參軍熒，區别體裁，精研格律，金相玉振，質有其文。迨於今日，家懷黑槧，户操紅鉛，朝諷夕吟，先諷後雅，非藻繪菁華不譚，非驚人絶代不語，抱玉聯肩，握珠者踵武，開壇結社，馳騁藝林，可謂超軼前朝，縱横當代者矣。伊余不慧，忝際盛時，目想心遊，實竊有志，屏居之暇，采輯遺編，搜羅逸刻，得梨棗朽壞之餘，起桑梓敬恭之念，摘爲一十二卷，總二百六十人有奇。上而格合漢魏六朝，下而體宗貞元、大曆，調有偏長，詞必兼善者，不論窮達顯晦，皆因時采拾，以彰吾郡文物之美。燃脂暝寫，弄墨晨書，蓋慮作者之苦心，而没世不稱，良可痛悼也。至於野狐外道，格律稍畔者，雖有梁、竇之權，不敢濫厠片語，爲雅道蟊賊。然挂一漏萬，耳目未周，尚賴同志補續。若曰有南威之容乃可論淑媛，有龍淵之利乃可議斷割，則不慧安所避咎乎？凡我同盟，宜協心揚搉，肆力旁求，以俟觀風者采擇焉。是爲序。萬曆丁酉暮春六日，書于風雅堂。』（萬曆刻本《晉安風雅》卷首）

按：陳薦夫有序，見下年。

按：此文又見《重編紅雨樓題跋》卷一，題作《閩中詩選序》，文中『摘爲一十二卷』作『摘爲八卷』；『總二百六十人有奇』作『總二百人有奇』；『萬曆丁酉』作『萬曆戊戌』。

按：萬曆本《晉安風雅》，《晉安風雅序》下題『郡人徐熥惟和撰』，非徐𤊹撰甚明；題亦非《閩中詩選序》；經核《晉安風雅》原刻，卷次與人數也應以該書爲是。熥既編選《晉安風雅》，『風雅堂』之堂名也必爲其堂之名，而斷非𤊹之堂名。又按：［民國］《福建通志·藝文志》卷七十有《閩中詩選》條，以爲𤊹輯有《閩中詩選》，並引𤊹《紅雨樓題跋》文爲證，𤊹文即熥此序。不免亦張冠李戴。熥亦無《閩中詩選》之輯。

《晉安風雅凡例》于高棅《唐詩品匯》三致意焉。

按：《晉安風雅凡例》一曰：『是編遠規《品彙》，稍拓正聲，惟不離三唐格調者收之。若有華楚奇險詭于唐響者悉所不收。』二曰：『高氏《品彙》樂府散在各體，不另立條，茲遵其例。』三曰：『婦人之詩，《品彙》總曰「閨秀」，茲編另立「名妓」一目，特嚴薰猶之別。』（《晉安風雅》卷首）

又按：福州秦爲閩中郡，晉爲晉安郡。《晉安風雅》專選福州一地明代之詩。《四庫全書總目》卷一六九《藍澗集》：『竹垞嘗輯入《詩綜》中，以爲十子之先，詩派實其昆友倡之。集本合刻。吳明經焯嘗于吳門買得《藍山集》，是洪武時刊，有蔣易、張榘二序，與竹垞言吻合，而《藍澗集》究不可購。徐惟和輯《晉安風雅》時二藍集闕焉。則此集之亡久矣。』（文淵閣《四庫全書》本）藍仁、藍智崇安（今武夷山）人，崇安不屬福州，故熥不選其詩。四庫館臣論《晉安風雅》二藍闕，與二集是否流傳無關。

四月，爲《敦義篇》作序；收得《鄭繼之手録雜著》（𤊹作《鄭繼夫手書》），題之。

題《敦義篇》：『吾鄉高宗吕先生，取其生平所交遊姓名、及贈答詩文，彙爲《敦義篇》。書法遒古，疑宗吕手録者。宗吕工詩、善畫，翩然名家。追蹤于鄭，比肩于傅，真一代偉人。其所遊傾海内之士。余讀其往來諸詩，雖不盡雅馴，然古人友誼之篤，宛然在目，足以風世，故重訂而藏之。我子孫勿謂此他人點鬼簿，何預吾事，任其飽蠹也。大明萬曆丁酉四月十八夜雨中書於鼇峰緑玉齋。徐熥。』（《幔亭集》卷十九，又謝章鋌《課餘續録》卷四『敦義編』條）

按：熥所題之《敦義篇》，本傳至清代，高兆、蔡容、謝章鋌有跋語，爲諸家所寶。謝章鋌所引，『篇』作『編』。

又按：『大明』以下二十字，據謝章鋌《課餘續録》補。

高兆《跋》：『是編藏緑玉山房八十有二年，復歸吾家。小子士年保之。固齋記于遺安草堂水閣。』又《跋》：『里中比者，故人子背面字父執，蓋尋常矣。途遇多不揖，甚有經年不一過門，俗日降薄，予私慨之。先徵士府君《敦義編》，徐先生稱其友篤之誼，足以風世，題而藏之家。至丁寧告誡其子孫，長者之風，又何厚耶，又何厚耶！予購而讀之，重有感矣。戊午冬十一月朔。曾侄孫兆拜跋。』（謝章鋌《課餘續録》卷四『敦義編』條）

蔡容《跋》：『此編書法皆超絶尋常，當珍藏之，閒時展玩，即如晤對古人也。乾隆甲寅荔夏晉安蔡容跋。』（謝章鋌《課餘續録》卷四『敦義編』條）

謝章鋌《跋》：『明高宗吕《石門編》。前有徐熥序，後有高兆、蔡容跋。詩文不必盡工，要一代古物，盡録之。』又按：『此卷書法醇古，其題跋諸君皆一時名德，亦可見其取重於世矣。所列姓名，自當途以逮同鄉，次則戚屬及群從，不下百數十人，真所謂「縞紵交於四國」矣。蓋明人重聲氣，廣招徠來者，不以望門投刺爲嫌，主者不以開閤延賓爲侈，故往往以一山人而操大府之短長，如陳繼儒等是也。石門爲鄭少谷之高弟，少谷氣節震一時，石門沾染餘風，諒不以文字爲竿牘，此自當日之風氣使然。然而知希者貴，殆非山人之本色矣。至高固齋跋，以背面字父執爲怪，然此在固齋之時，固爲創見，若在今日，則當面與父執抗禮矣。甚或戟手箕踞，指揮其父執而不起矣。不知固齋見之更若何，胸中作惡耶？禮法不立，流于夷狄，其所由來者漸矣。嗟乎！』（謝章鋌《課餘續録》卷四『敦義編』條）

題《鄭繼之手録雜著》，略云：『一日，偶於市肆見廢書數册，皆蟲鼠之餘。余偶索觀，其人謂將用覆瓿，不足觀也。強之，始得觀，則此編在焉。此編出鄭繼之吏部手書無疑。以印章考之，知爲高宗吕家所藏……先生歿且七十餘年，其書片楮數行，人皆珍惜，況此編蠅頭萬計，又關理數之微，尤可寶也。然不縻爛於醯雞者如線哉！因重加補緝，秘之帳中。』（《幔亭集》卷十九）

徐𤊹題《鄭繼之手書》：『鄭少谷先生以詩名於正、嘉之際，海内知鄭先生者詩耳，不知先生之精于理數之學也。此編自《易》數、河、洛、《洪範》、田制、算法、禽遁、車服，無不究心，又手自鈔定，先生之學，豈尋常口耳章句乎哉！惟和兄向收得之，寶若拱璧。俯仰又踰十年，春日和暢，偶與謝在杭翻檢，遂求在杭跋其後，而余亦記數語，永寶藏之。萬曆丁未三月，東海徐惟起。』(《重編紅雨樓題跋》卷一)

按：𤊹跋此帖于萬曆三十五年(一六〇七)，詳該年《譜》。

又按：此文《少谷集》卷二十四附録作《少谷山房雜著序》文末云：『時萬曆丁酉歲四月十八日。』(文淵閣《四庫全書》本)

又按：鄭善夫卒於嘉靖二年(一五二三)[一]。

夏，與徐𤊹等過神光寺、西禪寺，避暑仁王寺。又與屠本畯及弟𤊹等避暑平遠臺。又與弟𤊹、吳元翰等過神光庵；與弟𤊹、林子真等過西禪寺。又有詩送黄居中北上。作《荔枝》詞八首。

作《同吳元翰興公弟暮過神光菴》(《幔亭集》卷六)。

徐𤊹《同吳元翰惟和兄慶上人過神光菴》：『破寺不堪遊，新菴尚可投。攀松還倚竹，尋壑更經丘。地僻門休掩，岩傾字半留。晚風花落盡，吹上老僧頭。』(《鼇峰集》卷十，又《閩都記》卷十)

按：神光菴，即神光寺，在福州城南。王應山《閩都記》卷十『郡城西南隅』：『神光寺，舊號金光明院。唐大中三年，監軍孟彪亭池其間，號南莊。明年，捨爲大雲寺。又明年，

[一] 黄綰《少谷子傳》，鄭善夫卒年三十九，『乃歲癸未臘月晦前三日』。癸未，嘉靖二年，公元一五二三年，而臘月晦前三日，公元已入一五二四年元月。

崔干請賜額於廟。宣宗夜夢神發光殿庭，覽奏，異之，因賜「神光」。內有絓月蘭若、碧雲禪窟，襆頭石諸勝。』

作《同閔壽卿柳陳父吳元翰興公弟避暑仁王寺因憩天秀岩》（《幔亭集》卷六）。

徐𤊹《夏日同閔壽卿柳陳父吳元翰惟和兄避暑仁王寺》：『祇園同結夏，枕藉白雲深。梼□當門樹，栴檀別院林。岩鐘微雨翳，山閣暝煙沉。世味坐來澹，新蟬時一吟。』（《鼇峰集》卷十）

按：柳應芳，字陳父，通州人。

作《題吳元翰小像》（《幔亭集》卷六）。

徐𤊹《題吳元翰畫像》：『已覺身爲幻，何須更寫真。幻中空有幻，身外又生身。法笠經行遠，山瓢乞食貧。縱非僧面目，亦是出塵人。』（《鼇峰集》卷十）

作《同蕭二丈林子真興公弟微上人定上人過遇公轉華庵》（《幔亭集》卷六）。

徐𤊹《憩轉華菴》：『紅塵隨處有，獨不到祇園。補砌移花種，編籬拗竹根。小龐眠刹影，馴雀飲池痕。何以銷長日，清涼世外言。』（《鼇峰集》卷十）

按：林光宇，字子真，侯官（一作閩縣）人，諸生。

作《西禪寺》（《幔亭集》卷六）。

徐𤊹《同惟和兄林子真過西禪寺次壁間舊題韻》：『松門雲際寺，花木轉幽深。處處欲投足，

房房生住心。苔紋青繡壁，荔火赤燒林。一徑斜陽外，歸僧逐暮禽。』（《鼇峰集》卷十，《閩都記》卷二十作《遊西禪寺》）

按：西禪寺，王應山《閩都記》卷二十『侯官湖南勝跡』：『在永欽里。號怡山，一名域山。寺壓其上，即王霸所居也……國朝宣德二年重建，屢修。茲寺爲侯官第一禪林。』

又按：熥《又與陳惟秦》（四）：『前日偶過轉華菴，乘興至西禪寺。寺門樹木蓊薱，僧舍花竹幽深。城中蘭若，雖極僻遠者，未免市聲俗軌，獨此地閴寂，絕無喧雜，真結夏勝庭也。』（《幔亭集》卷二十）

作《夏日偶成柬惟秦》（《幔亭集》卷六）。

作《夏日園居柬履吉》（《幔亭集》卷六）。

按：陳益祥，字履吉，侯官人。

作《懷元直客金陵》（《幔亭集》卷六）。

作《送陳廣文棄官還温陵》（《幔亭集》卷六）。

按：温陵，泉州別稱。

作《送白經歷入覲》（《幔亭集》卷六）。

作《夏日邀屠田叔使君佘宗漢明府閔壽卿柳陳父王獻子錢叔達吳元翰諸山人顔廷愉都護興公舍弟避暑平遠臺分得一先韻》（《幔亭集》卷九）。

作《送黄明立北上》(《幔亭集》卷二)。

徐𤊹《送黄明立北上》:『六月苦行邁,駕言遊燕都。炎風自南來,鞍馬紛長途。解劍贈行色,臨發還躊躕。川程阻且修,中情浩難舒。置酒不能御,日落城南隅。雲路豈在遠,期爾騰天衢。』(《鼇峰集》卷四)

按:黄居中,字明立,晉江人。萬曆十三年(一五八五)舉人。自上海教諭遷南京國子監。有《千頃齋集》。

作《荔枝浪淘沙》八首,其《序》云:『夏日山居,荔枝正熟。偶憶歐陽永叔《浪淘沙》詞,風韻佳絕。遂按調效顰,歌以佐酒。本欲爲十八娘傳神,反不堪六一公作僕矣。』(《幔亭集》卷十五)

按:是歲弟𤊹編撰《荔枝譜》,《譜》成後於七月作《荔枝雜詠四十首》(《鼇峰集》卷二十四),疑熥《荔枝》詞與𤊹前後作。

秋,過王審知墓,諸子有詩。或以爲王審知墓詩不必作,後弟𤊹致書葉向高,力駁之。

作《壽車郡公》(《幔亭集》卷九)。

按:車郡公,即車大任。福州郡守。

作《題周朝寀轉運三代榮封册》(《幔亭集》卷九)。

作《閩王審知墓下作》:『玉輦何年去不回,霸圖千古總成灰。秋深兔穴依寒壟,歲久魚燈暗

夜臺。故國關河甌越在，遺民蘋藻鼎湖哀。蓮花峰下黄昏月，猶見三郎白馬來。』（《幔亭集》卷九）

按：王審知墓在福州蓮花峰下。《閩都記》卷二十五『郡東北侯官勝跡』：『唐賜神道碑，張文寶撰文。』

陳椿《秋日吊閩王審知墓》二首，其一：『荒塚纍纍總可疑，舟藏夜壑竟誰知。千年王氣隨流水，異代行人指斷碑。陶灶草生煙冷處，古城猿嘯日斜時。傷心況復當摇落，不待雍門涕已垂。』其二：『騎馬經過古墓傍，悄然停筴吊閩王。寒鴉曉樹煙初斂，野兔爲巢寢已荒。遺廟尚聞供伏臘，空山誰復薦馨香？不堪薤露歌殘夜，歸路蕭條指北邙。』（《閩都記》卷二十五『郡東北侯官勝跡』，《晉安風雅》卷九録其二，題作《吊閩忠懿王墓》）

陳仲溱《謁閩忠懿王墓》：『寢園霜露冷蕭疎，七主纔經霸業虚。黄土有靈騎白馬，緑林遺恨發金魚。狐啼荆棘斜陽後，鬼泣松楸落月初。莫歎古城今寂寞，錢王陵樹亦丘墟。』（《晉安風雅》卷九）

袁敬烈《秋日過王審知墓》：『經過下馬薦江蘺，百代銷沉吊豈知。足踏孤墳崩敗土，手披荒莽見殘碑。築城猶説陶磚日，卜帥空傳拜劍時。已自逢秋悲宋玉，更看興廢淚雙垂。』（《閩都記》卷二十五『郡東北侯官勝跡』）

按：疑陳椿、袁敬烈詩與徐熥同時作。

徐𤏡有《過閩王審知墓下》二首，其一：『八郡封疆一望遥，秋山松栢冷蕭蕭。宮車去國成千古，劍璽傳家歷五朝。石馬嘶風金盌出，野狐穿塚寶衣銷。斷碑猶識唐年月，春雨苔花字半凋。』其二：『荒隧犁田廢寢空，白楊蕭瑟吊遺弓。何年馬鬣開松隴，先代龍髯出梓宮。燐火有光燃暮雨，精魂無主哭秋風。玉魚早向人間賣，青史猶傳霸越功。』（《鼇峰集》卷十四）

陳鳴鶴《忠懿王墓》：『蓮花峰下白日黑，老鴉啞啞啼秋色。南山有隙玉鳧飛，毁壞高低長荆棘。幾星鬼火照青楓，□折殘碑土花蝕。君不見，東偏戰坂西古城，夜夜冤魄自嘆息。三郎百戰定閩州，今日一抔歸未得。』（《泡菴詩選》卷二）

按：徐𤏡《復葉相公》：『《閩王墓詩》，偶爾遊適，興念無情，既不關朝政，又不觸時諱，司空公以爲不必作，何耶？杜少陵千古詩聖，而白帝、蜀主，往往寫之筆端；蘇東坡一代文宗，而作《表忠觀碑》，後世傳爲盛事。夫白帝稱孤，錢鏐霸□跡，其行事，與閩王忠懿，不甚相遠，蜀人可歌，越人可碑，閩人何可獨諱閩王耶？此誠不可解也。司空公一生好持論，然不知其説可以壓服衆心否？伏乞見示。若果頂門一針，則不肖某當退避三舍矣。』（《紅雨樓集·鼇峰文集》册八，《上海圖書館未刊古籍稿本》第四十四册）

作《送林志尹謁選之京時予將入燕》：『數聲南鴈叫秋煙，路指交河北到天……我已藏名燕市久，相尋休向酒壚前。』（《幔亭集》卷九）

徐㶿《陸沉金馬歌送林志尹之京》：『君不見歲星謫下東方生，滑稽至老逃其名。全身避世隱金馬，即今青史留芳聲。好古傳書工射壺，公車奏上三千牘。詔拜爲郎侍漢宫，殿中賜食懷餘肉。饑來索米向長安，世路悠悠寄一官。酒酣據地歌激烈，門前銅馬嘶風寒。林生少小耽章句，壯歲懷書具不遇。垂老都門乞俸錢，踈狂却與東方似。閩南秋色滿長途，一劍横行遊帝都。莫笑陸沉非遠計，千秋誰羡飽侏儒。』（《鼇峰集》卷七）

陳鳴鶴《賦得陸沉金馬送林志尹謁選北上》：『兩闕撐天寶光紫，八尺河精控麟趾。披羊老客掉頭歸，江雨江烟釣江水。歲星夢覺金波明，據地酣歌戲天子。圍玉團犀屯綺雲，平居不入雙眸裏。抱樓古鳳鷗鷺群，金馬分明呼鹿豕。林生勿復戀黄鵠，且索長安一囊粟。割肉朝從天上歸，少婦絞綃新睡足。』（《泡菴詩選》卷三）

按：林志尹，即林應聘。謝肇淛有《林志尹墓誌銘》（《小草齋文集》卷十八），參見萬曆二十七年（一五九九）《譜》。

作《送閔壽卿從武夷還金山兼隱華陽洞》（《幔亭集》卷九）。

按：華陽洞，在江蘇茅山。李賢《大明一統志》卷六『南京應天府』：『華陽洞，在茅山側。三茅二許，俱於此得道。洞中宋時常投金龍玉簡於此。又有東、西、南三洞。』

作《秋日偶成》（《幔亭集》卷六）。

作《送錢叔達還吳興》（《幔亭集》卷六）。

作《聽錢叔達彈琴時叔達將歸吴興》：『竹院微風動晚涼，冰絃花裏按宫商。』(《幔亭集》卷十四)

徐𤊹《送錢叔達還吴興》：『三載滯閩關，西風憶故山。短衣揮淚别，長劍護身還。梨嶺鴻聲斷，楓林馬色閒。期君重會日，苕霅水雲間。』(《鼇峰集》卷十)

作《山園雜興》、《雨夜讀伯孺詩草》、《秋日山行》、《感舊》(《幔亭集》卷十四)。

作《過惟秦響山堂》、《經廢寺》(《幔亭集》卷六)。

作《送王獻子還袁州》：『相逢當夏首，相别忽殘秋。』(《幔亭集》卷六)

按：袁州，李賢《大明一統志》卷五十七『袁州府』：『隋於宜春縣置袁州，因袁山爲名……元改置袁州路，本朝改爲袁州府。』

作《寄題鄧國弼貯青亭》：『夜静松分籟，天涼竹送陰。』(《幔亭集》卷六)

作《題余伯明龍沙遺讖》、《涪州張節婦》、《方山嚴孝子》(《幔亭集》卷六)。

作《送陳憲伯入覲便道歸省》、《送閔孝昭侍尊人還廣陵》、《送温永叔郡丞守南寧》、《送鄧德咸刺史官沔陽》(《幔亭集》卷九)。

作《題黄懋中大學士碩寬堂》(《幔亭集》卷九)。

陳薦夫《碩寬堂爲黄懋忠太史賦》：『謝却浮名早掛冠，門多桃李室芝蘭，語溪月曉閒孤棹，震澤波平夢一竿。雪點寒廬驚髮變，霜催秋葉覺心丹。也知板蕩興歌日，未許詞臣賦考槃。』

(《水明樓集》卷五)

徐𤊹《寄題黄懋忠太史碩寛堂》:『暫乞歸田賦遂初,碧山高卧宦情疏。潤阿且學風人味,石室還藏太史書。雲水心閒頻夢蝶,煙霞盟重早焚魚。清時只恐君王問,天禄猶煩注起居。』(《鼇峰集》卷十四)

按:陳薦夫、徐𤊹同賦,爲熥尚在閩中未北上之證。

又按:黄洪憲,字懋中(又作『忠』),嘉興人,隆慶五年(一五七一)進士。

秋、冬之際,將入燕都,諸友有送行詩,彙爲行卷,爲之題卷後。徐𤊹請徐熥轉致曹學佺書,並贈《田園雜興》一帙。

作《將赴京作》:『北望幽燕欲斷魂,留連未忍别家園。直須三徑秋光老,開盡黄花始出門。』(《幔亭集》卷十四)

作《題諸友送行卷後》:『七年三上春官日,各賦詩篇送我行。今日蠹魚生滿紙,主人依舊一儒生。』(《幔亭集》卷十四)

王毓德《送徐惟和之京》:『遼薊愁烽燧,孤身北向燕。如雲車騎去。終日檄書傳,行色干戈外,鄉心鼓角邊。憂時條上策,不但賦甘泉。』(《晉安風雅》卷六)

按:自萬曆十九年(一五九二)至本年,爲七年,三上春官。

又按:徐𤊹致書曹學佺,請爲《荔枝譜》作序,並贈《田園雜興》一帙。

又按：徐㶿《與曹能始》：『惟和囊中攜《荔枝譜》，諒乞爲改削，筆硯之暇，能敘數言於首乎？若鄙陋不足辱大方家爲玄晏，則不敢請耳……草草奉問，《田園雜興》一種請教。』（《紅雨樓集·鼇峰文集》册三，《上海圖書館未刊古籍稿本》第四十二册）

又按：曹學佺《得徐惟起書且惠田園雜興》：『一行爲俗吏，久矣別知歡。當路移文數，深山枉訊難。方謡情酷肖，幽事性偏安。還似將蘿薜，移來枕簟看。』（《潞河集》）

又按：曹學佺《潞河集》收入萬曆二十六年（一五九八）詩作。

陳薦夫作《送惟和北上》十絶，憶及前歲（萬曆二十三年）與熥京城步月及下第南歸倡和諸事，録於下：

《序》：『乙未之歲，余與惟和並轡南還，謔柳嘲花，傷時感事。或殷憂而更泣，或相樂而行歌。日月幾何，居然陳跡。今惟和羸馬單車，復遵斯路，雖今曩異情，欣□改轍，而觸事興懷，淒然心目。向者宴笑之鄉，皆爲魂斷心絶之境，況青髩易凋，白雲在望，愁緣隙而屢遷，悲乘端而横集。孑然晨夕，何以爲情？余故追懷舊遊，次爲十詠，於其行也，歌以祖之，俾先憂而知遣，庶無累於卒然。』

《霞嶺題名》，題下注：『向歲惟和先還，度仙霞嶺，題經過日月示余。余歸，度嶺見之，因有詩云：「斷腸正值相思處，得見題名似見君。」』詩云：『仙霞高嶺與雲齊，休更題名佛殿西。我尚未來君莫望，於今留向曲江題。』

《松陵感别》，題下注：『行抵松陵，余將入苕，解纜先發，相望黯然，因賦詩别。惟和云：「别君無一語，無語是傷心。若解臨岐語，此情殊未深。」』詩云：『吳江楓葉冷孤舟，也至松陵訪舊遊。知憶昔年分手處，傷心長對岸西頭。』

《丹陽泊舟》，題下注：『丹陽泊舟時，余將有苕舟之遊，惟和欲先歸，方舟玩月，惟和詩云：「應知此月重圓夜，君在他鄉我故鄉。」』詩云：『夜夜維舟對月光，不知何處斷人腸。丹陽城下君應念，此夜清光我故鄉。』

《連城訪劍》，題下注：『惟和向歲北上時，行次連城鎮，失其蒯緱。比余歸，從主人訪得之，因賦《得劍詩》，有「神物合雌雄」之句。』詩云：『魚腸覓得幾經春，須訪連城舊主人。昔日共來今獨往，與君離合愧延津。』

《東阿並馬》，題下注：『自出都門，車行沃野中，及至東阿，買小蹇聯騎，出山谷間，惟和有詩云：「雖然不及江南好，猶勝平原曠野行。」』詩云：『舊愛東阿一日程，看山聯轡稱幽情。而今懶過東阿路，一日山爲兩日行。』

《陽穀嘲鶯》，題下注：『陽穀道中惟和《嘲鶯詩》云：「上林此日方千囀，不向歸人唤一聲。」余答之云：「縱使陌頭千萬囀，也應不似上林聞。」』詩云：『三年前是怨尤情，陌上無聲恨曉鶯。今日縱啼君莫聽，春風須有上林聲。』

《阜城看桃》，題下注：『阜城桃花甚盛，連村接塢。惟和詩云：「閑行不覺旗亭遠，看盡桃花又一村。」余時有所懷，因賦詩云：「念君亦有如花面，每見花時使憶君。」』詩云：『此地同君寄所思，夭桃曾折兩三枝。君行怕念從前事，須趁桃花未發時。』

《平原詠柳》題下注：『惟和平原詠柳詩云：「莫言此物無情甚，送盡天涯落魄人。」余答之云：「柔條不似人情變，失路歸時眼倍青。」』詩云：『平原驛路柳參差，記得詩成共看時。手拆柔條應憶我，縱無人和也題詩。』

《新城阻雨》題下注：『與惟和行次新城阻雨，車不能發，余有詩云：「淹留未必關風雨，此路從來不可行。」』詩云：『新城春夜雨蕭蕭，猶憶當年擁敝貂。君去更休尋舊館，恨他窗外有芭蕉。』

《長安步月》，題下注：『余向與惟和、吉甫、能始玩月長安街，因賦詩云：「人生聚散渾無定，得似今宵看幾回？」』詩云：『九重高處月光寒，曾向天街並馬看。腸斷青光從此去，照人孤影在長安。』（《水明樓集》卷八）

按：陳薦夫以上十絶，萬曆二十三年（一五九五）本譜多已分散引用，以見徐、陳下第南歸之事；再次集中録於此，以見此歲熥再北上，薦夫之情。

冬，北上。康彦登、弟𤊹同行，至困溪，聞林逸人卒，有詩吊之。又與康彦登、弟𤊹等集屠本畯三層閣。弟𤊹往古田，康彦登之秣陵。過嵢峽，至延津，經武夷，北上。

作《芋江雪夜留別社中諸子》：『歲晏強爲客，時危怯離家。孤身衝雨雪，雙淚別煙霞。前路

天難盡，故山雲易遮。半生於役苦，贏得鬢將華。』（《幔亭集》卷六）

按：芋江，即石岊江，閩江中的一段。有芋江驛，往水口、南平在此驛登舟。王應山《閩都記》卷二十二『郡西北侯官勝跡』：『芋原驛，在石岊江頭。南行以輿，北以舟。皇華使節，往來絡繹。察院行署在驛之北。遞行所，在驛之東，驛距水口百六十里。』

又按：『雪夜』，疑非誇飾之詞。閩中臘初偶有雪，亦非不可能。

作《哭林逸人》四首，其一：『水明樓上看明月，共對冰盤品荔枝。今日譜成君不見，年年腸斷荔枝時。』其四：『憐君易簀垂亡日，值我囊書遠別秋。欲哭靈幃山水隔，空將雙淚寄人流。』（《幔亭集》卷十四）

徐𤊹有《過林逸人故居》：『魂墜窮泉乍白頭，方山寒雨杜鵑愁。花飛古路松枝老，葉滿閒庭荔子秋。鶴夢不歸江上榻，蟲絲空網月邊樓。哭君剩有千行淚，瀨水無情日夜流。』（《鼇峰集》卷十四）

按：『譜成』，即徐𤊹《荔枝譜》成。《荔枝譜序》：『萬曆丁酉晉安徐𤊹興公記。』（鄧慶宷《荔枝通譜》卷二，又《說郛續》四十一）『囊書遠別秋』，熥將赴京應考。

作《同康元龍惟起弟集屠田叔運丞三層閣適使者來自明州齎海錯家釀至》（詩佚，題筆者所擬）。

徐𤊹有《同康元龍惟和兄集屠田叔運丞三層閣適使者來自明州齎海錯家釀至》：『使君清

似玉壺冰，官是司農太府丞。斥鹵烟屯家萬竈，巖巒雲護閣三層。前峰僧送東西磬，隔岸漁歸遠近燈。海錯船來堪餉客，夜深同醉酒如澠。』（《鼇峰集》卷十四）

屠本畯有《登三層閣》：『除歲吟詩俯碧洲，山腰官閣迥添愁。蠻煙瘴日荒荒落，巖韻松聲脈脈流。把劍蓬心聊暫暢，禦寒米汁自淹留。已知傲吏卑棲久，不用逢人歎白頭。』（王應山《閩都記》卷三十『郡西北古田勝跡』）

按：屠本畯詩不一定同時作，附繫於此。

又按：徐𤊹有《囦關送康元龍之秣陵》：『分手關門別路遥，夕陽亭北馬聲驕。蘆花暮雪清溪渚，楊柳春煙白板橋。客淚數行燈下盡，鄉愁一片酒中消。王孫遠道歸何日，芳草萋萋夢六朝。』（《鼇峰集》卷十四）

作《不寐》、《嵢峽道中即事》、《閨情》（《幔亭集》卷六）。

作《留別陳叔度》：『雞唱曉霜孤枕怯，馬嘶殘雪一鞭寒。』（《幔亭集》卷九）

按：陳鴻，字叔度，一字軒伯，籥孫，侯官人，布衣。

作《興田驛讀鄧汝高題壁詩》（《幔亭集》卷十四）。

按：興田驛，即興田水驛。在崇安（今福建武夷山市）南部。詳何喬遠《閩書》卷三十四《建置志》『崇安縣』。

作《路經武夷以公車期逼不得重遊溪口別壽卿和叔二道友》（《幔亭集》卷十四）。

按：溪口，即武夷溪口，萬曆二十三年（一五九五），熥在此處與弟𤊹別。詳該年譜。

又按：以公車期逼，故到杭州之前少有逗留，亦少有詩。

作《將至武夷》：『莫謂僊源近，舟迴路幾重。他山苦相蔽，不見大王峰。』（《幔亭集》卷十一）

按：過武夷，期逼，苦於不得重遊。

作《山行口占題建溪驛壁》：『客路當殘歲，淒然正憶家。山童不解事，停馬折梅花。』（《幔亭集》卷十一）

按：熥四次北上，此行發舟最晚，故至武夷已經歲殘。

作《度分水關》（《幔亭集》卷六）。

按：分水關。關北江西鉛山，關南爲福建崇安。李賢《大明一統志》卷七十六『建寧府』：『分水關，在分水嶺。介夫江閩之間。乃入閩第一山。』又：『分水嶺，在崇安縣西北石雄里。二水發源其下，一入江西界，一入福建界，嶺有銘鐫於岩石。朱熹詩：「水流無彼此，地勢有西東。要識分時異，須知合處同。」』

十二月，在浙。除夕前夕，與康彦登別。除夕，西寺訪朗公。

作詩有《除夕前二日同康元龍集江參藩先生園亭》、《武林驛別康元龍》（《幔亭集》卷九）。

作《語溪舟中除夕用舊韻》（《幔亭集》卷九）。

按：語溪，李賢《大明一統志》卷三十九『嘉興府』：『語溪，在崇德縣東南。一名語兒，中逕又名沙渚塘。在吳越時，爲吳栖兵之地。」

作《除夕西寺訪朗公》（《幔亭集》卷九）。

按：西寺，疑即嘉興水西寺。李賢《大明一統志》卷三十九『嘉興府』：『水西寺，在府治西北二里。舊名資聖院。唐會昌中建，宣宗避武宗，嘗隱於此。有所書寺額，尚存。』

是歲或稍早，撰寫以荔枝爲題材的小説兩篇。

作《絳囊生傳》、《十八娘外傳》（《幔亭集》卷十七，又《荔枝通譜》卷五）。

按：據《荔枝譜小引》，《荔枝通譜》完成於是歲，則熥此二篇作年亦不晚於是歲。

又按：《荔枝通譜》所載《十八娘外傳》署名『幔亭羽客』，『幔亭』爲熥之號。

又按：《荔枝通譜》同卷還載有一篇黄履康的《十八娘傳》，或因撰在前，熥在後《十八娘外傳》，故名《外傳》。

又按：荔枝囊爲絳色，故將人格化的主人公稱『絳囊生』。

又按：十八娘，荔枝品種名。蔡襄《荔枝譜》第七：『十八娘，荔支色深紅而細長，時人以少女比之。俚傳閩王王氏有女第十八，好噉此品，因而得名。其冢在今城東報國院冢旁，猶有此樹云。』

是歲，古田知縣劉曰暘借閲〔正德〕《福州府志》二册。

徐𤊹《福州府志》：『《舊府志》十二册，先君向所儲也。萬曆丁酉，古田令劉君欲考本邑事，向先兄借二册去。』(《重編紅雨樓題跋》卷一)參見萬曆四十年(一六一二)《譜》。

按:古田令劉君,即劉曰暢。曰暢,字藎卿,號葵寅,江西南昌人。舉人,曾主修《古田縣志》。

是歲,買鼓山半院一穴將爲父母起塚,弗吉,遂寢。

徐𤊹《祭酒嶺造墳記》:『丁酉,伯兄買鼓山半院右隅一穴,將起塚,而友人林熙工相其地,弗吉,力止之,事遂寢。』(《紅雨樓集·鼇峰文集》册九,《上海圖書館未刊古籍稿本》第四十四册)

按:參見萬曆二十一年(一五九三)、四十一年(一六一三)《譜》。

是歲,與陳价夫、陳薦夫兄弟十年來酬唱贈答盈篋,憶十年前『二孺』贈詩,因題《二孺贈詩卷》。

作《二孺贈詩卷》:『丁亥歲,余始得交平夫。時伯孺方客珠崖,幼孺臥病義溪,僅以詩往來,不及識面者逾一載,二歌正彼時所寄贈者。其後遂爲骨肉之好,每一相過,留連竟日。短策煙霞,孤燈風雨,吾兩家兄弟必共之。贈答酬倡之什,十年間盈於篋笥。然此二篇,實定交之券也。謹識之以遺子孫,見吾交誼之篤,不愧古人云。』(《幔亭集》卷十九)

按:參見萬曆十四年(一五八六)《譜》。『二孺』十年前贈詩,至今十載。

是歲,爲陳鳴鶴《晉安逸志》撰《序》。

作《晉安逸志序》:『陳子汝翔,讀書之暇,采輯吾郡怪誕詭僻、委瑣黷異之事,久之成帙,名爲

「逸志」。蓋披敗家之殘碑，考世家之遺譜，搜故老之舊聞，折閭閻之脞説，非漫然無徵也……屠君田叔，喜其文典事奇，可爲麈談之助，授梓以傳，得非史失求之野乎？』（《幔亭集》卷十六）

按：屠本畯是歲爲興公刻《荔枝譜》，熥此《序》云屠氏將《晉安逸志》授梓，當亦在是歲。次歲冬，屠本畯則往赴辰州守任。

又按：曹學佺有《晉安逸志序》：『予社中以詩名，而加意於考核故實、參驗來茲者，無如女翔氏。女翔所著書非一，茲復成一編，曰《晉安逸志》。閩中有新、舊志二種，斐然成章矣。逸者，以補乎其所未備也。或以耳目之不及，則在掛漏之例；或以事體之不經，則在刪黜之例，此志之不能不逸，而《逸志》之不可無作也……女翔未脱稿時，徐惟和先序之。』（《石倉文稿》卷一）

又按：學佺此《序》作於萬曆二十九年（一六〇一）。詳《曹學佺年譜》。

是歲，屠本畯贈董解元《西廂記》。

作《董省元西廂記》：『萬曆丁酉歲，四明屠田叔司農見惠。自北《西廂》盛行，此本幾廢。雖不可搬演，語語當家，真詞曲之祖也。』（《幔亭集》卷十九）

是歲，徐𤊹作《荔枝譜》，閩轉運副使屠本畯田叔授諸梓。詳《𤊹譜》。

是歲，陳价夫讀《絳囊生傳》，大賞之。

陳价夫《與徐惟和惟起》：『讀《絳囊生傳》，如看廣陵濤，令人津津色喜。』（徐𤊹選鈔《招

隱樓稿》）

是歲，徐㶿編撰《荔枝通譜》。

按：詳上徐㶿《與曹能始》及熥《寄徐茂吳司理》。

是歲，曹學佺授户部主事，督通州庾。分校順天，所取士以文理險怪，被參。

曹學佺《贈歐寧詹月如令君考最序》：『予起家民部，督通州庾。』（《西峰六一文》卷二）

曹學佺《送督學聖洋陶公歸楚序》：『予曩丁酉歲分較畿闈，嘗以文理險怪被參。』（《西峰六三文》下）

是歲，斯學上人卒。

按：《四庫全書總目》卷一八〇『《幻華集》二卷』條：『是集爲萬曆丁酉斯學没後，屠隆裒其遺稿，與姚士粦同編。』

又按，次年熥下弟後有《哭鹽官斯學上人》詩。

是歲冬，徐公（中行）祠火，復建。

按：詳王應山《閩都記》卷十八『城西湖濱勝跡』。

萬曆二十六年戊戌（一五九八）　三十六歲

是歲，徐㶿二十九歲。

正月，仍在赴京趕考途中。元日，在檇李。過吳江，哭顧大典。

作《戊戌元日檇李舟中》（《幔亭集》卷九）。

作《吳江哭顧道行先生》：『圖報慚無地，哭聲空震天。恩私諸子外，知遇十年前。殘篋玄經秘，儀床絳帳懸。舊題詩滿壁，一讀一潸然。』（《幔亭集》卷六）

按：萬曆二十四年（一五九六）聞訃，作有《哭顧道行先生》，詳該年《譜》。

正、二月間，在京，與陸文組多有酬唱。

作《題鄔子遠扇面山水》、《題梅花畫扇》（《幔亭集》卷十一）。

作《送鄔子遠還京口時鄔有喪子之戚》、《望月有懷和陸纂父》、《送蔡千户襲職還吳興》、《都門逢湛如和尚》、《訪楊山甫》（《幔亭集》卷六）。

作《同陸纂父暮酌程康伯花下得枝字》：『幽齋當薄暮，移酌傍花枝。選樹鶯窺酒，穿林蝶罥絲。』（《幔亭集》卷六）

作《同陸纂父山人楊山甫保御集程康伯典客衙齋看芍藥》：『畫欄春色好，不用説維揚。』（《幔亭集》卷六）

作《曾人倩雨中過酌》：『馬蹄淹暮雨，鶯語亂春煙。』（《幔亭集》卷六）

按：曾士鑒，字人倩，南海人，萬曆十三年（一五八五）舉人。

作《周叔宗郁孟野俞羨長李長白黎慎甫雨集分得微霽》：『晚山消夕暈，好鳥間新音。徙倚花

林暮，斜陽生遠岑。』（《幔亭集》卷六）

按：周祖，字叔宗，吴江人，太學生。郁承彬，字孟野，上海人，太學生。俞安期，初名策，字公臨，更今名，改字羨長，吴江人，有《翏翏集》。

作《張去華席上聽妓》：『燕姬二八欲傾城，學得江南子夜聲。』（《幔亭集》卷十四）

三月，三下第，擬謀一職，留滯京城半載。頗有憂時感事之慨。

陳价夫《徐惟和行狀》：『戊戌春試，復不利，念母髮且種種。留滯長安者半載，乞一氈，又弗得。然自是愈益倦遊矣。』（徐𤊹選鈔本《招隱樓稿》，藏上海圖書館）

作《下第述懷》：『匠石屢不顧，定匪明堂材。淵客屢不採，定匪明月胎。十年三棄置，中情空自哀。傷哉吾道非，豈乏干時媒。嘆彼行役苦，畏茲年鬢催。進退兩躑躅，坐立空徘徊。升斗豈吾志，結念居南陔。』（《幔亭集》卷二）

作《落第後戲作》（《幔亭集》卷十四）。

作《都門送吴允兆還吴興》（《幔亭集》卷三）。

按：吴夢暘，字允兆，歸安（今浙江湖州）人。

作《題曹能始計部潞河公署園亭》（《幔亭集》卷六）。

按：《明史》卷八十六《河渠志·運河》下：『白河南流，經通州合通、惠及榆、渾諸河，亦名潞河。三百六十里至直沽，會衛河入海，賴以通漕。』

作《送金季黃山人遊五嶽》(《幔亭集》卷六)。

作《曾人倩秘書招飲衙齋話舊分得昏字》：『悠悠往事不堪論，燕市悲歌欲斷魂。』(《幔亭集》卷九)

作《寄懷陳伯孺》(《幔亭集》卷九)。

作《紀事》四首，其一：『漢家臺殿敞蓬萊，玉柱盤龍接上臺。廿載皇仁深雨露，一時天意變風雷。宮牆夜静啼烏急，苑樹春歸乳燕來。翹首五雲天萬里，小臣雙淚泣秦灰。』其二：『紛紛兵甲滿中原，市井蕭條有幾村。總爲瓊林傷地脈，非貪寶氣鑿雲根。中涓數獻便宜策，丁壯難招慟苦魂。辛苦西臺姚柱史，畫圖空自叩天閽。』其三：『王師一夜喪遼陽，大將星沉晝不光。塞外忠魂酬玉劍，沙中枯骨帶金瘡。黄昏燐火新亡卒，白日烽煙古戰塲。莫向居庸城上望，胡笳羌管總悲涼。』其四：『南憂倭虜北防胡，邊計年來困輓輸。萬里君門誰伏闕，四郊皇店盡徵租。虎賁宿將多凋謝，烏合新兵屢譟呼。時事艱危堪涕淚，太平能到白頭無？』(《幔亭集》卷九)

按：其一，感歎世事大變，有王朝末日之懼。其二，中原蕭條，宦官四處搜括。其三，遼事。其四，南憂倭北患胡，呼應其一。熥早卒，勉強稱死於『太平』，而其友曹學佺則未能太平到白頭，四十多年後，清兵入閩，自縊於宅第。熥並非杞人之憂。

又按：文淵閣《四庫全書》本《幔亭集》載此詩多有改竄，如其三首句，改爲『王師一夜報蒼黃』，末句改爲『霜天笳管總悲涼』；其四首句改爲『欃槍夜望射天狼』等。

作《得王元直金陵書卻寄》、《贈王思延都護》、《贈王君密民部》（《幔亭集》卷九）。

四、五月間，于燕市得《米元章方圓庵記》；又購《唐詩正聲》，並題之。進退躑躅，決定歸家山，出都門，有詩別鄧原岳。

按：《米元章方圓庵記》略云：『戊戌夏日，得之燕市。』（《幔亭集》卷十九）參見下年《譜》。

又按：《唐詩正聲》：『諸家選唐詩者，以吾鄉高廷禮先生爲正。此本乃胡可泉公所校定者，大勝今刻。又吾鄉黃尚書鎬、郭民部波二序，皆諸本所無。至於述廷禮出宋張鎮尚書之後，冒姓高，此又郡乘所不載者。戊戌歲見於燕市，遂購以歸。』（《幔亭集》卷十九）

六月，曹學佺送於潞河，作別。出都門與鄧原岳別過臨清，以《聖教序》帖贈郭君猷。河間府連窩舟中與張光大話舊。二十日，題在燕市所購《花間集》，於濟州舟次。渡黃河，飲太白酒樓。泛舟汶縣南旺湖。

作《途中感遇效同谷七歌》（《幔亭集》卷三）。

按：同谷體，杜甫有感遇詩《乾元中寓居同谷縣七首》，七首詩分別爲一歌至七歌，相對獨立，又相互關聯，每詩倒數第二句均爲『嗚呼一（二至七）歌兮歌某某』，後人學杜所作之詩稱『同谷體』。鄧原岳亦曾作過《燕市七歌效杜同谷體》（《西樓全集》卷二）。

作《潞河别曹能始》四首（《幔亭集》卷六）。

曹學佺《送徐惟和下第》二首，其一：『薄言追有客，信宿且徘徊。默默當誰識，寂寂使人哀。眷此分手去，勉矣嗣音來。後夜懷伊阻，兼葭宛溯洄。』其二：『君家已望至，客裏始移舟。未得征衣换，聊爲采葛遊。寧當長路暑，猶及故園秋。十畝閒閒外，應從二仲謀。』（《潞河集》）

曹學佺《舟中再送惟和》：『駕言以出遊，送子潞河舟。不展追歡樂，終煩寤寐求。勞勞腹裏轉，泛泛水中浮。此際真成别，方看有淚流。』（《潞河集》）

按：曹學佺《祭徐惟和文》：『噫！予昔送子於潞河兮，河水其漣。子泛泛而歸兮，未及一年。』（《石倉稿》卷二，又《曹能始小品》卷二）熥卒於潞河與學佺别後之次年。

作《潞河驛别周叔宗》（《幔亭集》卷六）。

作《潞河逢梅子馬時子馬自楚使燕》（《幔亭集》卷九）。

作《出都門答别鄧汝高員外》：『十年三上長安道，闕下獻書俱不報。拂袖還山别故人，風塵滿目傷懷抱。』（《幔亭集》卷三）

鄧原岳《送徐七下第還山》：『南宫上書不見收，長安旅食生煩憂。牀頭短劍失光彩，浪言詞賦垂千秋。一片寒氊消不得，出門轉覺乾坤窄。英雄致身會有時，莫向青山嗟落魄。』（《西樓全集》卷二）

按：徐七，即徐熥。熥于萬曆十七年（一五八九）、二十三年（一五九五）及本年三上春官。又于萬曆十九年（一五九一）赴京趕次年考，因父病卒，於十一月去京奔喪，未與考，不計在内。

作《出都門留別茅平仲周思敬朱汝修吴孝甫張孺宗趙凡夫鍾山甫韓兆之吴載伯阮步文張曰肩諸君》（《幔亭集》卷六）。

按：茅溱，字平仲，丹徒人，布衣。朱宗吉，字汝修，濠梁人，太學生。張邦岱，字孺宗，鄞縣人。吴治，字孝甫，歙縣人，處士。趙頤光，字凡夫，吴縣人，太學生。吴衛璣，字載伯，孝豐人，太學生。張熙德，字曰肩，南宫人，舉人。

徐𤊹《聖教序》：『先兄惟和，生平喜蓄古帖，每計偕北上，行李中書畫半之。戊戌下第南歸，舟過臨清，值郭君猷於旅次，遂損此帖相贈。』（《重編紅雨樓題跋》卷二）參見萬曆三十七年（一六〇九）《𤊹譜》。

作《天津道中懷王玉生》（《幔亭集》卷九）。

作《連窩舟中與張叔弢話舊》（《幔亭集》卷九）。

按：連窩，《畿輔通志》卷四十三《驛站》『河間府』：『連窩水驛，在（吴橋）縣東五十里衛河西岸。』

作《濟上》（《幔亭集》卷六）。

題《花間集》：『萬曆戊戌，得此集于長安，既而買舟南還。時作曼聲以歌，用消旅況。然孤客岑寂，讀此豔詞，益重仳離之感。正當扃之篋笥，俟對輕紅淺黛，然後可歌數闋耳。六月廿日，識於濟州舟次。』（《幔亭集》卷十九）

作《太白酒樓》（《幔亭集》卷六）。

按：太白酒樓，在山東任城。傳説李白客賀之章之所。明時尚有太白、賀知章像。謝肇淛有《同劉殿卿登任城太白樓》題下自注：『李白客賀知章所，今有兩公像。』（《小草齋集》卷二十）

作《南旺湖泛月》（《幔亭集》卷十四）。

按：南旺湖，在山東汶縣。李賢《大明一統志》卷二十三『兖州府』：『在汶上縣西南三十里，湖闊數十里。每歲引湖水入會通河以濟其淺。』鄧原岳《南旺湖》題下自注：『汶水至此北流入衛河。』（《西樓全集》卷十）

作《别梁玉》（《幔亭集》卷十四）。

六、七月間，過彭城，懷陳薦夫。渡淮，七夕至廣陵。至真州逢謝肇淛。謝肇淛此間避地江上，熥與之遊天寧寺，彙而集之者十數人；又逢袁中道、馬欻。過江，舍焦山，過惠山。

作《彭城夜泊書事》（《幔亭集》卷十四）。

作《舟中望雲龍山有懷陳幼孺》（《幔亭集》卷十四）。

按：雲龍山，在徐州。李賢《大明一統志》卷十八『徐州府』：『在州城東南二里。宋時山人張天驥所居。』

又按：萬曆二十三年（一五九五），𤊹與陳薦夫下第，同遊此山。

作《逢東征歸卒》（《幔亭集》卷十四）。

作《彭城行》（《幔亭集》卷三）。

作《吊關盼盼》（《幔亭集》卷十四）。

按：關盼盼，唐貞元中尚書張建封鎮徐州，妾曰關盼盼，爲築燕子樓以居之。𤊹有《燕子樓》，參見萬曆二十三年（一五九五）《譜》。

作《吕梁洪》：『吕梁洪下水，已變作安流。安流雖自好，只是滯歸舟。』（《幔亭集》卷十一）

作《王粹夫客淮上先歸相尋不值詩以懷之》（《幔亭集》卷六）。

按：先是，𤊹北上，王毓德作《送徐惟和之京》（《晉安風雅》卷六）。去歲，毓德遊吴越，作《將遊吴越留别故園諸子》，𤊹南返，毓德已先歸。

作《淮陰舟夜寄懷二雲歌姬》（《幔亭集》卷九）。

按：淮陰，今屬江蘇。明淮安府，古稱淮陰郡。詳《大明一統志》卷十三『淮安府』。

作《廣陵七夕聞歌有懷》（《幔亭集》卷九）。

作《真州逢謝在杭司理》（《幔亭集》卷九）。

謝肇淛《徐惟和自燕歸馬季聲自閩至集余真州草堂分得深字》：『酒盡更殘燭影深，天涯驚喜話同心。十年蹤跡悲萍散，三地風煙總陸沉。山舘暑收踈葛冷，江城月上刺桐陰。還知會後無期別，腸斷中宵鴻鴈音。』（《小草齋集》卷二十）

謝肇淛有《惟和下第歸過真州夜話》：『一騎西風出北平，相逢如夢未分明。十年心事匆匆話，月落雞啼夜五更。』（《小草齋集》卷二十七）

按：真州，今江蘇儀真。李賢《大明一統志》卷十二『揚州府』：『儀真縣，在府城西本十五里，本漢江都縣地……元至元中改真州路，後復爲真州。本朝洪武二年改爲儀真縣，以揚子縣省入。』

又按：謝肇淛《李季宣詩序》：『戊戌歲，不佞以讒解任，避地真州。』（《小草齋文集》卷四）謝肇淛《重遊天寧寺記》：『戊戌之夏，余自吳興避地江上……附同遊姓名於後志感也：臧國博懋循，吳興人；袁太學中道，荆南人；吳山人元翰，周山人千秋，徐孝廉熥，馬茂才欻，皆閩人；謝山人室，汪太學宗姬，潘太學之恪，詹山人濂，江山人東士，皆新都人；貢山人同魁，永安人；殳山人君素，松陵人；李孝廉梲，侯太學維垣，王太學維寧，袁山人服麟，皆邑人；王山人寰棠，邑人。』（《小草齋文集》卷八）

作《同謝于楚袁小修汪肇邵詹叔正李季宣陳從訓謝在杭席上贈妓》（《幔亭集》卷十四）。

謝肇淛有《答惟和觀伎之作》：『白頭下第望江南，逐客無家寄楚潭。一曲琵琶雙別淚，西

風吹濕兩青衫。』(《小草齋集》卷二十七)

按:袁中道,字小修,公安人,舉人。中道《珂雪齋集》無此題,集中此間與謝肇淛倡和的作品有《同臧顧渚謝在杭秦京避暑天寧寺樹下》、《同謝在杭李季宣避暑何氏水亭分韻得何字三字》(卷二)等,或與𤊹有其他場合的面晤。

作《揚子橋別馬季聲》(《幔亭集》卷十四)。

按:揚子橋,在江都縣(今江蘇揚州)。《江南通志》卷五十八《河渠志·運河》一:『出京口閘涉大江入瓜洲口,爲揚州府江都縣境。十五里徑八里鋪,又十里爲三汊河口,有揚子橋,其西爲瓜儀運河。』

作《夜宿焦山贈道林上人》(《幔亭集》卷六)。

按:焦山,李賢《大明一統志》卷十一『鎮江府』:『焦山,在府城東北九里江中。後漢焦先隱此,因名。旁有海、門二山,金、焦相望。』

作《晚過惠山》(《幔亭集》卷六)。

按:惠山,李賢《大明一統志》卷十『常州府』:『慧山,在無錫西七里,舊名九龍山。』

八月,次楓橋,於寒山寺訪旭公,夜泊垂虹,吳門過沈野江居,集王百谷南有堂。中秋,在閶門,購元刊《晏子春秋》。過錢塘,於杭州會司理徐桂;歸後,有書致徐桂,併贈己作一帙,及弟𤊟《紅雨樓集》一部、《閩畫記》一部、《荔枝譜》一部、《田園雅興》一帙,季弟熛《制義》一部和徐桂《無題八首》。至鉛山，遊觀音洞及鵝湖。

作《舟次楓橋寄陳汝大先生》（《幔亭集》卷九）。

按：楓橋，在江蘇蘇州。李賢《大明一統志》卷八『蘇州府』：『在府城西七里，面山臨水，可以遊息。南北往來必經於此。』

作《懷李儀卿》（《幔亭集》卷九）。

按：李儀卿，福州臺江妓。陳薦夫《青樓俠氣爲李儀卿賦》其三：『白龍臺上引朱絃，萬壽橋西啟玳筵。』（《水明樓集》卷八）

又按：熥《青樓俠氣詩序》：『李姬儀卿者，廣陵麗質，越中名姝，幼出良家，長淪伎舘。』（《幔亭集》卷十六）

作《驛亭夜坐書懷寄内》（《幔亭集》卷九）。

作《王百谷招集南有堂》（《幔亭集》卷六）。

按：南有堂，王穉登堂名。穉登著有《南有堂詩集》十二卷。

作《題姚叔乂玄散齋》（《幔亭集》卷六）。

作《贈沈穉咸》（《幔亭集》卷九）。

按：沈咸，字穉咸，吳縣人，布衣。

作《同沈穉咸過寒山寺訪旭公》（《幔亭集》卷六）。

按：寒山寺，在江蘇蘇州。李賢《大明一統志》卷八『蘇州府』：『寒山寺，在府城西一十里。』

作《過沈從先江居》（《幔亭集》卷九）。

作《題沈從先扇面畫蘭》，略云：『國香零落久，幽谷忽成叢。』（《幔亭集》卷十一）

作《垂虹夜泊懷陳幼孺》（《幔亭集》卷九）。

作《姑蘇懷鄭翰卿》（《幔亭集》卷九）。

作《元刊晏子春秋題記》（題爲筆者所擬）：『萬曆戊戌中秋，購于閶門肆中，徐𤊹惟𢡟識。』（陸心源《皕宋樓藏書記》卷二十六『史部』）

作《贈劉會卿保御》、《贈沈公繩》（《幔亭集》卷六）。

作《哭鹽官斯學上人》（《幔亭集》卷六）。

按：據《四庫全書總目》卷一八〇考，釋斯學卒于萬曆二十五年丁酉（一五九七）。

作《金昌別李二》、《舟夜即事》、《吳門戲寄陳伯孺》（《幔亭集》卷十四）。

作《送張叔弢令羅浮》（《幔亭集》卷九）。

按：羅浮，即博羅縣（今屬廣東）。縣有羅浮山。李賢《大明一統志》卷八十『惠州府』：『羅浮山，在博羅縣西北三十里，即道書十大洞天之一。昔有山浮海而來，博於羅山，合而爲一，故曰羅浮，又曰博羅。』

作《秋日訪徐茂吳司理》(《幔亭集》卷九)。

作《無題和徐茂吳司理》八首(《幔亭集》卷十四)。

按：徐桂，字茂吳，仁和人，袁州推官。

又按：熥《寄徐茂吳司理》：『道經武林，得奉顔色，清言玄旨，開我愚蒙。孺子高標，孝穆宏博，可謂兼之。始信海岱之清不乏，而吾宗之寶匪盡也。名下無虛，歎賞彌篤。歸思既盈，榜人促發，兼以零雨其濛，竟爽觀濤之約，念之耿耿。不肖以重陽日還故山，雖行橐蕭然，而瑶篇在篋，每一披誦，覺南海之裝猶薄矣。兹者四方譚藝之士，霞蔚雲興，乃明公寔標赤幟。不肖蹇劣，願受鞭策以從。拙集災木已久，未得就斧記曹，今敬往一帙，正所謂悔其少作者，惟無靳彈射。幸甚！仲弟《紅雨樓集》一部、《閩畫記》一部、《荔枝譜》一部、《田園雅興》一帙，季弟《制義》一部，統塵巨觀。向許《歐陽行周》、《林子羽》二集，王崑崙《荔枝詩》，若有便鴻，想不孤此諾也。外《無題八絶》，漫爾效顰，並録博笑。兹以屠田叔之行，勒狀問起居，冗遽之中，不盡縷縷。時當嚴寒，願加絮以慰遠念。』(《幔亭集》卷二十)

又按：觀濤在八月。此書作於歸家後。

作《西湖秋夜寄紫玉侍兒》(《幔亭集》卷九)。

按：謝章鋌《圍爐瑣憶》：『在杭侍兒名桃葉，幔亭侍兒名紫玉。俱能詩。』(光緒辛丑《賭

棋山莊筆記合刻》本）

作《錢塘感舊》：『吳山殘黛晚煙低，滿目桃花路又迷。夜夜淚痕悲角枕，年年幽恨閉香閨。分枝菡萏難連理，隔水鴛鴦暫並棲。司馬琴心今漸老，腸斷明月小樓西。』（《幔亭集》卷九）

按：此詩懷月仙，參見萬曆十六年（一五八八）《譜》。

作《題公朗扇上畫梅》（《幔亭集》卷十一）。

作《七里灘懷惟秦》（《幔亭集》卷九）。

作《常山道中》（《幔亭集》卷六）。

按：常山，今浙江常山縣。

作《葛陽道中》（《幔亭集》卷十四）。

按：葛陽道中，今江西弋陽一帶。

作《經舊游懷康元龍》（《幔亭集》卷六）。

按：去歲康彥登與熥北上至杭州。

作《鵝湖晚行》（《幔亭集》卷六）。

按：鵝湖，在江西鉛山。李賢《大明一統志》卷五十一『廣信府』：『鵝湖山，在鉛山縣北一十里，山之上有湖，生荷，舊名荷湖山。後有龔氏畜鵝於此，故又名鵝湖。』

作《遊鉛山觀音洞》（《幔亭集》卷二）。

按：張燮《遊鉛山觀音巖記》：『比至寺，庭列寶坊，大書「仙巖洞天」四字。梵王宮凡數層，法雲清曠，間一小樓，憑之，有天際想焉。僧寮導余穿徑，數轉，高低而入，行抵一洞，上覆巨石，砯大士像高懸，則巖所由名也。洞之西偏，下半空洞其外，平連滄潭，環以碧石欄干，據欄張目，石隙中乃覺漭沆無際，仰幕石而俯臨淵，可謂大奇。』（《霏雲居集》卷二十九，萬曆刻本）

九月，經車盤驛，過武夷訪閔壽卿，自建溪順流而下，重陽，抵家。有書信贈徐茂吳，疑歸家後納新妾。

作《車盤驛》（《幔亭集》卷六）。

按：車盤驛，在江西鉛山。《江西通志》卷三十五『鹽驛』：『車盤驛，在鉛山縣旌孝鄉，去縣治南六十里。』

作《過武夷訪閔壽卿蘧廬一宿而别兼柬渾然道人江仲魚秀才》（《幔亭集》卷九）。

徐𤊹《閔壽卿佘渾然同隱武夷一號爲九曲漁父一號爲三十六峰樵者戊戌》二首，其一《九曲漁父》：『川路桃花密，披裘世不聞。澤邊同鶴寺，濠上與鷗分。網面羅將月，竿頭釣破雲。擊鮮焚不盡，乾薦武夷君。』其二《三十六峰樵者》：『樵蘇生計薄，絶巘負薪登。手劚雲千片，肩挑翠幾層。惜巢留古樹，束擔取新藤。試問腰間斧，柯今爛未曾。』（《鼇峰集》卷十）

按：渾然道人，即佘和叔，曾與閔齡隱武夷，號三十六峰樵者。和叔與閔齡詩之合集名

《同亭詩》，熥爲之序。詳《寄閔壽卿山人》（《幔亭集》卷三）。

作《歸次建溪聞鄭君大訃詩以哭之》四首（《幔亭集》卷六）。

作《寄徐茂吴司理》，略云：『不肖以重陽日還故山。』（《幔亭集》卷二十）

按：熥十年間三上春官，頗多無奈，相關詩摘録如次（各詩出處已見上）。

《出都門答别鄧汝高員外》略云：『十年三上長安道，闕下獻書俱不報。拂袖還山别故人，風塵滿目傷懷抱。』

《出都門留别茅平仲周思敬朱汝修吴孝甫張孺宗趙凡夫鍾山甫韓兆之吴載伯阮步文張曰肩諸君》：『違時空獻策，落魄出燕南。戀闕情無極，離人思不堪。』

《連窩舟中與張叔弢話舊》：『十年京洛紅塵滿。』

《舟次楓橋寄陳汝大先生》：『十年獻賦青雲薄。』

《驛亭夜坐書懷寄内》：『十年書劍兩無成，飄泊江湖愧姓名。』

秋冬之際，日與弟𤊹同社諸子吟賞煙霞。

陳价夫《徐惟和行狀》：『所居九仙山之麓，密竹高齋，俯瞰萬井中，藏圖書數千卷，日與其弟𤊹及不佞兄弟、諸同社輩嘯詠其中，商略煙霞，評騭往古，圖爲不朽之業。』（徐𤊹選鈔本《招隱樓稿》，藏上海圖書館）

作《秋日載酒同陳汝翔黄伯龍惟起惟揚二弟訪王玉生郊居》（《幔亭集》卷六）。

陳鳴鶴《同黄伯寵徐惟和兄弟過王玉生郊居分得川字》略云：『躬耕無薄田，一室隱東禪。』（《泡菴詩選》卷四）

十、十一月間，高賢祠落成。此祠爲熥與鹽運同知屠本畯所倡建。聞屠本畯擢守辰州，有詩贈之。作《冬夜袁無競過酌》（《幔亭集》卷六）。

徐熥《冬夜無競過山齋夜談》：『香酣茶正熟，寒夜過良朋。貧賤交如水，荒涼室似冰。語深忘問漏，膏盡屢挑燈。覓句緣松徑，北風吹月稜。』（《鼇峰集》卷十）

作《陪屠田叔使君游仁王寺同康元龍袁無競興公弟分得回字》（《幔亭集》卷六）。

徐熥《陪屠田叔使君游仁王寺與元龍無競興惟和分得衣字》：『屏却鳴騶入翠微，别更野服問禪扉。載將竹葉尊罍滿，坐到蓮花刻漏稀。古刹寒雲侵佛火，空壇明月照僧衣。山門冷落無緣鎮，誰解腰間帶一圍。』（《鼇峰集》卷十四）

作《送黄若木還莆》（《幔亭集》卷六）。

徐熥《送黄若木還家》：『君不見王文考，賦得靈光休起草。雄詞落筆若有神，翻使蔡邕才壓倒。又不見禰正平，賦成鸚鵡傳芳聲。須臾文就不加點，却令黄祖心魂驚。二君作賦俱年少，贏得姓名青史照。過客多興古殿思，行人每向空洲吊。莆陽黄君方妙齡，誰家有子生寧馨。七歲能文九歲賦，壺山蘭水鍾英靈。十行一目俱能下，七步八乂還倚馬。寥寥玄草待何人，拓落風塵知者寡。今年躡屩無諸城，遠來訂我千秋盟。自嗟馬齒五年長，庸才碌碌羞稱兄。連牀風雨經旬日，恨爾東歸馬蹄疾。一水盈盈會面難，書空咄咄愁蕭瑟。與爾論交俱壯時。歲寒共勉青松期，文章意氣兩相許，管鮑相知徒爾爲。』（《鼇峰集》卷七）

按：黄光，字若木，莆田人。

作《高賢祠成答屠使君》四首，其一：『廟觀壯千秋，英靈托一丘。藻蘋無俗客，香火總名流。白骨化已久，清魂吟未休。預知百歲後，同得此中游。』（《幔亭集》卷六）

陳薦夫《謁高賢祠》：『祠壇一片地，千古聚精英。墓朽孤吟骨，碑鐫大雅名。神應通後死，業不負前生。想到青宵裏，冷冷白雲聲。』又：『作興兼著述，功總在祠壇。去取詩中定，精神卷裏看。樂童歌舊草，酹酒縮幽蘭。雖有相臨分，同堂坐亦安。』（《水明樓集》卷三）

徐𤊹《高賢祠落成屠田叔以詩見貽答贈一首》：『春秋崇廟祀，像設儼祠壇。得句當年苦，棲魂此地安。堦唯文士拜，碑藉使君刊。不用蘋蘩薦，吾鄉産荔丹。』（《鼇峰集》卷十）

按：郭柏蒼《柳湄詩傳》：『萬曆二十六年，鹽運同知屠本畯與熥倡建高賢祠于福州郡治烏石山西，祀自唐至萬曆間閩中鄉先生善詩者六十餘人。』（《全閩明詩傳》卷三十二『徐熥』條引）

又按：郭柏蒼《烏石山記》卷七『人物』：『萬曆二十六年，（屠本畯）與郡人徐熥於烏石山創祠，祀吾閩自唐迄萬曆間詞人有聲者六十餘人，勒碑各載姓氏，名曰「高賢祠」。』

又按：明年熥卒，入祀高賢祠。

作《聞屠田叔轉運擢守辰州寄贈》(《幔亭集》卷九)。

按:辰州,治今湖南省懷化市沅陵縣。李賢《大明一統志》卷六十五『辰州府』:『(辰州)漢爲長沙、武陵二郡地……宋屬荆湖北路,元升爲辰州路,本朝改爲辰州府。』

作《送陳汝翔遊惠州》(《幔亭集》卷九)。

按:惠州,今屬廣東。

作《爲屠田叔悼亡姬》(《幔亭集》卷九)。

陳薦夫《爲屠使君悼燕姬姬卒於困溪》:『驚波流盡死生恩,寒食梨花閉寢門。燕市换來餘駿骨,延津歸去失龍魂。秋風屏暗芙蓉影,暮雨衾鎖翡翠温。他日西陵埋玉地,蕭蕭松柏更含冤。』又:『新抛珠翠施金鈿,一夢行普二十年。結子桃花愁易落,宜男春草佩無緣。香雲影斷翩翩蝶,□血聲催夜夜鵑。留得鸞膠裙帶上,恐君終絶琵琶絃。』(《水明樓集》卷五)

徐𤊹《爲屠田叔使君悼燕姬》:『桃枝零亂柳枝斜,薄命無緣戀王家。魂墜舞樓身似燕,影離妝閣鬢銷鴉。春風畫冷眉間筆,夜月香殘臂上紗。碧落黄泉窮不見,玉容含淚濕梨花。』又:『羅帷香散麝蘭薰,寶鏡臺空鳳翼分。佩影翠銷金結縷,枕濕痕斷玉生紋。新調越曲誰爲按,舊蹋燕歌永不聞。還似惠州蘇學士,棲禪寺裏哭朝雲。』(《鼇峰集》卷十四)

作《自題小像》二首,其一:『平生非俠亦非儒,半世遊閑七尺軀。卻爲疏狂因偃蹇,未忘柔曼轉清癯。違時傲骨貧猶長,對客詩腸老漸枯。五字吟成心獨苦,不知身後得傳無。』其二:『展卷徒爲老大悲，形容將槁鬢將絲。有時憤世空饒舌，何外談詩不解頤。足爲無車行路健，心因多累記書遲。自知瘦骨宜貧賤，莫怨人間只相皮。』（《幔亭集》卷九）

作《寄懷李惟順贊府》（《幔亭集》卷九）。

按：李元若，字惟順，茂名人。

作《林子真久客臨汀聞余歸自長安貽書慰藉感而賦答》（《幔亭集》卷九）。

按：臨汀，即汀州，今長汀。

十一月，十八日屠本畯之官辰州，自芋江登舟，送至困關。陳平夫室人詹氏卒，爲作祭文。

作《分得九疑山送屠田叔守辰州》（《幔亭集》卷三）。

徐𤊹《賦得習家池送屠田叔守辰州》：『君不見晉朝吏部山季倫，風流拜領征南軍。日夕倒載出何許，節鎮襄陽長醉醺。習家荆土稱豪族，雅有園池富花木。接䍦倒著渾不知，騎馬時時出林谷。酒徒偏喜狎高陽，酩酊揮鞭向葛彊。王威不振群寇亂，終歲悠遊過醉鄉。先生僻性惟耽酒，池上沉酣則濡首。兒童歌罷笑不休，相逐攔街齊拍手。使君今去守辰州，竹馬爭迎郭細侯。此地經過堪駐節，躊躇懷古續嬉遊。當今皇朝四海一，非如天下分崩日。勸君有酒且盡歡，重問荒池尋舊習，從兹臥治在辰溪，學得山公醉似泥。後世何人修樂府，酉陽添作蹋銅蹄。』（《鼇峰集》卷七）

陳鳴鶴《賦得二酉山送屠田叔守辰州》：『祖龍一炬炙天起，秘籙遺編焰中死。蒼頡臺前鬼不啼，周家柱下空如水。秦山楚山俱寂寞，大酉小酉鄰山郭。帝遣夔靈重束關，千重護□壽璽。壁中篆籀待時開。肯與閒人讀糟粕，司農使者太乙精。摩研編削是平生，蘭臺秘府意不足。朝探汲塚莫陽明，年來持節煮南海，海□龍宮餓豕亥。一麾更守楚雲西，秦人抱簡還相往。蠟光喬月照蝌蚪，珊瑚交枝金銷鈕。太皋軒轅一片心，今日山中爲君剖。請君細檢碧浪函，信有蛇身聖人否？』（《泡庵詩選》卷二）

王毓德《賦得高唐觀送屠辰州之任》：『君不見襄王昔幸高唐觀，十二峰巒插霄漢。峰前雲氣黯千重，黛色須臾窮變幻。有情朝暮出陽臺，薦枕時聞神女來。瓌姿瑋態不可悉，宋玉作賦何奇哉！使君剖竹之荆楚，此地行春應吊古。朱輪曉入朝雲祠，畫軾宵過雲夢浦。雲浦氤氲鬱不收，還知太守擅風流。筆端自有千秋賦，豈羨當年宋玉遊。』（《晉安風雅》卷四）

王毓德《賦得浙江潮送屠田叔使君》：『銀濤遥轟海門開，天外平驅萬馬來。鼇背曉山晴湧雪，虎林秋月夜聞雷。奔騰不散錢王射，嗚咽猶啣伍相哀。此去停舟應有賦，定是枚叔是仙才。』（《晉安風雅》卷九）

按：陳益祥有《賦得芋江曉渡奉送屠田叔使君赴守辰州》：『芋江渡頭霜葉曉，寒流咽帶鴻聲渺。積雨重陰此日晴，練泉百道飛林杪。大夫心符江水清，馮夷鼓枻蛟龍迎。扣舷琅琅吐辭賦，蒼如古瑟操韶護。石尤風息錦帆駛，波静霞明兩重綺。仰看神女弄珠遊，側聽鮫靈剪綃起。別酹未醉芋江濆，離心已入桃源裡。歷馬行春幾縣花，隨車甘雨遍桑麻。

宦邸清貧隨白鶴，枕中鴻寶煉丹砂。丹砂煉就三千黍，原是瑤皇□案侶。狂瀾砥柱藐君山，南斗避文回玉杵。二西探奇快宿心，五溪擁棹曉雲深。朱輪好遂澄清志，流水遥知憶賞音。』（《陳履吉采芝堂文集》卷三，萬曆刻本）

作《送屠使君至芋江是夕留飲驛亭以梨園佐觴使君首倡依韻奉答》（《幔亭集》卷九）。

陳薦夫《送屠使君至芋江留飲驛亭以梨園佐觴使君首唱依韻奉答》：『陽關歌罷渭城朝，恨結雲峰黯不消。半歲簡書催去棹，滿囊書卷滯征軺。難乾别淚江頭雨，新長離愁驛外潮。暫借餘閒聊上夜，傳奇高演燭高燒。』（《水明樓集》卷五）

作《仲冬十八日同王玉生陳伯孺興公弟送屠田叔使君自芋江登舟至困關時積雨初收川原競爽促膝翻書扣舷覓句香繞筆牀煙籠茶鼎情景清絶偶憶少陵野航恰受兩三人之句因令玉生繪圖共折杜句爲韻各賦一體以紀勝遊余拈得三字》（《幔亭集》卷十）。

陳薦夫《送屠使君至困溪余與二徐玉生伯孺同舟玉生作野航恰受兩三人圖因折杜句爲韻得兩字》：『晨發芋江濱，水木澹清賞。逡巡釋筍輿，沿迴溯蘭槳。山光鬱蒼茫，霽色澄漭瀁。溪疑漁者源，川勝摩詰輞。孰是聚首歡，無乃歸岐愴。磻礴筆愈神，呻吟技爭癢。抽緒成閴寂，矜工惑雄長。念至頤忽垂，研深而多仰。或爲春蚓吟，半作秋蛩響。妨同搜思僻，厭俗造語謊。神凝睹無目，句負泚有顙。憭慄計離合，鬱陶意今曩。披圖眷兹遊，前希後無兩。』（《水明樓集》卷一）

徐𤊹《仲冬望後屠田叔奉命入楚同社諸子買舟追送余與玉生伯孺幼孺惟和共載舟中攜筆硯書畫之屬相對甚適玉生作野航恰受兩三人畫意各以杜句爲韻余得野字》：『寒霜一夜飄原野，楓葉村村色俱赭。萬壑千岩水亂流，江聲東去奔如馬。野航恰受兩三人，載得芝山舊同社。魚鳥滄洲物外交，相看總是悠悠者。達旦連霄無雜言，平章水石談風雅。列置圖書櫓舵前，密藏襆被船窗下。茗碗香爐對筆床，興來滿紙雲煙寫。觸景題詩得意秋，詞源似決黃河瀉。自詫同舟有賞音，詩成肯信知音寡。起座床頭獨扣舷，脫巾露髮形瀟灑。落日長江一鏡平，臨流戲取綸竿把。清緣何處遂遊間，雖在扁舟如在舍。金石歌聲破水雲，自笑徐生野人也！』（《鼇峰集》卷七）

徐𤊹《送屠使君至芋原驛是夕留飲驛亭以梨園佐觴使君首倡依韻奉答》：『腸斷郵亭送客朝，離心全仗酒澆消。三年舊雨留官驛，午夜寒星映使軺。蓮社別情愁似海，梨園歌頰暈生潮。鏤金檀板通宵拍，高架銀盤鳳蠟燒。』（《鼇峰集》卷十四）

作《困溪十里橋與屠田叔泣別》（《幔亭集》卷六）。

陳薦夫《困溪十里橋再送屠使君》：『訣別到溪梁，無言黯自傷。片時腸已絕，數日惡難當。遠淚山含雨，愁顏葉帶霜。因君先哽咽，不敢出離觴。』（《水明樓集》卷三）

徐𤊹《困溪十里橋與屠田叔泣別》：『數月愁相別，今朝別是真。從來知己淚，此際陪沾巾。味亦如中酒，腸應似茹辛。却嫌山路轉，頃刻蔽車塵。』（《鼇峰集》卷十）

按：囦溪，在古田縣。何喬遠《閩書》卷三《方域志》『古田縣』：『囦溪，溪流自縣出，與嵩溪會，名水口溪，關曰囦關。宋轉運使楊克讓所遷縣治處。』

又按：屠本畯之任辰州，臨岐泣別，反復贈答，又是唱戲，又是作畫，閩中詩人倡和一往情深，依依不捨。

作《囦關再別屠使君次來韻》二首（《幔亭集》卷九）。

陳薦夫《囦溪再和屠田叔使君》：『沅芷湘蘭緑滿皐，雙飛征旆楚雲高。雞壇夢逐關山遠，熊軾寒衝雨雪勞。囦水暮流情宛轉，幔亭秋葉影蕭騷。離樽欲盡頻回首，短髮臨風不耐搔。』（《水明樓集》卷五）

徐𤊹《至水口驛屠使君以詩留別次韻答贈》：『不忍驅車向楚皐，酒徒猶自戀荆高。三湘北去愁征鴈，萬里東飛怨伯勞。爲郡正當迎露冕，登壇誰更主風騷。驚人謝眺行偏遠，把酒青天首獨搔。』又：『專城遥指五溪隈，十二峰巒過楚臺。鑾嶠秋雲行部去，畬田春雨勸耕回。印從澧水蘭邊鎖，詩向湘川竹上裁。料得愛才心獨切，當筵乃有禰衡陪。』（《鼇峰集》卷十四）

作《既別田叔歸過囦關公署悵然有懷》二首（《幔亭集》卷十四）。

作《祭陳平夫室人詹氏》：『萬曆二十六年，歲次戊戌，冬十一月某日，文學陳平夫之配詹碩人，以羸疾卒於義溪之故第，享年四十有三。平夫友人徐𤊹等束芻而奠禮也。』（《幔亭集》卷十八）

十一、十二月間，感歎時局，以爲東北『時事難高枕』，官兵擾民，米價騰湧。

作《惟秦冬夜偶至擁爐對酌率爾成詠》（《幔亭集》卷六）。

徐𤊹《冬夜惟秦偶至擁爐對酌共用燈字》：『冷夜空齋獨，名言愛汝能。添衣山榻坐，把酒地爐蒸。窗破風吟紙，檠寒焰死燈。詩成狂欲寫，呵凍硯池冰。』（《鼇峰集》卷十）

作《有感》三首，其一：『傳聞關白死，海氣絶氛腥。間諜防真僞，悲歡雜涕零。王春回雨露，天怒息雷霆。時事難高枕，端居莫謂寧。』其二：『餒虎横行甚，村氓骨半枯。猛應憑倀鬼，威或假妖狐。白晝常當道，清時敢負嵎。官兵虚搏擊，雞犬反驚呼。』其三：『久雨防時歉，囊空米價騰。子錢殘歲急，官賦來年徵。薄劣明時棄，疎慵末俗憎。處籬同斥鷃，未敢望鵾鵬。』（《幔亭集》卷六）

按：關白，日本古代官職名，指日將領豐田秀吉。

作《贈本淨上人》（《幔亭集》卷六）。

徐𤊹《贈本淨上人》：『離鄉從少小，垂老十方游。偶伴頭更剃，逢山足便投。盂空隨處乞，衲破萬家求。試問南朝事，松枝幾寺秋。』（《鼇峰集》卷十）

作《題林明府先輩輓詩卷後》、《慰陳平夫》、《與黄道晦夜坐話舊》（《幔亭集》卷六）。

作《崇德令孫先生挽詩》（《幔亭集》卷九）。

按：崇德，舊縣名，今併入浙江桐廬縣。李賢《大明一統志》卷二十九『嘉興府』：『崇德縣，在府城西南九十里。本嘉興縣地……後屬嘉興府。』

作《雲陽葛隱君雙壽詩》（《幔亭集》卷九）。

徐𤊹《丹陽葛隱居雙壽詩》：『竹籜爲冠芰作裳，一丘棲隱老雲陽。鹿門耕破犁頭雨，鴻寶藏來枕上霜。眉案齊時毫半白，背癢搔處耉雙黄。君家世得燒丹訣，夫婦能傳九轉方。』（《鼇峰集》卷十四）

按：雲陽，丹陽縣舊名雲陽。

十二月，歲暮戲題詩稿，以爲雖窮而名或不朽。

作《作歲暮戲題詩稿後》：『本以牢騷著，多因幽憤成。雌黄招衆口，青紫誤今生。落落無窮意，遥遥不朽名。萬言難卒歲，掩卷獨傷情。』（《幔亭集》卷六）

作《與陳子卿孝廉》：『去歲都門之别，極切懸念。既而聞足下還山之後，尊體漸安，甚慰。弟自九月歸故廬，以家事賓士，無卒卒之間，以故雖莆人往來不絶，而音問闕然。向歲足下所擇古山葬地，弟已購得之三年矣。言佳者什九，言不佳者什一，以故尚在狐疑，未即營造。』（《幔亭集》卷二十）

按：是歲九月熥還故山，知此書作於此後。

作《寄閔壽卿》：『遽蘆一宿之後，動逾數月。所以不通聞問者，以長君約去秋來迎鶴駕，當還廣陵，不意尚留三十六峰九曲間也。持心上人入晉安，始悉山中動定。既而聞尊體時時尪羸，兄頤養多年，何以有此？或是進道太鋭所致，勿忘勿助。講之有素，諒不以此心爲槁木也。萬萬珍嗇，爲道自愛。承來教云暮春東下，或仍還浮玉乎？抑卜築栖霞乎？或如舊歲所議，携二郎君來閩，爲經老武夷之計乎？僕意武夷山川秀甲海内，非兄與渾然子，不足以當之。』（《幔亭集》卷二十）

按：九月初過武夷，作《過武夷訪閔壽卿盧一宿而別兼柬渾然道人江仲漁秀才》『逾數月』，故繫於此。

作《戊戌除夕》二首，其一：『獨對殘燈暗自驚，世途誰復念虚名。索錢有虜詩難退，祀竈無靈術未精。半壁圖書先代業，四鄰歌管少年情。二毛豈必緣衰老，只恐窮愁白易生。』（《幔亭集》卷九）

徐𤊹《戊戌除夕》：『夕陽天畔送韶光，辦得椒花酒滿觴。先苦明朝投敝刺，每慚今夜剩空囊。謀身半世詩書誤，餬口終年筆硯忙。猶幸壯心銷未盡，領兒西舍聽笙簧。』（《鼇峰集》卷十四）

按：比較兄弟除夕詩，兄詩較弟詩有更多的世路滄桑之慨。

是歲，致王應山書兩通，擬于王應山《湖山勝録》之外别撰數卷，以作『志餘』。

作《與王懋宣先生》：『向歲承命撰《帚言序》文，抽毫者屢矣。然以走墨于公輸之門，輒忸怩而止，非敢久方長者之命也。茲且遠别，宿諸繫心，妄撰一篇，欲濫附不朽。語無倫次，識不反

隅，惟長者痛削之。幸甚！』（《幔亭集》卷十九）

按：熥有《帚言摘録序》（《幔亭集》卷十六），作年不詳。此通書信前後作。附繫於下通書信前。

作《又與王懋宣先生》：『《紀勝録》成，遂爲吾鄉佳話。兩高三竺，不得獨擅東南矣。老叔捃摭之功，真可掩古人，後無作者也。載讀總序，文藻蔚然。八十老翁，神王如此，尤非後生能及耳。羨之！羨之！屠使君今日想有朝參之勞，明晨先投一刺。若欲傾倒，想在課最之後也。吾鄉奇事不乏，愚意欲于《紀勝》之外，别撰數卷，仿《志餘》之例，尤膾炙人口耳。何如？何如？』

按：《晉安風雅》卷首《詩人爵里詳節》『王應山』條，言應山撰《帚言摘録》，而不言《紀勝録》。《晉安風雅》成書于上年，即萬曆二十六年（一五九八），則此通書信必作於《晉安風雅》成書之後；『屠使君』云云，則必在屠本畯離閩之前。

又按：王應山，字懋宣，侯官人。嘉靖中庠生。有《帚言摘録》、《湖山紀勝録》（即《閩都記》）。『八十老翁』，『八十』取其成數。徐𤊹《答屠田叔》：『康元龍於于九月之晦，奄然長逝，年才三十有六……王懋宣先生，年踰八旬有二，康健如故，所撰著日富。前有《湖山紀勝》一書，今改名《閩都記》，再加刪潤，倣田叔禾《西湖遊覽志》之例。』（《紅雨樓集·鼇峰文集》册三，《上海圖書館未刊古籍稿本》第四十二册）。𤊹書作於萬曆三十年（一六〇二），該年康彥登卒，年三十六；王應山八十二，則是歲七十八。

是歲，爲季弟熛與王宇等讀書釣龍臺，熥爲之撰《龍臺聚業序》。

作《龍臺聚業序》：『王永啟、林夷侯、高叔可、王渾之及余季惟欻五子者，講業于釣龍臺之濱，鐍户下帷，切磋不輟。焚舟破釜，淬厲愈堅。竭蘭燼於燈檠，忘乎五夜；啖虀鹽于陶甓，甘於八珍。倡予和汝，暝寫晨書，兩月之間，幾盈箱帙。快心當意，人各數篇，皆剔腎嘔肝，焦神燥吻，言探乎理窟。技殫其匠心。雖羔雉之資，微傷於過苦，而鞶帨之業，亦可稱爲窮工者矣。夫公車之藝，固時而制，爲道屢遷，奇正靡有定衡，雌黄憑乎衆口。憶余少時，才實凡庸，強好奇語，頗爲同類者姍笑，今取而讀之，向稱瑰琦者，有同嚼蠟。舊遵繩墨者，便成臭腐。故四十無聞，三戰三北，實吾業之拘方，匪時命之大謬也。即欲勉逐時趨，復我故步，譬之老婦效顰于少姬，不能增妍，祇益其醜耳。然則，五子之文，豈所謂日新富有變通趨時者乎？永啟年雖少，其於世誼爲雁行，若林生、高生、王生，其尊人、世父于余皆有硯席之好，當余與二三君譚藝時，諸子或結如椎，或髪覆額，今皆翩翩競秀，眈眈虎視。後生可畏，夫豈虚言！乃余猶欲畢志雕蟲，繫情雞肋，與少年角勝，不亦異乎！古人有言：「戰，勇氣也，一鼓作氣，再而衰，三而竭。」余之今日，正鼓衰而竭之時也。搦管登壇，拔茅連茹，敬屬之諸君，且以望吾季矣。』（《幔亭集》卷十六，又《荆山徐氏族譜》）

按：此文云『四十無聞，三戰三北』，據語氣，當在本年下第後作。

萬曆二十六年

又按：王宇，字永啟，閩縣人，萬曆三十八年進士。

是歲，陳薦夫爲《晉安風雅》作序。

陳薦夫《晉安風雅敘》略云：『予友徐惟和，弱冠稱詩，窮居卒業，天質爽朗，豐神令上，非性靈不譚，脱飣飣如屣。於是録國家以來，凡吾郡作者，身無顯晦，人無存殁，但取其情采適用中，聲調爾雅，詞足千古，體成一家者，得二百餘人，詩若干首，名曰《晉安風雅》。間有子姓昌華，世其家學者，罔不投進先集，期見采摭。此爲易易耳。若乃成季宣孟，終焉無後；欒郤胥原，忽爾代降。文獻寢滅，斯焉取斯，故或搜芳於蠹魚之口，或訪玉於敗書之肆；或展轉關借，重越裳之譯，或仿佛睹記，授伏生之臆。然猶聽斷圭蓽，折衷方寸，故有籍甚當年，而片言無取；埋聲曩代，而連篇可傳。體擅偏長，則網收一目；文僅偶合，亦鼎嘗片臠。可謂衡鑒貯懷，錙銖應手，功掩先達，光啟來祀者矣……萬曆戊戌五日郡後學陳薦夫題。』（《晉安風雅》卷首；又《水明樓集》卷十一，文字稍異）按：熥自序見萬曆二十五年（一五九七）。

是歲，藏鄭少谷《鄭繼之手書》卷。

按：詳萬曆三十五年（一六〇七）《譜》。

是歲，陳薦夫聞熥下第後，感而有作。

陳薦夫《聞惟和下第郤寄》：『人間梯弘九重天，落魄還同十載前。别路草芳歸未得，上林花好看無緣。經心又作三年計，閉日長妨幾夜眠。風雪都門騎馬出，黑貂終是勝青氈。』（《水

明樓集》卷五）

是歲，曹學佺调南京添注大理寺正。

［民國］《福建通志·列傳》卷二十八《曹學佺傳》：『（台省）遷怒學佺，摘丁酉所取卷爲險怪不經，中察典調南京添注大理寺正。』

是歲，董應舉成進士。

喻政［萬曆］《福州府志》卷四十七。

萬曆二十七年己亥（一五九九） 三十九歲

是歲，徐𤊹三十歲。

正月，臨《米元章方圓庵記》數十字，並題之。同弟𤊹等過林應聘書齋，疑作有《春夜同道晦惟起過志尹書齋》（詩佚，題筆者所擬）。與陳薦夫、弟𤊹由瓊河泛舟至義溪，與陳价夫兄弟于水明樓聽雨。

作《己亥元日》二首，其一：『去年愁苦將誰告，今歲平安向佛祈。三徑煙霞吾獨老，六街風雨客來稀。』（《幔亭集》卷九）

題《米元章方圓庵記》：『元章此記，專效《聖教》，位置甚善，但稍柔耳。戊戌夏日，得于燕市。己亥初春十九日，山齋無事，偶爾檢閱，雜臨數十字，無一肖者，始信古人不可及也。』（《幔亭

集》卷十九）

徐𤊹有《春夜同道晦惟和過志尹書齋己亥》：『幽棲只敝廬，不異子雲居。榻下同心客，錢收可意書。寒聲更漏促，孤影夜燈虛。事事堪清賞，相過不肯疎。』（《鼇峰集》卷十）

按：林應聘，字志尹。

作《同幼孺惟起由瓊河泛舟至義溪》（《幔亭集》卷九）。

陳薦夫《春日陪惟和惟起由瓊河泛舟至溪上同賦》：『瓊河曲曲長春流，十里桃花引釣舟。馬瀆客帆天外港，龍江漁火竹邊洲。山凝宿雨全青眼，浪觸罡風半白頭。三十六溪看不盡，微茫煙樹水明樓。』（《水明樓集》卷五）

徐𤊹《同幼孺惟和由瓊河泛舟至義溪過幼孺水明樓》：『淡煙疎雨木蘭橈，一水盈盈百里遥。五虎雲深迷疊嶂，白龍江淺待回潮。永南山色摩天盡，峽北風濤赴海嶠。茅舍竹籬雞犬見，知君家在緑榕橋。』（《鼇峰集》卷十四）

按：義溪，在今福州倉山。［正德］《福州府志》卷三《地理志》：『義溪，在西集里，一名麻溪。』又據王應山《閩都記》卷十四『郡南閩縣勝跡』，義溪在鹽倉山，溪濱建有大義公館、觀音橋。瓊河，福州內河。

作《陳伯孺兄弟水明樓春宵聽雨歌》（《幔亭集》卷三）。

徐𤊹《水明樓聽雨短歌》：『池上小樓高幾許，風滿樓中山欲雨。昏黑應從頂上來，八窗頃刻煙如縷。淋漓長日滴聲聲，流入春池漲漸平。幾陣簾纖幾番歇，池水愈清樓欲明。千岩萬壑傾如注，共看嵐光變朝暮。紛紛殘絮貼泥深，片片落花隨水去。任從簷外響瀟瀟，剪燭談心是此宵。不比黄昏人静後，孤門閉坐聽芭蕉。』（《鼇峰集》卷七）

陳薦夫《水明樓答惟和兄弟春宵聽雨歌》：『主人樓居僅如斗，山色溪色無不有。灼灼紅歸隔水桃，盈盈青入垂牆柳。尋常景色豔陽多，何事偏君帶雨過。已似簷前飛宛瀑，更疑軒外落銀河。樓頭孤雨燃孤燭，白晝無何宵不足。響打疏櫺顆顆珠，寒敲碎瓦聲聲玉。與君看畫更題詩，雨裏清閒事事宜。若待晴來堪出户，題詩看畫已無時。』（《水明樓集》卷二）

作《水明樓贈陳仕卿》：『聽雨坐樵徑，放雲開竹房。』（《幔亭集》卷六）

按：陳公選，字仕卿，閩縣人，价夫、薦夫族子。隆慶中庠生，卒年五十九。

陳鳴鶴有《催妝詩爲惟和賦》：『浴罷蘭房荳蔻湯，女奴勸着嫁衣裳。纒頭轉覺紅羅重，繫臂猶聞絳縷香。銀燭影斜如意枕，寶釵聲落合歡床。舊人别有黄金貯，遥聽笙歌夜漏長。』（《泡庵詩選》卷五）

按：熥納新姬，疑即此人。

作《賦得繫臂紗送陸姬》（《幔亭集》卷六）。

徐㶿《和伯孺爲惟和催妝韻》：『微步歸香閣，窺奩拂鏡臺。新調紅粉至，初着緑衣來。酒灧杯方合，粧成賦自催。小星三五夕，偏照燭花開。』（《鼇峰集》卷十）

徐𤊹《題惟和兄百花綃帳歌》略云：『白面六郎嬌對客，緑衣百子鬬宜男。芙蕖掩映含秋景，月落扶疎金粟影。水仙欲吐凡骨清，楊妃初醉幽香冷。羅衾寒掩五更鐘，又對梅花冰雪容。瓊姿縞袂宛相伴，彷佛姑射仙人逢。漏盡銀缸殘焰滅，蘧然一夢成蝴蝶。翩翩飛繞葉中花，栩栩棲將花底葉。流蘇百結剩輝光，魂去魂來徹夜香。』（《鼇峰集》卷七）

按：熥歿後，愛妾去帷，疑即這一位。詳萬曆二十八年（一六〇〇）《譜》。

二月，伯孺出王宇所作扇頭，題之。爲宗周作《墓誌銘》。又同弟𤊹、道晦過志尹書齋。又樂然興念助京口金山寺募緣，有延平之行。

作《舊歲與伯孺諸子泛舟白沙分賦野航恰受兩三人之句余已賦排律一章茲伯孺復出玉生所作扇頭前景因重賦絶句題其上己亥二月三日》（《幔亭集》卷十四）。

按：白沙，即白沙驛。在侯官縣，其驛在芋江至水口（困溪）之間。王應山《閩都記》卷二十二『郡西北侯官勝跡』：『在三十四都。下通芋原六十里而近，上通水口百二十里而遥。』

又按：熥及諸子詩，見去歲。

作《送林道魯就婚之楚婦翁王獻父時爲吉藩左相》：『二月春風詠摽梅，征衣還見錦初裁。』（《幔亭集》卷九）

陳薦夫《送林道魯就婚之楚》：『楊花如雪馬驂驒，去住情深兩不堪。之子夭桃江漢上，王孫芳草洞庭南。化龍津古分雙劍，回鴈峰高寄一函。此別心知歸隔歲，莫搴汀芷贈宜男。』

（《水明樓集》卷五）

徐𤊹《送林道魯就婚入楚》：『合歡車子遠迎郎，三月夭桃滿路芳。佩解一雙臨漢渚，夢遊十二過高唐。裙拖湘水應生色。玉種藍田更有香。良夜笙簧吹楚調，新人初學内家妝。』

（《鼇峰集》卷十四）

按：林如周，字道魯，號孫膚，別號勾漏道人，侯官人，人瑞翁春澤之孫，應起之子，有《林道魯詩集》。

作《山居漫興學晚唐》（《幔亭集》卷九）。

作《送朝宗上人還金山》（《幔亭集》卷九）。

陳薦夫《朝宗上人以募金造塔入閩却還金山寺詩以送之塔中□舍利子大如菽米，□□□月五日放光亘天》：『寶輪金鐸十方緣，來□江南瘴雨天。緇錫却回煙裏寺，旗槍歸試石間泉。清秋聲合洪濤險，獻歲光生舍利圓。聞説浮杯勝過櫓，不妨雲水定中禪。』（《水明樓集》卷五）

徐𤊹《送朝宗上人歸金山寺》：『白足從師遍十方，少年行徑小支郎。布金寶地來空界，浮玉青山認故鄉。歸喚夜船江萬里，閒眠秋寺水中央。相期第一泉流上，共看阿王舍利光。』

（《鼇峰集》卷十四）

徐𤊹《題金山募緣疏》：『京口金山，在宋季有塔屹峙江心，歲久毀於火。歷數百年，無有興造者。老衲萬緣與其徒持心曾募金鉅萬，創成七級塔，功成矣，第佛像未完、廊房未備，猶乏偉觀，常念四方檀施多舍金錢，助工有差，獨閩中遠隔海濱，無因抄化。萬曆己亥，上人賫陸五臺太宰、馮具西太史二公疏文入閩，時施二華使君暨徐𢢼亭孝廉樂然興念，協力募題，善果方成，而使君擢南計曹以去，孝廉遂損賓客，上人遂歸矣。』（《紅雨樓集·鼇峰文集》册九，《上海圖書館未刊古籍稿本》第四十四册）

按：『歷數百年』，『百』字原缺，據𤊹《送金山持心上人序》（詳下）及文意補。

作《送陳道育之官漢陽》（《𢢼亭集》卷九）。

作《贈呼允齡將軍》（《𢢼亭集》卷九）。

按：呼允齡，將門子。𤊹《呼將軍晉秩營帥序》：『弱冠以萬户侯入掌撫臺中軍。越四載，遷督府營帥。』（《𢢼亭集》卷十七）

作《錢連江尊人雙壽詩》（《𢢼亭集》卷九）。

按：錢連江，連江縣知縣錢之珍。詳［萬曆］《福州府志》卷四十一。連江，今屬福建。李賢《大明一統志》卷七十四『福州府』：『連江縣，在府城東北九十五里。初晉武帝以溫麻船屯，置溫麻縣，屬晉安郡。隋省入閩縣，唐初復置，移于連江之北，改名連江縣。』

作《送蘇明府擢南計曹》（《𢢼亭集》卷九）。

徐𤊹有《送蘇令公擢南計曹》：『欲趨蘭省别花封，西望金陵驛路重。製錦昔推賢邑令，含

香今屬少司農。官清但飲秦淮水，吏散閒看建業峰。退食從容歸粉署，滿天明月六朝鐘。』（《鼇峰集》卷十四）

按：蘇明府，閩縣知縣蘇兆民。

作《送張宗道之白下》：『春風頻聽白門鴉，匹馬驕嘶踏杏花。』（《幔亭集》卷九）

陳薦夫《送張宗道游金陵》：『何處頻傷客路賒，白門楊柳萬條斜。月中古渡過桃葉，雪裏高臺上雨花。山色尚圍吳苑囿，江聲空咽晉年華。知君舊有蓴鱸興，莫待秋風蚤憶家。』（《水明樓集》卷五）

徐𤊹《送張宗道游秣陵》：『少年爲客狎天涯，歲歲花時説別離。丘壑雲霞千里夢，樓臺烟雨六朝詩。緑楊渡口留歡曲，紅杏村邊賣酒旗。目斷王孫南去遠，莫因芳草滯歸期。』（《鼇峰集》卷十四）

作《金山持心上人以造塔募緣入閩喜而有贈》（《幔亭集》卷九）。

陳薦夫《金山持心上人以募緣造塔入閩贈之》：『浮圖勢壓大江深，劫火灰殘變古今。燈歇海門雲外影，鐸間京口月中音。幾番梅雨勞行腳，到處榆錢勸發心。翻笑頭陀功行少，開山惟掘下方金。』（《水明樓集》卷五）

徐𤊹《金山持心上人以造塔募緣入閩喜而有贈》：『古塔灰殘幾百年，重興隨處更隨緣。千花影裏藏多寶，半偈聲中乞一錢。風鐸遠催歸寺衲，夜燈高照過江船。鎮山自有阿王在，不

用空譚佛印禪。』（《鼇峰集》卷十四）

按：熥《送金山持心上人序》：『金山當大江之中，舊有浮屠以鎮湍悍。宋季毁於兵燹。越四百餘年，無有發此弘願者。寺僧萬緣矢心興復，經始隆慶之庚午，告成於萬曆之甲午，歲逾二紀，費靡巨萬……塔功甫成，緣師示寂，其徒持心尚以佛像未全，廓廡未備，崖岸善崩，持許少傅、馮太史疏文入閩抄募……於其歸也，余社諸子各賦詩爲贈，且告諸四方之善信。』（《幔亭集》卷十六）

作《祭宗主簿先生》（《幔亭集》卷十八）。

作《登仕郎姚江簿宗先生墓誌銘》，略云：『宗先生名周，字思兼，別號魯山。其先隴西河寧人，爲宋名臣宗澤之後。洪武初有諱嘉者，占戎籍於閩。嘉生貴，貴生通，通生應，號圃東公——先生之父也。世居罾浦之濱，代隱弗仕……先生生於嘉靖戊子年十月二十九日未時，卒于萬曆丙申年二月二十四日巳時，享年六十有九……家相等將以萬曆己亥年二月十六日未時啟窀穸而葬焉。方先生在時，命熥爲傳，曰：「知我者，莫若卿。」熥謝未遑也。茲以一言藏諸名山，蓋從先生之治命乎！』（《幔亭集》卷十八）

題《陳幼孺詩集》：『此帙乃幼孺甲午冬至丁酉冬所作，未刻稿也。甲午上公車，乙未下第還故山，丙申家居，遂有北堂之變。四年之中，離合欣戚，所遭不同，足生感嘆。況其間，多與余同倡合之作，覽之真如夢中事也。己亥二月朔日，寓水明樓，偶爾搜讀，漫識數語於後。』（《幔

亭集》卷十九）

作《寄渾然道人》，略云：『去歲過武夷，不及一晤，殊用爲恨。持心上人來，得領詩翰。雲水之客，能遠念故人，尤抱感愴。且聞暮春欲別遽蘆而入武當，從此蹤跡尚更渺，然不識何日重入九曲也。』（《幔亭集》卷二十）

按：去歲七八月間過武夷，作《過武夷訪閔壽卿廬一宿而別兼柬渾然道人江仲漁秀才》，與渾然道人未謀面，故『兼柬』之。此書作於暮春之前，故繫於此。

三月，曾考《郡志》，以爲桑溪爲漢閩王無諸禊飲之所。與諸賢禊飲桑溪，相與倡和，王崑仲即景繪圖。往延平，似爲生計奔波。

作《桑溪禊飲詩二首》（《幔亭集》卷二，又王應山《閩都記》卷十一載四言一章作《桑溪禊飲》）。

作《桑溪禊飲序》：『東郊桑溪，距閩城十里而近，故王無諸流觴之所也……萬曆己亥，祓除之日，和風初扇，晴旭乍開，遂集諸賢禊飲其上。泉聲琮琤，石勢盤曲，蒼林蒨蒨，黃鳥嚶鳴，草色疊爲裀氈，松籟韻爲絃管。或踞磐石之次，或席叢薄之陰，列坐不拘，浮觴無算。臨流泚筆，酒再詩成，以詠以遨，窮日而反。搜先代之遺墟，躡會稽之芳躅。歐閩至今二千餘歲，寥寥今昔，來者爲誰？王子玉生，即景繪圖，余敘其概。倡和諸什，列于左方。』（《幔亭集》卷十六）

陳薦夫《桑溪修禊詩有引》：『桑溪在閩郡東，故王無諸禊飲之所，惟和考《郡志》得之。日在上巳，約同社流觴，遠循舊事。人賦四、五言各一章。爲圖而系之。』（《水明樓集》卷一）

同賦者有曹學佺、徐𤊹、陳价夫、陳薦夫等。

陳价夫《桑溪禊飲》：『茂林修竹，清流激湍。春禽弄波，晴翠映瀾。千載一集，茲游實難。觴來勿辭，請君盡歡。』（《閩都記》卷十一）

陳薦夫《桑溪禊飲》：『汎汎清漪，盈盈羽觴。臨流不接，凝思未遑。情怡曲渚，目睇連崗。臨川閱水，感念前王。』（《水明樓集》卷九，又《閩都記》卷十一）

徐𤊹《桑溪禊飲》：『維茲春暮，既合且和。良儔至止，載咏載歌。冥心川上，滌志崇阿。緬懷古哲，感彼流波。』（《閩都記》卷十一）

徐𤊹《桑溪禊飲詩》：『和氣滿六合，萬彙敷春陽。時禽忽變聲，草木柔且長。祓除出東郭，同志相携將。茂林蔭長阪，喬松被崇岡。朝陽照我衣，惠風吹我裳。行行抵林麓，山水含蒼茫。桑溪夾叢薄，淺瀨鳴湯湯。奔泉漱石齒，殘溜衝溪光。細草承列坐，餘花逐浮觴。佳景暢幽愫，臨淵羨濠梁。觀瀾恣逸樂，盥濯隨徜徉。微尚既云合，心賞于焉償。嘯詠遵遺俗，游豫思先王。山川宛如昔，陵谷嗟匪常。古人不可作，俛仰成悲涼。寥寥千載外，誰當嗣其芳？』（《鼇峰集》卷四）

按：熥兩章，亦四、五言各一章。《幔亭集》無專卷録四言詩，故四言一章亦收於卷二五古中。

作《上楊叔向參知》（《幔亭集》卷九）。

徐𤇆《上楊大參叔向先生》二首，其一：『湖上曾乘賀監船，主恩寧許老林泉。斗垣氣色占薇省，金匱文章重木天。門客肯容縫掖士，部民兼領幔亭仙。侯巴自愧疎奇字，負笈從今問太玄。』其二：『幾朝金馬賜黄麻，楊氏三公本一家。銀管醉揮蕭寺葉，銅鞮閒聽習池花。南平影合雙龍劍，北苑香分小鳳茶。案牘不留門似水，白雲飛散吏歸衙。』（《鼇峰集》卷十四）

按：楊德政，字叔向，鄞縣人，福建按察使，有《夢鹿軒稿》。

作《贈陸延平》（《幔亭集》卷九）。

按：陸延平，即陸志孝，平湖人。據［順治］《延平府志》卷八，志孝萬曆二十六年（一五九八）任知府。

作《延津逢許然明還武林詩以送之》：『相逢同是客中身，雙劍延津合有神。』（《幔亭集》卷九）

作《題普通寺》（《幔亭集》卷六）。

陳薦夫《延平八詠》其八《普通寺晚眺》：『山回磴道深，幾歇到禪林。步步出人世，行行銷妄心。雲晴天界近，月午下方沉。何處雙溪水，東流荅梵音。』（《水明樓集》卷三）

按：普通寺，在今南平。黄仲昭《八閩通志》卷七十八：『普通寺，梁普通元年建。舊爲院，今改爲寺。國朝洪熙元年毁，宣德五年重建。』［順治］《延平府志》卷六作『五代梁建』。

又按：是歲冬，徐𤊹過普通寺，愴然有懷，即此寺。詳十二月。

作《贈黄思衡廣文》（《幔亭集》卷六）。

作《送陳二表兄重游高州兼柬諸舊好》（《幔亭集》卷九）。

按：高州，今廣東茂名。李賢《大明一統志》卷八十一『高州府』：『（高州）漢爲合浦郡之高涼縣……元至元間改置高州路，仍置電白。本朝洪武初改高州府，徙治茂名。』

作《送陳惟秦客恩州》二首（《幔亭集》卷九）。

陳薦夫《送惟秦之端州》：『盡説端溪可斷腸，總緣風土是炎方。蠻村椰子家家酒，嶺樹奇南步步香。毒霧布陰岩峒黑，瘴雲蒸日海天黄。古祠錦石山前路，知愧千金陸賈裝。』（《水明樓集》卷五）

徐𤊹《送惟秦遊端州應田參戎之招》：『粤東猺峒夾蒼嵐，處處殊音聽未諳。春半禦炎裁細葛，秋高驅瘴爇香柟。獨眠不耐鄉心苦，入饌真知海味甘。身在蠻荒君莫畏，故人元是馬征南。』（《鼇峰集》卷十四）

按：恩州，即廢南恩州，故址在廣東陽江縣。李賢《大明一統志》卷八十一『肇慶府』：『廢南恩州，在陽江縣。本梁陽春郡，唐置春州，後析置勤州，又析置恩州，治恩平縣。宋徙治陽江，改曰「南恩」，本朝省。』

作《送邵武李太守擢憲滇南》（《幔亭集》卷九）。

作《爲屠田叔太守新姬催妝》詩（《幔亭集》卷四）。

作《寄屠田叔太守》，略云：『聞君侯以正月之杪，始駕五馬而西，計此時當在洞庭、瀟湘之浦矣。新納小姬，定是佳麗，又寵屬專房，秋娘無妒。簿書之暇，移遠山於眉黛，樂何可云。漫賦《催妝詩》一章，附二三子之後，寄呈博笑。』（《幔亭集》卷二十）

按：屠本畯去歲十月離閩赴辰州任，詳上年《譜》。今歲正月杪西行，至洞庭、瀟湘當在二三月間。

作《與李與熙同年》：『都門之别，水陸參差，遂不及再相面也。弟沿路稽留，至菊月始還故山，度從者已越晉安。嗣後音問杳然，殊切懸念。弟自歸來，奔馳家務，略無少間。今且欲糊口四方，安得復下帷如少年時乎？將來之事，真不知所税駕矣……茲以金山上人募緣入泉，檄候起居。其塔緣事俱見許少傅，馮、陸二太史疏中。温陵想多善信，必得門下一言，爲之倡首，俾不流落。不惟布此福田，亦見吾鄉之有善男子也。非吾兄負千秋之識，不敢以此相托。』（《幔亭集》卷二十）

按：據『今且欲糊口四方』，往延平等地似爲了生計。

作《與林吾宗太學》，略云：『茲因持心入莆，敬修尺一起居，其塔緣事俱見許少傅、馮、陸二太史疏中。其舍利放光，閔壽卿曾兩見之。今走萬里入吾鄉，不可不塞其望。莆中檀越，非吾党二三兄弟不能爲也。敬介謁于門下，唯賜延納，且吹嘘于四方善信，共完勝果，亦門下無量法

力也。尊公名德聞於海内，能借鼎言，尤爲順風之呼。』（《幔亭集》卷二十）

春、夏間，陳公選構一亭，熥題曰『蕉雨』；又題宋仲温《朱竹》。

作《題陳仕卿蕉雨亭》（《幔亭集》卷三）。

陳薦夫《題仕卿侄蕉雨亭》：『仲容入林不種竹，繞砌芭蕉發春緑。空庭晝静山雨來，簌簌千聲碎寒玉。清陰翳翳雨泠泠，疏密同歸葉上聽。樹裏飛泉敲暗緑，林間殘雪破深青。新苞引翠瑩如拭，幾陣黄梅蒼欲滴。微風忽送半窗涼，萬斛珠璣灑空□。夢回覆鹿不聞喧，有客衝泥扣蓽門。相對倚闌吟思足，不同深院鎖黄昏。』（《水明樓集》卷二）

徐𤊹《題仕卿蕉雨亭》：『幽人本是青山主，愛種芭蕉聞夜雨。翠葉參差點點承，緑苞陰翳聲聲貯。遥隔寒窗響不停，一雙栩栩蝶初醒。枕邊留辨詩中景，不許人間欲客聽。』（《鼇峰集》卷七）

按：陳薦夫《從子仕卿傳》：『嘗灌園，當午憩蕉陰中，山雨倏來，蕭颯有韻，拄所荷鍤聽之，衣袂忘濕，遂構亭曰「蕉雨」，蓋惟和所題云。自是多觴詠其間，醉輒岸幘豪吟。』（《水明樓集》卷十三）

作《題朱竹》（《幔亭集》卷三）。

徐𤊹《題朱竹》：『祝融峰下龍孫夥，幻出琅玕赤如火。瓊幹都經絳雪凝，粉痕盡爲彤雲鎖。秦樓女兒截作簫，吹將赤鳳來丹霄。東風零落拂緗葉，恍彿武陵紅雨飄。天寒日暮佳人倚，

翠袖籠寒赭光裏。朱鳥窗前絳節移，石家碓碎珊瑚枝。』（《鼇峰集》卷七）

按：徐𤊹《筆精》卷五『朱竹』條：『朱竹，古無所本，起于國初。宋仲温有一卷，不知何人筆？高季迪題《水龍吟》云：「淇園丹鳳飛來，幾時留得參差翼。簫聲吹斷，彩雲忽墮，碧雲猶隔。想是湘靈，淚彈多處，血痕都積。看蕭疏瘦影，隔簾欲動，應是落花狼籍。　莫道清高也俗。再相逢、子猷還惜。此君未老，歲寒猶有，少年顔色。誰把珊瑚，和煙換去，琅玕千尺。細看來，不是天工，却是那春風筆。」此卷舊爲王太史家物。伯兄惟和收得之，珍若重寶，自題其後云：「根如赬虯髯，葉如丹鳳尾。有時截作釣魚竿，珊瑚亂拂桃花水；有時擲杖化爲龍，白日青天赤鱗起。能將紅霧變蒼煙，産在朱明幾洞天。須臾絳節生彤管，只向松間滴露妍。」伯兄卒，卷售他人。』

夏，作書報陳价夫，約仁王寺結夏；又以詩約陳价夫、薛晦叔仁結夏于仁王寺。

作《與陳伯孺》：『《禊飲》二章，遂凌逼三謝，永和而後便屬茲遊矣。但俯仰陳跡，千古同歎。吾兄弟安得時時聚首，如流觴曲水時也。女翔、惟秦相繼入粤，興公此時又將束裝。口腹驅人，可爲短氣。天時已熱，欲向仁王寺結夏。足下蒲節後幸入城，且興公取道上杭，亦當面别耳。』（《幔亭集》卷二十）

按：此書作於三月禊飲之後。

作《約陳伯孺仁王寺結夏效長慶》（《幔亭集》卷九）。

作《約薛晦叔仁王寺結夏詩以代柬》（《幔亭集》卷九）。

按：薛瑞光，字晦叔。畫家。

作《題薛晦叔小像》（《幔亭集》卷三）。

按：崇禎七年（一六三四），徐𤊹《薛晦叔初度賦祝》有云：『少年談藝與君遊，膠漆雷陳晚更投。』薛《答》詩云：『金蘭夙誼附交遊，㥽壽何當彩筆投。』（鈔本《鼇峰集》）知薛瑞光早歲與徐氏兄弟游。

作《夏日園居和興公韻》二首（《幔亭集》卷九）。

徐𤊹《夏日園居》二首，其一：『屋後芭蕉綠漸齊，清涼遥蔭種花畦。蟻因穴潰移居亂，蛛爲簷陰結網低。讀史静翻周汲塚，學書頻洗宋端溪。南窗一枕蘧然覺，又見斜陽下竹西。』其二：『三徑逶迤護短籬，小園佳在晚涼時。亂蟬送日依穠葉，倦鳥迎風立斷枝。茶鼎烹泉開白絹，筆床游墨界烏絲。紅塵不到蓬門裏，總爲心閒事事宜。』（《鼇峰集》卷十四）

五、六月間，趙世顯解官歸自蜀。

作《蔡景明參知重遊晉安過訪山居話舊詩先永寧殁已九載尚辱垂吊感而賦此》（《幔亭集》卷九）。

按：晉安，福州晉時爲晉安郡。

又按：熥父㮙卒於萬曆十九年（一五九一），至今九年。

作《趙仁甫别駕解官歸自夔府招同陳履吉陳平夫陳振狂集侣雲堂》(《幔亭集》卷九)。

趙世顯《陳履吉振狂平夫徐惟和集侣雲堂》:『緑蘿深處絶風塵,乘興經過意轉真。千古論文追左馬,一時下榻並徐陳。林開雨色花饒笑,徑掃煙客竹更新。畏路十年勞夢寐,邀歡豈厭往來頻。』(《芝園稿》卷二十)

按:夔府,夔州府,明治所在奉節縣。

又按:侣雲堂,趙世顯芝園堂名。《平夫過侣雲堂留酌》:『有客入我室,對坐語津津。』(《芝園稿》卷二)

又按:趙世顯,字仁甫,侯官人。萬曆十一年(一五八三)進士。有《芝园稿》。

作《五月十三日從羅山堂分得黄金間碧玉竹栽植小園戲作》(《幔亭集》十四)。

按:羅山堂在法海寺。王應山《閩都記》卷五『郡城東南隅』:『法海寺,在九仙山之陰,舊名羅山……國朝嘉靖初,爲舉人高敘廢爲宅,後入藍侍御濟清家。萬曆己亥,侍御孫圻復捨爲寺。有羅山堂、金積園、萬緑諸勝。』

又按:熥有《興復羅山法海寺募緣疎》(《幔亭集》卷十九)。

又按:本年由私宅復爲寺,故知此詩作於是歲。

作《種蠟梅》(《幔亭集》十四)。

作《送善上人募建水月菴》、《施仲宣司理招同鄧女高督學飲烏石山分得虚字》(《幔亭集》卷九）。

作《過黄印坤廣文故居》（《幔亭集》卷九）。

徐𤏩《過黄坤印博士墓》：『當年孤識面，此日拜荒墳。姓者黄江夏，字同鄭廣文。亂松號夜雨，宿草翳春雲。惆悵懷前哲，啼鵑不可聞。』（《鼇峰集》卷十）

按：黄中卒於萬曆二十五、六年之間。熥有《題畫菊贈黄博士印坤》，參見萬曆二十三年（一五九五）《譜》。

六月，與弟𤏩考得《高秦仲山水圖》。相顧踴躍，並題之。高秦仲即高淮，與明初王恭同時。在古田，寡歡，作《香閨七吊詩》，有同病相憐之慨，並寄幼孺。病，歸。

作《懷惟秦客粤》：『馬度栟櫚密，鶯啼篔竹疎。』（《幔亭集》卷六）

作《山齋獨坐懷惟秦客粤》（《幔亭集》卷十四）。

按：陳仲溱客恩州，詳三月。

作《高秦仲山水圖》：『此幅爲源溪黄隱君道晦所貽。峰巒重疊，烟樹濃藹，極得宋元名家遺意。以印章有高氏，遂相傳爲龍門漫士所作。然考其篆文，獨「胸中邱壑」四字，漫士曾作《漢陽雲樹圖》，亦用此印。其一曰「采芹子」，一曰「高氏秦仲」，一曰「三山竹所」，俱非漫士之印，其畫筆法亦微異。藏之十年，竟莫知爲誰筆也。近興公弟撰次《七閩畫記》，繙閱《長樂縣志》，見永樂丁酉科有高淮者，字秦仲，邑之後澳人，疑此圖出其手。然郡邑志乘俱不載其能畫，苦無證佐，遂篝燈分檢國初諸公遺稿，亦無及淮者。至王典籍恭《白雲樵唱集》，有《題高淮水墨扇》一絶，云：「偶坐孤亭趣不稀，片雲空翠濕羅衣。相逢莫話前朝事，剩水殘山只鴈飛。」不覺相顧踴躍，始知真爲淮筆也。蓋國初印章，如「胸中邱壑」「無聲詩」，善畫諸公互相摹刻，不足據也。淮工於繪事，二百年後，卒無有知之者。僅寄於皆山樵者一絶，以徵不朽，信非偶然矣。國初諸公擅此技者頗衆，雖蟲鼠之餘，猶時時獲睹真蹟。獨于秦仲，但見此幅，運筆又爾精絶，豈當時不輕點染，傳於人間者遂寥寥邪？因感古今名筆，自秦仲而外，其湮没不稱者多耳。十年之疑，一夜而釋，書以志快。己亥六月六日。』（《幔亭集》卷十九）

作《霞林樵隱爲梁逸人賦》（《幔亭集》卷三）。

陳薦夫《霞林樵隱歌贈梁生》：『莆陽南去多平野，中有霞林出隱者。丁丁腰斧隔林聲。伐得明霞束成把，樵者埋名豈賣樵，誰知俠骨與清標。召來賜爵長安市，歸去霞林懶折腰。荆卿意氣君卿舌，曾北走燕南走越。古畫名書取次求，奇珍秘玩尋常閲。看君隱處滿林霞，莫是桃源二月花。我亦溪頭漁釣者，與君相近亦移家。』（《水明樓集》卷二）

徐𤊹《賦得霞林樵隱贈梁逸人》：『幽人結屋壺山下，自號山中一樵者。廿載逃名隱密林，高霞出洞明如赭。無事林間日日看，千重錦繡百重丹。秋來製服青堪剪，日午充飢碧可餐。有時持斧重林人，丁丁劈破桃花色。肩上携歸一抹紅，柯邊帶得餘標赤。樵蘇到處愜幽尋，野性愛霞還愛林。買臣不作王質遠，末俗幾人知此心。東家有客親耕牧，西舍爲漁釣溪曲。

何如樵採負薪行，獨把詩書擔頭讀。棲隱霞林道自尊，暫將黑髮賁丘園。山中自得清高趣，莫是梁鴻異代孫。』（《鼇峰集》卷七）

作《美人買鐵馬歌和幼孺》（《幔亭集》卷三）。

陳薦夫《美人買鐵馬歌》：『明珠瑩玉垂垂結，八角流蘇響淒切。風前雙掛玳梁高，自有宮商按成節。初聞鳴佩委清都。又似飛泉點玉壺。征人曉淚霜天盡，怨女秋魂夜月孤。東鄰竊聽疑璚玖，琮琤握在良工手。少婦帷中溢價酬，雙鬟簾下分番守。但道清和比玉揚，詎知幽怨結玎璫。重門風雨孤燈暗，悔殺黃金買斷腸。』（《水明樓集》卷二）

徐𤊹《和幼孺美人買鐵馬歌》：『流蘇寶蓋牽紅線，絡出明璫三五片。裝成鐵馬結丁東，嫋嫋清音滿庭院。相戛無端忽自鳴，能調律吕響琮琤。夜分誰到房櫳下，應是風吹斷續聲。佳人獨聽深閨内，淒清簾幕誰相對。頭上頻疑落步摇，耳中但覺添環珮。月上梨花深掩門，聲聲魂斷向黄昏。何當增得千金價，並買黄昏不斷魂。』（《鼇峰集》卷七）

作《題陳伯孺效漫士山水小景》（《幔亭集》卷三）。

按：漫士，高漫士，即高棅。

作《題馬遠山水》（《幔亭集》卷三）。

按：馬遠，字欽山，又字遥父，宋河中人，居錢塘。善畫山水、人物、花鳥，畫筆精工。

陳薦夫《題馬遠畫爲惟和賦》：『泉聲泠泠山月白，翠竹陰交花卉色。泉頭竹外月光中，露坐

孤吟有狂客。詩人欲識畫人誰，南渡家風數白眉。方幅精神看不厭，分明遺我畫中詩。』（《水明樓集》卷二）

作《贈林子實山人》：『破帽鶉衣過此生，放歌村落負薪行。何人能識醉中趣，獨我許留身後名。老去未容狂態減，貧來彌覺俗緣輕。茅茨委巷逢迎少，經歲不聞車馬聲。』（《幔亭集》卷九）

按：此篇似爲七律之絶筆。『過此身』，『留身後名』，似對生命有預感。參下陳薦夫《哭徐惟和》詩。

又按：林子實山人，即林春秀。徐𤊹《筆精》卷四《詩評》『林春秀』條：『古田隱士林春秀，字子實，號雲波，性嗜酒耽詩，家貧不能取酒，有友鄭鐸多良醖，日往飲焉。醉後則酒狂不可禁。鄭度其量，錫造一壺，刻「雲波」二字，至即盛酒飲之，三十年如一日也。』

作《林孝孫傳》，略云：『林孝孫名逸夫，字元適，古田人，處士林春秀之仲子也。逸夫四歲，喪母。祖母甘氏鞠育之，最所憐愛。逸夫年雖幼，事祖母、繼母備極孝養……萬曆己亥五月，甘氏偶沾危疾，不知人者累日。處士徨彷求醫，醫望而卻走。時逸夫年十五，籲天涕泣，願以身代；又私念其父居常陳古今孝行，有割股療疾者，遂閉户焚香，割左股和藥而進，家人不知也。』（《幔亭集》卷十七）

又按：《林孝孫傳》又見《榕陰新檢》卷一引《幔亭集》，題爲《童孝希聞》，文字稍異。

作《香閨七吊詩》，其《序》云：『余觀古今閨秀，或有流落風塵，匹耦非類；或有委身文士，終爽宿盟者。每親彤管，輒興哀無情之地。爰賦短章，招其魂氣，名曰「香閨七吊」，用附冥感之誼。』《香閨七吊詩·附記》：『己亥夏杪，客居玉田，旅次寡歡，情鍾髑骨，孤燈冥想，今夕何年，同病相憐。惟我幼孺，録而寄之，庶其和余。』（《幔亭集》卷十四）

徐㶿《題畫美人》十四首，其八《蘇小小》：『與郎曾結兩心同，髑骨空埋松柏中。惟有錢塘潮似馬，往來猶訝跨青驄。』其九《薛濤》：『樓臺萬里錦江西，金粉花箋手自題。一片孤魂愁夜永，春風零落浣花溪。』其十《霍小玉》：『紅粉青娥獨愛才，多情長望十郎來。妾身不惜爲郎死，惟有芳心未肯灰。』其十一《崔鶯鶯》：『爲雨爲雲竟負期，容光消瘦幾人知。可憐曉寺鐘聲動，腸斷元郎決絶詞。』其十二《步非烟》：『閒寫泥金小鳳箋，冬缸秋帳恨綿綿。一杯寒水香魂絶，良夜空庭月半天。』其十三《李易安》：『獨掩深閨恨轉生，新詞脈脈托春情。蛾眉不許張郎掃，妒殺文君嫁馬卿。』其十四《朱淑貞》：『長日春山蹙黛眉，人間傳得斷腸詩。即今杜宇猶啼月，稍似西樓哀怨時。』（《鼇峰集》卷二十四）

按：七閨者爲蘇小小、薛濤、霍小玉、崔鶯鶯、非烟、李易安、朱淑真。

又按：此七詩前後順序同熥七詩。

又按：《林孝孫傳》、《香閨七吊詩》爲絶筆。陳薦夫作《哭惟和》四首，其三自注：『玉田有林孝子，惟和爲之立傳。又作《香閨七吊詩》寄余，皆絶筆也。』（《水明樓集》卷五）詳下年《譜》。

七月，客玉田（古田）。作書報王若（相如）。病，由古田歸福州。以書招陳价夫、陳薦夫兄弟，將有所托。

作《與王相如》：『客冬辱足下過臨蓬蓽，一談千古，足慰賞心。本欲淹留從者，爲平原十日期，因送屠田叔使君之囦溪，地主先出，客何從留？迨囦溪歸而雲帆西上矣。屋樑之思，何日忘之？使來，復接手教，念我良深。足下才氣日上，不朽是圖。不佞蹉跎歲月，跋涉風塵，閉户蠹魚，此事久廢。以足下之才、之美，能下帷穿榻，咀古人之菁華，然後發爲文詞，吾未見其止也。子真少年俊爽，才如千里駒，又與足下相切劘，吾黨有人矣。秋風薦涼，珍重自愛！』（《幔亭集》卷二十）

按：去歲十一月，送屠本畯至囦溪，此書言『秋風薦涼』，當在此時。

陳价夫《徐惟和行狀》：『歲己亥七月，以事之玉田，遘疾而歸。當惟和疾時，价夫兄弟居山中，遠不及聞。疾亟，以書招予弟兄，將有所托。而予適有他事，未及赴。』（徐𤊹選鈔本《招隱樓稿》，藏上海圖書館）

八月，病，友人林應聘自調湯藥與同臥起；病似瘧，不知人。弟日夜惶悸。病篤，有程倉曹者禱於廟，願以餘年代之。八日，卒，百人哀號，滿城行哭。陳价夫以爲熥死，『中原旗鼓，終不可復振』。遺命啟東岳父母壽藏而封。

謝肇淛《林志尹墓誌銘》：『余社中兄弟若陳汝翔、伯孺、幼孺、徐惟和、興公，無不與厚善者，而志尹周旋貧賤交甚于富貴，其急人之急，不侵爲然諾，其天性也。惟和自古田歸，病甚，不知人。志尹自調湯藥與同臥起，月餘無倦色。』（《小草齋文集》卷十八）

徐𤊹《寄張鵬甫》：『去秋……先伯兄抱屙在床，日夜惶悸。』（《紅雨樓集·鼇峰文集》册三，《上海圖書館未刊古籍稿本》第四十二册）

鄧原岳《寄屠使君辰州》：『惟和似瘧。』（《西樓全集》卷十八）

按：參見萬曆二十九年（一六〇一）《譜》。

陳鳴鶴《徐熥傳》：『萬曆己亥熥病侵。有程倉曹者禱於城隍廟，願以餘年代熥。晝夜禱，叩頭，頭盡流血。』（《東越文苑傳》卷六）

陳价夫《徐惟和行狀》：『越月五日，始入城，視其疾，則已益篤，猶然執予手，如相訣狀。蓋身後之事，旬日前自知不起，已預諄諄屬之介弟矣。林從事志尹者，莫逆友也。惟和自玉田病歸，即移外寢，呼志尹與居。悉屏去婦人，不令近，獨志尹侍湯藥床笫者月餘。至仲秋八日，疾竟不起。嗚呼，傷哉！惟和所生母林已騷然黄髮矣。男子才丱角，女子才八歲。其餘尚呱呱而啼。卒之日，親朋百人哀號震慟，滿城行哭，可謂死而哀者。』（徐𤊹選鈔本《招隱樓稿》，藏上海圖書館）

按：《徐熥傳》：『卒萬曆二十七年己亥十月初十日己時，年三十九。葬西關外丸店張半洲墳左崙。』（《荆山徐氏譜·世系考》）《荆山徐氏譜·世系考》所記，恐非。陳价夫《招隱樓稿》爲熥弟㷆所選，上海圖書館藏鈔本鈐有徐㷆印章。熥卒切確時間當以《行狀》爲是。

陳价夫《祭徐惟和文》：『嗟乎！惟和之死，果天道乎，抑人事乎？天不可測，則取證於人；人不可恃，則憑藉乎天。茲二者兩無當也，則惟和之死，吾滋惑也，滋慟也。凡人之死，必有死徵。相貌尫羸，動履輕佻者，徵死。君體雖瘠，而骨勁；性雖絃，而情柔。舉止安詳，語言悒達，此謂死法乎！文詞稿悴，神情昏沉者，徵死。君運筆如懸河錯繡，注目如飛電流珠，高談名理，竟夕不勧，此謂死法乎！立心儇薄，行已回邪者，徵死。君於彝倫周詳篤厚，待人接物，盎然春温，小善必録，徵過必匡，不愛其軀，赴士之困，此謂死法乎！凡君之奇，不能殫述。第據予所見，皆不在死法中者，而君竟死！謂天乎，謂人乎？將奇葩焕發，鬼神所妬乎；抑山川靈秘獨腴於才名，而瘠於福厚乎？將才忌太露，名忌太盛，數忌太全乎；抑高僧名德，修證未圓，業識猶存，輪迴借宅乎？自君之死，天下事俱不可以不理解，俱不可以數測。在天者不可以憑藉，在人者不可以取證，吾滋惑矣，吾滋慟矣！如此人曾不得四十，七閩氣運滋益漓矣。中原旗鼓，終不可復振矣！嗟乎！惟和之死，豈獨關徐氏區區門祚而已耶？奪我良友，喪我喆人，如車存而亡其輔，如影在而失其形。涕非無從，慟非無因，不以薦書之名，不以兒女之親，君之莫櫝，奚啻百身！悲哉，秋之爲氣也，寒泉落木，令人相對而沾巾。嗟乎，惟和！而爾返其真，而我猶爲人。嗚呼，哀哉！』（徐㷆選鈔《招隱樓集》）

按：『兒女之親』，陳价夫季女適熥弟𤊹之子陸，故云。

又按：熥倡導重振風雅，欲與中原爭旗鼓；熥卒，風雅不復振，旗鼓不可爭。

徐𤊹《祭酒嶺造墳記》：『己亥伯兄病篤，遺命：「先君不禄，家運漸屯，吾死不足惜，恨先人尚在淺土，吾目不瞑。二弟食貧，何以能襄大事。無已，當啟東岳壽藏而封焉。」』（《紅雨樓集·鼇峰文集》册九，《上海圖書館未刊古籍稿本》第四十四册）

按：參見萬曆二十一年（一五九三）、二十五年（一五九七）、四十一年（一六一三）《譜》。

九月，入祀烏石山之高賢祠。陳价夫擬作《幔亭外紀》，未果。

陳价夫《徐惟和行狀》：『是歲九月，同社諸子爲作木主，祀于烏石山之高賢祠。祠即屠田叔司農丞所建，以祀晉唐以來風雅諸名公者。凡惟和所行事可稱者甚夥，不能殫述。不佞价夫尚擬作《幔亭外紀》以志之，然而每一搦管，輒爲凄然，不知何可冀成帙也。』（徐𤊹選鈔本《招隱樓稿》，藏上海圖書館）

《徐熥傳》：『及熥卒，閩士大夫，四民過客，亡問知與不知，皆爲垂涕。自四方來吊者，趾相錯，故嘗與熥爲詩者相與祀熥與陳椿于高賢祠。』（陳鳴鶴《東越文苑傳》卷六）

是歲，所作詩除上已繫者，尚有：

作《題陳伯孺畫》（《幔亭集》卷二）。

作《題雜畫》（七首）、《題呂紀雙雞雛》（《幔亭集》卷十四）。

是歲，題戊子歲所製《青樓俠氣卷》。

題《青樓俠氣卷》：『萬曆戊子夏，余製《青樓俠氣卷》，贈伎李儀卿。同時倡和者十餘人，獨伯孺一歌膾炙人口。即今披讀，一時風流勝韻，宛然在目。俯仰之間，忽踰十年。余馬齒既增，雄心頓減。伯孺又長四歲，意興可知。儀卿尚淪落風塵，鏡中衰謝。其翩翩俠氣，猶如釣龍臺畔取琵琶，度新曲，慷慨作變徵聲時無也？情之所鍾，不獨江州司馬矣。』(《幔亭集》卷十九)

按：戊子，萬曆十六年(一五八八)，『踰十年』，則今歲無疑。

是歲，題《董解元西廂記》。

題《董省元西廂記》：『萬曆丁酉歲，四明屠田叔司農見惠……今日山齋清暇，偶爾翻閱，又因筆研之便，漫識於此……憶與幼孺寓南劍蕭寺中，讀至數過，不忍釋手。此政索解人不得也。』(《幔亭集》卷十九)

按：屠本畯贈書在萬曆二十五年(一五九七)，熥隨即上春官，次年下第與薦夫同行，而中途分道。『南劍』，即延平。本年春熥有延平之行。詳上。知此文作于本年。

是歲，有書致丁明虞司理，言沅陵遊之想。

作《與丁明虞司理》：『閩楚風煙，倏經數載。鱗鴻稀絶，蘊結如何。既而仁兄讀禮還山，弟奔走四方，遂闕弔唁。死罪！惶恐！去歲舟次潞河，逢梅生子馬，備述仁兄憐才之意，不以僚屬常格見拘，感恩知己，肺腑銘之矣。且聞時時齒及于弟，至懸榻以待，自非仁兄篤於貧賤之交，安能至此也？弟久困公車，俯仰爲累，非間關糊口，不能自存。曾與子馬訂瀟湘之盟，兼以沅陵守屠君田叔，弟故人也。但不識仁兄舊屬，尚有可以徐生爲托者乎？惟仁兄爲我細籌之。茲以金山上人募緣入泉，其塔緣事俱見許少傅、馮、陸二太史疏中。知仁兄清白吏，不敢望佈施，但得片語吹噓，即無量功德也。』（《幔亭集》卷二十）

按：去歲六月，經潞河作有《潞河梅子馬時子馬自楚使燕》（《幔亭集》卷十四）。十一月，送屠本畯之官沅陵，自芋江登舟至困關，作有《分得九疑山送屠田叔守辰州》（《幔亭集》卷三），知此書作于本年。此書又言及金山持心上人募緣之事，詳本年春。

是歲，陳薦夫得目眚。

陳价夫《今我傳》：『己亥冬，幼孺得目眚，計偕輟行。』（徐𤊹選鈔《招隱樓集》）

是歲及稍晚，親友相繼作詩文傷徐熥。

趙世顯作《哭徐惟和孝廉》：『索居愁緒正紛紜，何處鴻聲慘暮雲。海宇只今崇大雅，明時詎意喪斯文。黄金枉築終遺駿，白玉重開忽召君。瑶島蓬瀛杳難即，墨池秋雨泣離群。』（《芝園稿》卷二十）

曹學佺有《哭徐惟和》三首，其一：『聞君不可諱，轉側自宵頻。只謂言當誤，誰知事竟真。但將爲位哭，猶是未歸人。生死無窮意，含悽難重陳。』其二：『賸有煙霞癖，純無世俗情。詩名能自起，儒術竟無成。和樂耽兄弟，艱危赴友生。相關非一事，寧免涕縱横。』其三：

『夕陽悲已没，寂寂但空山。勝事聊當勉，伊人不可還。魂招滄海外，跡吊白雲間。覽鏡何蕭索，方驚損客顔。』（《金陵初稿》）

曹學佺有《與從先夜坐遂傷惟和》：『此夕亦何夕，與子坐共席。忽憶南州生，三人爲莫逆。我子會不易，伊人喪何迫。關河尚可踰，幽宜柰永隔。懷抱千古恨，未消復纏積。哽咽無一言，舉懷不覺擲。』（《金陵初稿》）

陳薦夫《哭惟和》：『别去家山隔數旬，重來應是夢中身。殘魂幾□相尋我，遺囑先時轉付人。抱女哀號青髻妾，□兒酸楚白頭親。斷腸引塵孤燈下，不得留君四十春。』（《水明樓集》卷五）

王稚登有《哭徐惟和》：『莫歎多情死，翻悲生者勞。分釵留□子，□□□□桃。鏡裏紅顔盡，丘中自骨高。古來賢□□，□□□蓬蒿。』（《南有堂詩集》卷五，崇禎本）

陳薦夫有《祭陳汝大徐惟和入高賢祠文》：『嗚呼！往哲既逝，大雅不揚。緬維二君，提挈紀綱。陳則將順，徐實主張。賢祠俎豆，六代有光。評公論協，日吉辰良。敬奉新主，告祔堂皇。生承藝脈，殁主詞場。雙魂永宅，千祼弗忘。尚饗。』（《水明樓集》卷十四）

鄭邦祥有《輓徐惟和先生》：『白揚風起淚闌干，天上俄傳下玉棺。廿載江湖多結客，千秋詞賦獨登壇。書藏墓石龍文冷，苔長松門鶴夢寒。一曲招魂人已遠，幔亭霜月夜漫漫。』（鄭杰編，郭柏蒼補《全閩明詩傳》卷四十一）

謝肇淛《夢徐惟和》：『生别凋容顔，死别摧心肝。昔我同門友，高騫絶世翰。升沉一異域，逝波無回瀾。誰指夢中路，得續生平歡。陰風動羅幕，夜色闃已闌。但識面目是，寧記存亡端。不言復不辭，乘虚倏往還。四顧是耶非？枕上孤燈殘。徘徊淒欲絶，孤雁啼辛酸。』（《小草齋集》卷四）

按：此詩作於真州。

陳鴻有《哭徐惟和》：『才世原無命，空爲楚些招。夢回春草寂，人隔夜臺遥。姓籍收鄉榜，詩名著國朝。風吹窗外竹，緑玉正蕭蕭。』（《秋室編》卷四）

黄尚弘有《哭徐惟和》：『虎豹文章變，龍蛇氣數奇。簡書空有淚，相見永無期，草長新阡裏，花殘暮雨時。遼陽雙白鶴，一唳一增悲。』（黄天全《保穀堂》附，《石倉十二代詩選・社集》）

按：黄尚弘，字季重，莆田人，天全之子。

徐𤊹有《先兄亡後振狂以詩見慰次答》：『夢絶池塘不忍言，泣將遺草對君論。千行血淚枯雙眼，一片吟魂落九原。暮雨暗蟲啼竹屋，西風寒雀繞柴門。從今骨肉凋殘後，猶幸同心舊友存。』（《鼇峰集》卷十四）

按：陳宏已有詩吊惟和並慰其弟𤊹。詩佚。

又按：徐𤊹《與黄見庭廣文書》：『伏睹先生遠寄奠章哀我伯氏，述其平生，采其詩史，一字一淚，白日無光。且辱手書慰唁不肖，情深義篤，刻肺鏤腸。』（《紅雨樓集・鼇峰文集》

册三，《上海圖書館未刊古籍稿本》第四十二册）。此書作於次歲，詳下。

十二月，徐𤊹有沙縣、劍浦之役。𤊹于沙縣興國寺檢編《幔亭集》，作詩懷熥；除夕，又有詩懷之。

徐𤊹有《興國寺檢編幔亭集撫卷淒然感而有作》：『客堂寒夜檢遺篇，名在人間骨在泉。半世窮愁緣著述，千秋詞翰合流傳。夢中永絶生花筆，篋裏誰分殺竹錢。挑盡孤燈揮淚眼，一番吟詠一潸然。』（《鼇峰集》卷十四）

徐𤊹《己亥除夕是年有伯兄之喪》：『光陰如水急相催，一棹飛從劍浦回。臘火爆殘當户竹，雪花開盡小園梅。蓬門不忍更春帖，椒酒空將滴夜臺。骨肉緣枝零落後，影形相吊獨興哀。』（《鼇峰集》卷十四）

徐𤊹有《普通寺讀惟和兄舊題愴然有作》：『桐花開落後，此地昔曾吟。墨蹟宛如昨，詩魂安可尋。碧紗無日障，蒼蘚有時侵。因在空門裏，暫忘生滅心。』（《鼇峰集》卷十）

按：熥六月過延平作《普通寺》，詳上。

陳鳴鶴撰、趙世顯訂正《東越文苑傳》卷六《明列傳·徐熥傳》。詳萬曆三十五年丁未（一六〇七）《譜》。

是歲，弟熛取熥藏《唐三體詩》作小注。

徐𤊹《唐三體詩》：『十年前舍弟取觀，遂於題下注地名。』（《重編紅雨樓題跋》卷一）題《唐三體詩》作于萬曆三十六年（一六〇八），知熛作小注在本年。

是歲，謝肇淛入都，調東昌司理。

謝肇淛有《入都门己亥岁》（《小草齋集》卷二十）。

葉向高有《送謝在杭自湖州移理東郡》（《蒼霞草·詩》卷六）。

是歲，謝杰上疏請復大司馬張經官。

謝肇淛《爲張大司馬得復官賦二首·引》：『嘉靖甲寅，閩張公經以大司馬總督閩廣浙直軍務，擊倭寇於王江涇，大破之。指授方略，剋期平賊。適相嵩遣趙文華視師，横索賄賂，公獨不爲禮。文華慙恚，誣奏公出師逗撓，逮詣詔獄，棄市。妻子收屍藁葬，無敢爲雪其寃者。萬曆己亥，予從祖少司寇始率里中諸公伏闕上疏，下所司議，得請復原官，賜祭葬贈謚云。』（《小草齋集》卷二十）

按：張經，侯官洪江人，抗倭名將。

是歲，林章卒。

徐𤊹《林初文傳》：『奏止礦税兼陳立兵行鹽之《策》……下獄，憤懣以死。』（林章《林初文詩文全集》卷首）

按：林章上《奏停礦税疏》所書日期爲『萬曆己亥正月二十二日』（《林初文詩文全集·奏疏》）。章卒於是歲。

是歲，陳椿卒。

徐𤊹《哭陳汝大先生》其一：『問字追隨十載情，風流爭識孟公名。臨終遺札題猶濕，垂老殘篇刻乍成，白社共傷虛祭酒。青袍何用愧儒生。感知不盡羊曇淚，每過西州哭幾聲。』其二：『冉冉浮生六十過，丹砂無驗竟如何。正憐白首松雲臥，忍聽黃泉薤露歌。詞客有靈歆俎豆，酒爐雖在邈山河。西風正抱鴒原痛，況值傷君淚更多。』（《鼇峰集》卷十四）

按：陳椿卒於六、七月間。年六十六。

萬曆二十八年庚子（一六〇〇） 歿後一年

本年，徐𤊹三十一歲。

春，旬日，徐𤊹喪兩女兒。熥子徐莊之粵訪張大光。

徐𤊹《送莊侄之粵訪張叔弢兼寄汝翔》：『陟岵歌殘淚暗揮，孤身千里可誰依。裝輕作客艱危甚，路遠懷鄉信息稀。暮雨獨驅羸馬過，夕陽愁見野烏飛。故人著論同劉峻，莫令西華着葛衣。』（《鼇峰集》卷十四）

按：徐𤊹喪女參見七月。

又按：張大光于萬曆二十六年令羅浮，𤊹有《送張叔弢令羅浮》（《幔亭集》卷九）。

春，徐𤊹齋居，因懷社中舊友及兄熥，作《懷友詩》並序。

徐𤊹《懷友詩·序》：『余少喜吟詠，先後結社談詩，約十數子，文酒過從，匪間也。十年之

間，窮達殊途，存亡異路，春雨齋居，孑然無侶，生離繫念，死別攖懷，各賦一詩，以志交誼。』（《鼇峰集》卷十）

徐𤊹有《懷友詩·惟和兄孝廉》：『半途俄死別，骨肉痛連枝。多少家中事，難令地下知。竹房孤試茗，花徑罷敲詩。不及黄泉路，相隨未有期。』（《鼇峰集》卷十）

七月，繼是春喪兩女兒，本月十七日，徐𤊹次兒阿室又病亡。

徐𤊹《哭次兒阿室》略云：『去秋喪伯兒，殘臘哀孤姪。今春兩女兒，淪亡在旬日。最愛有少男，始生名阿室。孩笑知人情，提携恒著膝。何期歲逾週，肌膚未曾實。倏爾嬰微寒，竟患河魚疾。抱病不五朝，奄奄餘喘息。巫覡鮮靈符，醫師寡仁術。氣運歸盡時，初秋月十七。淒風方颼飀，苦雨正蕭瑟。弱魂杳何之，黄泥瘞枯骼。嗟哉情所鍾，我輩詎能釋。掩淚哭荒郊，啼螿聒秋夕。』（《鼇峰集》卷四）

九月，弟𤊹與佘翔、謝吉卿、謝耳伯等展謁高賢祠；重陽後五日，謝吉卿應𤊹請，爲作《幔亭集序》。

徐𤊹有《九日邀佘宗漢謝修之謝伯元黄堯衢杜林生集高賢祠》：『西風吹葉冷颼颼，正是黄花九月秋。百代高賢瞻響像，一時詞各集名流。鼇峰縹緲晴雲掩，雉堞參差落照收。座有歸來彭澤宰，白衣應愧酒交游。』（《鼇峰集》卷十四）

謝吉卿《幔亭集序》：『嗟夫！天之生才難；才而究于用，又難；用而亨克有終，尤難。化工之雜揉也，多忌也，繄昔所歎而闢之世運，又復敻別，大都綦隆之世，氣化醇龐，趨尚淳樸，儲才富而鍾澤綿；世衰氣漓，則才之阨于下寮，遁于磐澗，與夫不獲終天年以死也，運固使然，而志士所爲重慨悼也。嘗觀夫春毓景熙，百昌遂鬯，動植洪纖、肖翹蝡蠢之屬，欣欣各得其適者何限；及夫風飆霜摧之候，群象蕭索，即松筠後凋，不受變於時者，亦黯然無復陽和之象。噫！今何時也？自余賦歸習居田野間，則見十數年來夭喬窮于山，濡沫窮於澤，羽毛窮于藪，穀茹窮於土田，用物窮於巧人，情窮於變，夫非元會之一大嚴冬歟？而才之獲遂其時，能與有幾？徐君惟和，負不世才，業已推舉于鄉，淹蹇十餘年，所儲日富，遇日窮，益肆其力於詩章，欲挽頹波，復還正始。君倡閩中，余倡温陵，時時不遠聯社，論心披素，君每扼腕余窮，余亦悵君不偶，詎意其溘然賫志而歿，才不及竟也。悲夫！觀君所纂述，搜奇愽怪，噴霧變霞，樂府古風，浸淫漢魏六朝之遺；律絶諸詠，非唐人不掛牙頰，文追古則，咀華嚼膏，翩翩有致，非苟作者。蓋閩山靈秀，蔚爲人文，時時出没，隱見不可窺測。以今兹氣運，安能久存人間？然達觀疇曩以來，都崇膴，享耄期，究竟與草木澌腐，何可一二計？而卓犖不朽，遺身後名者，嵩嵩脱然於窮通修短之遭，君蓋審諦之久矣。烏石山之陽有高賢祠，祀我七閩先輩善聲詩者六十餘人，惟和卒，輿論以惟和之主合祀其中。庚子之秋，余往展謁，吊古驚時，潸然不禁。惟和之弟興公手其所鐫《幔亭全集》若干卷示余，遂書數語首簡，微獨爲惟和慨也，爲世運慨也。萬曆庚子重陽後五日，前進士温陵友弟謝吉卿書。』（萬曆本《幔亭集》）

萬曆二十八年

卷首）

冬，曹學佺臨哭殯宫，作祭文。

曹學佺作《祭徐惟和文》：『噫！予昔送子於潞河兮，河水其漣。子泛泛而歸兮，未及一年。余金陵既謫居兮，子貽我書。余答子以再兮，忽往其虚。余聞訃乃反走兮，爲位而絶。徒恨不得歸兮，今歸何益。既登子之堂兮，復省子之殯宫。欲招子其來下兮，子其不與我同。余感痛於時節兮，奄忽長至。乃告子以文兮，一字一淚。曰：人孰無死兮，獨傷哉乎子也。求四十而不得兮，何景光之甚迫也。爾才太高兮，神明嘯號。爾器太利兮，造物所忌。爾平日其好道兮，死而不以爲夭。爾生前其急人兮，宜其死後而貧。子曠然其無累兮，去世若敝屣。子雖在地下兮，實不忘乎風雅。彼昔人之立名兮，幽何殊於明。子其優以遊兮，予後死之有春秋。』（《石倉文稿》卷二，又《曹能始小品》卷二）

徐𤊹作《曹能始臨哭先兄殯宫感而賦答》：『連枝中道痛先徂，路隔天閽不可呼。一掬淚痕霑宿草，九泉魂氣鑒生芻。殯宫霜露哀猿狖，荒隧春秋感蟪蛄。應識山公高友誼，敢將身後托遺孤。』（《鼇峰集》卷十四）

除夕，徐𤊹有詩追懷父㮙、兄熥。

徐𤊹有《庚子除夕》：『浮生如夢太支離，愁病相侵歲月移。篋裏父書貧廢讀，堂前先像遠難追。欲占豐歉求新曆，爲補精神祭舊詩。一自雁行中斷後，不聞佳句詠春池。』（《鼇峰集》

卷十四）

本年，愛妾去帷，僕奴遺散。

按：詳下鄧原岳《寄屠田叔辰州》。

本年，徐𤊹有書致友人，以爲自兄歿後，已哀慟慘怛，如醉夢中。

徐𤊹《與黃克庭廣文》：『不肖自伯兄不禄之後，哀慟慘怛，神理頓盡，雖妄意千秋，而思昏才窒，憒憒如醉夢中。憂能傷人，豈虛言哉！』（《紅雨樓集·鼇峰文集》册三，《上海圖書館未刊古籍稿本》第四十二册）

按：此書云『去歲冬杪，不肖借居普通禪林』，知作於今歲。

本年，趙世顯讀熥遺編，感而懷之。

趙世顯《讀徐惟和詩感懷》：『荒墳宿草已芊芊，把讀遺編倍黯然。一片白雲千歲鶴，只應往來大羅天。』（《芝園稿》卷二十八）

本年，鄧原岳有文祭徐熥，併與𤊹及謝肇淛議定，先刻熥集，後營其墓；又作詩十二首哭之。

鄧原岳《祭徐孝廉惟和文》：『嗚呼！三山秀結，作者雲蒸。十子既往，吏部代興；隆萬之間，舍人振響。建安以降，大曆以上，南風不競，瓦缶雷鳴。舉世嘈嘈，誰知正聲？東海徐生，超超玄著，蚤歲登壇，千言立吐，雅言丈夫，不朽爲期。尚論古人，如親見之。翩翩吾党，匪朝伊夕，立挽頹波。牛耳遞執，乃馳赤幟。以令四方，前茅所至，吾軍益張。子之談鋒，前無堅陣；子之風流，領袖後進。長篇短牘，古體新詞，矯若龍虎，怪如蛟螭。口爲雌黄，筆代衮鉞。淩厲詞場，勃窣理窟。人或忌才，天或忌名，蘭摧玉缺，大運隨傾。予也二人，寔惟臭味，子倡予和，予經子緯。高齋共臥，別墅同遊，無言不盡，無語不酬。予歸自燕，旋復西邁，子已臥病，晤言不載。臨發告別，問疾寢門，子猶噯語，努力中原，造次分攜，竟成永訣。雙眼欲枯，寸腸盡裂。嗚呼！曹謝少年，累困人言，余幸瓦全，播于蠻天。女大老子，忽爲異物；陳七貧病，僅存皮骨；子復長往，舍我同曹。厄在陽九，傷如之何！予嘗謂子，毋忘歲宴，蚤返初衣，山巔水畔。予且倦游，解組不遲。子先朝露，予復疇衣。想子平生，景慕先哲。烏山之麓，新祠業業，今併祀子，以繼徵音。龍樓鶴氅，遂子素心。嗚呼！爾母既喪，爾子尚稚，門户蕭條，後事誰寄？不佞惟友，謝客爲甥，兼有雋弟，內外經營，千秋者名，三尺者土。先行爾集，後襄爾墓。萬里之外，魚雁沈浮。爾肉已寒，當歸荒丘。別有哀辭，聊以當哭。殲我良人，百身莫贖。』(《西樓全集》卷十六)

按：又詳下鄧原岳《寄徐惟起》、《寄屠田叔辰州》。

鄧原岳《哭徐惟和十二首》其一：『鄉音半載不曾來，偶到開緘意屢猜。忽報徐生兇信至，碧雞昏黑夜猿哀。』其二：『憶得臨行話別時，床前娓娓坐譚詩。單車纔指湘沅路，回首南天事可疑。』其三：『屈指交情二十年，高山流水動相憐。眼前無復知音賞，對客那能不斷絃。』其四：『長安慷慨酒人群，俠氣憑陵欲吐雲。易水只今寒色甚，悲歌千載不堪聞。』其五：『月鎖孤齋萬竹寒，秋風吹斷碧欄杆。筆床茶竈俱塵土，一夜嚴霜摧紫蘭。』其六：『平生結客少年場，咳唾如雲語自香。玉樹摧殘人不見，淒涼寶玦夜無光。』其七：『當年三謁武夷君，夢入峰頭鸞鶴群。便學徐仙同坐化，罡風吹散幔亭雲。』其八：『十年書劍走天涯，五字翩翩五色霞。一自玉樓賦成後，彩毫零落不開花。』其九：『一領青衫未破除，誰令曼倩老公車？槿花易謝瓊花死，冷落南州孺子廬。』其十：『寂寂幽居郭外扃，憶君命駕坐寒汀。年年煙月無窮恨，都向山陽篴裏聽。』其十一：『浪説犁鋤隱是真，眼前丘壑更何人？酒壚雖在河山邈，花落花開不見春。』其十二：『西南萬里乞歸遲，他日墳頭哭豈知？留取長松堪掛劍，白雲何處更相期。』（《西樓全集》卷十）

按：惟和去秋謝世，鄉音半載不來，則已『入春』，詳下鄧原岳《寄徐惟起》。然鄧原岳《寄屠田叔辰州》云：『窮冬校東南六郡，逼除抵舍，發鄉書乃得徐惟和兇信。』

本年，鄧原岳致書徐𤊹、屠本畯反復寄哀。

鄧原岳《寄徐惟起》：『既與足下别，遂徑西，然私心未嘗不念阿和，慮其弱不任病。滇雲過夜郎數千里，馬牛不相及，魚雁何有，前寄鄉書，一再問訊，都不得報。入春夢寐殊惡，食息不寧，無何，兇信至矣，爲之慟哭幾絶。阿和聰令穎徹，風流神雋，吾輩中敻然寡儔，此宜爲造化所忌，蘭摧桂折，有識同悲，況不佞骨肉兄弟，相期有素，而足下以友于兼師資、稱手足者乎！平生遑遑爲噉名計，顧名是何物，形乃先化，此子桓所以興悲、季鷹因而致慨也。今遺言具在，後世必有知者，決不與七尺同盡。即使百年垂老，亦不過令異代知有徐生而已。么麽功名，更不足道。卿相而朽也，與孝廉而傳也，孰軒輊哉！阿和地下固無恨，獨後死者不能不痛人琴之亡，悵山河之邈耳！更望足下珍攝節哀，以自理自遣。外《哀辭》一首，《挽章》十二絕句，托足下讀而焚之靈床，致悠悠之懷，見平生之誼也。先後諸稿，稍暇一一葺録，不佞尚得善地，當爲鏤行。三尺新阡，徐乃議之耳。』（《西樓全集》卷十八）

按：《哀辭》即《祭徐孝廉惟和文》；《挽章》十二絕句，即《哭徐惟和十二首》。

鄧原岳《寄屠田叔辰州》略云：『得徐惟和兇信，爲之慟哭幾絕。蓋不佞起家時，惟和與振狂皆病，振狂近瘵，惟和似瘧。途中頗慮之，然豈意其便登鬼籙，遂爲不起之病乎！此君風流爾雅，邈然寡儔，令其少延，必有以垂不朽者乎？乃奔走不遑，中道殂喪，琳琅摧謝，士林悲詫，矧不佞結同心之誼，托山水之契，那得不顧影自憐，聞歌隕涕也。陳女大先卒，遂並祀于烏石新祠，則此君於使君可謂千秋之誼矣。老母在堂，遺孤未壯，生妻孀苦，愛妾去帷，令人思之不勝荼毒之歎。使君夙結金蘭，情逾骨肉，何以慰地下靈。敬録《哀辭》一首，《挽歌》十二絕句，情苦鼻酸，不能成聲，附郵筒請教，非徒傷逝，便以當哭也。』（《西樓全集》卷十八）

本年，徐𤊹致書江中丞，乞憐熥子。

徐𤊹《上江中丞》略云：『舊歲之秋，先兄倏然長逝，屢躓公車，家徒壁立，白頭老母，黃口孤兒，一旦棄捐，無以爲命……獨念先兄生平所最受知、受恩，寔無過于台臺者。倘不以存亡異心，視熥猶子，幸祈垂念。憐及西華，是重生之父母，再造之洪鈞也。』（《紅雨樓集·鼇峰文集》册三，《上海圖書館未刊古籍稿本》第四十二册）

本年，徐𤊹致書張比台，乞爲作挽詩。

徐𤊹《與張比臺先生》略云：『先伯兄不禄，海内同聲諸公，咸寄挽詩，久之成帙，某感其誼，欲謀之梓，獨念先兄曾受老伯一日之知，借乞片言而華兗之。昔歐陽行周年四十而殁，籍昌黎《哀辭》一篇，而名播千古，不肖敢附斯誼，徼惠長者，惟憐而泚筆。不肖幸甚！先兄幸甚！』（《紅雨樓集·鼇峰文集》册三，《上海圖書館未刊古籍稿本》第四十二册）

本年，徐𤊹致書曹學佺，謀刻《幔亭集》。

徐𤊹《寄曹能始》略云：『屢欲謀梓先伯兄詩文行世，而寒家未有副本，故遲遲不得進呈。兹者録出古近體十四卷，文六卷，伯兄生平事業，都在於此。若湮而弗得傳，九原之目未瞑。交遊之中莫逆者，無如足下。當爲伯兄善圖之。尤所願望耳。』（《紅雨樓集·鼇峰文集》册三，《上海圖書館未刊古籍稿本》第四十二册）

本年，《幔亭集》由清流王若捐金授梓。𤊹致書鄧原岳，乞爲《幔亭集》作序，並云熥子莊駑鈍，不堪鞭策。

徐𤊹《寄王百谷》略云：『不肖自先兄見背之後，拙于居貧，饑無粟，寒無衣。老母七旬，三喪未舉，如此遭逢，如此心事，誰其憐之……清流有王生若，少年豪爽，好行其德，先兄遺詩

滿篋，死而無收之者，王生收而梓之，其誼至高。』（《紅雨樓集·鼇峰文集》册三，《上海圖書館未刊古籍稿本》第四十二册）

徐𤊹《寄張幼于先生》略云：『清流王生若者，裴家宰之懿親也。少年負跅弛之氣，雅好聲律，舊歲捐金刻先兄遺稿，其友誼當于古人中求之。』（《紅雨樓集·鼇峰文集》册三，《上海圖書館未刊古籍稿本》第四十二册）

徐𤊹《寄鄧汝高學使》略云：『伯兄見背，忽爾逾期，門户零丁，八口不給。猶子戔戔，十分駑鈍，不堪鞭策。天既不假以年，而復不昌其後，天道茫昧，豈忍爲知己道哉！伯兄遺稿，承教之後，搜輯諸集，刪其太甚者，猶存古近體詩二千餘首，雜文二百餘篇，分爲十六卷。有清流王生名若者，捐金授梓，業已梓成，尚乏玄晏先生爲弁其首。伯兄生平所最莫逆意氣，無若門下；而生平最推轂文字，亦無若門下，取乞一篇，以垂不朽。惟早賜泚筆，即覓便鴻寄下，不啻華兗之榮矣。留神幸甚。詩文總名曰「幔亭集」。』（《紅雨樓集·鼇峰文集》册三，《上海圖書館未刊古籍稿本》第四十二册）

按：萬曆本《幔亭集》各卷卷端第一行爲『閩中徐熥惟和著』，第二行『友人陳薦夫幼孺選』，第三行『王若相如編』。

本年，徐𤊹致書王百谷，以爲與兄熥友于師資，兩者兼盡，作熥《行狀》，乞王氏作銘。

徐𤊹《寄王百谷先生》略云：『長跽開緘，恍若面質。至於「傷逝」數語，肝腸爲裂。載誦輓章，一字一淚，生死交情，斯時乃見。哀從中來，情何能已。先伯兄于不肖，友于師資，兩者兼盡，倏然長往，吊影慚魂，雖痛人琴之俱亡，又愧子猷之苟活。蓋白髮在堂，孤嫠誰恤，不敢相從於地下耳。哀中撰得《行狀》，明歲賫求一言，以銘其幽，肯念及亡人而泚筆乎？』（《紅雨樓集·鼇峰文集》册三，《上海圖書館未刊古籍稿本》第四十二册）

本年，徐𤊹長子陸（存羽）年十一，能作舉子業，王宇見之，延於家塾。

徐𤊹《亡兒行狀》：『年十一，能作舉子業，文字纚纚不絶，如宿構者。』（《荆山徐氏譜·詩文集》）

按：徐陸生於萬曆十八年（一五九〇），詳該年《譜》。

又按：陳衎《徐存羽墓誌銘》：『十一歲，作舉子業。御氣鑄格，掞藻摛華，揣摩聖賢，大旨必研，幾極深而後已。一時名宿皆爲聲地，王公永啟有鑒量而少許可，時尚未第，然負才名久矣……延於家塾，適館授粲，逾年倚注不衰。存羽伯父熥，舉孝廉，號稱才子；叔父茂才熛，精研於《易》。存羽私淑其祖與伯父，學既有淵源，更得叔父相與講明，于是經術、文藝日富。』（《大江集》卷十九）

本年，徐𤊹致書屠本畯談及熥好俠喜義。

徐𤊹《寄屠田叔》略云：『且伯兄生平好俠喜義，賣田結客，典衣鬻書。一旦棄捐，猶子不免負薪之困。人生極酷，莫甚於此。』（《紅雨樓集·鼇峰文集》册三，《上海圖書館未刊古籍稿

本》第四十二册）

本年或稍後，謝肇淛爲陳鳴鶴詩撰《序》，憶及陳椿及𤊹，爲之太息。

謝肇淛《陳女翔詩序》：『二十年來，風塵反側，今女大、惟和既相繼謝世，顧余及女翔亦髮且種種矣。俛仰陳跡，河清幾時，而妄意此不可知之業也。掩卷臨風，不勝太息。』（《小草齋文集》卷四）

按：謝肇淛言束髮與𤊹等遊，在萬曆九年（一五八一），至本年二十年。陳椿與𤊹卒俱於去歲。詳萬曆九年（一五八一）《譜》。

萬曆二十九年辛丑（一六〇一）　歿後二年

本年，徐㶿三十二歲。

三月，謝肇淛爲周母及周如塤撰《墓誌銘》，言及因𤊹而識如塤，而如塤與𤊹俱逝矣。

謝肇淛《周母太孺人林氏暨仲子山人所諧偕配孺人曾氏祔葬墓誌銘》：『以萬曆辛丑年三月初三日葬於紫帽山長龍白水坑頭，坐乾向巽。凡三窶，中爲太孺人，左山人，右曾孺人。嗟嗟！不佞之得交所諧，以徐惟和也。兹所諧之松槚拱矣，惟和亦相繼奄逝，蓋不勝河山之感焉。』（《小草齋文集》卷十八）

夏，謝肇淛讀徐𤊹詩有作。

謝肇淛《讀惟和詩二首》其一：『新詩成故物，開卷便心悲。身後名成日，人間論定時。紅顔天亦妬，俠骨世空疑。寂寞千秋意，臨流哭子期。』其二：『卻憶追隨日，先探赤水珠。青雲心自薄，白雲調彌孤。事業名山在，生涯儋石無。何須借玄晏，價已重三都。』（《小草齋集》卷十四）

按：《讀惟和詩二首》之前有繫年之詩爲《庚子初度盧縣道中》，《庚子初度盧縣道中》後爲《至日重書》、《東郡迎春》、《旱二首》，知《讀惟和詩二首》作于辛丑歲。又《旱二首》有『東方風物改，四月已炎歊』句；而後二首爲《送人南還》、《銷暑》，知《讀惟和詩二首》作于夏。

夏秋間，沈野前來憑弔。歸吳，徐𤊹有詩紀之。

徐𤊹《送沈從先還吳爲吊先兄至閩》：『旅食閩南度一年，薄遊寧問杖頭錢。淚痕似雨枯雙眼，行色如雲負半肩。白馬已奔泉下客，金鷄曾訪洞中仙。吳儂自有逢年術，歸種要離墓畔田。』（《鼇峰集》卷十五）

八月，曹學佺返金陵，徐𤊹送之至建州；於建州購得《王半軒集》，並作題跋。

徐𤊹題《王半軒集》略云：『辛丑秋仲，偶過芝城，購於書肆，漫識卷末。』（《重編紅雨樓題跋》卷一）

九月，徐𤊹與曹學佺登霜潭閣，于建陽别曹學佺，西折，經麻沙，入邵武。曹氏有詩别之。

徐𤊹《季秋三日同陳惟秦吳元瀚周喬卿魏君屏丘文舉曹能始登霜潭閣分得隨樓二字》（《鼇峰集》卷十）。

徐𤊹題《月洞詩》略云：『斯本乃建溪詹鼎卿孝廉所惠，至樵川仁壽寺始爲披覽，惟恐易盡。讀既盡，遂評其大略如此。辛丑九月二十四夜，惟起題。』（《重編紅雨樓題跋》卷一）

按：樵川，邵武別稱。

秋，鄧原岳爲作《徐幔亭先生集序》。

鄧原岳《徐幔亭先生集序》：『徐惟和之起諸生也，余方困公車，慕之甚，蓋獨未定交云。又三年，余與惟和偕計報罷，始以博士業相切劘，然余二人不耑持其家言，時時稱詩，恨相知晚也。惟和善詩論，好結客，風流爾雅，人羶附之。四方遊士，稍號能操觚，至者輒主惟和，惟和亦傾心應之，不爲忤。惟和既不第，度於本業不能無少廢，而其自喜爲聲詩益甚，竟以此没，年才三十九耳。其弟𤊹葺其詩若文章合刻之，而以書抵不佞，曰：「惟和已矣，所不朽者則遺言在，維亡兄平生稱契厚者，莫若子；其所期許以風雅代興者，亦莫如子，吾子將何以肉惟和之骨而千秋之。」不佞受其集，且讀且泣，未嘗不浪浪沾襟也。顧不佞何敢當惟和，藉令不忘平生之言誠在我。余閩自林鴻、王恭輩有名於洪武間，即海内所稱閩中十子者也。歷百餘年而鄭善夫繼之，又四十年而袁舍人表繼之。乃它方之左余閩而持苛論者，猶以吏部之寡於情，而舍人之窮於變以爲恨，今其集具在，試取而隱其名以附于古之作者，吏部之古風，不以爲曹、劉之參駕乎哉！舍人之近體，不以爲高、岑之雁行乎哉！乃惟和稍異是，其學無所不窺，其于古也，無所不濊濯，才有所改必至，則務旁引以盡其才，趣有所必合，則務根極以盡其趣，大抵博於境，麗於情，諧於調，而騖於采，出入六代之季，而始終唐三百年之間，句不累篇，篇不累格，假之以年，吾未知所税駕矣。惟和居喜説善夫先生，而其化也亦與之同年，蒲柳先零，豪華都盡，悲乎！惟和又戲謂不佞，吾黨苦心，百歲後當有鑒賞者，願安得神遊而聽之。蓋没未幾，而王生若輒爲梓其集而行世，即耳目所及，固知異代之後有屍惟和者矣。萬曆辛丑秋，友人鄧原岳書于昆明署中。』（萬曆本《幔亭集》卷首；又《西樓集》卷十二，文稍異）

十二月，屠隆爲作《徐幔亭先生集序》。

屠隆《徐幔亭先生集序》：『閩中徐君惟和者，驂鸞度世，稟靈氣於七臺；控鯉朝真，挺仙姿于九漈。幼號奇童，埒蒼舒之稱象；蚤標才子，陋諸葛之題驢。書遇目而誦心，學綜武庫；藝得心而應手，思捷神鋒。故其爲詩，踵漢魏則古質渾龐，儼商箕之皓叟；步齊梁則神光滅没，掩湘洛之靈媛。爲律詩則采唐人之初盛，和雅而鮮怒張；爲絶句則極中晚之才情，穠華而去纖豔。總之，腴而匪腐，肉與骨匀；清而不枯，才以格運。至于爲文，則入西京之堂奧，咀南朝之膏華，渢渢大雅，蔚然名家。蓋不獨雄視南荒，白眉于梓里，抑亦爭盟上國，赤幟于藝壇者也。且其人氣韻蕭疏，映冰壺于霞表；神情朗徹，皎玉樹于風前。尚義好賢，户外之履恒滿；頃貲結客，尊中之酒不空。同堂握手，譽望等于識荆；異代執鞭，意氣深于慕藺。奈何擊水乘天，鵬方奮乎雲翼；短轅長轡，驥早蹶乎霜蹄。感知歎逝，西州之涕淚無窮；慕義憐才，南國之英靈頓盡。有弟興公，凄涼客越，登堂膜拜，哽咽徵言。余伏而讀君詩也，心賞絶調，恨未論交于生前；手定遺文，願結相知于地下。嗚嘑！悲哉，君有身後千古，何論眼中百年矣！萬曆辛丑歲臘月上澣日。』（萬曆本《幔亭集》卷首）

徐𤊹有《屠緯真先生爲先兄序詩感而賦答》：『鴻雁分飛失故群，誰將身後定遺文。序言有幸逢玄晏，奇字遍能識子雲。天上玉樓長作客，人間彤管獨推君。千秋賞譽逢知己，翻恨難令地下聞。』（《鼇峰集》卷十）

按：萬曆本《幔亭集》卷首有屠本畯《幔亭集題詞》、張獻翼《幔亭集敘》、顧大典《幔亭集敘》、謝吉卿《幔亭集序》、鄧原岳《徐幔亭先生集序》、屠隆《徐幔亭先生集序》。

冬，弟𤊹本欲北遊燕趙，因熥卒，客明州而止，不作遠遊；有詩追懷熥。

徐𤊹《明州感懷八首》其一：『駕言遠行邁，仲秋辭故都。秣馬遵長道，去去天一隅。曜靈無停軌，歲序行將徂。本作燕趙客，半載猶中途。結念氣哽咽，掩袂長嗟吁。家山四千里，白雲鬱以紆。矯首望不極，俛仰空躊躇。』其三：『自從廢蓼莪，興哀感霜露。負土力不堪，荏苒年光度。十載居殯宫，死者永不寤。營魄未及泉，空言格馴兔。皇天亟降罰，衷情苦難籲。有淚侶臯魚，道傍哭風樹。』其四：『少小念同氣，和合成塤箎。師友相切劘，家庭日怡怡。何期在中路，鴻雁鳴聲悲。飄然失故群，手足傷分離。痛此年命促，歎茲門祚衰。緘書勖吾季，奮飛當及時。』（《鼇峰集》卷四）

按：本年𤊹客明州，詳《𤊹譜》。

本年，𤊹致書屠本畯，談及熥殁後己文思荒蕪及《幔亭集》事。

徐𤊹《寄屠田叔》略云：『喪兄之後，文思荒蕪。詩懷蕭索……先兄生平所著詩，汀州王生請行於世，十之七耳。餘悉冗雜平淡，不災之木。其所著文四卷，向經明公巨眼品騭，苦乏梓錢，不能一併流布。今往詩集一部，伏乞教正。先兄輓詩，海内寄來頗多，不肖欲附之梓。耑待明公一言，以垂不朽。幸轉乞仲高、孺愿、孺宗、成叔、緯真諸公片詞。九原有知，當頌高誼不替也。』（《紅雨樓集·鼇峰文集》册三，《上海圖書館未刊古籍稿本》第四十二册）

按：此書言『囦溪賦別，忽踰四載』，囦溪之别在萬曆二十六年（一五九八）；又云『舊歲建陽令命修邑志』，知此作於本年。

本年，徐𤊹致書謝肇淛，談及熥先業廢且盡，累及家人。

徐𤊹《寄謝在杭》略云：『先兄不禄，遠辱賻贈，重以輓章，黄壤有光，白骨可肉矣。先兄舉孝廉十有二載，粥衣結客，賣田買書，不惟不問家人産，即涼薄先業，亦且廢盡。一旦棄捐，萬事瓦解。白頭在堂，黄口在抱。死者已矣，生者能無累乎……《幔亭集》已刻完，以無刷便，先寄數種奉覽。詩文總十六卷，尚乏玄晏先生門下能掇數言於卷首，則有華衮之榮矣！

願之，願之！』（《紅雨樓集·鼇峰文集》册三，《上海圖書館未刊古籍稿本》第四十二册）

萬曆三十年壬寅（一六〇二）　歿後三年

本年，徐𤊹三十三歲。

七月，徐𤊹整理紅雨樓集藏書，爲書目作序，言及合父、兄所藏書，計五萬三千餘卷。

徐𤊹《紅雨樓藏書目敘》：『余少也賤，性喜博覽，間嘗取父書讀之，覺津津有味，然未知載籍無盡，而學者耳目難周也。既長，稍費編摩，始知訪輯，然室如懸磬，又不能力舉群有也。會壬辰、乙未、辛丑三爲吳越之遊，庚子又有書林之役，乃撮其要者購之，因其未備者補之，更有罕睹難得之書，或即類以求，或因人而乞，或有朋舊見貽，或藉故家鈔録，積之十年，合先君子、先伯兄所儲，可盈五萬三千餘卷，存之小樓，堆床充棟，頗有甲乙次第，鉛槧暇日，遂仿鄭氏《藝文略》、馬氏《經籍考》之例，分經史子集四部，部分衆類，著爲《書目》四卷，以備稽覽……萬曆壬寅初秋，三山徐𤊹興公書。』（《重編紅雨樓題跋》卷一）

七月，謝肇淛作《墨梅卷跋》，憶萬曆二十二年（一五九四）于吳興共閱此卷情景，並追悼熥。

謝肇淛《墨梅卷跋》：『萬曆壬辰七月十一日，重裝於東郡草堂。憶昔甲午冬與惟和擁爐共閱，歎吾郡先輩餘風宛然在斷簡殘墨間。曾幾何時，且併惟和作古人矣。不能終卷，爲之一慟。』（《小草齋文集》卷二十四）參見萬曆二十二年（一五九四）《譜》。

歲晚，徐𤊹梅林對酒懷亡兄等。

徐𤊹《梅林對酒因懷陳汝大鄭君大惟和兄》：『對酒吟梅塢，林邊逾短垣。但求花密處，不問某家園。冷月侵香夢，輕烟污粉痕。舊時同賞客，能有幾人存。』（《鼇峰集》卷十）

按：梅塢，在福州藤山，熥生前曾與陳椿、陳鳴鶴、陳振狂及弟等在此尋梅，作有《約汝大汝翔振狂惟秦在杭藤山看梅》，詳萬曆十八年（一五九〇）《譜》。

本年，林應聘（志尹）爲熥鈔王恭《草澤狂歌》未竟，熥卒後，強淚爲之續鈔畢，並作《王恭草澤狂歌跋》追懷之。

林志尹《王恭草澤狂歌跋》：『王典籍《草澤狂歌》，向未登木，徐惟和得自張海城先生，不啻若拱璧，然乃抄録未竟而逝。予藏篋中，不忍閱視，傷人琴之亡也。傾慮散佚，強淚抄成，仍送之緑玉齋，以成惟和之志。蓋亦效掛劍徐君云爾。萬曆壬寅秋志尹題。』（曹學佺《石倉歷代詩選》卷二百九十八《明詩初集》十八，文淵閣《四庫全書》本）

本年，徐𤊹致書屠本畯，言先兄見背，七閩雅壇，或失盟主。

徐𤊹《寄屠田叔》：『不幸先兄見背，百事瓦解，不惟寒門零替，殲此喆人，而七閩雅壇，誰爲盟主！』（《紅雨樓集·鼇峰文集》册三，《上海圖書館未刊古籍稿本》第四十二册）

按：此書篇首云『二月中旬（由四明）抵家』，知作於此歲。

本年，徐𤊹再次致書屠本畯，言己編熥集，已十去其四，希冀屠氏再爲刪去應酬，獨存近古者二册；又言及熥文集正在刊刻之中。

徐𤊹《寄屠田叔》：『先兄詩草，撰述頗多，蓋棺之後，某爲删潤，十去其四，而簡佚猶爲重大，即敝鄉家置一部爲難，況能傳佈海内乎？承教嚴選，實獲我心。明公若不惜針砭，爲選二册，盡去應酬，獨存近古者，則惟和白骨可肉矣。留念留念！所著文章，向已請教，雖不一一步驟古人，亦自成一家，達意而止。某亦不忍棄之不傳。今在殺青，秋初可寄呈也。』（《紅雨樓集·鼇峰文集》册三，《上海圖書館未刊古籍稿本》第四十二册）

本年，徐𤊹致書陳志玄，謝其致挽章，及敘其與兩兄弟情誼。

徐𤊹《答陳志玄司城》：『開緘奉誦，如對故人，且念及先兄，輓章珍重，字字哀傷，而奠儀遠頒，愈增感痛。仁兄之遇不佞兄弟，何啻至親骨肉耶！古云：意氣孚合，不必同堂，比肩始稱兄弟，豈不佞與仁兄之謂歟？』（《紅雨樓集·鼇峰文集》册三，《上海圖書館未刊古籍稿本》第四十二册）

按：此書篇首云『奉别顔色，寒暑六更。江南江北，麟鳳阻絶。』萬曆二十五年（一五九七），志玄還安徽鳳陽，熥、𤊹分别作《送陳志玄還中都》（《幔亭集》卷九）、徐𤊹《送陳志玄太學還中都》（《鼇峰集》卷十四），至今六易寒暑。

本年，曹學佺同屠隆等在杭州舉西湖大會。

馮夢禎《日記·壬寅》：『（八月）十六，晴，稍有雲氣。諸君子再舉西湖之會以答長卿、能始。

作伎于舟中。席散，同景倩、羨長諸素君憩中橋聽曲。』（《快雪堂集》卷五十九）

本年，康彦登卒，年僅三十六。徐𤊹致書屠本畯，兼傷兄熥；徐𤊹爲彦登作像贊。

徐𤊹《哭康元龍五十韻》略云：『行年甫六六，所志殊昂藏。還期刷羽翮，天路爭翱翔。梅溪古山邑，念母過渭陽。淹留閲旬月，瘴嵐入膏肓。自恃形色壯，未肯嚴隄防。抱病不五日，還家卧帷房。醫師寡神術，投劑皆倉皇。親友未及訣，後事未及詳。季秋月逢晦，文皇倏無光。奄奄氣運盡，四大如木僵。嗟嗟半世事，一夢成黄粱。』（《鼇峰集》卷四）

徐𤊹《答屠田叔》：『康元龍於九月之晦，奄然長逝，年才三十有六。如此才士，年亦不永，寔閩地山川氣薄，雅道愈孤矣。想公聞之，亦爲動容。既喪惟和、汝大，再喪子卿，今後殲及元龍，大將已去，偏俾何用耶……偶因良友不禄，心緒不佳。』（《紅雨樓集·鼇峰文集》册三，《上海圖書館未刊古籍稿本》第四十二册）

又按：徐𤊹《康元龍像贊》：『茫茫無氣，克鍾夫君。遠播嘉譽，實揚令聞。鳳鸞爲質，龍虎其文。景命不永，中道殂分。覿斯貌像，實感精魂。雪涕興贊，貽君後昆。』（《紅雨樓集·鼇峰文集》册十二，《上海圖書館未刊古籍稿本》第四十五册）

按：梅溪，福建閩清。據此，彦登病於閩清，歸家卒。

又按：［乾隆］《福州府志》卷六十《人物》『文苑』：『年三十六，貧困以死。』

又按：康彦登生於隆慶元年（一五六七）。詳該年《譜》。

本年，連江人陳第隨沈有容將軍東渡臺灣剿倭。

陳第《舟師客答》：『萬曆壬寅臘月初旬，將軍沈有容率師渡海，破賊東番。海波盪定，除夕班師。』（沈有容《閩海贈言》卷二）

按：東番，今臺灣。

萬曆三十一年癸卯（一六〇三）　歿後四年

本年，徐𤊹三十四歲。

春，陳第撰文敘述東番見聞。

陳第《東番記》（沈有容《閩海贈言》卷二）。

八月，中秋，阮自華司理大會詞人于福州烏石山鄰霄台。曹學佺與東海屠隆，莆田佘翔，清漳鄭懷魁，閩郡趙世顯、林世吉並爲長。

錢兼益《列朝詩集小傳》丁集上『屠儀部隆』條：『阮堅之司理晉安，以癸卯中秋，大會詞人于烏石山之鄰霄台，名士宴集者七十餘人，而長卿爲祭酒。』

徐𤊹《秋日阮司理大會鄰霄臺》二首，其一：『玄英忽代序，高臺風氣凉。主人抱明德，賢哲招四方。冠蓋溢城闕，都美生輝光。置酒盛懽宴，擊鼓吹竽簧。清論洽文雅，載筆賡詞章。川觀與廊廟，爲樂俱未央。衆善不易得，嘉會應難常。誼篤金石固，味同蘭蕙芳。美遊忝附翼，永矣從翺翔。』其二：『翺翔意已愜，對酒興悲歌。人生嘆易邁，爲懽能幾何。俯視浮雲馳，仰看星宿羅。高林衆鳥托，遠漢孤鴻過。平巒掛晴煙，巨海流洪波。三山欝相望，樓觀爭嵯峨。昔日霸氣盡，空陵委崇阿。臨高極遐矚，憂思寧足多。』(《鼇峰集》卷四)

謝兆申《巘巘五章》，其《序》：『「巘巘」者，阮司理集陵霄臺作也。時入社可百人，而東海屠隆，莆田佘翔，清漳鄭懷魁，閩趙世顯、林世吉、曹學佺爲之長。』(《謝耳伯先生全集》卷一)

按：鄰霄台在福州烏山，詳《𤊹譜》。

本年，謝肇淛在東昌，有诗纪三十万人开河，致千村万落尽荆杞棘。

謝肇淛《開河行癸卯書事》(《小草齋集》卷九)。

萬曆三十二年甲辰（一六〇四） 歿後五年

本年，徐𤊹三十五歲。

本年，徐𤊹爲作《先兄墓碑陰交遊題名記》云：『有唐柳宗元爲父御史公撰神道表，石陰書先友五十六人，凡天下善士舉集焉，且曰：「信讓而大顯，道博而無雜。」今世之言交者以爲端。余兄三十九而夭，所交海内名公若干人，或以文藝受知，或以詩詞見賞，咸謂知交。𤊹竊效子厚先生遺意，録其最相知而最有名者紀其名字、爵里。千秋百歲後，不知其人，則請視其友：

福建提學副使顧大典，字道行，吴江人。

南京太常寺少卿王世懋，字敬美，太倉人。
翰林院修撰楊起元，字貞復，歸善人。
吏部郎中劉學曾，字唯一，光山人。
監察使鄧煉，字文純，南城人。
徐聞知縣熊敏，字汝顔，新昌人。
都御使江鐸，字士振，仁和人。
都御使金學曾，字子魯，錢塘人。
太常卿劉日升，廬陵人。
鄉貢士張鳳翼，字伯起，長洲人。
□□陳繼疇，上虞人。
福建布政使管大勳，字□□[一]，鄞縣人。
太學生張獻翼，字幼于，長洲人。
太學生王稚登，字百谷，吳縣人。
辰州知府屠本畯，字田叔，鄞縣人。

[一] □□，此二字原缺。應爲『世臣』。

袁州推官徐桂，字茂吴，仁和人。
處士曹昌先，字子念，太倉人。
江西按察使張鼎思，字睿父，長洲人。
福建按察使楊德政，字叔向，鄞縣人。
鄉貢士胡應麟，字元瑞，蘭溪人。
文學梅守箕，字季豹，宣城人。
貢士梅鼎祚，字禹金，宣城人。
湖廣寧鄉縣主簿梅蕃祚，字子馬，宣城人。
處士吴夢暘，字允兆，長興人。
貢士陸君弼，字無從，江都人。
處士俞安期，字羡長，吴江人。
處士吴運嘉，字叔嘉，長洲人。
都指揮使王元坤，字德載，上元人。
中書舍人曾士鑒，字人倩，南海人。
處士柳應芳，字陳父，通州人。
鄉貢士馮大受，字咸甫，華亭人。

萬曆三十二年

處士沈野，字從先，吴縣人。
處士沈咸，字稚咸，吴縣人。
鄉進士文從龍，字夢珠，長洲人。
鄉進士文震孟，字文起，長洲人。
饒州府推官阮自華，字堅之，桐城人。
都督同知王延世，字思延，信陽人。
中書舍人趙士禎，字常吉，永嘉人。
鄉進士許光祚，字靈長，錢塘人。
太學生吴稼澄，字翁晉，孝豐人。
處士盧純學，字子明，通州人。
處士茅溱，字平仲，丹徒人。
處士張正蒙，字子明，上元人。
處士閔齡，字壽卿，歙縣人。
鄉進士鄧文明，字太素，南昌人。
處士錢允治，字功父，長洲人。
鴻臚寺序班程應衢，字康伯，歙縣人。

光禄寺署正張邦侗，字孺愿，鄞縣人。
鴻臚寺主簿張邦岱，字孺宗，鄞縣人。
處士陸文組，字纂父，吴縣人。
太學生周祖，字叔宗，吴江人。
貢士張應文，字成叔，慈溪人。
鄉進士黄景莪，字仲高，鄞縣人。
處士黄之璧，字白仲，上虞人。
太學生曹志伊，字重甫，青浦人。
處士張振藻，字去華，上海人。
處士王野，字太古，無錫人。
鄉進士李元暢，字惟實，茂名人。
龍南知縣李元若，字惟順，茂名人。
霸州同知張昭，字叔麟，永嘉人。
處士趙我聞，字用拙，安慶人。
太學生吴衛璣，字載伯，孝豐人。
太學生朱宗吉，字汝修，濠梁人。

鄉進士李維極，字本建，景陵人。
鄉進士李維柱，字本石，京山人。
處士吳治，字孝甫，歙縣人。
教授張三極，字函一，臨清人。
沔陽知州鄧良佐，字德咸，南海人。
鄉進士周應愿，字公謹，吳江人。
南寧知府温景明，字永叔，順德人。
□□府通判劉克修，字少已，南海人。
處士鄔子遠，字嘉文，丹陡人。
貢士劉克治，字季德，順德人。
進賢知縣黄汝亨，字貞父，仁和人。
户部郎中王大合，字君密，成都人。
鄉進士袁中道，字小修，公安人。
太學生趙頤光，字凡夫，吳縣人。
處士吳城，字之衛，長洲人。
鄉進士李衷純，字玄白，嘉興人。

處士黃嘉芳，字仲華，長洲人。
徽州同知淩登名，字元孚，仁和人。
鄉進士方晉，字寅初，江夏人。
鄉進士張熙德，字曰肩，南宮人。
太學生何思唐，字性仲中，會稽人。
處士顧愿，字朗哉，吳縣人。
太學生郁承彬，字孟野，上海人。

右名公皆先兄有詩文往復者，隨筆紀之。至於碩卿鉅公、同榜兄弟，雖有交遊，此不敢序；若不以文字交而號莫逆者，又不可勝數，以其不在詞人之列，不載。萬曆甲辰弟𤊹記。』（《紅雨樓集·鼇峰文集》册九，《上海圖書館未刊古籍稿本》第四十四册）

本年，鄧原岳卒。

徐𤊹《哭鄧汝高》二首，其一：『長星一夜落薇垣，馬策携來哭寢門。楚甸參藩初建節，淮山于役乍歸轅。功名未覺盧生夢，涕淚難招屈子魂。生死交情元不淺，含哀何計扣天閽。』其二：『立幟詞壇二十年，鍾期山水本相憐。愛才獨秉千秋鑑，同調誰操五字權。靈爽定當尋故友，吟魂應合傍高賢。莫嗟一代風流盡，留得文章後死傳。』（《鼇峰集》卷十六）

按：參見嘉靖四十年（一五六一）《譜》。

本年，張獻翼卒。

錢謙益《列朝詩集小傳》丁集上『張太學獻翼』條：『萬曆甲辰，年七十餘，攜妓居荒圃中，盜逾垣殺之。』

徐𤏹有《哭張幼于先生》二首（《鼇峰集》卷十六）。

張燮有《哭張幼于四首》（《霏雲居集》卷八）。

本年，謝杰卒。

謝汝韶《祭漢甫叔父》：『萬曆三十二年，歲在甲辰四月十四日，明太子少保資政大夫、户部尚書……叔父卒于倉場官舍。越十二月十日，其瑳弟扶櫬至家，從子汝韶率房族弟侄汝泮等迎於芋江水滸。』（《天池先生存稿》卷十二）

謝肇淛《明故資政大夫太子少保户部尚書叔祖繹梅公行狀》：『卒于萬曆甲辰四月十四日辰時，春秋六十有八……墓在閩縣光俗里瀛前地方。』（《小草齋文集》卷十七）

徐𤏹作《祭大司農謝公文代》（《紅雨樓集·鼇峰文集》册十，《上海圖書館未刊古籍稿本》第四十五册）。

按：《東越文苑傳》卷六《謝杰傳》：『謝杰，字漢甫，長樂人。萬曆二年進士，任户部尚書……著有《白雲集》。』

本年，林光宇卒。

徐𤊹《哭林子真》：『芳蘭一夕殞秋霜，到處憐才痛斷腸。黯黯凝塵埋舊席，熒熒殘火照虛堂。何人閣上收玄草，無子墳前種白楊。零落人琴俱不見，獨揮雙淚哭靈牀。』（《鼇峰集》卷十四）

按：李時成《後十子詩選序》：『（子真）卒年二十八。』子真生於萬曆十五年（一五七七），此歲年二十八。曹學佺有《林子真詩序》，參見下年《譜》。

本年，游士豪卒。

張燮《游宗振客西吳訃至詩以哭之》（《霏雲居集》卷八）。

萬曆三十三年乙巳（一六〇五）　殁後六年

本年，徐𤊹三十六歲。

五月，曹學佺序《林子真詩》，引熥詩；熥生前極看重子真。

曹學佺《林子真詩序》：『亡友徐惟和贈之詩曰「眼中之人惟有汝」……乙巳孟夏朔日書。』（《石倉文稿》卷一）

八、九月，徐𤊹離家，擬客游吳越。阮自華有詩送𤊹併追思熥。𤊹過武夷，游城高岩；九月九日，過分水關。自開化至婺源。

阮自華《在閩送徐興公入吳因念惟和》：『使君相對恨無衣，萬里誰堪共履扉。吳楚關山迷

翠靄，海天雲樹掩彤輝。回首吳門親送遠，迢遞匹練幾時歸。』（《靈霧山人詩集》卷九）

徐𤊹《中秋夜阮堅之司理餞余郡齋賦詩見送次韻奉酬》（《鼇峰集》卷十六）。

徐𤊹《九日度分水關》、《自開化至婺源界出行百里》、《曉行婺源道中》（《鼇峰集》卷十一）。

冬，徐𤊹客新安，臘月客武林。

徐𤊹《乙巳除夕客武林與柯謨伯曹能始守歲》（《鼇峰集》卷十六）。

本年，謝肇淛擢南京刑部山西司主事。

徐𤊹《中奉大夫广西左布政使武林謝公行狀》：『乙巳，擢南京刑部山西司主事。』（《小草齋文集》附録）

本年，曹學佺婦龔氏暴殞。

曹學佺《江上送亡内歸鄉五十韻》（《武林稿》）。

萬曆三十四年丙午（一六〇六）　歿後七年

本年，徐𤊹三十七歲。

春、夏間，徐𤊹過普陀寺訪志若上人，上人出輓熥詩，𤊹感而賦答。寓金陵鷲峰寺，與友人集雨花臺等名勝。

徐𤊹《普陀寺訪志若上人因出哀輓先兄詩感而賦答》：『昔於靈隱一尋師，行腳他山識面遲。

客到每傳懷素帖，僧來多誦惠休詩。煙霞新侶還堪結，石火浮生信可悲。試問舊房松偃處，十年曾長幾禪枝。』（《鼇峰集》卷十六）

徐𤊹《葛震父見訪鷲峰寺》（《鼇峰集》卷十六）。

秋，徐𤊹客吳，與王人鑒聚於閶門舟中，王囑其作《知希齋詩》。

徐𤊹《寄王德操·序》：『丙午秋再於閶門舟中聚首，屬予作《知希齋詩》，甚歡也。』（鈔本《鼇峰集》）

冬，徐𤊹過吳興，與謝肇淛等遊。歸家。

作《李歸安招遊峴山同謝在杭元禮作》（《鼇峰集》卷十六）。

冬，姊丈謝汝韶卒。

徐𤊹作《祭謝天池文代》，略云：『有子承家，明時良璞。固嗣彪才，歆傳向學。爽鳩法署，肺石無冤。躬逢明聖，親荷覃恩。奉使還家，方娛萊服。造化忌盈，公忽不祿。某叨里閈，久沐春和。重以婚媾，松附絲蘿。聞訃彷徨，淒傷曷已。得全全昌，公不愧矣。薄陳一奠，束帛箋箋。靈如不昧，幸冀鑒焉。尚享！』（《紅雨樓集·鼇峰文集》册十，《上海圖書館未刊古籍稿本》第四十五册）

本年，謝肇淛爲熥題《幔亭圖》。

謝肇淛《題徐惟和幔亭圖》：『雲樹蒼茫濕翠微，山川滿目淚沾衣。虹橋宴後人何在，華表

歸來事已非。詞客有靈遺蜕冷，曾孫無主落花飛。可哀一曲滄桑改，霜月淒涼照竹扉。』（《小草齋集》卷二十一）

本年，謝肇淛題熥小像。

謝肇淛《題徐惟和小像》：『風雨鑾江話別離，夢中猶見舊璚枝。如今風景非還是，政是羊曇慟哭時。』（《小草齋集》卷二十八）

按：此詩在《舟至芋江丙午》詩後。肇淛本年八月歸家。

本年，徐㶿客武林，過吴，訪舊友；客金陵。

本年，徐㶿《榕陰新檢》刊行。

吴騰蛟《榕陰新檢序》略云：『閩友興公，余邑侯戚里好也……萬曆丙午季秋望日，新都吴騰蛟雲將父書于臥雲山房。』（萬曆三十四年本《榕陰新檢》卷首）

本年，謝肇淛入賀。間道過家。報轉司馬郎，不之官；轉南京兵部職方司主事。

徐㶿《中奉大夫廣西左布政使武林謝公行狀》：『丙午，以入賀皇太后徽號，抵京。間道過家，爲天池先生稱七十觴。尋轉南京兵部職方司主事。未幾，天池先生即世。』（《小草齋文集》附録）

按：參見本年冬。

本年，屠隆卒。

張燮《哭屠緯真二首》(《霏雲居集》卷十)。

本年,許獬卒,年三十七。

池顯方《許鍾斗先生傳》:『萬曆庚午生公。一日鴻漸山圮一偶,大星墜地,而公倏然逝矣。時萬曆丙午年六月望也。春秋僅三十有七。』(崇禎本《叢青軒集》卷首)

萬曆三十五年丁未(一六〇七) 歿後八年

本年,徐𤊹三十八歲。

春,謝肇淛歎熥卒未十年,而家業半落他人之手。

謝肇淛《徐興公家藏扇面手卷跋》:『萬曆丁未春……惟和謝世,未及十年,饘粥糊口之業,半落他人手,非獨篋中玩好已也。王摩詰曰:「來者復爲誰,空悲惜人有。」古今一貫,惟和固不必鬱鬱地下耳。』(《小草齋文集》卷二十四)

春,徐𤊹作祭高賢祠文。

徐𤊹《丁未春祭高賢祠文》:『六經不作,風雅無音。諸賢飆起,馳騁藝林。雕章綺句,刻意匠心。立言不朽,振古耀今。同堂合祀,後學希歆。茲當春祭,敬薦芳馨。吟魂有在,庶幾來歆。』(《紅雨樓集·鼇峰文集》册二,《上海圖書館未刊古籍稿本》第四十二册)

按:熥歿後入祀高賢祠,徐𤊹所祭諸賢,熥亦在其中。

三月，徐𤊹題謝肇淛《吳門二十家書畫》，因憶及此卷八九年前原爲熥所藏。偶翻檢熥所藏《鄭繼之手書》，遂求謝肇淛跋其後，己亦記數語。

徐𤊹題《吳門二十家書畫》：『世宗朝，吳中翰墨甲天下，此卷得二十家，一時雲集，可謂玄圃積玉、種種奇珍矣。汝南兄弟不工書，其一出祝京兆之筆，其一出文太史之筆，而蔡九逵一篇，又似王履吉代録者，誠希世之寶也。向屬先兄惟和所藏，失去者八九載，今展轉而歸在杭，不惟諸公得異代之知己，而先兄亦可以稍慰於九泉也。萬曆丁未上巳，徐惟起書。』（《重編紅雨樓題跋》卷二）

徐𤊹題《鄭繼之手書》略云：『此編自《易》數、河洛、《洪範》、田制、算法、禽遁、車服，無不究心，又手自鈔定，先生之學，豈尋常口耳章句乎哉！惟和兄向收得之，寶若拱璧。俯仰又逾十年，春日和暢，偶與謝在杭翻檢，遂求在杭跋其後，而余亦記數語，永寶藏之！萬曆丁未三月，東海徐惟起。』（《重編紅雨樓題跋》卷二）

夏，徐𤊹從高景處借得高棅《嘯臺集》，因憶及當年與兄熥求搜集此書情形。

徐𤊹題《嘯臺集》：『《嘯臺集》，乃襄敏公先爲授梓，板今不存，後學之士，無從得觀。余兄弟求之十年，始得之張海城廣文，海城得之林碧田茂才，糜爛醯雞，不絶如線。原分八卷，此帙失去五七言古風，惟存五七言律及絶句而已。友人高景倩喜收前輩遺言，又篤同姓之誼，遂借鈔録，手自校定，自是廷禮先生之詩將絶而不絶矣……萬曆丁未浴佛日，後學徐𤊹題。』

（《重編紅雨樓題跋》卷一）

秋，陳薦夫過緑玉齋，作《重過惟和緑玉齋感賦》二首，感其田園易主。

陳薦夫《重過緑玉齋感賦》二首，其一：『昔我來山中，高譚徹昏旦。詩書閉廣櫥，恣意隨所玩。滔滔逝水流，靄靄停雲散。星霜風九移，重來值秋晏。落葉蟬屢哀，陳根草初蔓。曲榭爲我閉，凝塵使我暗。欲接夢魂遥，神理良已誕。懷哉鄰笛音，山陽有餘歎。』其二：『死者日已遠，生者徒淒其。人生苦鰥獨，戚戚含酸悲。君今有婦子，還爲没世嗤。一揮聊百萬，四壁空無貲。良田既已更，廣厦復已移。平生所愛物，棄置行向誰？觸目感不淺，傷心良在茲。不如泉下人，窈窈無所知。』（《水明樓集》卷一）

按：熥逝八九年，當在今歲。

十月，徐㶿三子隆生。

缺名《徐興公元配高孺人墓誌銘》：『男二，長曰陸……次曰隆，生甫四十日，母以之卒。』（《荆山徐氏譜·詩文集》）

按：熥次子阿室，夭，詳萬曆二十八年（一六〇〇）七月，隆爲三子。或因阿室夭，故稱隆爲次子。高氏卒於十二月朔（詳《㶿譜》），逆推四十日，則在十月。

十二月，謝肇淛合葬父謝汝韶及高宜人、趙安人。

謝肇淛《先考奉政大夫吉府左長史天池府君行狀》：『肇淛將以丁未歲十二月十四日奉靈

柩，與高宜人、趙安人合葬於郡□北之蓮花峰下。』（《小草齋文集》卷十七）

本年，友人陳鳴鶴撰、趙世顯訂正《東越文苑傳》刻印，卷六《明列傳》有《徐熥傳》。

趙世顯《東越文苑傳序》作于本年仲春朔旦，王穉登《東越文苑傳序》作于本年五月夏至日（《東越文苑傳》卷首）。

陳鳴鶴《徐熥傳》：『徐惟和者，閩縣人，名熥。晚以其名犯吳王諱，欲自言春官以字行，別字調和，未果也——而調和之聲已著。熥弱冠補學官弟子，而豪於歌詩，雅不睹經生業，及試，皆異等。諸爲經生業者，咸不敢仰視而心下之。萬曆十六年，以鄉薦上春官，三試皆不遇。即不遇，而春官所徵士及京師縉紳先生皆走熥，讀其所爲詩歌，皆歎息，自以爲能不及也。長洲張獻翼稱之曰：「閩中一時諸子，追述大雅，取裁風人，真足馳騁海内，而惟和則獨步當時矣。」甬東屠本畯亦曰：「惟和詩，力贍肌豐，情注神傳，俯仰古今，錯綜名理。」熥有至性，事親而孺子慕者終其身。每伏臘及讀書有感，淚未嘗不簌簌下，幾不自勝。處二弟，通其有無。族人之婚者、喪者，無不仰給於熥。熥好客，自喜所居户外履常滿。客以急者，亡問知與不知，皆絶甘振之，用是家困如罄，終以澀薊，即假貸所得，隨手輒盡如故。先是，三都教先生謂人曰：「熥有大智慧，終當悟入。」熥由此讀二氏書，服道士衣冠，日從緇黄者遊，惟恐其不我欲也。著詩十卷、文十卷，稱曰《幔亭集》。萬曆己亥熥病侵。有程倉曹者禱於城隍廟，願以餘年代熥。晝夜禱，叩頭，頭盡流血。及熥卒，閩士大夫，四民過客，亡問知與不知，皆爲垂涕。自遠方來吊者，趾相錯，故嘗與熥爲詩者相與祀熥與陳椿於高賢祠。』

（《東越文苑傳》卷六）

冬，徐𤊹往惠州，過漳州，與馬欻同憶熥。

徐𤊹《宿臨漳驛舍與季聲夜坐同憶元龍惟和次韻》後半云：『修文天上人何在，夢草池中事已空。坐對寒燈更漏盡，征衫揮淚眼朦朧。』（《鼇峰集》卷十六）

按：參見《𤊹譜》。又按：元龍，即康彥登。

本年，友人謝肇淛與𤊹共展《顧道行山水卷》，念及熥墓木已拱，爲之一慟。

謝肇淛《顧道行山水跋》略云：『憶丁亥歲與惟和初執經事先生，迄今僅二十年，而先生中道萎謝，即惟和墓木亦且拱矣。與興公展閱未竟，爲之一慟。』（《小草齋文集》卷二十）

按：初謁顧在萬曆十五年（一五八七），至本歲在二十、二十一年間。此文在《徐興公家藏扇面手卷跋》後，故知仍作于本歲。

本年，徐𤊹婦高氏卒。

徐𤊹《丁未除夕是冬有妻喪》：『嶺表歸來歲盡時，不成歡樂反成悲。舞鸞鏡破傷殘黛，別鶴聲殘泣斷絲。灑淚罷開堂上酒，驚心先夢臼中炊。壁間遺袿香猶在，愁絕安仁哭婦詩。』（《鼇峰集》卷十六）

按：婦卒時，𤊹往游惠州，在歸途中。

本年，陳勳卒，年五十八。

按：詳嘉靖四十年辛酉（一五六一）《譜》。

萬曆三十六年戊申（一六〇八）　歿後九年

本年，徐𤊹三十九歲。

夏，謝肇淛與徐𤊹等結紅雲會。

徐𤊹有《紅雲社約》云：『會祇七八人，太多則語喧；荔約二千顆，太少則不飽……萬曆戊申夏至前十日，徐𤊹興公題。』（鄧慶寀《閩中荔枝通譜》本卷十一）

謝肇淛《餐荔約》（《小草齋文集》卷二十七）。

秋，徐𤊹出游浦城。

徐𤊹《過建溪訪朱願良齋頭同魏君屏丘文舉鄭僑也楊叔照王久亨李君實分韻》、《題浦城主人樓壁》（《鼇峰集》卷十七）。

本年，友人陳薦夫追懷熥，作《荆溪舟中夜悼徐惟和》。

陳薦夫作《荆溪舟中夜悼徐惟和》：『十載傷心不自知，河山遼邈永難期。凄凉獨對荆溪月，不似中宵倚棹時。』（《水明樓集》卷八）

本年，熥、𤊹生母林氏卒，年七十三。同社有祭文。陳价夫祭文言及己與弟薦夫同熥兄弟情誼；

謝肇淛祭文言及熥於詞壇先鳴旗鼓。

徐𤊟《祭謝氏姊文》：『丁未、戊申，弟婦高、生母林又相繼逝矣。』（《紅雨樓集·鼇峰文集》册十，《上海圖書館未刊古籍稿本》第四十五册）

徐𤊟《祭酒嶺造墳記》：『戊申又有生母林氏之喪。』（《紅雨樓集·鼇峰文集》册九，《上海圖書館未刊古籍稿本》第四十四册）

陳价夫《祭徐母林太孺人文同社合祭》（徐𤊟選鈔《招隱樓集》）。

陳价夫《祭徐母林太孺人文》略云：『某兄弟不幸幼孤，外乏師資之輔，幸而投分，得與母之諸郎爲友，不幸失恃，晚負荻丸之訓。幸而有女得與母之次嫡孫爲婦。自惟和亡後，閱二十年。而通家之情，無改往昔。自先慈見背，歷十二載，而雞黍之約屢踐於登堂。所可悲者，惟和不克少申其禄養；所可喜者，弱女猶幸接乎儀刑。』（徐𤊟選鈔《招隱樓集》）

按：林太孺人次嫡孫，𤊟即子陸。

謝肇淛《祭徐門外庶祖母文》略云：『伯氏先鳴，詞壇旗鼓。仲也吹篪，雕龍繡虎。季子恂恂，學不窺園。含英振藻，聲價騰飜。諸孫玉立，鳳毛五采。繞膝不凡，高門可待。』又：『七十有三，爾壽既臧。』（《小草齋文集》卷二十六）

按：伯氏，即熥也；仲，即𤊟也；季，即熛也。

本年，曹學佺參蜀藩。

曹學佺《被命蜀藩留别少宰宛陵趙公六韻》（《金陵集戊申稿》，《更生篇》下録）。

本年，沈野卒。

曹學佺作《哭沈從先》二首（《更生篇》下）。

按：《更生篇》下雖編於天啟七年曹學佺歸家後，然又收『金陵戊申稿屢佚者』。《哭沈從先》作于萬曆三十六年戊申。

萬曆三十七年己酉（一六〇九）　殁後十年

本年，徐𤊹四十歲。

三月，徐𤊹題《趙承旨吕梁廟碑》，因憶及熥曾收藏此卷。

徐𤊹題《趙承旨吕梁廟碑》：『趙承旨此碑，全師北海筆法，文甚簡古，《松雪集》遺之，是知古文字散落不少。先兄惟和向所收得，今歸高景倩，亦得其所主，實此帖之幸也。萬曆己酉暮春，過景倩木山齋，試鼓山新茶，因此展玩。徐惟起題。』（《重編紅雨樓題跋》卷二）

五月，林應聘卒，年五十四。

謝肇淛《小草齋文集》卷十八：『志尹生於嘉靖丙辰七月十七日，卒萬曆己酉五月八日，相距五十有四歲。』

夏，徐𤊹與謝肇淛游武夷，見惟和題墨，凄然傷之。入江西鉛山，經浙江衢州，前往武林。

謝肇淛《遊武夷山記》略云：『（己酉）五月二日……循東西廊，觀遊人題墨及諸石刻，汗漫林立，其可讀者蓋尠，而惟和、女高、子卿諸詩，閲之又凄凄不勝山河之感也。』（《小草齋文集》卷九）

徐𤊹《游鉛山石井寺》、《贈張叔翹守衢州》（《鼇峰集》卷十七）。

徐𤊹《聶錢唐招同鄭孔肩張維誠陳濟甫集吳山紫陽庵》（《鼇峰集》卷十七）。

十月，徐𤊹客鄱陽，寓乾元寺，題《聖教序》，憶及兄熥曾以此卷贈郭君猷之往事。

徐𤊹《聖教序》略云：『先兄……戊戌下第南歸，舟過臨清，值郭君猷於旅次，遂損此帖相贈……今歲余客鄱陽，與君猷同寓乾元寺，因出共觀，且爲余道其始末，不勝人亡物在之感。《聖教》多善本，君猷獨寶此者，亦足徵友誼之重也。萬曆己酉陽月望後三日，東海徐惟起題。』（《重編紅雨樓題跋》卷二）參見萬曆二十六年（一五九八）《譜》。

冬，徐𤊹遊豫章，往臨川。由江西過彬關、邵武，歸。

徐𤊹《章江別宣仲》（《鼇峰集》卷十七）。

徐𤊹《曉度杉關》、《重經樵川仁壽寺近毀因尋往年所寓舊寮悉在煨燼中不可問矣愴然有作》（《鼇峰集》卷十一）。

本年，熥子莊不類，既失恒産，復折龕以賣錢。

徐𤊹《遷祠龕記》：『府君殁，先兄遷置紅雨樓，新創一龕，稍敞；髹漆丹堊，稍精。以爲可妥先靈于永久，不虞其一旦遷移變置耳。歲己酉之冬，兄子不類，既蕩失恒産，復折以賣錢。余自越歸，淒然傷之。』（《紅雨樓集·鼇峰文集》册九，《上海圖書館未刊古籍稿本》第四十四册）

按：參見萬曆二十年（一五九二）《譜》。

本年，徐𤊹致書黄道元，追懷熥。

徐𤊹《寄黄道元》：『先兄棄世未久，而先慈、先妻相繼不禄，十載以來，哀者什七，樂者什三，今方服禫。』（《紅雨樓集·鼇峰文集》册六，《上海圖書館未刊古籍稿本》第四十三册）

按：徐𤊹妻高氏卒于萬曆三十五年（一六〇七），母卒於三十六年。此書云謝肇淛『今補屯田主政』。謝補屯田在本年四月。詳《謝譜》。

本年，謝肇淛服闋，補工部屯田司主事，轉員外郎，管節慎庫。

按：據徐𤊹《中奉大夫廣西左布政使武林謝公行狀》（《小草齋文集》附録）。

本年，閩中五月洪水爲災，閩江萬安、洪山、桐口三橋俱壞，洪塘西峽皆浮屍。

徐𤊹《大水謡》：『憶昔己酉五月時，洪塘西峽皆浮屍。』（《鼇峰集》卷八）

按：此詩作于萬曆四十四年，本年亦大水。

本年，八月，暴雨，福州烏石山崩。

謝肇淛《五雜組》卷四『地部』：『己酉八月秋，一夜大風雨，烏石山崩。』

萬曆三十八年庚戌（一六一〇） 歿後十一年

本年，徐𤊹四十一歲。

本年，徐𤊹爲熥作《題幔亭圖》詩。

徐𤊹《題幔亭圖》：『一夕仙風掃幔亭，碧峰依舊插天青。語殘白鶴魂何在，叫罷金雞夢不醒。故友共嗟桑户死，行人共吊草堂靈。生平玩物如雲散，留此遺圖益涕零。』（《鼇峰集》卷十八）

徐𤊹又有《初夏宋永延陳伯孺倪柯古過集各賦齋中八物·幔亭圖》：『巍魏幔亭峰，參差亂雲樹。無人跨鶴歸，對之長涕泗。』（《鼇峰集》卷二十二）

按：此詩作年不詳，附繫於此。

本年，徐𤊹致書王兆雲（元禎），謝其將熥事蹟編入《詞林人物考》。

徐𤊹《答王元禎》：『先兄惟和，位不滿德，中道而夭，得籍鴻筆，收入《詞林》，不佞而□先兄也，始忘□門下之明德耳。子孫世世之感，永矢弗諼矣。』（《紅雨樓集·鼇峰文集》冊六，《上海圖書館未刊古籍稿本》第四十三冊）

按：王兆雲《詞林人物考》：『徐熥，字惟和，福州閩縣人，中戊子鄉試。多大度，不拘小節，家甚貧，好賓客，凡遊閩者無論尊官賤士，無不得見徐君，户外門四方炎屨相錯如市。

或遊困不能歸者，傾索以贈。人咸誚爲「窮孟嘗」云。著有《幔亭集》、《絳囊生傳》行於世。年四十齎志以歿。』（《荆山徐氏譜·世系考》引）

又按：《絳囊生傳》見《幔亭集》卷十七，僅數百字，似未單刻。

本年，徐𤊹致書鄧汝實，論修《閩清縣志》，因及熥所作梅溪（今閩清縣）詩。

徐𤊹《與鄧汝實》：『先兄惟和《梅溪雜詩》四首，弟舊作三首，録求教正。』（《紅雨樓集·鼇峰文集》册六，《上海圖書館未刊古籍稿本》第四十三册）

按：《梅溪雜詩》四首，集不載。

本年，徐𤊹寄熥集于譚忠卿，言弟熛及子侄俱列青衿。

徐𤊹《寄譚華南比部》：『先兄孝廉，曾辱貽書，業有詩章奉寄，刻之集中，附呈教正。先兄見背又復十年，舍弟熛，豚兒陸，猶子陛，皆荷台翁之庇，俱列青衿。』（《紅雨樓集·鼇峰文集》册六，《上海圖書館未刊古籍稿本》第四十三册）

按：熥卒于萬曆二十七年（一五九九），『十年』，爲成數。

本年，熥子徐莊扶母訟徐𤊹、徐熛，以爲『前世冤業，始生此子』。

徐𤊹《寄曹能始》：『弟去年春暮同謝在杭至浙省，張維成述弟于聶錢塘處，命修《縣志》。三閱月，復走江右，淹留數月，僅足餬口。歲暮抵家，依然貧生矣……逆侄邇年尤恣睢兇暴，累欲訟我兄弟二人。日前扶嫂氏具告提學，道批府，尚未問審。婦人生不肖子，反爲護，玷我亡兄，此家門不幸，人倫大變，日惟仰天太息，繼之以泣而已。此亦前世冤業，始生此子，弟亦委之於數耳。惟兄素知，敢以相聞。』（《紅雨樓集·鼇峰文集》册六，《上海圖書館未刊古籍稿本》第四十三册）

按：徐熥遊浙、贛，歲暮還家，在去歲，詳《熥譜》。

本年，徐熥長子陸年二十一，縣試第一，郡試第二。補閩庠弟子員。

徐熥《亡兒行狀》：『庚戌服除，就試閩邑，邑侯徐公鳳翔得其文，拔爲第一。再就郡試，郡公喻政亦擬首選，以予與郡公有相知之雅，避嫌抑之第二。督學使者，馮公烶取入泮，仍第二，補閩庠弟子員。』（《荆山徐氏譜·詩文集》）

本年，弟熥長孫鍾震器之生。

徐熥《爲長孫命名離合詩》（《鼇峰集》卷三）。

徐熥《又復胡檗山》：『小孫生於庚戌，十五入泮。』（《紅雨樓集·鼇峰文集》册四，《上海圖書館未刊古籍稿本》第四十三册）

按：據陳衎《徐存羽墓誌銘》，鍾震父陸卒于萬曆四十五年（一六一六），時鍾震僅七齡。逆推，則鍾震生於本年。

徐熥《生孫志喜》：『四旬齒長孫生早，二頃田無口漸添。』（《鼇峰集》卷十八）

按：《荆山徐氏譜》鍾震生卒年失載。

本年，陳薦夫卒。

按：薦夫，本年春夏間卒。徐𤇆《過水明樓哭幼孺》：『獨餘殘夜樓西月，水色山光似往年。』（《鼇峰集》卷十八）曹學佺《同王粹夫夜坐聞陳幼孺訃音作此志哀》：『感君一言許，不啻千金輕。魂魄相依戀，何煩復送迎。』（《兩河行稿》）

又按：曹學佺兩河之行在本年，詳《曹學佺年譜》（未刊稿），𤇆詩編在萬曆四十年壬子（一六一二），未必爲薦夫卒之當年所作。

本年，陳益祥卒。

徐𤇆《哭陳履吉先生》：『六十年來髩未斑，著書方就弃人間。池空春水鳧群散，樓閉秋宵燕子閒。詞客文章鐫表墓，名僧香火祀開山。德星一夜中天隕，惆悵高風不可攀。』（《鼇峰集》卷十八）

按：𤇆此詩作於本年。詳《𤇆譜》。據詩『六十年來髩未班』，益祥卒年當在六十左右。

本年，趙世顯卒，徐𤇆有詩吊之。

徐𤇆《唁趙仁甫先生》：『條風融日正新年，讀禮憐君掩户眠。堂北易凋萱草色，窗前應廢蓼莪篇。虚將南郭看花騎，閒却西湖載酒舩。此日詞壇方冷落，主盟休負社中蓮。』（《鼇峰集》卷十六）

本年，佘翔卒。

徐𤊹《挽佘宗漢明府》：『文星忽隕數難逃，厄運誰知百六遭。社裏談詩虛祭酒，丘中投老罷營糟。七賢曠達還思阮，五柳風流孰繼陶。賦就大招魂不返，壺山猿鳥自哀號。』（《鼇峰集》卷十八）

萬曆三十九年辛亥（一六一一）　歿後十二年

本年，徐𤊹四十二歲。

二月，謝肇淛轉本部都水司郎中，督理北河，駐節張秋。以屯田持節歸里，本月抵家。

謝肇淛《上葉相公》：『職以二月二十九抵張秋視事。』（《小草齋文集》卷二十一）

謝肇淛《南歸賦・序》：『萬曆辛亥之春，予以屯田持節歸里，水陸南北七千里餘。其始發也，楊柳未華；及至三山，蟋蟀居壁。』（《小草齋文集》卷一）

八月，謝肇淛新築泊臺成，結社，與會者十五人，人拈二韻。

謝肇淛《泊臺社集記》：『余家三山朱紫里，憑河之南，河北有別墅厠梁焉，所謂宛轉橋也。橋盡爲鏡瀾閣，閣西有樓，圮矣。毀而地之，餘壤無所卸，築爲臺，高雉許，從橫倍莚，遠障岁崱，近控何仙、薛老二峰，命曰「泊臺」，水滸也……會者十有五人，人拈二韻，爲詩三十首。即席成，無受罰者，蘭亭、金谷又輸此一着矣。』（《小草齋集文集》卷十）

徐𤊹《中秋夜謝在杭新築泊臺成招諸同社玩月》（《鼇峰集》卷五）。

八、九月間，徐𤊹與謝肇淛等七人遊方廣巖。

謝肇淛《遊方廣巖記》略云：『由洪江至瓜山，水程六十里，至方廣巖如之。訂遊則瓜山潘從參，東道主也，陳女翔、王玉生、徐興公、林元達、叔寶與余爲七……萬曆辛亥歲發以八月之晦，歸以九日。』（《小草齋文集》卷九）

十月，徐𤊹與謝肇淛、吴雨等遊雪峰寺。

謝肇淛《遊雪峰記》略云：『余自方廣歸也，則與興公有雪峰之約云，蓋距郡城百五十里而遥，杖履之及者寡矣。會余有事於圓峰閣，遂於十月七日，偕出洪江買舟，吴元化及僧華茂從。潮平帆飽，夕抵白沙……入城，是月之十三日也。』（《小草齋文集》卷九）

徐𤊹《雪峰寺》二首、《枯木庵》、《宿雪峰寺晤孟山上人上人曾識先君常過予家予方稚齒迄今三十餘載矣感而有贈》（《鼇峰集》卷十八）。

本年，謝肇淛作詩懷熥。

謝肇淛《五子篇·徐孝廉惟和》：『惟和我渭陽，意不可一世。聰明固天縱，神力亦奔詣。蒐討殫九流，匠心游六藝。大雅振式微，逸響流天際。燦若華嶽峰，芙蓉映朝霽。快意萬里遊，藝苑標赤幟。行年未四十，嚴霜摧芳蕙。西華困負薪，窮交半淪替。人琴今俱亡，腸斷平生契。』（《小草齋集》卷六）

按：此詩在《辛亥初冬馬季聲僧吾宗游鼓山白雲洞作》與《上巳陪喻刺史周司理禊包桑

溪遂至聖泉二首》、《壬子初度時將北上》之間，當作於本年冬或下歲春。暫繫於此。

又按：『五子』爲陳文學汝大、趙別駕仁甫、鄧憲副女高、陳孝廉幼孺和徐孝廉惟和。

本年，江陰繆尊素選熥《子見南子》，有評語。

熥《子見南子》，題下注：『一節。徐熥。慶曆增删。辛亥年選。』篇末：『江陰繆尊素太質評：此君是閩中博古士也，隻字片紙不减夜光，即此一文，何嘗有一字入時否？』（《紅雨樓集·鼇峰文集》册九，《上海圖書館未刊古籍稿本》第四十四册）

按：此文作年不詳，疑爲早年所作。選此文時熥已卒十二年矣。『慶曆』，『慶』即『隆慶』，『曆』即『萬曆』，如制義集有《慶曆大小題讀本》、《慶曆文讀本新編》之類。

萬曆四十年壬子（一六一二）　殁後十三年

本年，徐𤊹四十三歲。

夏，徐𤊹遊福清瑞雲新塔，謁鄭俠祠。

徐𤊹《登玉融新塔》（《鼇峰集》卷十八）。

按：據［乾隆］《福清縣誌》，瑞雲塔，在邑南門外。明萬曆三十五丁未（一六〇七）募緣建。

徐𤊹《謁鄭介公祠壬子》（《鼇峰集》卷十一）。

按：鄭俠，字介夫，號一弗居士，福清人。宋治平四年（一〇六四）進士，以進《流民圖》著名。有《西塘集》。福清、南京等地有祠。

本年，謝肇淛北上張丘。

謝肇淛《壬子初度時將北上》（《小草齋集》卷七）。

按：謝肇淛初度在七月。

本年，徐𤊹弟徐熛、𤊹長子陸鄉試被放；陸年二十三。𤊹爲構小軒於荔枝樹下。

徐𤊹《寄陳賓門廉州》：『舍弟豚兒皆被放。』（《紅雨樓集·鼇峰文集》册六，《上海圖書館未刊古籍稿本》第四十三册）

徐𤊹《亡兒行狀》：『壬子，入棘不第。予構小軒於荔枝樹下。』（《荆山徐氏譜·詩文集》）

本年，曹學佺被讒獲謗，削級歸。

曹學佺《祭徐鳴卿文》：『蜀中之任，除殘去貪，機事不密，反爲所蟄，獲罪而歸，豈不彰鳴卿先見之明哉！』（《石倉文稿》卷之《浮山》）

本年，陳省卒。

按：詳嘉靖四十年（一五六一）《譜》。

萬曆四十一年癸丑（一六一三）　歿後十四年

本年，徐𤊹四十四歲。

五月，徐𤊹裝訂並題《先君交遊録》。

徐𤊹《先君交遊録》：『先君歷南安、茂名、永寧，凡同官及過客有投刺宴會者，咸紀其姓名爵里，恐日久而忘之也。先君歿二十餘年，録中所紀之人，盡在鬼籙矣。棄之廢簏，蟲蝕塵昏，偶覓得之，重爲裝訂，雖其人無所考鏡，而先君墨蹟存焉，烏可忽之！萬曆癸丑午日，中男𤊹謹識。』（《重編紅雨樓題跋》卷一）

十月，徐𤊹三子隆卒，時七歲。

徐𤊹《哭隆兒》：『彼蒼於我有何讐，蚤奪嬌兒哭未休。幾寸柔腸刀刃割，一眶清淚瀑泉流。醫方積案都無驗，佛力彌天枉費求。忍過桑溪埋骨處，滿山猿鳥咽松楸。』（《鼇峰集》卷十九）

徐𤊹《與施大將軍》：『旋聞老公祖有西河之戚，而不肖亦喪七歲仲兒。』（《紅雨樓集·鼇峰文集》册六，《上海圖書館未刊古籍稿本》第四十三册）

十一月，徐𤊹、徐熛安葬考妣於祭酒嶺；生母林氏祔焉。

徐𤊹《祭酒嶺爲先人築墳有感》：『風木關情涕淚零，新營宅兆荷山靈。良時注水尋針法，午夜篝燈讀葬經。未有石人張墓道，且看幼婦勒碑銘。一抔馬鬣身親築，銜土群烏事杳冥。』（《鼇峰集》卷十九）

徐𤊹《祭酒嶺造墳記》略云：『今癸丑歲，運大利，遂擇十一月初八日動土，十三日定名，十五日自岳後扶二柩到山。十八日辰時安葬考妣，而生母林祔焉。距先考辛卯之年卒二十有三載矣。』（《紅雨樓集·鼇峰文集》册九，《上海圖書館未刊古籍稿本》第四十四册）

本年，徐𤊹跋《文選纂注》，因憶兄熥批點此書情景。

徐𤊹跋《文選纂注》：『六臣注頗繁，張伯起纂之，信修詞家之捷徑也。伯兄批點斯本，日置案頭，會試北上，攜之巾箱。先兄物化十五年，覽此不勝傷悼。陸士衡云：「尋平生於響像，覽前物而懷之。」正謂此也。萬曆癸丑臘月，興公書。』（《重編紅雨樓題跋》卷一）

本年，曹學佺父卒。學佺營構石倉園。

曹學佺《祭林氏姊文》：『予癸丑歲以蜀憲放歸，先大夫捐館舍。』（《石倉文稿》卷之《夜光堂》）

曹學佺《修完法海寺彌陀殿疏文》：『予自癸丑家食，營一丘以自適。山水故自佳，而亭榭點綴亦自草草，乃爲將作所窘，數稱貸而益之。』（《石倉文稿》之《聽泉閣》）

按：之後曹學佺遂以『石倉』總名其詩文各集，計有『六稿』。

萬曆四十二年甲寅（一六一四）　歿後十五年

本年，徐𤊹四十五歲。

本年，𤊹子徐存永一歲。

五月，徐𤊹往漳州，經泉州與何喬遠等倡酬；在漳州，吊鄭懷魁，並與陳翼飛、張燮等倡酬。

徐𤊹《初到泉州何穉孝先生招集東城樓同謝修之王仲紹余可著陳俊于許脅夫黃俞言長君舅悌分韻得無字》、《至漳州哭鄭輅思觀察》、《初至霞城訪陳元朋留寓嘯樓同張紹和唐奉孝陳荆生李羲民楊子聲宴集選伎侑觴同用遊字》（《鼇峰集》卷十九）。

按：鄭懷魁，字輅思，龍溪人。萬曆二十三年（一五九五）進士。官浙觀察副使，有《葵圃存集》。陳翼飛，字元朋，平和人，萬曆三十八年（一六一〇）進士。

八月，徐𤊹子存永生。

徐𤊹《又復胡檗山》：『小兒生於甲寅，十七遊庠。』（《紅雨樓集·鼇峰文集》册四，《上海圖書館未刊古籍稿本》第四十三册）

徐日焜等《荆山徐氏譜·世系考》：『諱陵，字存永，又字無量，號延壽。行一百七十六，惟起公次子，邑庠生。生萬曆四十二年甲寅八月十七日寅時。』存永有《尺木堂集》。

按：『次子』，當作『四子』。

又按：徐𤊹四子存永，比孫、陸子鍾震還小四歲。參見萬曆三十八年（一六一〇）《譜》。

本年，謝肇淛有詩懷熥。

謝肇淛《過四女樹追憶舊遊悵然有懷惟和幼孺》：『二十年前望帝京，青衫半已誤儒生。重遊渾似三生事，往跡空傳四女名。白馬營寒霜葉盡，黃熊浪静布帆平。江雲渭樹情何限，總

付山陽篴裏聲。』（《小草齋集》卷二十四）

本年，陳价夫卒。

徐𤊹《哭陳伯孺》二首。其一：『年來哭友淚紛紛，不意今朝哭到君。床上忍看桐布斂，門前哀送紙車焚。淒涼舊事那堪憶，訣絶遺言不可聞。一片吟魂何處落，小樓長日閉秋雲。』其二：『憶昔談詩結社年，片言相許復相憐。朱陳宜密婚姻約，元日交深唱和篇。丹旐黄棺人共哭，斷金殘粉世爭傳。生平恪守空門戒，淨土應尋九品蓮。』（《鼇峰集》卷十九）

萬曆四十三年乙卯（一六一五）　歿後十六年

本年，徐𤊹四十六歲。

本年，徐存永二歲。

殘冬，徐𤊹有老態之感，猶幸夢筆未還。

徐𤊹《老態》：『老態相尋懶病餘，自憐無用類莊樗。髮于秋後常嫌短，齒到年多漸覺疏。欲作細書憑眼鏡，要行長路憑肩輿。不須徵夢吾衰盛，差有帷心尚不除。』（《鼇峰集》卷十九）

約於本年，謝肇淛作《漫興》詩言及熥，論萬曆間詩，以爲閩中詩人能拒鍾、譚。

謝肇淛《漫兴二十首》（《小草斋集》卷二十九）。

朱彝尊《静志居詩話》卷十六『謝肇淛』條：『《漫興》詩云：「徐陳里閈久相親，鍾李湖湘非我鄰。丸泥久已封函谷，怕見江東一片塵。」徐指孝廉維和、山人興公，陳謂文學汝大、孝廉幼孺、山人振狂。是時竟陵派已盛行，而在杭能拒之。又云：「石倉衣鉢自韋陶，吴楚從風赤幟高。若問老夫成底事，雪山銀海瀉秋濤。」此則在杭自任匪淺矣。』

本年，鄭琰卒於真州。

徐𤊹《鄭翰卿浪跡江湖二十五載客死真州弟震卿扶櫬歸閩哭之》二首，其一：『蕭蕭旅櫬返郊原，生寄江湖死故園。二十五年飄蕩跡，四千里路杳冥魂。鶺鴒原在增新累，燕子樓空絶舊恩。一别親知成隔世，幾人衫袖有啼痕。』（《鼇峰集》卷十九）

按：此詩作於次歲春，翰卿當卒於本年。

萬曆四十四年丙辰（一六一六）　歿後十七年

本年，徐𤊹四十七歲。

本年，徐存永三歲。

二月，徐𤊹偶患沉屙，臥于山齋。庸醫誤投藥，死而復蘇者四。

徐𤊹《亡兒行狀》：『丙辰仲春，予患沉屙。爲庸醫誤投藥劑，死而復蘇者數四。』（《荆山徐氏譜》）

按：亡兒，指徐陸，詳下。

三月，徐㶿長子陸卒，年僅二十七；陸子鍾震，時方七齡。

陳衎《徐存羽墓誌銘》：『生於萬曆庚寅二月廿一日，卒於丙辰三月初六日，得年僅二十有七。』（《大江集》卷二十）

按：陸，字存羽。庚寅，萬曆十八年（一五九〇）。

五月，會城大水。旋有倭警，避倭；以爲倭犯爲互市不通所致。

徐㶿《大水謡》略云：『萬曆丙辰五月四，建南諸溪水俱至，奔濤直抵無諸城。四野茫茫滾如沸，稻田蔬圃都湮沉，流注人家數尺深。撑舟駕艇入城市，雨聲不絶天垂陰。海潮一日兩應候，水勢奔騰更來驟。釜裏生魚竈産蛙，寡婦哀哀向誰叩。』（《鼇峰集》卷八）

徐㶿《避倭行》：『洪水既退民安堵，忽傳倭奴犯中土。巨艘渡海恣殺掠，白日羽書報開府。閩中久矣歌太平，驟聞警急人皆驚。窮鄉僻壤各騷動，扶老携幼趨榕城。行者肩摩車轂擊，挈筥提筐若雲集。城中穀價方湧貴，燃桂兼之炊玉粒。民心思亂正洶洶，避寇移家焉適從。開府安民下禁令，此邦倉赤賴帡幪。憶昔嘉靖中年苦，倭變無兵無食空拳戰。今年幸喜猶虚傳，烽火毋令四郊見。嗟哉！互市今不通，致命夷舶侵閩中。何因盡斬鯨鯢遯，得似當年戚總戎。』（《鼇峰集》卷八）

本年，謝肇淛作《徐惟和詩卷跋》，盛讚熥書及七律。

謝肇淛《徐惟和詩卷跋》：『吾友中工七言律者，推惟和爲白眉。今觀此卷所書，雖僅僅十餘首，而才情婉至，風骨遒整，絕世之技已見一斑矣。憶自壬辰迄今有二十有五載，行前風流文采，邈若山河，而遺墨殘編，宛然如昨，則故人死友寶持愛護之力也。惟和於是爲不亡矣。』（《小草齋文集》卷二十四）

按：肇淛作此文距萬曆二十年壬辰（一五九二）二十五載，則去惟和卒前後十八載。

本年，袁中道卒。

按：據錢伯城點校《珂雪齋集·前言》（上海古籍出版社，一九八九年）。

萬曆四十五年丁巳（一六一七）　歿後十八年

本年，徐𤊹四十八歲。

本年，徐存永四歲。

夏，張燮下第，過省城，確知仲春喪子，徐𤊹同病相憐，有感而作。

徐𤊹《張紹和入三山值有子之喪感而有作》：『旅舍逢君倍黯然，却因同病轉相憐。哀深舐犢腸空斷，哭比啼鵑血更鮮。淚盡西河應此日，葬歸嬴膊是何年。由來我輩鍾情甚，修短無由問九天。』（《鼇峰集》卷二十）

按：張于堂，張燮長子，生於萬曆二十六年（一五九八），卒於萬曆四十四年（一六一六）十二月。

又按：徐𤊹長子陸卒于萬曆四十四年（一六一六）。

秋冬，徐𤊹經羅源、寧德，遊福安，寓龜湖寺，參撰《福安縣志》；謁薛令之堂，拜法雨上人影堂。

徐𤊹《羅源白塔寺觀宋蘇舜欽刻石上才翁所賞樹石六字》、《福寧資壽寺訪超上人》（《鼇峰集》卷十一）。

徐𤊹《訪福安吳光卿廣文》、《朝旭堂祀唐補闕薛先生令之恭謁一首》（《鼇峰集》卷二十）。

按：參撰《福安縣志》，詳萬曆四十八年（一六二〇）《譜》。

本年，徐𤊹爲陳价夫原配作祭文以爲二徐與二陳情誼如同骨肉。

徐𤊹《祭陳伯孺元配周孺人文》：『昔愚兄弟之與伯孺昆季結社談詩也，誼雖友朋，情實骨肉。既而予與伯孺締爲姻好，不獨味洽芝蘭，且親聯瓜葛矣……昊天不吊，伯孺壽不滿德，溘先朝露。無何，長君公白又以病殞，且予兒忝爲門婿，先一年亦弗禄。』（《紅雨樓集·鼇峰文集》册二，《上海圖書館未刊古籍稿本》第四十二册）

按：伯孺昆季，即陳价夫、陳薦夫。陳价夫卒于萬曆四十二年（一六一四），𤊹子徐陸卒於去歲；徐陸爲价夫之婿。

本年，謝肇淛視屯田篆，參與灑掃山陵。

謝肇淛《山陵記》：『丁巳歲七月中元，臣肇淛視屯田篆，從少司空臣如楚灑掃山陵，禮也。』

（《小草齋文集》卷十）

本年，林世吉（天迪）卒，徐𤊹作祭文。

徐𤊹《寄屠田叔使君》：『林天迪民部已于丁巳之夏捐賓客。』（《紅雨樓集·鼇峰文集》册七，《上海圖書館未刊古籍稿本》，第四十四册）

徐𤊹《祭林天迪民部文》：『晋安之林，海内甲族。三世五公，鼎彝鈞軸……廿載交情，盡兹一哭。』（《紅雨樓集·鼇峰文集》册十，《上海圖書館未刊古籍稿本》第四十五册）

本年，陳第卒。

陳斗初《一齋公年譜》：『丁巳年七十七歲……三月念一丙戌日歿。』（《一齋集》卷首）

萬曆四十六年戊午（一六一八） 歿後十九年

本年，徐𤊹四十九歲。

本年，徐存永五歲。

夏，徐𤊹經延津、沙陽，至清流訪王若，又遊寧化。陳鴻同行。王若旋卒。

徐𤊹《重過沙陽感舊》、《遊記安桃源洞》、《五日集王相如別業同鄒有年曾玉立》（《鼇峰集》卷二十）。

徐𤊹《清流哭王相如》：『幾年相別歎離群，誰道尋君便哭君。淚眼屢揮雙袖濕，影堂空把

束芻焚。漁滄舊社虚明月，馬鬣新阡滿白雲。從此何人能好客，九龍山水寂無聞。』(《鼇峰集》卷二十)

按：王若捐貲刻《幔亭集》，詳萬曆二十八年(一六〇〇)《譜》。

冬，徐𤊹過寧德，張大光(叔弢)出示三十年前從熥處所購宋硯。謝肇淛參藩滇南，徐𤊹送至南昌，並在南昌守歲。

徐𤊹《寄張公子叔弢之子》：『尊翁曾以三金購得先兄宋硯一方，用之三十餘年，戊午之冬，不佞過秦川，尊翁出此硯相示，爾時歲暮，欲令不佞買回，囊空，未能敢許也。言猶在耳。』(《紅雨樓集·鼇峰文集》册七，《上海圖書館未刊古籍稿本》第四十四册)

按：秦川，寧德别名。

徐𤊹《别在杭至南昌》、《徐橋别在杭》(《鼇峰集》卷十一)。

按：謝肇淛有《鍾陵别徐興公》、《徐橋重别興公》(《小草齋詩集續集》卷一)。

本年，謝肇淛河臣秩滿，擢雲南布政使司左參政兼僉事分巡金滄道。臘月發信州，翌年三月至滇。

按：據徐𤊹《中奉大夫廣西左布政使武林謝公行狀》(《小草齋文集》附録)。

本年，曹學佺應葉向高之邀往遊福盧(在今福清)。

曹學佺《遊記一首》：『余以萬曆戊午歲三月之望，抵福唐……相公折柬來問客遊酣否？以何日歸？予度念有二日，才得出山。』(《福盧遊稿》)

本年，謝兆申卒，徐𤊹有詩哭之。

徐𤊹《哭謝兆申》：『托跡江湖無定居，一生精力爲躭書。命奇不售長楊賦，身死空回廣柳車。剩有文章傳海宇，但留靈爽在匡廬。楚魂漂泊招難返，九辯歌殘淚滿裾。』（《鼇峰集》卷二十）

按：兆申卒建武，遺命葬江西南城縣麻姑山之麓。𤊹詩作于豫章。

萬曆四十七年己未（一六一九） 歿後二十年

本年，徐𤊹五十歲。

本年，徐存永六歲。

春，徐𤊹客豫章，與竹林社社友倡和。南州喻應夔贈《捫虱新話》。

徐𤊹《元夕新晴鬱儀宗侯集城書齋同廖季符明府姚園客喻叔虞並宗弟八升康侯共限飛字》、《灌嬰城》、《梅嶺》、《鐵柱宫》（《鼇峰集》卷二十一）。

徐𤊹《題竹林社希舉彦成二王孫》、《希舉彦成二宗侯招飲竹林社同堅白安仁分得中字》、《訪希之宗侯清曠樓以詩見贈次韻奉答》（《鼇峰集》卷二十一）。

徐𤊹題《捫虱新話》：『己未花朝，徐惟起識。』（《重編紅雨樓題跋》卷一）

夏，徐𤊹至泉州，雅集東城樓，集者有何喬遠等九人，𤊹詩先就。是夜人作七詩。

何喬遠《五月朔日三山徐興公至來泉雅集東城樓集者九人謝修之王仲紹余可著陳駿千許沓夫黄俞言予穉孝兒九雲興公詩先就繼復和余一首以後賈勇續和不輟遂交和至盡是夜人得七篇二鼓焉矣駿千俞言則先分韻别尚未有詩也修之慎夫各和二首可著一詩》(《鏡山全集》卷十四)。

冬,徐𤊹之滇依謝肇淛。至辰陽得肇淛書知黔中疾疫盛行。殘冬,自辰陽歸閩。

徐𤊹《之滇别家》(《鼇峰集》卷十一)。

徐𤊹《至辰陽得謝在杭書知黔中疾疫盛行苗蠻阻道因不果入滇却寄在杭二首》,其二云:『遠别皆從妄想生,畏途誰道不堪行。懷鉛已失依人計,解佩應知念母情。金馬碧雞惟夢到,青猿白鶴待歸盟。空懷五嶽平生志,從此無心學向平。』(《鼇峰集》卷二十一)

萬曆四十八年、明光宗朱常洛泰昌元年庚申(一六二〇)　歿後二十一年

本年,徐𤊹五十一歲。

本年,徐存永七歲。

元月,徐𤊹遊滇不果,至楚而返,本月由盱江經南城、邵武、囦溪,抵舍。

徐𤊹《二日立春遊石佛庵在南城縣藍田鄉庚申》(《鼇峰集》卷十一)。

徐𤊹《樵川感舊》(《鼇峰集》卷二十一)。

徐𤊹《題子實遺稿》：『庚申孟陬，余遊滇不果，至楚而返，夜至囷溪，泝流而下。』（《重編紅雨樓題跋》卷一）

秋冬，往福安修《志》；《志》成。謁三賢（薛令之、鄭虎臣、謝翺）祠。歲盡，歸家。

徐𤊹《福安志成將歸三山陳二石以詩見贈次韻爲别》：『六義由來入室難，説詩今始得毛韓。賢書爾必能先薦，秘典誰云定不刊。百辟古巖稽宋帝，孤墳補闕謁唐官。歲殘獨客懷歸切，廡下何心賃伯鸞。』（《鼇峰集》卷二十一）

徐𤊹《張令君新創三賢祠祀唐薛令之宋鄭虎臣謝翺有作》（《鼇峰集》卷二十一）。

本年，曹學佺作《募緣重修九仙觀疏文》，憶及少年時與𤊹登九仙山遊其觀事，頗有山陽之戚。

曹學佺《募緣重修九仙觀疏文》：『予少年時同徐惟和輩登九仙山，入其觀，尚有修真二道士結廬于側，雖未暇叩其底藴何似，然其言貌舉止，甚有孤雲野鶴之態。心竊慕之。迄今三十餘年，再一至止，則羽客銷聲，丹房滅跡，而予友惟和之骨已朽矣。頗懷山陽之戚，因歎人世蹉跎，解脱無期。』（《石倉文稿》卷之《夜光堂》）

本年，謝肇淛在參藩滇南任上，賫捧入賀萬壽聖節，受覃恩，膺三世貤贈。

徐𤊹《中奉大夫廣西左布政使武林謝公行狀》：『庚申，賫捧入賀萬壽聖節，抵京，值顯皇晏駕。光宗御極，君受覃恩，膺三世貤贈。復出劍門抵滇。』（《小草齋文集》卷首）

本年，林春秀卒。

徐𤊹《題子實遺稿》：『庚申孟陬……及抵舍，聞子實以臘月死矣。』（《重編紅雨樓題跋》卷一）參見萬曆四十七年（一六一九）《譜》。

明熹宗朱由校天啓元年辛酉（一六二一）　殁後二十二年

本年，徐𤊹五十二歲。

本年，徐存永八歲。

二月，林寵從王元直求熥手書詩卷，徐𤊹把玩吟詠，並作題記。

徐𤊹題《伯兄書卷》：『先伯氏年不稱德，時論歸美，卷中諸詩，大類劉文房、許丁卯，而書則效法《聖教》、《興福》，稍雜以行草。林異卿喜摹古帖，得書家三昧，極賞伯氏書有古意，從王元直求爲珍玩。偶出相示，載一披詠，不勝人琴之痛，因爲之掩卷。天啟改元花朝題。』（《重編紅雨樓題跋》卷二）

按：林寵，字異卿，閩縣人。諸生。工楷書，仿歐陽詢。

閏二月，𤊹書熥哭林方壺詩，並作題記。

徐𤊹又題《伯兄詩卷》：『林方壺先生爲諸生日，與伯兄有投分之誼。先生登第，出守茶陵，遂爾仙逝。先兄聞訃，有詩哭之云云。賦此詩時，先兄年才二十三也。先兄既殁，余爲選梓《幔亭全集》，盡棄其少作。偶檢存稿，書呈異卿，異卿又當愴然耳。閏二月十日又題。』（《重

編紅雨樓題跋》卷二）

按：熥哭林方壺詩詳萬曆十一年（一五八三）《譜》。

春夏間，葛一龍夢熥，有詩紀之。

葛一龍《夢徐惟和》：『生死定交交臂前，詩篇已作古人傳。夢中無處堪頭白，每每相逢兄少年。』（《弄閑草》，《葛震甫集》，崇禎刻本）

按：葛氏此詩編在《雨過茂之新居值他出》、《送伯敬先生督學閩中》之前，鍾惺往閩督學，在本年冬。

本年，謝肇淛擢广西按察使。

徐𤊹《中奉大夫廣西左布政使武林謝公行狀》：『辛酉，擢廣西按察使。』（《小草齋文集》附録）

天啟二年壬戌（一六二二）　歿後二十三年

本年，徐𤊹五十三歲。

本年，徐存永九歲。

四、五月間，鍾惺爲福建提學僉事入閩。

鍾惺有《訪曹能始園居》（《隱秀軒集》卷十一）。

曹學佺有《伯敬以石倉詩見枉作此答之》(《林亭詩稿》)。

天啟三年癸亥(一六二三)　歿後二十四年

本年,徐𤊹五十四歲。

本年,徐存永十歲。

四月,曹學佺起家粤西,吴栻(去塵)、鄭邦祥(孟麐)同行。徐𤊹送至邵武。

曹學佺《大明輿地名勝志序》:『余癸亥歲起家粤西,取道於斯(江西)。』(《石倉三稿文部》卷二)

曹學佺《湘西紀行》上:『四月十二日,自吾家至芋原登舟,纔五里。徐興公、鄭孟麐、吴去塵、喻子奮、陳有美已先一日待。祭江畢,放舟之桐口,省視橋工,車馬已通行矣。意甚樂之。午後,同徐興公及諸送客,飲於驛亭。』

曹學佺《湘西紀行》上:『(四月)三十日發邵武。興公有詩見别云……余步韻云。』

秋冬間,徐𤊹與陳衎等往連江謁董崇相梅花閣。

陳衎《同徐興公薛君和林異卿展謁董相夫子宿梅花閣有序》(《玄冰集》卷九,鈔本)。

本年,謝肇淛晉廣西右布政使,尋晉左布政使。

據徐𤊹《中奉大夫廣西左布政使武林謝公行狀》(《小草齋文集》附録)。

本年，袁中道卒，年五十四。

按：據錢伯城點校《珂雪齋集·前言》（上海古籍出版社，一九八九年）。

本年，屠本畯卒。

張燮《聞屠田叔訃詩以哭之》（《群玉樓集》卷二十三）。

天啟四年甲子（一六二四）　歿後二十五年

本年，徐𤊹五十五歲。

本年，徐存永十一歲。

七月間，張燮由漳州往吳門，過會城，徐𤊹招其與崔徵仲等集緑玉齋。張燮盛贊𤊹藏書。

張燮《徐興公招同崔徵仲陳泰始集緑玉齋壘兒偕賦用平字》（《群玉樓集》卷十，崇禎刻本）。

張燮《簡徐興公》：『駐榕城十餘日，所不把興公臂者僅二日耳，卻無一日不相聞。此生如許邂逅絶少，故是一勝緣也。世上嗜書如賤父子，可謂與興公同癖，惜無從朝夕相對，罄此榷揚耳。』（《群玉樓集》卷六十七）

本年，謝肇淛提調省試。卒於萍鄉，年五十八。

徐𤊹《中奉大夫廣西左布政使武林謝公行狀》：『甲子，提調省試，事事精辨井然有條……客秋之杪，發桂林，途次病劇，猶檢點應朝諸重務，付諸藩幕。作書與僚友楊方伯鵬遥、曹憲

副能始永訣，且以竟未竟之志。十月二十三日，至萍鄉，遂卒於官邸……年五十有八。』（《小草齋文集》附録）

本年，鄭邦祥卒，年三十九。

陳衎《得鄭孟麟凶》：『行年將四十，與汝適同庚。』（《大江集》卷四）

按：陳衎生於萬曆十四年（一五八六），至今歲年三十九，邦祥與之同庚，亦三十九，即『行年將四十』。孟麟，即孟麐。

又按：此詩前《風雷》題注：『時天啟四年。』故邦祥卒於本年當無疑。

天啟五年乙丑（一六二五）　歿後二十六年

本年，徐㶿五十六歲。

本年，徐存永十二歲。

五月，朔，熥妻鄭氏卒。

徐㶿《答曹能始》：『以五月之望抵舍，先嫂以月朔棄世，不能少待也。』（《紅雨樓集·鼇峰文集》册八，《上海圖書館未刊古籍稿本》第四十四册）

按：此書題下注『乙丑夏』。

秋，送南居益中丞至建州，于書肆購得楊讓（榮子）所藏宋淳熙本《左傳》，並作題記。又送至武夷；回過建陽，刻《鼇峰集》前四册（次歲，𤊹又鬻田續刻，成二十八卷），滯留兩月。南居益致書張燮，請其爲《鼇峰集》作序。

徐𤊹題《左傳》：『建安楊讓，字允謙，文敏公之仲子也。少從潛習禮、李時勉遊，造詣甚深，所著有《澹庵集》。此書前有印章謙卦，余得之建州書肆，知爲讓家所存也……天啟乙丑初秋，送南中丞公至建州，購於開元寺，書以志喜。東海徐興公識。』（《重編紅雨樓題跋》卷一）

徐𤊹《答李公起》略云：『去歲南中丞爲弟梓小集，行建州書坊，值署印别駕不知雅道，又值中丞公奪爵之耗，别駕遂怠厥心，僅刻近體四册，今附往，請正。然弟亦自鬻汙萊數畝以竣劂事，完日始得奉教耳。』（《紅雨樓集·鼇峰文集》册八，《上海圖書館未刊古籍稿本》第四十四册）

按：此書作於次年。

南居益《鼇峰集序》：『天啟乙丑仲秋，關中南居益撰。』（《鼇峰集》卷首）

按：此文又見張燮《群玉樓集》卷四十三，爲張代作。

十月，十五日，葛一龍同王元直等登烏石山謁高賢祠，拜徐熥神主。

葛一龍《十月十五日同元直伯衍登烏石山尋高賢祠拜徐唯和主歷平遠臺夜宿元直家明日出閩》：『十里烟嵐截半城，苔鐫斑剥古雲傾。殘秋氣色悲朝暮，窮路交情感死生。橘叟荔仙臺榭出，雨師風伯海天晴。燈前落盡明朝淚，乙夜聽猿到五更。』（《矯褐吟》，《葛震甫詩集》，

崇禎刻本）

按：葛一龍《十懷詩·曹能始先生》：『閩詣予乙丑。』知一龍拜徐熥神主及所作詩在本年。

本年，熥長子莊已逾四十，稍能自立。

徐𤊹《寄李芾泉明府》：『幔亭先生兄所生舍侄，年逾四旬，稍能自立，已生二侄孫。』（《紅雨樓集·鼇峰文集》册七，《上海圖書館未刊古籍稿本》第四十四册）

按：𤊹生於隆慶四年（一五七〇），此書稱已『年五十五』，則書當作於天啟四年（一六二四）。然又云『有孤孫一人，年已十六』，『次兒才十二』。孫鍾震生於年萬曆三十八年（一六一〇），存永生于萬曆四十二年（一六一四），按此推算，此文作于本年。『年五十五』，爲約數。

本年，弟𤊹欲向張公子（大光之子）贖回徐熥宋硯一方。

徐𤊹《寄張公子叔弢之子》：『尊翁曾以三金購得先兄宋硯一方……尊翁往矣，不知此物尚存否？若自留用則已，倘欲售人，則不佞備價贖回，一以存尊翁手澤，朝夕見硯，如見尊翁也。□在通家，敢私布之，幸□慈炤不宣。』（《紅雨樓集·鼇峰文集》册七，《上海圖書館未刊古籍稿本》第四十四册）

按：參見萬曆四十六年（一六一八）《譜》。

本年，弟𤊹致書曹學佺，言熥未葬，不勝感愴。

徐𤊹《答曹能始》：『先兄并亡兒、亡妻未葬，力所弗及，中夜思之，不勝感愴。』（《紅雨樓集·鼇峰文集》册八，《上海圖書館未刊古籍稿本》第四十四册）

本年，鍾惺卒。

譚元春《退谷先生墓誌銘》：『退谷卒，壽蓋五十有二，生於萬曆甲戌七月二十七日，没以天啟四年六月二十一日。』（《譚元春集》卷二十五）

按：『四年』，元春誤書，當作『五年』。徐波《鍾伯敬先生遺稿序》：『乙丑六月捐館舍。』（《隱秀集》附録）乙丑，天啟五年。萬曆二年甲戌（一五七四）生，天啟五年乙丑卒，壽五十有二。

天啟六年丙寅（一六二六）　殁後二十七年

本年，徐𤊹五十七歲。

本年，徐存永十三歲。

春，徐𤊹貧日益甚，至鬻『二十一史』爲饔餐之計費；友人曹學佺寄書、詩重邀遊粵西。

徐𤊹《寄曹能始》：『子興歸，接手書及明貺，足仞存念，而見懷詩，情詞宛至，弟豈不欲爲粵西之行？但一出門，便有許多牽絓……弟生計無聊，貧日益甚。近鬻「二十一史」爲饔餐之

計費。書爲吾所愛，肯割捨而换阿堵？景況不足問矣。』（《紅雨樓集·鼇峰文集》册八，《上海圖書館未刊古籍稿本》第四十四册）

四月，重裝裱《空江秋笛卷》、《賓月樓卷》，並分別作題記，因憶及𤊹合爲一卷及作詩。

徐𤏡題《空江秋笛卷》：『向余兄惟和得之，以陳伯煒《賓月樓》合爲一卷，作歌題其殿。又逾三十餘秋，裝潢未善，余今分而爲二，正所謂離則雙美者也。天啟六年丙寅初夏，三山徐𤏡與公識於汗竹巢。』（《重編紅雨樓題跋》卷二）

按：𤊹《題賓月樓空江秋笛二卷後》（《幔亭集》卷三）。

十一月，徐𤏡应崇仁令崔世召之邀，抵崇仁。

徐𤏡《答張紹和》：『去年長至往崇仁，應崔徵仲之招。』（《紅雨樓集·鼇峰文集》册八，《上海圖書館未刊古籍稿本》第四十四册）

十二月，徐𤏡偶客巴陵，有詩書扇贈崔徵仲（詩今佚）。

徐𤏡《寄張曼胥》：『弟歲盡抵巴陵。』（《紅雨樓集·鼇峰文集》册八，《上海圖書館未刊古籍稿本》第四十四册）

又按：此書客崇仁事，知書作于次歲。

崔世召《臘月新春喜徐興公至巴陵貽詩扇頭和韻答之》（《秋谷集》下）。

本年，徐𤏡致書何喬遠，望《閩書》爲𤊹立傳。

徐𤊹《寄何匪莪司徒》：『昨歲因陳四游書郵之便，曾致先兄文集一部，想入台覽。先兄生平苦心吟詠，破産結客，中道而殂，其言具在。向承台翁許於《閩書》之中立一傳。前歲藩伯游公委修《通志》，獲睹《閩書》，而先兄之傳尚缺然也。三山自洪、永以來，功德之士，代不乏人，而立言如先兄者，亦頗足采，聞當道方在議梓。仰惟椽筆，爲闡幽光。』（《紅雨樓集·鼇峰文集》册八，《上海圖書館未刊古籍稿本》第四十四册）

按：《閩書》卷七十四《英舊志·縉紳》有《徐棉傳》；卷一百二十六《英舊志·韋布》有《徐熥傳》：『徐熥，字惟和。父棉，以《易》名家，仕永寧令。熥數上公車不第，與其弟𤊹肆力詩歌，諸體並擅。所著《幔亭集》二十卷。又歷選閩中諸先詩十二卷，名《晉安風雅》。』

本年，曹學佺在粤西遭嚴譴，放歸；途中繼母李氏卒。

曹學佺《憶昔詩十首》，題下小注：『憶昔者，因獲歸而思昔也。蓋天啟六年丙寅歲十月望後事。』（《更生篇》上）

曹學佺《先妣李淑人墓銘》：『余繼母李淑人出自南臺横山望族……母生於嘉靖甲子歲十月十四日卯時，卒於天啟六年十二月初七日酉時。』（《石倉三稿文部》卷七）

天啟七年丁卯（一六二七） 歿後二十八年

本年，徐𤊹五十八歲。

本年，徐存永十四歲。

春，徐𤊹偶客巴陵，訪雪迹禅师于普安古寺；旋至崇仁。徐𤊹致書喻政，請求借《幔亭集》予彭次嘉《明詩彙韻》采擇。徐𤊹在崇仁又致書彭次嘉，論當今詩壇，稱熥爲海岳之精英，人中之麟鳳。

徐𤊹《懷素聖母帖》：『天啟丁卯春正月，偶客巴陵，訪雪迹禪師于普安古寺，出《懷素聖母帖》共觀。』（《重編紅雨樓題跋》卷二）

徐𤊹《寄喻宣仲》：『彭次嘉近有書云選《明詩彙韻》，而弟拙作業已採入，不勝惶愧。弟此回未曾攜得家兄《幔亭集》在槖中，記得兄家有先集，可借與次嘉一選，生死之感也。』（《紅雨樓集·鼇峰文集》册八，《上海圖書館未刊古籍稿本》第四十四册）

按：應崇仁令崔世召之邀，徐𤊹於天啟六年（一六二六）冬至日至崇仁，本年四月抵家。詳《𤊹譜》。

徐𤊹《復彭次嘉》：『今日，楚派聿興，競新鬥巧，體不必漢魏六朝，句不必高、岑、王、孟，一篇之中，則之乎也者，字眼已居其半；牛鬼蛇神，令人見之縮項咋舌，詩道如此，世風可知。今吳人從風而靡，皆效新體，反嗤歷下、瑯琊爲陳腐。總之，學識不高，便爲之蠱惑。獨㪚郡人稍稍立定腳根，畢竟以唐人爲法。近亦有後進習新體者，衆擯斥之，所以去詩道不遠矣……若不肖所交遊稱同社者則有：鄧參軍原岳、葉相國進卿、陳民部勳、謝方伯肇淛、陳太學益祥、陳茂才价夫、孝廉薦夫、陳京兆一元、孫學憲昌裔、曹廉訪學佺、馬州倅欻，並家孝廉熥，亦皆有刻集，多者二三十册，少者亦七八册，實海岳之精英，人中之麟鳳也……先孝廉有《幔亭集》二十卷，此番未曾攜入橐中，俟弟返舍，覓便寄上。』（《紅雨樓集·鼇峰文集》册八，《上海圖書館未刊古籍稿本》第四十四册）

夏，徐𤊹於建州淹留兩月。

徐𤊹《寄余中丞》：『今夏候謁直指公，於建州淹留兩月……丁丑九月廿三日。』（《紅雨樓集·鼇峰文集》册八，《上海圖書館未刊古籍稿本》第四十四册）

本年，鄒氏仲姊卒。

徐𤊹《祭謝氏姊文》：『丁卯，鄒氏仲姊又逝矣。』（《紅雨樓集·鼇峰文集》册十，《上海圖書館未刊古籍稿本》第四十五册）

按：據徐日焜等《荆山徐氏譜·世系考》，仲姊名潔，適知縣鄒一麟，有一男，名學閑（又據《祭謝氏姊文》，則𤊹甥名良策）。與熥、𤊹、熛俱林出。

本年，鄧慶寀搜徐熥文集，文集板熥子莊當于蔣子才家。

徐𤊹《答鄧道協參軍》：『先兄文集板，舍侄當在蔣子才家，承示容即印佳紙寄上。』（《紅雨

樓集·鼇峰文集》册七,《上海圖書館未刊古籍稿本》第四十四册)

按:此書作於本年,詳《㶿譜》。

本年,黄居中擬爲徐㶿刻《筆精》。

邵捷春《徐氏筆精序》略云:『丁卯歲,友人鄧道協參軍事於陪京,篋笥以行,爲温陵黄明立先生所編定,俾之剞劂。』(《筆精》卷首)

崇禎元年戊辰(一六二八)　歿後二十九年

本年,徐㶿五十九歲。

本年,徐存永十五歲。

本年,曹學佺憶三山社中先亡諸友,因及熥。

曹學佺《鄧道協詩序》:『余三山社中先亡者,如陳汝大、陳汝翔、陳伯孺、袁無競、林子真,或耄而遷,或少而折,皆不離諸生也。又如徐惟和、陳幼孺則既舉孝廉矣,而不得一第。』(《石倉三稿文部》卷二;又《還山草》卷首,崇禎本)

按:鄧慶寀,字道協,又作道叶,原岳子,有《還山草》。《賜環篇》有《鄧道叶詩集内有美人垂釣一首余戲用樂府體和之》,《賜環篇》録戊辰詩,學佺爲道協作序,翻檢其詩,故有和。《鄧道協詩序》列于《石倉三稿文部》卷二末尾第三篇;《石倉三稿文部》卷三第四篇爲《徐興公六十壽序》，《壽序》作於崇禎二年（一六二九），故《鄧道協詩序》當作於是年。

本年，鄧慶寀由南京還閩，有詩憶及熥；徐𤊹有和詩。

鄧慶寀《同曹能始陳軒伯林異卿集徐興公緑玉齋因憶惟和先生》：『八年别去九仙山，此日重來一扣關。但有蒼苔生石上，依然緑竹擁窗間。先人交道知仍在，伯氏吟魂吊不還。自逐微名奔走後，青尊猶愧洗塵顔。』（《還山草》，崇禎本）

徐𤊹《和鄧道協參軍同曹能始陳軒伯林異卿集緑玉齋因憶惟和伯兄》（原無題，題爲撰者所擬）：『叢竹青青映小山，故人相念扣柴關。僑居遠卜三吴外，惆悵俄驚八載間。漫道藩羊羸易觸，且看林鳥倦知還。爲官拓落應休問，聊借芳尊一破顔。』（鄧慶寀《同曹能始陳軒伯林異卿集徐興公緑玉齋因憶惟和先生》附，《還山草》，崇禎本）

崇禎二年己巳（一六二九）　殁後三十年

本年，徐𤊹六十歲。

本年，徐存永十六歲。

正月，徐𤊹與陳仲溱、曹學佺、安國賢、林嘉、林雲翔及子存永等會葬兄熥；並作《先伯兄安葬鹿坪山承諸友會送答謝》二首。熥墓爲學佺捐金所築。

《荆山徐氏族譜·詩文集》：『己巳正月八日會葬徐惟和先生于鹿坪山，墓與丁戊山人相鄰。曹能始相鄰山，爲作《墓誌銘》。』

按：能始集中無徐熥《墓誌銘》。

又按：丁戊山人，即傅汝舟（一四七六—一五五五後），初名舟，字遠度，又字木虚，一字磊老，以家在丁戊山自稱丁戊山人，又自稱七幅庵主人、步天長前邱生等，侯官人。二十歲北試不第，棄舉子業。好神仙，恣游各地。正德十年（一五一五），與高瀔游鄭善夫門，有《傅木虚集》。

陳仲溱《喜曹能始爲徐惟和下葬》：『買得青山葬豈遲，鹿坪春草薙葳蕤。一抔此日澆高士，六尺當年寄阿兒。文字不忘酬較洽，交情寧爲死生移。千秋華表魂應返，壠上銜恩化鶴知。』（《嚮山集》，《石倉十二代詩選·社集》）

陳仲溱《徐惟和歸葬鹿坪山》：『深松如蓋草如茵，杯酒空澆勺土新。碑上雕龍題幼婦，陵前下馬集詞人。幔亭仙子藏幽壑，丁戊先生結比鄰。從此黄墟永成隔，千秋高誼見情真。』（《嚮山集》，《石倉十二代詩選·社集》）

徐𤊹《先伯兄安葬鹿坪山承諸友會送答謝》二首，其一：『故交投贈買山貲，歸骨狐丘豈恨遲。瞻望若堂仍若斧，往還如慕復如疑。許心誰掛延陵劍？拭目爭看有道碑。應待他年遼鶴返，下窺塵世塚纍纍。』其二：『窀穸新營魄可存，冥冥泉路永無光。一抔得傍要離塚，千

載如臨劇孟喪。後輩吹簫來墓所，故人聞笛愴山陽。薤頭曉露晞何易，腸斷歌聲出北邙。」（《荊山徐氏族譜·詩文集》）

附諸家會葬詩：

曹學佺：「故交新歲葬丘樊，會葬江鄉始出門。白璧人非誰不歎，青山道在久彌尊。友生痛訣皆臨穴，兄弟悲歌切在原。底事可關千古思，萋萋芳草怨王孫。」（曹學佺此詩又見其《賜環篇》下，題爲《初八日過唐堀送徐惟和葬》）

安國賢：「予當生掛桑弧日，君正高登仕籍時。璧重連城何早折，玉埋芳塚自今悲。低徊下馬摹新碣，仰止雕龍讀舊詩。十里鹿坪山色暮，春風空見草離離。」

林嘉：「羽化俄驚三十年，交深生死誼堪憐。豐碑千載酬知己，短劍今朝掛古阡。白社談詩空喆匠，青山結伴有高賢。匏尊未薦腸先斷，忍聽枝頭泣杜鵑。」

林雲翔：「通家高誼説南州，未接豐標思轉愁。馬鬣故交營尺土，騷壇大業歷千秋。偏逢詞客鄰黃壤，獨恨文人不白頭。回首鹿坪山色裡，夕陽斜映古松楸。」

徐延壽：「三十年來藁殯宮，新春會葬鹿坪中。曼卿喪事貧難舉，范式交情死更通。挽柩歌聲悲薤露，沾夜淚血灑松風。山南山北纍纍塚，千古賢愚自不同。」（以上均見《荊山徐氏譜·詩文集》）

陳衍有《徐惟和墓》，題注：「地名鹿坪，與傅丁戊墳比鄰，曹能始捐金所築。」詩云：「鹿坪山色偃長松，三尺新城馬鬣封。華表昔曾飛一鶴，延津今已臥雙龍。承家有子如崔揖，崔揖，六朝人，不自葬父。受業何人是顧雍。他日墳頭應掛劍，莫令霜露繡芙蓉。』（《大江草堂集》卷六）

按：天啟五年，徐𤊹致書曹學佺，言熥及妻、兒未葬。詳該年《譜》。

又按：曹學佺與徐熥兄弟情誼至深。除早年倡和之外，熥卒，即有吊詩、懷詩。曹學佺歸家即往哭之，又有祭文。此年捐資爲熥築墳。數年後，又捐資爲𤊹建宛羽樓以貯其書。而曹氏著述所用書，隨時可向徐氏借取，即便熥卒，𤊹外出，𤊹子鍾震也在所不啬，猶如家人。

七月，徐𤊹六十壽辰，曹學佺爲壽序，憶及徐𤊹少時得于兄熥之教。

曹學佺《徐興公先生六十壽序》：『少長於其父兄之教。』（《石倉三稿文部》卷三）

十一月，徐𤊹偶游樵陽（邵武）。

徐𤊹《邵武重創宜陽庵募緣疏》：『樵川山巒環麗，城以北爲尤勝，去城廿里，地名泥洋，群峰秀拔，松千章，竹萬挺，蒼鬱蔽虧……崇禎己巳仲冬望後徐興公題。』（《紅雨樓集·鼇峰文集》册九，《上海圖書館未刊古籍稿本》第四十四册）

本年，曹學佺長子孟嘉卒。

曹學佺《至日悼亡·序》：『丁卯，嘉厠賢書，己巳不禄。』（《西峰六二集詩》）

按：孟嘉，字子興，天啟七年（一六二七）舉人，卒時年二十九。

崇禎三年庚午（一六三〇） 歿後三十一年

本年，徐𤊹六十一歲。

本年，徐存永十七歲。

春，徐𤊹往漳州。三月，自漳州返。

曹學佺《喜徐興公歸自清漳因柬曹元宰太守》（《西峰六七集詩》）。

四月，徐𤊹與高景、林寵遊雪峰寺，有題刻並詩。

徐𤊹《雪峰寺志》卷八《藝文志》：『歲在庚午，復履斯地，而求其先代遺文古碣，寥寥殆不可覓。』

徐𤊹《雪峰寺志》卷二《創立志》『枯木庵題刻』條：『崇禎庚午四月八日，徐𤊹、高景、林寵來。』

按：參見萬曆三十九年（一六一一）《譜》。

秋，徐𤊹長女貞病卒；弟熛又逝，年五十五。

徐𤊹《祭謝氏姊文》：『去年秋，長女適廖氏，病卒；未幾，季弟維揚又逝……』（《紅雨樓集·鼇峰文集》册十，《上海圖書館未刊古籍稿本》第四十五册）

按：《祭謝氏姊文》作於崇禎四年四月，詳下。

按：據徐日焜等《荆山徐氏譜·世系考》，㶿二女：貞、淑。按排序，長女當爲貞。

《荆山徐氏族譜》：『（熛）生嘉靖四十五年（一五六六）丙寅九月二十一日子時，萬曆四十八年庚申（一六二〇）四月亥時，壽五十五。葬祖墳左畔。』

按：熛仲兄㶿生於隆慶四年（一五七〇），熛生年不可能早於此年，《族譜》熛生卒年誤。

又按：據徐㶿《祭謝氏姊文》：『維崇禎四年四月廿八日……㶿獨與老姊無恙，差自慰矣。不意姊復舍我而和長往耶！四十年來，哀疚頻仍，骨肉凋零殆盡，自秋徂夏，僅半載。』（《紅雨樓集·鼇峰文集》册十，《上海圖書館未刊古籍稿本》第四十五册）

又按：祭文作於崇禎四年（一六三一），則熛卒於本年。如卒年五十五不誤，則生於萬曆四年（一五七六）。詳下年《譜》。

冬，陳鴻過華嚴東禪兩寺，見壁間徐惟和詩，用其韻和之。

陳鴻有《過華嚴東禪兩寺尋梅和徐惟和壁間韻》：『尋梅滿路著花稀，不見殘年幾點飛。處處寺從田畔久，村村云自岳前歸。霜禽啼暝爭窺席，寒蝶知春欲上衣。爲和壁間詩乍就，松西催落夕陽微。』（《秋室編》卷六）

崇禎四年辛未（一六三一）　殁後三十二年

本年，徐𤊹六十二歲。

本年，徐存永十八歲。

本年，黄居中爲徐𤊹《筆精》作《序》，憶及熥狎主三山社。

黄居中《徐氏筆精序》略云：『與公篪伯氏惟和，狎主三山社。』（《筆精》卷首）

本年，謝氏姊卒，年八十七。作祭文，感歎父母、兄（熥）弟（熛）、姊妹、妻、子先亡。

徐𤊹《祭謝氏姊文》：『維崇禎四年四月廿八日，爲先姊謝門八十七壽，太淑人三七之辰，哀弟𤊹謹以瓣香清酒酌爲文以哭，曰：人生所最苦者，莫如父母、兄弟、姊妹、妻、子先亡也。吾同氣五人，少時父母俱存，兄弟無故，天倫至樂。萬曆辛卯、壬辰，吾父母相繼而逝矣。己亥，伯兄惟和又逝矣。丁未、戊申，弟婦高、生母林又相繼逝矣。丙辰，長兒陸；丁卯，鄒氏仲姊又逝矣……盈盈之淚，不絕如綆縻，迴思父母、兄弟、姊妹、妻、子皆在九原，祇留不肖者在人世，唇亡則齒寒，芝焚而蕙歎，良足懼也。烏能不躃踴而慟絶乎！況是日爲姊生辰，往年必設宴稱觴，座客滿堂，今年乃易慶爲弔，益令人涕泗交頤，哭姊者並痛吾骨肉，且悲在杭甥俱入九泉耳。同哭奠者，姪莊、陛、陞、隍、延壽，姪孫鍾泰、鍾震、鍾儁、鍾益、鍾英、鍾岳，姪婿林如稷、王文傍、張廷選、康守廉，甥鄒良策也。哀哉，尚享！』（《紅雨樓集·鼇峰文集》

册十，《上海圖書館未刊古籍稿本》第四十五册）

按：徐𤊹父母、兄弟、姊妹、妻、子之喪，詳萬曆十九年（一五九一）、二十年（一五九二）、二十七年（一五九九）、三十五年（一六〇七）、三十六年（一六〇八）、四十四年（一六一六）、天啟七年（一六二七）、崇禎三年（一六三〇）及本年《譜》。

又按：謝氏姊卒年八十七，則生於嘉靖二十三年（一五四四）。

又按：謝氏姊，即謝肇淛父汝韶之繼室。

本年，何喬遠卒。

李焻《先師何鏡山先生行述》：『吾師鏡山何先生，以壬申立春後七日卒城正寢。蓋享年七十有五。』（《鏡山全集》卷首）林欲楫《先師何鏡山先生行略》附何九雲識語：『先君以十二月二十二日子時，未疾而逝。』（《鏡山全集》卷首）

按：十二月二十二日，公曆已入一六三三年。

本年，李時成卒。

《白湖集》卷末：『崇禎四年孟夏二十有六日，先兄明六謝世。』

崇禎五年壬申（一六三二）　歿後三十三年

本年，徐𤊹六十三歲。

本年，徐存永十九歲。

十二月，徐𤊹客古田，訪張文鈞叟。子存永與孫鍾震于緑玉齋陪侍曹學佺等。

徐𤊹《哭玉田張子文鈞叟》：『去臘山城訪故人，暮年相見倍情親。』（鈔本《鼇峰集》）

按：此詩作於崇禎六年（一六三三），詳《𤊹譜》。

又按：曹學佺《同周爰粲周方叔薛當世林恬生諸子過緑玉齋時與公客古田未返其子存穎孫器之陪侍》略云：『春信迫殘歲，主人歸尚遲。兒孫能好事，不令歎淒其。』（《西峰集》下）

本年，曾異撰過古田，遊極樂寺，見熥題壁詩，和之。

曾異撰《客玉田初秋遊極樂寺村落中能有琴酒之僧即事次壁間徐惟和韻二首》，其一：『秋爽山中麈話長，佛龕旁倚小匡床。輿霑松路一肩雨，桐引梅花十指霜。病客不辭茶事苦，老僧親汲酒泉香。醉鄉净土隨游戲，未省何如南面王。』其二：『荷柄沿堦尺許長，也能分緑上胡床。百年棋酒無多日，四十鬚眉一半霜。醉眼不知佛國大，晤言時聽木犀香。清池顧影從吾老，未肯遮羞借釀王。』（《紡授堂集》詩集卷五，崇禎刻本）

按：此二詩和熥《古田極樂寺曉起》（《幔亭集》卷八）。參見萬曆二十三年（一五九五）《譜》。

又按：曾異撰《謁林劍溪先生祠有序》：『崇禎五年夏秋之交，晉江曾異撰客游玉田，寓於西山之麓。』(《紡授堂集》詩集卷五)此詩列於上引二詩之後,據此,異撰本年夏秋有古田之遊。

本年,邵捷春捐貲爲徐𤊹刻《徐氏筆精》,工峻,爲之作《序》,稱𤊹名譟天下。

邵捷春《徐氏筆精序》略云:『予友徐興公所著《筆精》,殫列窔奧,剖析同異,多擴前哲所未發,允爲後進指南……興公一布衣,名譟天下,予安足取重,倘附明立之後,庶幾藉以不朽也夫。崇禎壬申歲冬月,前進士行人尚書文部郎,參知西川行省兩浙觀察使友弟邵捷春撰。』(《筆精》卷首)

崇禎六年癸酉(一六三三)　歿後三十四年

本年,徐𤊹六十四歲。

本年,徐存永二十歲。

六月,子莊卒,年五十。

按:詳萬曆十二年(一五八四)《譜》。

九月,林古度自金陵歸閩中,訪徐𤊹,贈詩。

徐𤊹《林茂之自秣陵歸里以詩見貽次韻奉答》:『老去無營背□暄,桑榆猶幸此身存。舊交零落歸黃土,新事殷勤訊白門。言出足稱真長者,詩成寧愧令先尊。重逢莫問吾生計,空有

青編付子欣。』（鈔本《鼇峰集》）

按：林古度有《自秣陵歸里贈徐興公》（詩題爲筆者所擬）：『別來不記幾寒暄，書問時時兩寄存。歸里每勞君勸駕，乘秋方及我登門。林間祇解將身隱，徐穉真看以道尊。千古最詩傳著作，青雲事業有兒孫。』（徐𤊹《林茂之自秣陵歸里以詩見貽次韻奉答》附）

本年，福清令費道用捐俸爲刻《閩南唐雅》。

《四庫全書總目》卷一九三：『明徐𤊹編，費道用、楊德周等補之。德周序言之明，而卷首題名乃稱道用輯，德周訂，而𤊹校之。殆𤊹爲閩人，而道用、德周皆閩令，故讓善於二人也。』

按：費道用，字闇如，石阡人，官福清縣知縣；楊德周，字齊莊，鄞縣人，萬曆壬子舉人，有《澹圃芋記》。

徐𤊹《送福清令公費闇如入覲》：『琴調單父尊賢治，詩采唐人捐俸刊。時公捐俸刻《閩南唐雅》。』（鈔本《鼇峰集》）

按：詩作於本年，詳《𤊹譜》。

本年，林應起卒。

徐𤊹《哭林熙工封君十一月廿六日卒》：『憶昔神皇十六年，紅顏締好到華顛。菩提了悟能成果，瓜葛相依有夙緣。受得皇家恩已渥，亭來人世福俱全。哭君不用增悲慟，知占西方九品蓮。』（鈔本《鼇峰集》）

崇禎七年甲戌（一六三四）　歿後三十五年

本年，徐𤊹六十五歲。

本年，徐存永二十一歲。

十月，曹學佺捐貲助徐𤊹構藏書樓——宛羽樓落成。

徐𤊹《曹能始捐貲助予構書樓顔曰宛羽取宛羽委陵藏書之義落成日感而答之》其一：『片石孤峰削不如，仙臺一半入樓居。南窗穩臥邯鄲枕，東壁深藏宛羽書。舊種荔奴爭掩映，新分竹祖待扶疎。巢由豈必尋山隱，人境從來可結廬。』其二：『老營書屋抑何癡，白首那能更下帷。八面登臨堪縱目，四時吟詠獨支頤。石燈照壁光遥射，寶塔窺牆影倒移。多謝錦江王録事，欣然先贈草堂貲。』（鈔本《鼇峰集》）

本年，吴門沈顥贈𤊹詩，詢及熥身後。𤊹作詩答之。參見《𤊹譜》。

沈顥詩：『奚囊瘦馬閩廬城，久向空山記姓名。君是南州稱孺子，我移東郭愧先生。齊梁詞賦推今古，閩越風煙憶弟兄。此日相逢多異色，枕中鴻寶贈須傾。』（鈔本《鼇峰集》附）

徐𤊹《吴門沈朗倩見贈詩畫並詢及伯兄身後感而賦答次來韻》：『匹馬南來海上城，休文聲韻夙知名。杯浮竹葉深埋照，紙製桃花濇寫生。頂禮雲門稱法嗣，追思風調問亡兄。詞壇意氣神交久，莫道今朝蓋始傾。』（鈔本《鼇峰集》）

本年，曹學佺名今年所作詩文爲《六一集》，擬今後一歲之作都爲一集。周嬰《六三集小序》：『先生云：吾自年六十來，詩若文集以歲名，故甲戌爲《六一集》，乙亥爲《六二集》。』（《六三集》卷首）

本年，韓錫卒。

錫，字晉之，閩縣（今福州）人，萬曆末年補博士弟子員，有《榕庵集》。陳衎《哭韓晉之》：『秋色轉蕭森，百卉何蒼涼。』（《大江草堂集》卷二）此詩在《閏中秋同正則共酌梅石岡》之後，仍在秋日。本年閏中秋，知錫於此秋。錫生年待考。

崇禎八年乙亥（一六三五） 歿後三十六年

本年，徐𤊹六十六歲。

本年，徐存永二十二歲。

三月，上巳，携存永往建州，先後訪甌寧令詹月如、建安令王馬石、建陽令沈弁丘、廣文鄒銓。

徐𤊹《訪詹月如甌寧令廣豐人，字仲常》、《訪王馬石建安令君字永叔，桃源人》、《訪沈弁丘建陽令字鉉玉，江陰人》、《送笪我貞太守還句容名繼良》、《訪鄒爾敘述廣文號平子》（鈔本《鼇峰集》）。

夏、秋，在建州。

徐𤊹《夏日憩芝山開元蘭若》、《秋夜郭懋荆招同戴叔度林異卿葉我賓練元素集符山寺寓觀妓慧珠雙桂素卿三姬度曲》(鈔本《鼇峰集》)。

冬，徐𤊹客建陽，遊武夷，有卜隱武夷之意。歸家已臘盡。

徐𤊹《七至武夷同壽兒宿萬年宫》：『我欲買山成小隱，春風長看碧桃開。』

徐𤊹《卜隱武夷陳昌基以詩見促次答》：『帶索行歌學啟期，峰巒六六盡相知。浮生但恐無常速，卜隱應慚有願遲。商嶺鴻冥師綺里，華山驢背隱希夷。青芙買得岩居樂，數畝春田植杖耔。』(鈔本《鼇峰集》)

本年，徐𤊹于坊刻中抄得熥制藝一篇。

徐𤊹《與耿克勵》：『先伯兄制藝亦有可觀者，緣弟少時蹤跡多四方，而猶子不類，皆致散失。向於坊刻抄得一篇，並墨卷奉上，不審可附梓否？』(《紅雨樓集·鼇峰文集》册三，《上海圖書館未刊古籍稿本》第四十二册)

崇禎九年丙子(一六三六)　歿後三十七年

本年，徐𤊹六十七歲。

本年，徐存永二十三歲。

七月，弟𤊹作《鄭善夫全集序》提及熥所得《少谷雜著》一種。

徐𤊹《鄭善夫全集序》：『先伯氏惟和曾得《少谷雜著》一種，予得《經世要談》一卷，遺詩一卷，遺文數十篇，尺牘數十幅，皆先生手録者，乃盡授道協彙爲全集。』（《鄭少谷先生全集》，明邵捷春輯，崇禎九年鄭奎光刻本，國家圖書藏本）

十二月，徐𤊹有書致漳州張燮，擬于明年初春往建州謀刻文集。所積書爲人盜去甚夥。

徐𤊹《答張紹和》：『歲杪兩得兄書，乃王東里使者携至……弟有拙文二十卷，雖不足觀，然欲於未死之年梓之。上元時節，便到建州謀此事。餘客嗣布。十二月廿三日。』（《紅雨樓集·鼇峰文集》册四，《上海圖書館未刊古籍稿本》第四十三册）

曹學佺《元日過徐興公即事》附注：『時徐興公所積書爲人盜去甚夥。』（《西峰六四集詩》）

本年，曹學佺爲徐𤊹宛羽樓作記，以爲佛、道有藏，儒獨無，當建儒藏爲補闕典。

曹學佺《宛羽樓記》略云：『愚嘗聞會稽有宛委山，大禹以藏金匱石室之書，故于興公徐氏之新樓成而欲以「宛委」命之，又嫌其貳於越也，乃易而爲「宛羽」之名……且如釋、老二氏俱有藏板，而儒書獨無。愚甚憤之，妄意欲輯爲《儒藏》以補闕典，但卷帙浩繁，固不勝收，而玉石叢混，觀覽亦難。乃復擷其精華，歸諸部分，庶免掛漏之譏與夫龐雜之患。』（《西峰六四文》）

崇禎十年丁丑（一六三七） 歿後三十八年

本年，徐𤊹六十八歲。

本年，徐存永二十四歲。

三、四月，徐𤊹之建州，孫鍾震隨行，擬往武夷，淫雨溪漲，滯匝月，歸。

曹學佺《送徐興公之建州兼簡顧韻玻使君》二首（《西峰六四草》）。

徐𤊹《寄夷穉生》：『丁丑，應直指復相訂，必遍游三十六峰爲快，詎意抵建州，淫雨匝月，溪漲不能行，遂歸。』（《紅雨樓集·鼇峰文集》册五，《上海圖書館未刊古籍稿本》第四十三册）

按：三十六峰，指武夷山。

八月，徐𤊹與王伯山、陳仲溱、陳宏己、董應舉、馬欻、楊穉實、崔世召、曹學佺結『三山耆社』，並作《三山耆社詩》（詩題筆者所擬）。

曹學佺《三山耆社詩敬述》：『司馬君實，六十有四。耆英之社，固與其次。予丁茲年，恰與相值。德位莫崇，誰云攸企。惟是諸公，不我遐棄。用以祓塵，觴行舉觶。往者不追，來猶可冀。斯文任天，共扶罔墜。』《附記》：『是日，與會者王伯山文學年八十四，陳惟秦居士年八十三，陳振狂秘書年八十二，董崇相司空年八十一，馬季聲州佐年七十七，楊穉實督學年七十六，崔徵仲刺史年七十一，徐興公鄉賓年六十八，予學佺爲最少云。值社芝山之龍首亭，

自不佞始，願與諸公歲歲續茲盟焉。崇禎丁丑八月之十三。』(《西峰六四草》)

本年，曹學佺爲徐𤊹宛羽樓作記，言每每借書於徐家。

曹學佺《宛羽樓記》：『予妄欲著作而藏蓄不廣，且亦多亡，每每借本于興公，興公之意，略無倦怠。即或他出，厥子若孫亦善體祖父之志。故予遇有乏，若取諸宫中而用之。』(《西峰六四文》)

本年，曹學佺分省分府選刻《明詩》大致完成。

徐𤊹《寄李公起》：『弟以暮春往建州……曹能始刻詩，已分各省各府。今冬可完，當購楮總印全集，計百餘册，則二百七十年文獻，犂然具在也……七月初三日。』(《紅雨樓集·鼇峰文集》册四，《上海圖書館未刊古籍稿本》第四十三册)

崇禎十一年戊寅(一六三八)　歿後三十九年

本年，徐𤊹六十九歲。

本年，徐存永二十五歲。

初夏，徐𤊹避讒，攜存永出遊浙江，曹學佺有詩送之。

曹學佺《送徐興公》二首，其一：『寇遠猶堪避，讒深不可幾。無言仍道路，有子即庭闈。何者爲今是，如君傍古稀。堤頭空折贈，柳絮已飛飛。』(《西峰六五集》)

冬，徐𤊹往山東依顔繼祖，至濟南城下，顔贈還鄉之資斧。值虜氛報警，濟南失守，幾作刀下之俎。又由濟寧閘河而歸。後於吳門度歲。

徐𤊹《寄邵肇復》：『某從别後，食貧不堪。去夏出游吳浙，落落不稱意，妄想山東開府有舊雅，間關數千里，往訪之。正值虜氛告急，災切震鄰。開府無心留客，客亦不留，僅住三日，贈我資斧而歸。若稍稽延，必作刀下之俎。此又大幸也。』（《紅雨樓集·鼇峰文集》册四，《上海圖書館未刊古籍稿本》第四十三册）

本年，曹學佺所編選《十二代詩選》陸續梓行。

徐𤊹《寄冒嵩少》：『能始選梓《十二代詩》，太翁老先生及佳作俱已刊行，然《淮海英靈》收之未盡。』（《紅雨樓集·鼇峰文集》册五，《上海圖書館未刊古籍稿本》第四十三册）

徐𤊹《寄蔡熙陽元戎》：『敝友曹能始觀察，年來徧輯《十二代詩選》，而本朝尤盛，老祖臺向見教諸集，業已授梓行世。』（《紅雨樓集·鼇峰文集》册五，《上海圖書館未刊古籍稿本》第四十三册）

崇禎十二年己卯（一六三九）　殁後四十年

本年，徐𤊹七十歲。

本年，徐存永二十六歲。

春，徐𤊹與子存永訪錢謙益于拂水，搜所藏書，並相約讀書山中。錢謙益有詩相贈。

錢謙益《列朝詩集小傳》丁集下：『崇禎己卯，（興公）偕其子訪余山中，約以暇日，互搜所藏書，討求放失，復尤遂初、葉與中兩家書目之舊。能始聞之，欣然願與同事。』

錢謙益《晉安徐興公過訪山中有贈》：『哀衣應杖到松蘿，清曉柴門散雀羅。古硐寒生流水靜，閒庭客到落花多。偉長舊著推《中論》，孝穆新聲入豔歌。興公子存永能爲豔詩。聞道五車仍插架，載書何日許重過？』（《牧齋初學集》卷十五《丙舍詩集》上）

冬，徐𤊹往漳州吊顏繼祖；又欲往潮陽，因漳浦寇起，不果行。

徐𤊹《寄吴光卿》：『庚辰之冬至漳州，哭吊中丞，去潮陽不遠數舍，因念與老祖臺爲别十稔，欲效山陰訪戴故事，先遣一力通問於别駕，黄元常賴爲地主，便與祖臺作平原十日歡，詎漳浦寇起，小力行至閩粤交界，遭强寇截路。』（《紅雨樓集·鼇峰文集》册五，《上海圖書館未刊古籍稿本》第四十三册）

本年，曹學佺爲徐𤊹子存永、孫鍾震刻集，合爲《二徐詩選》；陳衎爲之序，以爲熥、兄弟遞相雄長，主盟東南一帶。

陳衎《二徐詩選序》：『徐氏自永寧公藻繪文囿，惟和、惟起兄弟遞相雄長，主盟東南一帶。存永，惟起愛子；器之，嫡孫也。兩少年俱於總丱之時，便登壇樹幟……存永，賦性簡通，怡情綺秀。悠然塵滓之外。器之，圭方璧圓，邃茂凝潔，望之肅人心目，故其爲詩，亦各相肖。

曹公能始選梓以行，較之藏稿僅什之四，蓋從吳冶索鉤，先求拂彗，亦於崑林擇玉，或遺垂光耳。然則，氣鍾一門，聲施當代，如徐氏者，可數見耶？三復篇章，重爲志感云爾。』（《大江草堂二集》卷十二）

本年，曹學佺選刻《明詩選》已完成，明歲擬選《明文》。

徐𤊹《答陶嗣養》：『曹公方今先了《詩選》，明歲欲選《明文》，則當奉邀校讎。』（《紅雨樓集·鼇峰文集》册七，《上海圖書館未刊古籍稿本》第四十四册）

本年，董應舉卒，年八十三。

按：據《福建通志·董應舉傳》：『卒年八十三。』（《董崇相集》卷首）參見嘉靖四十年（一五六一）《譜》。

又按：曹學佺有《挽董司空》（《西峰用六集詩》）。

本年，崔世召卒，年七十三。

徐𤊹《寄崔玉生兄弟》：『不肖三月中抵舍，陟聞尊公凶問，不勝驚愕……尊公壽不滿德，然尼山聖人、考亭夫子，皆年七十三而化，以大聖大賢，但符此筭，而尊公自有不朽大業，流芳百世，生榮死哀，夫何尤哉！』（《紅雨樓集·鼇峰文集》册四，《上海圖書館未刊古籍稿本》第四十三册）

按：世召生於隆慶元年（一五六七）。

崇禎十三年庚辰（一六四〇）　殁後四十一年

本年，徐𤊹七十一歲。

本年，徐存永二十七歲。

春，徐𤊹客漳州，與張燮議梓《唐賢七十二家》。

陳衎《徐存永招集宛羽樓得庭字時興公客遊未歸》：『元夕雖當荒歉後，家家簫鼓不曾停。』（《大江草堂二集》卷六）

徐𤊹《寄楊南仲》：『郡伯與紹和議梓《唐賢七十二家》，允爲盛典，𤊹亦預校讎，此集行，亦大愉快也……庚辰正月廿四日。』（《紅雨樓集・鼇峰文集》册四，《上海圖書館未刊古籍稿本》第四十三册）

三月，徐𤊹歸家數日，張燮卒，年六十八歲。

徐𤊹《寄陳子潛未送》：『客漳半載……初六日，抵舍。未幾，聞紹和之訃，爲之仰天悲號。紹和名重一時，千秋事業，足以不朽。弟家貧子幼，將來之事，作何支撐，念之愴然……三月十五日。』（《紅雨樓集・鼇峰文集》册四，《上海圖書館未刊古籍稿本》第四十三册）

四月，徐𤊹致書友人，感歎四方雲擾，未必能老死于太平之世。

徐𤊹《復邵見心》：『今四方雲擾，獨吾閩稍稍偷安。弟年已七十矣，不知能老死太平乎否

也。』（《紅雨樓集·鼇峰文集》册五，《上海圖書館未刊古籍稿本》第四十三册）

本年，曹學佺撰《五經困學》，並作自序，言及治《經》之病及取名『困學』之由。

曹學佺《五經困學序》（《西峰六七集文》）。

崇禎十四年辛巳（一六四一）　歿後四十二年

本年，徐𤊹七十二歲。

本年，徐存永二十八歲。

二月，徐𤊹在建州，致書夷仲孺，論《武夷志》。

徐𤊹《寄夷伻生》：『武夷舊《志》，弟收得數種，山水形勝，前人載筆頗詳，至于名賢詩文甚缺略。數年前妄意蒐輯，計有十册，蓋舊志相承，皆宫中勒石之作，而名家文集，多未博採，弟之所輯，多從文集中來，故人尠徑見也。業抄成一稿，今爲建陽黄帥先持去，帥先家在火燒橋，去洞天僅三十里。雖有志纂修，力未逮耳。』（《紅雨樓集·鼇峰文集》册五，《上海圖書館未刊古籍稿本》第四十三册）

三月，徐𤊹在建陽搜秘笈。

陳衎《三月三日聞徐興公尚在建陽》：『建陽古書坊，梨棗多淆亂。每欲搜秘帙，帝虎代塗竄。身倦不能前，亦苦俗務絆。如君真好學，千里列行館。汲古井中泉，寒碧亦漶漫。井底

有石匣，丹書僅數段。何代誰所藏，異時孰得看。君若是仙緣，必能生羽翰。豈必事祓除，毋歌白石矸。』（《大江草堂二集》卷二）

七月，颶風之災，徐宅牆屋受損。

徐𤊹失題：『初爲延平修志淹留，初秋颶風爲災，不得不歸，修牆屋。』（《紅雨樓集·鼇峰文集》册四，《上海圖書館未刊古籍稿本》第四十三册）

本年，蔡獻臣卒，年七十九。

佚名《清白堂稿·序》：『辛巳崇禎九月卒。』（蔡獻臣《清白堂稿》，咸豐鈔本，金門縣政府影印，一九九九）獻臣生於嘉靖四十二年（一五六三）。

崇禎十五年壬午（一六四二）　歿後四十三年

本年，徐𤊹七十三歲。卒。

本年，徐存永二十九歲。

二月，徐𤊹致書吳光卿，言閩中寇盜間發，米價騰涌。

徐𤊹《寄吳光卿》：『敝地雨暘不時，寇盜間發，米價騰涌，庚癸頻呼，光景若斯，恐不能老死太平也。一丘一壑，聊存喘息……二月五日。』（《紅雨樓集·鼇峰文集》册五，《上海圖書館未刊古籍稿本》第四十三册）

十一月，徐𤊹致書李埈，言爲天台女使胡蓮選梓詩集。是月，徐𤊹卒，年七十三。陳鴻哭𤊹詩言及熥。

徐𤊹《寄李公起》：『有女史胡茂生，本貫天台人，能詩畫鼓琴，曹能始邀之寓三山，弟爲選其詩而梓之，今往一册。非床頭捉刀者。其才具在敝鄉天素之上也。諸客嗣布。十一月（下疑缺二字）。』（《紅雨樓集·鼇峰文集》册五，《上海圖書館未刊古籍稿本》第四十三册）

按：此書或爲徐𤊹絶筆。

曹學佺《輓徐興公時予在㘣關》：『詞場領袖失三山，所恨存亡一水間。獨抱玄真歸洞府，空餘大翮落人寰。平安兩日無書至，慟哭千秋有夢還。老淚有如冬節澗，秪將嗚咽當潺湲。』（《西峰六九集詩》，《列朝詩集》丁集下作《輓徐興公壬午冬》）

按：學佺生於萬曆二年（一五七四），本年年六十九。參見《𤊹譜》。

陳鴻《哭徐興公》：『萬卷坐深夜，堆床塞户庭。猶餘太乙火，已失少微星。烟冷茶空緑，霜凄竹自青。貽謀是何物，世守但遺經。』（《秋室篇》卷四）

陳衎《哭徐興公》：『一代徵文獻，千秋狎主盟。德崇天意重，學富世情輕。垂老猶勤讀，甘貧不耦耕。芸香泥作壁，牙軸列爲城。秘册搜前輩，幽居薄後名。八分留鳥跡，五字擲金聲。池上墨紋縐，林間玉唾清。畫評推顧愷，詩品擅鍾嶸。風雪灞橋衛，烟花茂苑鶯。登山僧接杖，掃榻妓傳觥。素質娱松桂，馨聞雜杜蘅。群公趨執酳，聖主欲調羹。海内諸昆胤，閩中兩弟兄。定交經累葉，欵語必班荆。手較書頻借，心期句竝呈。拈題多口授，忘分許肩行。元歎才非類，中郎眼獨明。典型嗟已失，肝膽向誰傾。永訣柔腸斷，安禪至道成。南州徐孺子，天竺古先生。』（《大江草堂二集》卷五）

本年，曹學佺重編《史記》、《漢書》成，爲《史漢重編》。

曹學佺《史漢重編自序》（《西峰六九集文》）。

本年，陳宏已卒，年八十七。

曹學佺有《挽陳振狂社長》（《西峰六九集詩》）。

崇禎十六年癸未（一六四三）　歿後四十四年

徐𤊹歿後一年。

徐存永三十歲。

五月，林如周卒，曹學佺爲作墓誌銘。

曹學佺有《林道魯先生墓誌銘》（《古稀集文》）。

按：林如周有《林道魯詩集》，學佺爲作《林道魯詩集序》（《西峰六四文》），參見崇禎十年（一六三七）《譜》。

本年，曹學佺作詩懷徐𤊹，學佺又過偃曝軒，贈詩存永。

曹學佺《寄茂生兼感興公逝世》：『嵩口聞多難，君何不解維？況逢新水漲，早過落花時。雅道因年喪，交情有古思。莫愁來往數，人世本無期。』（《古稀集詩》上）

曹學佺《過興公偃曝軒與陳次韋作》：『雖是落成久，徑中芳草閒。四鄰多樹木，一幅小溪山。室在人徒歎，詩亡孰更删？惟君能管領，時見白雲還。』（《古稀集詩》上）

本年，徐存永往困關訪曹學佺。

徐存永作《困關訪曹能始先生》（原無題，題筆者所擬）：『半座空樓護秋雲，簾外溪聲不斷聞。愛客每留朝爨共，較書應許夜燈分。攜來篋蠹多連屋，换得籠鵝有幾群。此是晦翁文化地，淵源千載獨推君。』（曹學佺《朱祠喜陳叔度黄貞吉徐存永見訪》附）

按：曹學佺有《朱祠喜陳叔度黄貞吉徐存永見訪》（《古稀集詩》上）

本年，徐燉孫鍾震遊玉華，曹學佺有詩紀之。

曹學佺有《徐器之游玉華歸》：『有客尋真不裹糧，煙霞已自飽清腸。天光隱隱何時旦，石乳森森幾許長。筆裏名花開乍秀，杖頭殘雪漬猶香。欲將身世調安妥，曾乞刀圭最上方。』（《古稀集詩》上）

本年，曹學佺弟能證卒，年六十五。

曹學佺《哭弟能證三首》其二：『六旬五傍七旬兄。』（《古稀集詩》上）

按：曹學佺《古稀集》收其七十歲作品，曹生於萬曆二年（一五七四），本年年七十。

崇禎十七年甲申、清世祖福臨順治元年（一六四四） 歿後四十五年

徐𤊟歿後二年。

徐存永三十一歲。

本年，徐存永作《甲申紀事》四首、《亂後得宗伯錢牧齋先生》等詩（《尺木堂集》）。

本年，甲申變，曹學佺不食，投水，家人救之而蘇。

曹孟喜《行述》：『甲申，聞李自成掠京師，懷宗升遐，慟哭不食，投入池中。家人亟救而甦，晨夕環伺。然宫保公嘗對人云：「生前一管筆，死後一條繩。」其志已預決。』（江蘇古籍出版社影印本《曹學佺集》附録）

明唐王朱聿鍵隆武元年、清順治二年乙酉（一六四五） 歿後四十六年

徐𤊟歿後三年。

徐存永三十二歲。

閏六月，初三日，唐王次水口驛，曹學佺等吉服拜。時有議欲派金修理王宫，學佺止之。初五日，上《啟》一通，賜坐、賜茶。初七日，唐王入城；初八日，詣文廟供辦陳設。學佺拒馬士英入關。二十七日，唐王朱聿鍵立于福州，改元隆武。授起授太常卿。尋遷曹學佺禮部右侍郎兼侍講學

士，進尚書，加太子太保。

按：據陳燕翼《思文大紀》卷一。

本年，陳衎卒，周亮工爲作《墓誌銘》言及徐𤊹，存記有詩感懷。

徐存永《周元亮先生爲陳磐生郡丞譔墓誌中言及先人感賦》二首，其一：『嶺外廉稱郡大夫，孤城力盡願捐軀。墓門此日題司馬，史筆他年借董狐。骨返故山人似玉，魂招合浦淚成珠。布衣得附清雲士，華袞能當一字無。』其二：『從來諛墓重文章，我讀文章益自傷。郭璞術難謀一穴，曼卿貧未舉三喪。九泉知己謬同漆，幾載同心露與霜。何日要離得相傍，梨花寒食伴淒涼。』（《尺木堂集·七言律詩》二，鈔本）

按：存永此詩前一首《詠十三竿竹》有云：『種處偏逢是閏年』，本年閏年。

清順治三年丙戌（一六四六）　殁後四十七年

徐𤊹殁後四年。

徐存永三十三歲。

八月十八日，唐王親征。曹學佺署翰林院事國史總裁專，設蘭臺館以處之。學佺疏《陳駕駐延津所有關切四事》，王嘉之。廿八日清兵入閩，廿九日唐王在汀州被俘；後死于福州。九月十七日，清兵入福州城；十八日，曹學佺縊于西峰中堂，年七十三。

按：據佚名《明末紀事補遺》卷六。

曹孟喜《行述》：『宫保公預知時勢不可爲，語人曰：「我（疑爲『戰』之訛）守非吾事，如天祚明，則《實録》可就；若不祚明，老臣惟有死而已。豈事二君耶？」丙戌九月十七日，清兵入城。宫保公於十八日辰時遂沐浴，整衣冠，縊于西峰中堂，時年七十有三。』（江蘇古籍出版社影印本《曹學佺集》附録）

明桂王永曆元年、清順治四年丁亥（一六四七）　殁後四十八年

徐㶿殁後五年。

徐存永三十四歲。

本年，徐存永作長篇五律《大宗伯曹能始先生輓章一百八十韻》以吊曹學佺。

按：錢謙益《徐存永尺木集序》：『《哭曹能始》長篇，述陽秋、詢琬琰，富矣哉，古良史也！』（《牧齋有學集》卷十八）

清順治五年戊子（一六四八）　殁後四十九年

徐㶿殁後六年。

徐存永三十五歲。

本年，陳鴻見熥遺像，有詩追懷。

陳鴻《題徐惟和先生遺像》：『空梁落月思依依，五十年餘見面違。顔色忽然逢紙上，對君如夢是耶非？』（《秋室編》卷八）

按：熥卒至本年，前後五十年。

本年，陳鴻卒，年七十二。

周亮工《書影》卷四：『丙戌之變，能始殉節；叔度年七十二，不能自存，以貧病死。』丙戌，順治三年（一六四六）曹學佺九月十八投繯卒（詳徐存永《大宗伯曹能始先生挽章一百八十韻》，《尺木堂集·五言排律》）。

按：鴻生於萬曆十四年（一五八七），卒年七十二，在本年。詳萬曆十四年（一五八六）《譜》。

本年，錢謙益讀㶿所作《林初文傳》。

錢謙益《觀閩中林初文孝廉畫像讀徐興公傳書斷句二首示其子遺民古度》，其二：『文甫爲人陳亮是，興公作傳水心同。永康不死臨安在，千古江潮恨朔風。』（《有學集》卷一）

按：錢謙益《有學集》録乙酉至戊子詩。此詩前有《次韻林茂之戊子中秋白門寓舍待月之作》，知此詩作於是年。

清順治七年庚寅（一六五〇） 歿後五十一年

徐㴶歿後八年。

存永三十七歲。

本年或稍早，周亮工將陳鴻與趙璧合葬於福州西湖側，存永董其事。

周亮工《閩小記》卷二『陳叔度』條：『（叔度）無子，不能葬。戊子，予入閩時，客以其詩來，予悲其藁露，謂客曰：「余任其葬事，子當爲刻其詩集。」因助以金，凂諸生徐存永董其事。先是，莆田布衣趙十五名璧，亦工詩，善作畫，所爲枯木、竹石類，閩人珍之，然性孤僻，不多爲人作，惟山房寺壁，則淋漓潑墨，與叔度先後死，亦不能葬。存永因舉十五之棺，與叔度合墓于小西湖之側，余爲書碑曰「明詩人陳叔度、趙十五合墓」。客刻叔度詩，予爲之序，板式精好，傳之南中，莫不知閩有陳叔度矣。十五不多爲詩，無傳者。』（又見周亮工《書影》卷四）

按：刻《秋室篇》在本年，詳《秋室篇序》。

順治十年癸巳（一六五三） 歿後五十四年

徐㴶歿後十一年。

存永四十歲。

本年，徐存永子鍾咸生。

徐日焜等《荆山徐氏譜·世系考》：『鍾咸，字交之……生順治十年癸巳五月二十八日子時，卒雍正十二年甲寅七月二十六日卯時，壽八十二。』

按：鍾咸，存永繼室李氏所出。

又按：鍾咸子汝守。

順治十八年辛丑（一六六一）　殁後六十二年

徐㶿殁後十九年。

徐存永四十八歲。

本年，徐存永與王士禛定交，士禛贈以詩。

王士禛《漁洋詩話》卷下：『徐延壽，字存永，閩人。徐㶿興公之子也，家鼇峰。藏書與曹能始、謝在杭埒。亂後，并田園盡失之。將移家湖南，道廣陵，與余定交。』

王士禛《送徐存永歸閩攜家之湖南》：『舊家楓嶺外，去住復何言。海上田盡失，歸途雨雪繁。家移建溪水，人聽楚山猿。未吊長沙傅，知君已斷魂。』（《漁洋精華録集釋》卷二）

按：此詩繫于順治辛丑十八年。

康熙元年壬寅（一六六二） 歿後六十三年

徐㶿歿後二十年。

徐存永四十九歲，卒。

六月，存永舉家出閩，赴湘，客死湖南善化；後葬福州北門外王墓首鳳山。

徐日焜等《荆山徐氏譜·世系考》：『（存永）卒康熙元年壬寅六月初九午時，年四十九。葬北門外王墓首鳳山。』

周亮工《哭徐存永》詩自注：『存永客死善化。』詳下。

是年，周亮工有詩哭存永。

周亮工《哭徐存永》：『維揚別去黯傷神，聞説全家盡出閩。可憾長沙真怨府，又來鵩鳥唤詞人。存永客死善化。雲曹枳棘三年夢，湘水芙蓉萬里身。伏地詩成天欲晦，僕在西曹，存永往大梁。僕伏地爲三十三絶句送之。存永讀之，哭失聲。記君冷淚哭孤臣。』（《賴古堂集》卷十）

周亮工《十月廿六日城陽寄冠五》四首，其三略云：『高兆虎林返，許眉信已真。雲客過嶺訪予，聞有介變，遽返。徐生新賦鵩，存永没于長沙。黄老竟成塵。濟叔。』（《賴古堂集》卷六）

附録一：荆山徐氏家譜世系圖

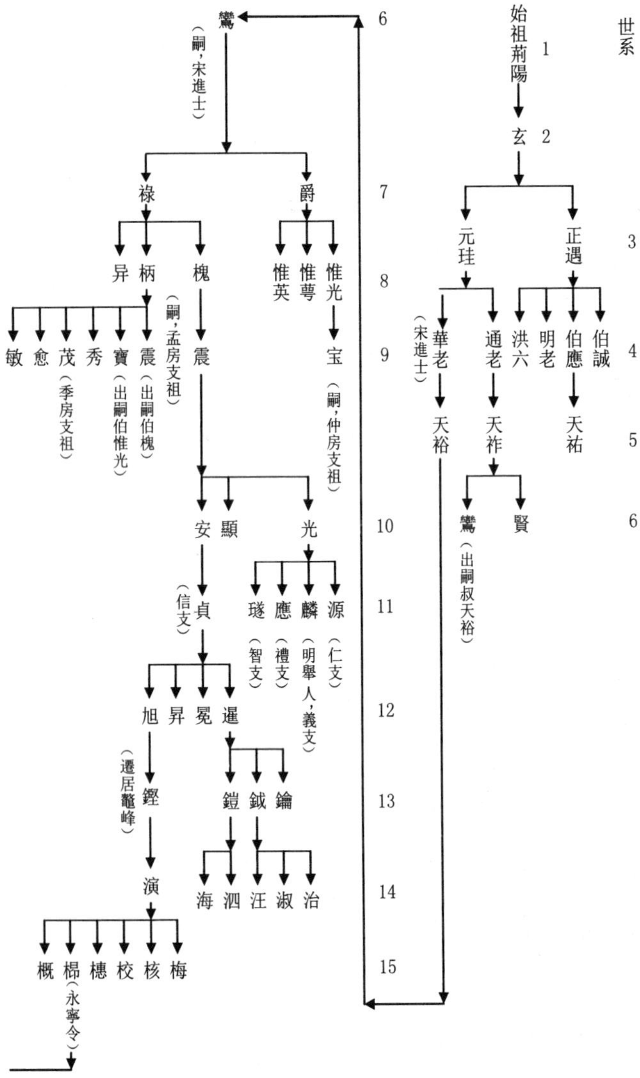

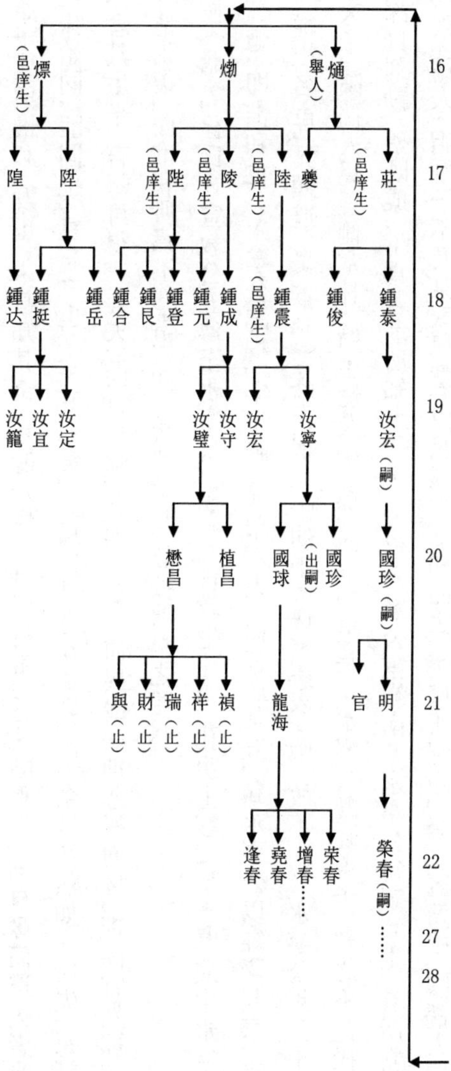
16
17
18
19
20
21
22
27
28
熥（舉人）
焫
熛（邑庠生）
莊（邑庠生）
夔
陸（邑庠生）
陵（邑庠生）
陛（邑庠生）
陞
隍
鍾泰
鍾俊
鍾震（邑庠生）
鍾成
鍾元
鍾登
鍾艮
鍾合
鍾岳
鍾挺
鍾达
汝宏（嗣）
汝寧
汝宏
汝守
汝璧
汝定
汝宜
汝籠
國珍（嗣）
國珍（出嗣）
國球
植昌
懋昌
明
官
龍海
禎（止）
祥（止）
瑞（止）
財（止）
與（止）
榮春（嗣）……
荣春
增春……
堯春
逢春

附録二：徐熥傳記

徐惟和行狀　陳价夫

始予之與惟和，友也，未甚知其奇，月餘乃覺。身所行事，悉凡陋猥俗，則自厭而遷去者半。久之，臭味始同，匪同也，實忘之也。夫既忘矣，又焉知其奇，故惟和卒，余憒憒然如有所失，每記憶其行事，念其生平，言不可得。嗟夫，向日相歡，真與醉夢中何異哉！抑悲極而昏，理固宜然耶？既改歲，神情稍復，而惟和所爲不朽事，亦稍稍關予心，故抆淚爲之述狀。

按《譜》，徐氏自宣教公五傳至永寧公，始顯。宣教生孔明，孔明生鏗，鏗生演，演生永寧，永寧生熥。熥，即惟和也。永寧公諱棉，字子瞻，兄弟六人，而公居其五，獨永寧公以經學起家，官至永寧令，從祀名宦，具顧道行《墓誌》及王伯谷、張幼于《傳》、《表》中，故不次。永寧公年五十時，苦無丈夫子，陳孺人爲置側室林，始生熥及㶴、熛，而惟和最長。永寧公既晚得子，教之不甚操切，而惟和深自刻勵，學既成，不爲若翁所知。年十三，從永寧公宦嶺南。永寧公每課諸生，有所當意，則入以語陳孺人，謂吾子不及某家兒慧，以爲憾。惟和聞之，潛擬所課題，爲文匿笥中，陳孺人取以示永寧，永寧見之，始大駭，如瓌之得頲也。

永寧公既免令，家居，時惟和年十九，始就試，冠諸生，補博士弟子員，凡兩就鄉試，弗利。歲乙酉，王敬美先生督學閩中，惟和試居高等，食諸生廩餼，於是名籍籍起。是歲，試省闈，主司已擬入格，將魁，閩士會有阻之者，竟不果録。惟和乃益厭習公車業，刻意攻古文詞，與陳秀才汝大、汝翔、陳山人惟秦、振狂、鄧學憲汝高、謝司理在杭，及不佞价夫、弟薦夫輩數人，結社賦詩，剌來筒往，殆無虚日。無何，顧學憲道行先生至閩，顧先生風流儒雅，其所識拔士，率類其爲人，而惟和于諸生中，受知獨最。爾時，金大中丞方在鹺臬，江大中丞方領郡篆，龔大參知公方按八閩，皆倒屣延接，莫不以國士遇之。戊子，始以《易經》領鄉薦，上春官，不第。往來燕趙吴越間，獲交四方諸名士百餘人，各恨把臂太晚，而惟和益慷慨自喜，囂囂然，懼遊道之不廣也。辛卯，上春官，既發，永寧公逝。至京，始聞訃，號慟幾絶。未及試，遂奔喪歸。是冬，陳孺人繼殁，惟和哀慕踰於所生。乙未，試南宫，復不第，念禄養不逮考妣，而所生母老且病，將求一氈爲養。會予弟薦夫亦被放，謂惟和之才何難一第，奈何便圖升斗之養乎，强之南歸。戊戌春試，復不利，念母髮且種種。留滯長安者半載，乞一氈，又弗得。然自是愈益倦遊矣。所居九仙山之麓，密竹高齋，俯瞰萬井中，藏圖書數千卷，日與其弟𤊹及不佞兄弟、諸同社輩嘯詠其中，商略烟霞，評騭往古，圖爲不朽之業。

歲己亥七月，以事之玉田，遘疾而歸。當惟和疾時，价夫兄弟居山中，遠不及聞。疾亟，以書招予弟兄，將有所托。而予適有他事，未及赴。然不謂精神骨相如惟和，才藻行誼如惟和，而竟得夭數也。越月五日，始入城，視其疾，則已益篤，猶然執予手，如相訣狀。蓋身後之事，旬日前自知不起，已預諄諄屬之介弟矣。林從事志尹者，莫逆友也。惟和自玉田病歸，即移外寢，呼志尹與居。悉屏去婦人，不令近，獨志尹侍湯藥床笫者月餘。至仲秋八日，疾竟不起。嗚呼，傷哉！惟和所生母林已騷然黃髮矣。男子才丱角，女子才八歲。其餘尚呱呱而啼。卒之日，親朋百人哀號震慟，滿城行哭，可謂死而哀者。文時泰予洙男文榜（以上數字疑有誤）。是歲九月，同社諸子爲作木主，祀于烏石山之高賢祠。祠即屠田叔司農丞所建，以祀晉唐以來風雅諸名公者。凡惟和所行事可稱者甚夥，不能殫述。不佞价夫尚擬作《幔亭外紀》以志之，然而每一搦管，輒爲淒然，不知何可冀成帙也。（陳价夫《招隱樓稿》，徐𤊹選，鈔本，藏上海圖書館）

徐熥傳　陳鳴鶴

徐惟和者，閩縣人，名熥。晚以其名犯吳王諱，欲自言春官以字行，別字調侯，未果也——而調侯之聲已著。

熥弱冠補學官弟子，而豪於歌詩，雅不睹經生業。及試，皆異等。諸爲經生業者，咸不敢仰視，而心下之。萬曆十六年，以鄉薦上春官，三試皆不遇。即不遇，而春官所徵士及京師縉紳先生皆走熥，讀其所爲詩歌，皆歎息，自以爲能不及也。長洲張獻翼稱之曰：『閩中一時諸子，追述大雅，取裁風人，真足馳騁海内，而惟和則獨步當時矣。』甬東屠本畯亦曰：『惟和詩，力贍肌豐，情注神傳，俯仰古今，錯綜名理。』熥有至性，事親而孺子慕者終其身。每伏臘及讀書有感，淚未嘗不簌簌下，幾不自勝。處二弟，通其有無。族人之婚者、喪者，無不仰給於熥。熥好客自喜，所居户外屨常滿。客以急者，亡問知與不知，皆絶甘振之，用是家困如罄，終以灣莿，即假貸所得，隨手輒盡如故。先是，三教先生謂人曰：『熥有大智慧，終當悟入。』熥由此讀二氏書，服道士衣冠，日從緇黄者游，惟恐其不我欲也。

著詩十卷、文十卷，稱曰《幔亭集》。萬曆己亥熥病侵。有程倉曹者禱於城隍廟，願以餘年代熥。晝夜禱，叩頭，頭盡流血。及熥卒，閩士大夫，四民過客，亡問知與不知，皆爲垂涕。自遠方來吊者，趾相錯，故嘗與熥爲詩者相與祀熥與陳椿於高賢祠。（陳鳴鶴《東越文苑傳》卷六，同治郭柏蔚增訂本）

徐熥傳　喻政等

徐熥，字惟和，閩縣人。熥少即以詩自命，萬曆戊子舉於鄉。爲文千言立就，獨於詩刻意極思。婉而不靡，麗而不浮，餘音逸響，鏗如也。初，熥父㮚苦學力行，免永寧令歸，家故貧。至熥益嗜書好客，客有急來歸，即傾貲賑之，用是家益落。卒年三十九。同時有陳薦夫，能爲六朝文，其詩工麗情至，近體多出中晚格。舉甲午鄉薦，未第卒。（［萬曆癸丑］《福州府志》卷六十二《人文志》）

徐熥傳　何喬遠

徐熥，字惟和，父棉，以《易》學名家，仕永寧令。熥數上公車不第，與其弟𤊹力詩歌，諸體并擅，所著《幔亭集》二十卷。又歷選閩中諸先生詩十二卷，名《晉安風雅》。（何喬遠《閩書》卷一二六《英舊志》，福建人民出版社，一九九四年點校本）

徐熥傳　王兆雲

徐熥，字惟和，福州閩縣人，中戊子鄉試。多大度，不拘小節，家甚貧，好賓客，凡遊閩者無論尊官賤士，無不得見徐君，户外四方之屨，相錯如市。或遊困不能歸者，傾索以贈。人咸誚爲『窮孟嘗』云。著有《幔亭集》、《絳囊生傳》行於世。年四十，齎志以殁。（王兆雲《詞林人物考》，徐日焜等《荆山徐氏譜·世系考》引）

徐舉人熥傳　布衣𤊹傳　錢謙益

熥，字惟和；𤊹，字惟起，又字興公。閩縣人。永寧令棉之子也。兄弟皆擅才名，惟和舉萬曆戊子鄉薦，十餘年不第，風流吐納，居然名士。其詩爲張幼于、王百谷所推許，有《幔亭集》，屠長卿序之。興公博學工文，善草隸書，萬曆間與曹能始狎，主閩中詞盟，後進皆稱興公詩派。嗜古學，家多藏書，著有《筆精》、《榕陰新檢》等書，以博洽稱于時。崇禎己卯，偕其子訪余山中，約以暇日，互搜所藏書，計求放失，復尤遂初、葉與中兩家書目之舊。能始聞之，欣然願與同事。遭時喪亂，興公、能始皆謝世，而余頽然一老，無志於斯文矣。興公子延壽，能讀父書。林茂之云：劫灰之後，興公鼇峰藏書尚無恙也。（錢謙益《列朝詩集小傳》丁集下，上海古籍出版社排印本）

徐𤊹傳　徐熥傳　張廷玉等

閩中詩文，自林鴻、高棅後，閲百餘年，善夫繼之。迨萬曆中年，曹學佺、徐𤊹輩繼起，謝肇淛、鄧原岳和之，風雅復振焉。學佺詳見後《傳》。𤊹，字興公，閩縣人。兄熥，萬曆間舉人。𤊹以布衣終。博聞多識，善草、隸書。積書鼇峰書舍至數萬卷。（《明史·文苑傳·鄭善夫傳附》，中華書局點校本）

徐熥傳　沈廷芳等

徐熥，字惟和，閩縣人。永寧令棉子，與弟布衣𤊹俱擅才名。熥舉萬曆戊子鄉薦，有《幔亭集》二十卷，又選《晋安風雅》十二卷。𤊹，字惟起，博學工文，善草、隸書。詩歌婉麗，萬曆間與曹學佺狎主閩中詩壇。性嗜古，家多藏書。有《徐氏筆精》、《榕陰新檢》、《紅雨樓集》。𤊹子延壽，字存永，詞賦激昂，有《尺木堂稿》；孫鍾震，字器之，有《雪樵集》。（［乾隆］《福建通志》卷五十一《文

苑傳》）

徐熥傳　徐景熙等

徐熥，字惟和，閩縣人。永寧令棉之子也。舉萬曆戊子鄉薦，三上不第，風流吐納，居然名士。家貧好客，凡遊閩者，無論尊官賤士，無不得見，户外四方之履，相錯如市。或遊困不能歸者，傾囊以贈，人咸誚爲『窮孟嘗』云。其詩爲張幼于、王百谷所推許，有《幔亭集》，屠長卿序之。又選《晉安風雅》。年四十，齎志以殁。（〔乾隆〕《福州府志》卷六十《文苑傳》）

徐熥傳　徐日焜等

諱徐熥，字惟和，號幔亭，行一百六十二，子瞻公長子。穎悟絶倫，諸子百家無所不讀，詩詞歌賦鮮有不通。所作詩文甚多，皆梓行世，而藏板於家。至大清甲寅歲，山賊蜂起，焚毁村墟，公之翰墨版集鮮有存者，故至今僅留什一於千百，總名之爲《幔亭集》。甫弱冠，選入郡庠生，至萬曆戊子科，登潘洙榜，列名第二十二，與彭岐楊茹春同榜。嗣後三上春官，南宫未捷。但所過雲間、姑蘇、燕關等處，縉紳大夫無不敬禮，至於山水人物，皆有詩詞以誌之。從此名馳海内，藉藉人間。世居省城鼇峰。父子俱登名坊表，《郡志》、《賢書》既載其實，《才子彙》亦録其行焉。生嘉靖四十年辛酉三月初三日寅時。卒萬曆二十七年己亥十月初十日已時，年三十九。葬西關外丸店張半洲墳左崙。

贊曰：倚天拔地負大才，嵩生嶽降羡奇瑰。七步詩成金玉墜，八乂賦就錦繡堆。名馳天下推高手，湧泉瀉水出心裁。鏖戰棘闈膺鶚薦，先聲翰苑賓興杯。舊時潘陸稱並駕，青史留芳一代新。由來才子不世出，試問閩中有幾人？（《荆山徐氏譜·世系考》，鈔本）

徐熥傳

郭柏蒼

徐熥，字惟和，棉子，𤇍兄，莊父，閩縣人。萬曆十六年舉人。有《幔亭集》。入祀烏石山高賢祠。

《柳湄詩傳》：熥家貧，好客，人呼爲『窮孟嘗』，累上春官不第。年三十九卒。按：生於萬曆癸酉。素羡武夷幔亭君，《遊萬年宫》詩曰：『我亦曾孫今在世，夢中親御紫鸞車。』故以『幔亭』名其集。其詩爲長洲張獻翼、東海屠隆所推許。選福州明詩十二卷爲《晉安風雅》。又按：萬曆二十六年，鹽運同知屠本畯與熥倡建高賢祠于福州郡治烏石山西，祀自唐至萬曆間閩中鄉先生善聲詩者六十餘人。其題名録被無賴擊碎階除間，有『林泉生』三字，元時永福人。明國子監鄭定木主尚在。蒼續修《烏石山志》時，據康熙魏憲鈔本録出，日久乃知鈔本之僞。閲《惠安縣志》，黄克晦與周朴同祀高賢，可知當時亦附流寓，則韓偓、陳陶諸人必與焉。陳薦夫集有《祭陳汝大閩縣陳椿徐惟和陳子卿莆田陳翰臣林初文福清林章初名春元王懋宣侯官王應山入高賢祠》文，是徐熥死後，又復增祀多人。

按：懷安袁表入祀高賢，在六十餘人之内。魏憲所載多顯宦，非居使君、徐惟和意也。《烏石山志》已續刻，不及更正。附記於此。（郭柏蒼《全閩明詩傳》卷三十二，清光緒沁泉山館本）

徐熥傳　何振岱　陳衍等

徐熥，字惟和，閩縣人。父㮙，字子瞻，自號相坡居士，嘉靖乙丑歲貢生，授南安訓導，擢茂名教諭，陞永寧縣，卒。入祀茂名《名宦》。有《徐令集》。熥嘗以其名犯吴王諱，欲自言春官以字行，别字調侯，未果也，而調侯之聲已著。萬曆戊子，舉於鄉，豪於歌詩，甬東屠本畯云：『惟和詩，力贍肌豐，情注神傳，俯仰古今，錯綜名理。』熥好客，所居户外屨常滿。客以急歸者，亡問知與不知，皆絶甘振之，用是家困，人目爲『窮孟嘗』。即假貸所得，隨手輒盡。讀二氏書，服道士衣冠，日從緇黄者游。著詩十卷、文十卷，稱曰《幔亭集》。萬曆己亥，熥病，有程倉曹者禱於城隍，願以餘年代熥。及卒，無問知與不知，皆爲垂涕，自遠方來吊者，趾相錯。故嘗與熥爲詩者，相與祀熥于高賢祠。弟㶿。（［民國］《福建通志·文苑傳》卷六）

附録三：佚詩佚文

復過月仙（題爲筆者所擬）

匆匆相見未分明，别後逢人便寄聲。萬里歸期看乳燕，一春心事付流鶯。柳枝猶記當年曲，荳蔻難消此夜情。搗盡玄霜三萬杵，夢中還見舊雲英。（謝肇淛《小草齋詩話》卷五：『翊歲，下第復過「月仙」，竟諧繾綣，徐作詩云云。』又周亮工《閩小記》卷四引）

鼓山詩（題爲筆者所擬）

間尋老衲叩禪堂，墨蹟淋漓滿上方。一自題詩人去後，白雲滄海兩茫茫。（《小草齋詩話》卷五：『嘉靖間，閩龔大司成用卿招諸賓及其婿林世璧同遊鼓山，風日恬朗，分韻賦詩。坐客皆逡巡遜讓，林時已醉，奮筆題詩，略不停思，文藻横逸。公及諸客讀之，至「眼中滄海小，衣上白雲多」之句，擊節歎曰：「吾不及也。」遂不復題。林詩至今尚在壁間，寺僧寶惜，墨色如新。最後徐孝廉惟和讀之，有詩云云。蓋引林語也。』）

哭林方壺先生（題爲筆者所擬）

文章自昔擅名流，二十分符楚國游。正羡雲逵方發軔，誰知夜壑即藏舟。魂隨岳麓家何在，淚灑湘江恨豈休。華表鶴歸歸未得，雲陽山下不勝悲。（《重編紅雨樓題跋》卷二。按：此詩作于萬曆十一年，參見附録四徐𤊹《伯兄詩卷》）

贈林子真（殘句）

眼中之人惟有汝。（曹學佺《林子真詩序》：『亡友徐惟和贈之詩云云。』見《石倉文稿》卷一）

子夜歌（殘句）

紅豆落深坑，到底相思子。（徐𤊹《筆精》卷二『相思子』條：『相思子即今紅豆也。愚按，嶺南、閩中有相思木，歲久結子。色紅如大豆，故名「相思子」。每一樹結子數斛，非即紅豆也。惟和兄《子夜歌》云云。』）

尋宿猿洞

怪石高於雉堞齊，昔人曾此卜幽棲。白楊滿地髑髏出，蒼蘚上崖名姓迷。夜雨徒聞山鬼哭，秋

風不見野猿啼。荔枝樹死洞門塞，生到此中生慘淒。（王應山《閩都記》卷十『郡城西南隅』，方志出版社，二〇〇二年）

玉華洞二首

洒酣璚液唱游仙，萬樹桃花引去船。路繞潺湲千澗水，岩開混沌五更天。
雲根白積峰頭雪，松火青飛洞裏煙。采藥倘逢秦代客，莫言人世是何年。（《玉華洞志》卷五，康熙刻雍正增補本）

爲家不治垣屋論

嘗讀漢史，至『蕭何不治垣屋』，且曰：『使後世賢，師吾儉；不賢，亡爲勢家所奪。』始爲喟然，增歎賞曰：『賢哉，何也！可謂遺子孫以安矣。』及觀其從沛公入關中，治未央宮甚壯麗，廼爲何深不滿曰：『何胡爲工於謀家，而拙於謀國哉？何胡爲善爲子孫謀，而不善爲漢王謀哉？』

粵自秦氏失鹿，天下共逐。沛公以一亭長，崛起泗上。及奉義帝約，入關中。當斯時也，嬴秦之祚雖斬，而項籍之暴未除。他如田横輩據地稱戈者，紛紛然未盡帖，未可遽謂安寧之時也。爲何計者，正宜述先王茅茨土階之風，陳秦武窮奢靡麗之失，以爲漢王規則。何視天下如一家矣，視國事如家事矣，誰得蒙之以詬聲。夫何未央之治，極其壯麗，棟宇連雲，榱題［蔽］日，即秦之阿房，莫能過焉。夫治家之與治國，其勢之輕重何如也？何之子孫與帝之子孫，其位之貴賤何如也？垣屋之與宮宇，其費之大小何如也？

今何之治家，即小而垣屋且不肯爲；而未央之治，凡可以殫民財、竭民力以逞一時美觀者，皆畢力以爲之，此其視國不如家一也。其曰：『使後世賢師吾儉。』夫儉者，人君之美德也。高帝者，漢之創業主，後世所視以爲法程者也，自未央一造，則後世之君必曰：『賢君如高祖，良相如蕭何，且搆彼未央，何獨今日而不爲哉？』則土木之興，是何爲之作俑也。何徒欲子孫師己之儉，獨不欲漢後王師高祖之儉乎？此其視國不如家二也。其曰：『不賢毋爲勢家所奪。』夫何之家，不過漢廷一功臣之子孫也，猶欲傳之世世；乃高祖披霜露，斬荊棘以得天下，獨不思窮奢極慾，有以啟禍機乎？況高祖起自亭長，汗馬四方，素無廣廈細旃之安，一旦娛之以未央之樂，必將安意肆志，以爲天下不足平。蓋樂則縱，縱則驕，驕則亡，古記之矣，何獨不聞之乎？此白登之圍，以未央爲之祟也。此其視國不如家三也。

先儒謂『何以家國爲二』？此足以論何矣。謂之曰『忠』，可乎？或者曰：『關中據殽函之險，金城千里，天府之國也。何欲帝建都關中，故治未央，以堅帝志耳。』子惡得執不治垣屋而議之耶！噫！是不然！人臣之進諫於君，自有上筴，固不在於宮室之間也。何與帝處幾年矣，獨不知帝之寬明而仁恕乎？故劉敬獻建都之策，而帝即日西都長安，此何之所目擊者，何必以土木之娛，以投君心之欲，而冀其策之一售耶？此不治垣屋之事，君子惡得而是之哉！

雖然，不治垣屋，何之心固不足取矣，而其崇尚節儉，亦可以端人臣之軌者。故二疏買瘠田以自養，即何不治垣屋之心也。李沆廳事僅容旋馬，即何不治垣屋之心也。不然，即郭子儀之賢，且不免亦窮奢極欲之失矣，況其他乎？奈何世之名登仕版者，往往漁獵百姓，以厚自封殖。峻宇層樓，甲於郡邑。至其子孫，曾不得邪徑而托足焉。天之福善禍淫，昭昭然其不替哉！

嗚呼！此甲第連雲者，卒召漁陽之變；而多寶閣中之歡，終不能救木綿菴前之哭也。其視蕭何爲何如人？然則何雖不得爲有道之士也，是亦人傑也哉。（載入徐燉《紅雨樓集·鼇峰文集》册九，《上海圖書館未刊古籍稿本》第四十四册）

吴競直筆論

域中有三權，曰賞，曰罰，曰史。胡爲賞？示勸也。胡爲罰？示懲也。賞之，罰之，法如是足矣。而復設之史者何？以濟賞罰之不及也。

然賞罰之權，其榮辱在一時；而史之權，是非垂於不朽。是史之權，猶重於賞罰也。但賞罰之權司之自君，少有能假借之者；而史氏之筆，或可以私意轉移而雌黄其事。故古今之史雖多，而求其核實者蓋寡，甚矣直筆之難也。

若唐之吴競，可謂良史矣。慨自李唐中葉，牝雞司晨。梨稍開九月之花，蓮莊狀六郎之美。因帝子於房州，嬖佞臣於禁闈。羅鉗吉網，暴踰豺狼，此乾坤何等時也。而張説位處僚寀之上，扶忠良，抑奸佞，其責也。及其約證魏元忠一事，君子有大不滿者。

夫魏元忠，唐之所謂賢人君子也，而張昌宗乃柔媚小人，其制行之奸詭，雖三尺竪子知之，説獨不知之乎？方其證約之時，爲説者宜正色以拒之，曰：『魏元忠忠厚正直，社稷臣也。今無罪而陷之死地，人心何在？天理何在？殺人以媚人，吾不爲也，而况於美官乎？』如是，則昌宗雖奸險，必將聞吾之言，汗面愧心，庶幾可以折姦邪之氣，而回正直之風，説之名且將垂於汗青，昭於簡策，而萬世之下，亦仰之於不替矣。奈何智不出此，因其美官之賂，遂許證之。向非宋璟質之以名義，要之以鬼神，則元忠之罪，雖百喙莫辯，而昌宗之術，終得以售矣。故其爲昌宗迫對之時，但曰：『在陛下前尚逼臣如此，况在外乎？』曾無一言明元忠之忠，指昌宗之奸。然則無乃爲其威勢所劫，而不敢質其詐耶！何當時之臣，司賞罰之柄者，皆曲之爲回互？獨吴兢者，一史官，抗然嚴於一字之間。方燕公之祈改數字也，在他人處此，鮮不曲狥其請者，而兢廼峻拒之，曰：『若狥公之請，則此史不爲直筆，何以示後？』

嗚呼！味兢此言，其果確不回之風，雖古之良史，奚以加之哉。昔者趙穿弒其君，盾不與也，而董狐脩《魯史》，竟以『弒』書之。故孔子聞之曰：『董狐，古之良史也，書法不隱；趙宣子，古之良大夫也，爲法受惡。』然則兢之筆，其董狐之流亞乎？崔子弒君，《南史》書之曰『弒』，崔子惡而殺之，其子復書之，崔子又殺之，而其書竟不改焉。然其兢之筆，其與《南史》相爲伯仲者乎？孫盛之著《晉春秋》也，於桓温枋頭失利之事，書之不諱，雖温以滅族之禍恐之，而盛曾無懼心，然則兢之筆，又何媿於盛哉！是黨邪害正，燕公之罪，雖不可掩，而吳競之直，殆深有足嘉者矣。或者曰『《春秋》立法貴嚴，而用法貴恕』。張燕公在唐，其行之可嘉者，難以枚數。雖有證元忠之事，亦有他美足以贖之，而競竟直書其□，是競之立法，殆異於《春秋》矣。

嗚呼！直哉。噫！是不然，《春秋》責僃賢者。燕公在唐，亦一相臣也。而其制行若此，寧不爲盛德之一累乎。競之所以直書而不諱者，毋亦爲公惜與？

嗚呼，使競而生於秦耶，則競之筆，其博浪之椎乎；使競而生於漢耶，則競之筆，其尚方之劍乎；使競而生於唐之季耶，則競之筆，其顔杲卿之笏乎。惜乎唐不能以大用之也，竟以一史官終焉，可慨哉！

噫，競之筆，今其萎矣，而其鋒芒峭厲，猶凜乎其不可犯者。今之司史局者，得是筆而存之，猶可以寒奸諛之膽，是爲論。（載入徐㶿《紅雨樓集·鼇峰文集》册九，《上海圖書館未刊古籍稿本》第四十四册）

孔子思狂狷之意論

以唐虞三代之治望天下者，聖人之心也。不得已而古治不可復見，即僅僅有愛民之心者，史人亦亟與之。此其志甚切，而其爲天下之心甚殷也。何則？天之生民，使君治之，豈徒使之恣睢于上，而淫刑以逞哉？謂其能保育而安全之也。

自胥庭風遠，而慘刻煩興，而庸君世主，日以刀鋸斬刈待天下，使天下之民，嗷然喪其樂生之心。聖人之心，有不勝其惘者，故一見能愛民而恤刑者，既詠歌之，又從而嗟歎之，而聖人不得已之心見乎辭矣。孔子思狂狷之意，請申論之。

蓋周以仁厚開國，文武成康之際，何其愛民之深，憂民之切也。及穆王之世，日馳八駿，以游八極。車轍馬跡，遍于天下，民之困于下者，莫可控訴，而王復作淫威，以殘民之生，天下之勢，奔潰四出，而不可解救，而吕侯乃作『祥刑』，以寓矜恤之意，此其事誠足嘉者。孔子刪書，惓惓而與之，豈無意哉？聖人之心，曰：『我生不辰，不獲見唐虞三代之盛，而祥刑若吕侯亦輓，近代之希覯也。吾不與之，則天下虐用其民者，漫不知警；而有愛民之心者，亦無以表見于天下。』是故與吕侯者，所以勸天下［後］世也。聖人之心，有大不得已者矣。

嗟夫，刑者，盛世之所不免，亦盛世之所樂用者也。堯舜之世，臯繇作士，法律豈不甚備哉？然鯀之方命圮族，治水無功，九年而後加刑，而共工、驩兜輩亦再世而後擯，聖人慎用刑而重民命如此也。後世治不唐虞，法律日慘。鷹鸇爲志者，則笑鳳凰之怯；藥石養生者，則病粱肉之迂；擊斷爲務者，則陋蒲鞭之拙；蹩躠爲高者，則鄙鳴琴之誕。桁楊相推，桎梏相脫，天下之民，肝腦塗郊，墟膏澤，淪草野。朝廷之上，既無恤民之恩，而有司之奉行于下者，又肆爲督責之術，民奈之何不輕生以就死已，孰有祥刑之作若吕侯者哉？此孔子之所爲取也，此孔子思狂狷之意也。

嗣是而降，嬴秦用商君之術，以屠戮其民。臨渭論刑，渭水盡赤，而秦隨以滅。周家有道之長，與秦無道之暴，其効大略可覩矣。我國家之刑，著在律令者，既有定例，而五刑之具，亦有定式，故必供証詳明，論定而後刑者，法也。今不問是非曲直，捶以五尺之竹，夾以三尺之木，論未定而死者過半矣。甚至片言觸忤，箠以數十，立斃庭下，此殺人不操刃，鷹而爪，虎而翅者也，民重足一跡矣，此今日之刑宜慎也。故因論呂侯祥刑之意，而輒貢其蒲［鞭］之説如此。（載入徐𤊹《紅雨樓集·鼇峰文集》册九，《上海圖書館未刊古籍稿本》第四十四册）

天子建中和之極論

漢孝武皇帝臨位幾年，于兹作制明法，臣下修飭，四海九州，罔不賓服。郊獲神鼎，侈心廼大。欲親巡遠方，登兹太山，周覽東極。乃命諸儒草封禪儀，厥曠遠者，千有餘載，近者百載，闕然湮滅，數年不就。

皇帝曰：『余一人經理宇内，振救黔首，周定四極，刻此樂石，以著經紀。惟兹諸儒，異同參伍，莫稱朕意。惟汝左内史寬，儒雅該博，其爲朕草禪儀，汝尚欽哉，毋方朕命。』

維時臣寬，拜乎稽首，昧死奏聞：『天子建中和之極，兼摠條貫，金聲玉振，順成天慶，爲萬世基。』帝曰：『左内史言是，朕將親製焉。』其以明年爲元封元年，登太山，禪梁父，刻于金石，以爲表經。

維元封元年，時在孟春，陽和方起，皇帝幸緱氏，東巡海上，祠禱入神。又北至碣石，巡自遼西。

歷北邊，至于九原，封禪之事成焉。鑾輿睾無有寧歲，百姓怨咨，海内虚耗，輪臺不悔，幾續亡秦。君子曰：『武帝東封，首于相如，成于内史，非徒順之，又爲之辭。』當寬承命草儀，稽顙闕庭，曰：『古之帝王，鄗上之黍，北里之禾，所以爲盛；江淮之間，一第三脊，所以爲藉。東海致比目之魚，西海致比翼之鳥，不聞封禪。秦皇帝六王既畢，用生雄心，刻石太山、瑯琊、嶧山、罘山，欲施于後嗣，化及無窮。未幾道病，身死沙丘，爲天下笑。傳甫二世，國亦尋滅。封禪非古，廼秦侈心。自古帝王可法者多，何取亡秦蹈其覆轍？惟陛下更慮之，則封禪之行，庶幾可止。』乃以中和之説，濟其諂諛。遂使東幸之轍，卒不可輓。是帝之封禪，寬有以成之也。

嗟夫，寬漢廷翩翩稱儒雅矣，對武帝數語，何其戾也。語將順其美，匡救其惡，豈倪寬之謂乎？余登太山，觀始皇所封石，有碑無文，其故不可曉，而武帝者，湮滅不稱，則人主何貴封禪哉！（載入徐𤇆《紅雨樓集·鼇峰文集》册九，《上海圖書館未刊古籍稿本》第四十四册）

子見南子

聖人屈於禮而見小君，因疑而援天以自信也。夫見小君者，禮也，則南子之請聖人，惡得而却之哉。宜因數路之不悦，而信之以天也。且禮者，聖人所制，以教天下，故天下亦得以禮而制聖人。聖人爲禮所制，於是不得不委曲以行之，而或者又不吾諒，至于援天以自解焉，則聖人之心始病矣。夫子仕衛而南子請見，夫古有見小君之禮，而南子竊之以繩聖人，聖人思之，曰：『見小君者，禮也。

彼以禮請，吾以禮見，庸何傷？』故夫子之見南子也，非夫子意也，爲禮屈［耳］。

夫以孔子之聖，而見此淫亂之人，此其事之大可駭者也，宜子路之不悦矣。以可駭之事，而重之以子路之疑，夫子於此有難以顯言者，始援天以矢之曰：『予所否者，天厭之，天厭之。』夫孔子，大聖也，子路又門弟子中所最親信者也，夫子何爲汲汲然援天以自誓也哉？蓋是非未易以破疑，而吉凶尤足以悟俗。彼方憤吾之所爲，而吾以理自解，則其事近於迂遠，而彼之疑益堅。吾以天自誓，則彼駭於其詞之危，徐而自思之，或者其有所悟也。此夫子自矢之意也，亦夫子不得已之心也。

夫師弟之間，至于假盟誓而收信，吁，亦既薄矣。吾故謂夫子處南子一事，最其所［逃］之窮也。

（載入徐𤊹《紅雨樓集·鼇峰文集》册九，《上海圖書館未刊古籍稿本》第四十四册）

《晉安風雅》序

閩中僻在海濱，周秦始入職方。風雅之道，唐代始聞，然詩人不少概見。趙宋尊崇儒術，理學風隆，吾鄉多譚性命，稍溺比興之旨。元季毋論已。明興二百餘年，八體四聲，物色昭代，郁郁彬彬，猗矣盛矣。

高廟之時，林膳部鴻崛起草昧，一洗元習，陶鈞六義，復還正始，懸標樹幟，騷雅所宗。門有二玄，實爲入室，屬詞比事，具體而微。高待昭棅、王典籍恭、王檢討偁、唐觀察泰，追述古則，私淑閫奥，各成一家，十子之名，播於宇内。同時賢才輩出，羅布衣泰、林學士誌，切磋彌篤，藝苑聿興。又有鄭迪、趙迪、林敏、鄧定、賁于丘園，鋭志詞賦，取裁爾雅，斐然成章矣。成、弘以降，林文安父子、陳方伯群從，秩位惟崇，對揚廊廟，而風人之致溢於言外。林司空、許黄門，讃揚詞旨，海内騰聲，賡歌太平，於期爲盛。正、嘉之際，作者雲集，鄭吏部善夫實執牛耳，虎視中原，而高、傅二山人左提右挈，閩中雅道，遂曰中興。時有郭户部波、林太守春澤、林通政炫、張尚書經、龔祭酒用卿、劉給舍世揚爲輔，斯蓋世之才，粲然可觀者也。世宗中歲，先達君子，沿習遺風，斯道孔振。袁舍人表、馬參軍熒，區別體裁，精研格律，金相玉振，質有其文。

迨於今日，家懷黑槧，户操紅鉛，朝諷夕吟，先風後雅，非藻繪菁華不譚，非驚人絶代不語，抱玉聯肩，握珠者踵武，開壇結社，馳騁藝林，可謂超軼前朝，縱横當代者矣。

伊余不慧，忝際盛時，目想心遊，實竊有志，屏居之暇，采輯遺編，搜羅逸刻，得梨棗朽壞之餘，起桑梓敬恭之念，摘爲一十二卷，總二百六十人有奇。上而格合漢魏六朝，下而體宗貞元、大曆，調有偏長，詞必兼善者，不論窮達顯晦，皆因時采拾，以彰吾郡文物之美。燃脂暝寫，弄墨晨書，蓋慮作者之苦心，而没世不稱，良可痛悼也。至於野狐外道，格律稍畔者，雖有梁、竇之權，不敢濫厠片語，爲雅道蟊賊。然挂一漏萬，耳目未周，尚賴同志補續。若曰有南威之容乃可論淑媛，有龍淵之利乃可議斷割，則不慧安所避咎乎？凡我同盟，宜協心揚搉，肆力旁求，以俟觀風者采擇焉。是爲序。萬曆丁酉暮春六日，書于風雅堂。

（《晉安風雅》卷首，萬曆刻本。按：此文又見《重編紅雨樓題跋》卷一，題作《閩中詩選序》，文中『摘爲一十二卷』作『摘爲八卷』；『總二百六十人有奇』作『總二百人有奇』；『萬曆丁酉』作『萬曆戊戌』。按：據《晉安風雅》，此文斷非徐𤊹撰，題亦爲非《閩中詩選序》；經核《晉安風雅》原刻，卷次與人數也應以該書爲是。𤊹既編選《晉安風雅》，『風雅堂』之堂名也必爲其堂之名，而斷非𤊹之堂名。）

先伯父友軒公傳

友軒公者，小子熥之先伯父也。大父易叟公舉丈夫子六人，長即伯父。伯父性慷慨，知大體。年十六七，佐大父治産業。余家故貧，伯父營之不遺餘力。其後稍饒，益事大父母，以孝聞。尤愛諸弟。重然諾，與人貿易，得伯父一言，不啻左券，以故人皆多其爲長者。

余家世治生，未有籍名博士者。余父髫齡時不欲卒業，伯父顧謂曰：『大丈夫當以經術鳴世，光我宗祊，安能世事刀錐之末與賈豎伍也？即我徐氏世無顯者，然能鋭志淬礪，王侯將相甯有種乎哉？弟勉之矣！』余父聞之，遂終儒業。伯父沾沾自喜。鹽米升斗之事，以身肩之，不欲以艱難瑣屑妨余父業。余父喜交遊，至履滿門户。伯父代爲延欵，有投轄之風焉。及與髦士校藝，供饌楮墨之費，皆伯父所給，毫無吝色。及余父得遊黌序，伯父喜甚。再越年，得受餼廩，爲藝士嚆矢，伯父喜又甚。人皆以伯父春秋甚盛，將來食余父，報有日，而伯父遽以無嗣終。疾革時，呼余父謂曰：

『我不幸中道而殁，老父年逾六衮，弟能昕夕奉菽水歡，我死且不朽。況弟異日飛采揚芳，光我徐氏，我在九京與有榮也。弟勉之矣！』言乞而瞑。聞者皆爲之悲悼。而余父素所交遊者，皆爲詩章以輓之。迨余父登仕籍，伯父墓木已拱，時時爲熥道伯父事，因欷歔泣下，故余爲之傳其大概如此。

熥曰：『吾宗自國初以來未聞有博士起家者，迨余父方得與薦紳之列，雖宦不過爲郎，然亦異於上世以處士終矣。向非伯父翼令就學，寧有是耶？則徐氏以經術鳴者雖自余父始，伯父之功也。熥生晚，不及識伯父，每觀遺像，則愴然悲生焉，故爲之傳，俾後嗣有業經術者知伯父之功、而處兄弟者法云。』（《荆山徐氏譜》，鈔本）

元刊《晏子春秋》題記（題爲筆者所擬）

萬曆戊戌中秋，購於閶門肆中。徐熥識。（《皕宋樓藏書記》）

童孝希聞

林逸夫，字元適，古田人，處士林春秀之仲子也。四歲喪母。祖母甘氏鞠育之，處士家貧，逸夫負薪於市，以供菽水。萬曆己亥五月，甘氏疾危。逸夫年十五，籲天涕泣，焚香割股，和藥以進，家人不知也。藥進而甘氏稍蘇，三日，病復篤，逸夫復於舊剜之所重割之。時當皇急刃，不由手入，深可寸許，筋露血迸，暈痛幾絶，以掌復肉，悲泣號呼，父母家人始知之，急作羹以進。甘氏復蘇，遺囑後事乃瞑。令延至公庭，大加獎異，上其事于潘臬，諸司復其終身，扁其居曰『童孝希聞』云。（徐𤊹《榕陰新檢》卷一『孝行』引《慢亭集》。按：《慢亭集》卷十七有《林孝孫傳》，文字、題目與《榕陰新檢》所引有較大差異，故予重輯。）

附録四：親友書信題跋

王恭澤狂歌跋　林志尹

王典籍《草澤狂歌》，向未登木，徐惟和得自張海城先生，不啻若拱璧，然乃抄録未竟而逝。予藏篋中，不忍閲視，傷人琴之亡也。傾慮散佚，強淚抄成，仍送緑玉齋以成惟和之志。蓋亦效掛劍徐君云爾。萬曆壬寅秋志尹題。（曹學佺《石倉歷代詩選》卷二百九十八，文淵閣《四庫全書》本）

與惟和　鄧原岳

日苦梅雨，兀坐一小樓，如枯蝦也。林熙吉、陳伯孺乘漲西行，别時訂約再三，不佞許以六日往峴山。山靈掃石待我，政恐足下寒盟，又添一臥游故事耳。（《西樓全集》卷十八，崇禎刻本）

又與惟和　鄧原岳

山齋小雨，與玉生兀坐，風景凄然。門無剥啄，恨足下兄弟不共此興耳。明日稍閒，能杖短策，

過松林，逐麇鹿芳草間乎？（《西樓全集》卷十八，崇禎刻本）

與徐惟和孝廉　鄧原岳

不佞抵吳，則已聞足下北矣。爲之躑躅於横塘煙雨間，意極惘惘。既入燕，便訪足下於酒人群，絶無踪跡也。居一日，而何尉來，乃知素車白旐翩而南者卿耶，爲之絶地大叫，髮上指冠也。尊君素強無疾，何以遽至此？且天既不慭遺，又何巧令與足下左，使足下抱終天痛？神理荼酷，豈真有不可知者乎？不佞日買苦酒三十銅錢，潦倒燕市中，恐終成一薄劣相，幸勑從者掃齋頭一片石，待不佞歸也。惟起骨立，如少年絶粒僧，不至號慟滅性乎？（《西樓全集》卷十八，崇禎刻本）

又與徐惟和孝廉　鄧原岳

數日乃得簡出，然亦苦酬答，每一挾册，不能盡了，已復投書起矣。蠹魚殊酷，欺先生久客，將西樓藏書飽啖無餘。昨乃搜其種，聚族而焚之，恨不能極吾兵威也，恐復竊發耳。惡詩書扇頭奉，惟起當爲吾緘之篋笥，不敢怨也。（《西樓全集》卷十八，崇禎刻本）

與唯和兄弟　鄧原岳

不佞萬里風塵，神骨俱俗。然每憩緑玉齋，便如華胥之國。君家兄弟風流爾雅，人士所宗，以不佞參之，則臭味矣。湖上重辱祖道，相對黯然，至不能出一語而別。既登舟，則出贈言作曼聲歌之，何必曉風殘月哉！唯起當以秋暮入越，不佞幸先至，且勑道塲山靈邀杖屨也。函溪舟次寄聲。（《西樓全集》卷十八，崇禎刻本）

寄徐惟和　陳价夫

兩從惟起許見足下所寄書，家政之餘，往往及不佞兄弟，交情淺深，於此可見。讀足下客囊諸什，情緻沉鬱，殊勝竹中清言，政使人望塵循轍不暇耳。足下此行，行李蕭索，不佞甚爲憂。聞自金陵復過苕川，從謝郎假貸，謝故多情，其如貧不相副何。幼孺舉孝廉時，計足下尚在越中，卒然聞之，不知與謝郎同折幾兩屐也。不佞與惟起面目如昔日，爲足下掃除竹中磐石而已，他何可言。幼孺傲僻未除，造物者忌之，因以阽疾，淹其試期，令不獲與足下同醉燕市，豈命也？夫足下即揚麾詞壇，令幼孺握赤幟爲裨將，横行齊州，已有其輔。足下勉之哉！殊方沍寒，眠食如意。（《招隱樓稿》，徐𤊹選，鈔本）

與徐惟和惟起　陳价夫

僕之不見二足下半歲耳。僕真善病哉！讀《絳囊生傳》，如看廣陵濤，令人津津色喜。信還不及知，故不獲裁答，大都是懶耳。僕此月望後始能行，急欲馳見二（元按：以下原缺）。（《招隱樓

稿》，徐𤇾選，鈔本）

跋徐惟和所書卷後

陳价夫

他日，不佞臨鄭吏部書，徐生笑謂伯孺：『卿何寧馨見拙也？吾且以淳化壓汝耳！』無何，閱繼之真蹟，始愜然絶倒，曰：『咄咄！』徐卿乃於墨本中求古人意耶？竟夕揣摩不能下，蒐篋中，得吴生素書卷，横心所搨，一顆千劄，畸軌相半，便與繼之傳神，不佞見則大駴，謂徐卿何速肖也！虎兒逼人，遂欲得吾赤幟。不佞自此謹堅壁以待。（《招隱樓稿》，徐𤇾選，鈔本）

跋吴汝學所藏徐惟和書卷

陳价夫

惟和書法，前後數變，始學趙承旨，尋變而文待詔，又變而鄭吏部。到丁酉以後，始匠意《淳化》、《蘭亭》而筆法乃定，然又時作章體、或顔、蘇，或間出黄、米，隨意命筆，雖不甚亂真，悉皆斐然可觀。筆勢遒宛，無摹臨之迹。吴汝學與之鄰居，伺其濡毫稍愜意，輒出紙經益其興，倦則引去。故汝學得書獨夥，而書皆佳，此紙似是癸巳、甲午以後所書，未及終卷，偶以他事置去，遂不及署年月款識，然猶有鄭吏部筆意，視戊戌以後則迥異也。嗚呼！惟和學鄭吏部書，而卒亦僅得鄭吏部之筭，文人不壽，豈偶然哉！予每見惟和書，輒爲愴然，因作數日惡。汝學其善藏諸！僕不敢復請觀矣。（《招隱樓稿》，徐𤇾選，鈔本）

墨梅卷跋　謝肇淛

萬曆壬寅七月十一日重裝於東郡草堂。憶昔甲午冬與惟和擁爐共閱，歎吾郡先輩餘風宛然在斷簡殘墨間。曾幾何時，且併唯和作古人矣。不能終卷，爲之一慟。（《小草齋文集》卷二十四）

徐興公家藏扇面手卷跋　謝肇淛

萬曆丁未春，余宅艱家居，興公出此卷共賞。未讀其跋語，爲之歎惋良久。唯和謝世，未及十年。饘粥糊口之業，半落他人手，非獨篋笥中玩好已也。王摩詰曰：『來者復爲誰，空悲昔人有。』古今一貫，唯和固不必鬱鬱地下耳。（《小草齋文集》卷二十四）

顧道行山水卷　謝肇淛

道行先生畫，從北苑仲圭來，而出以大雅，盡脱丹青家蹊徑。余與唯和爲先生最得意士，而得先生畫各不數紙。今閲此幅神氣鬱勃飛動，與余所得殳質甫許者仿佛相肖，非復可以形容筋骨相也。憶丁亥歲與唯和初執經事先生，迄今僅二十年，而先生中道萎謝，即唯和墓木亦且拱矣。與興公展閲未竟，爲之一慟。（《小草齋文集》卷二十四）

徐惟和詩卷跋 謝肇淛

吾友中工七言律者，推惟和爲白眉。今觀此卷，所書雖僅僅十餘首，而才情婉至，風骨遒整，絶世之技已見一斑矣。憶自壬辰迄今有二十有五載，生前風流文采，邈若山河，而遺墨殘編，宛然如昨，則故人死友寶持愛護之力也。惟和於是爲不亡矣。（《小草齋文集》卷二十四）

文選纂注 徐𤊹

六臣注頗繁，張伯起纂之，信修詞家之捷徑也。伯兄批點斯本，日置案頭，會試北上，攜之巾箱。先兄物化十五年，覽此不勝傷悼。陸士衡云：「尋平生於響像，覽前物而懷之。」正謂此也。萬曆癸丑臘月，興公書。（《重編紅雨樓題跋》卷一）

先君子手書詩卷 徐𤊹

先君子喜爲詩而不苟作。萬曆辛卯之秋，先君年七十有九，耄矣。忽一日召熥、𤊹論曰：『汝輩俱以四聲驟譽，吾心甚喜，家學不墜，是在汝輩。然吾平生有得意詩百數篇，可出長箋，吾爲汝書之。』熥對曰：『正兒之所深願而不敢請者也。』先君遂檢舊稿，日書數首，而𤊹常侍筆硯（中略）。乙巳夏日，不肖男𤊹拜手恭跋。（《重編紅雨樓題跋》卷一）

伯兄書卷　徐𤊹

昔陸雲贊平原文，謂君苗焚其筆硯；王縉掇拾右丞詩，表而進之於朝；家庭之間，自相敬慕。先伯氏年不稱德，時論歸美，卷中諸詩，大類劉文房、許丁卯，而書則效法《聖教》、《興福》，稍雜以行草。林異卿喜摹古帖，得書家三昧，極賞伯氏書有古意，從王元直求爲珍玩。偶出相示，載一披咏，不勝人琴之痛，因爲之掩卷。天啟改元花朝題。（《重編紅雨樓題跋》卷二）

伯兄詩卷　徐𤊹

林方壺先生爲諸生日，與伯兄有投分之誼。先生登第，出守茶陵，遂爾仙逝。先兄聞訃，有詩哭之：『文章自昔擅名流，二十分符楚國游。正羡雲逵方發軔，誰知夜壑即藏舟。魂隨岳麓家何在，淚灑湘江恨豈休。華表鶴歸歸未得，雲陽山下不勝悲。』賦此詩時，先兄年才二十三也。先兄既歿，余爲選梓《幔亭全集》，盡棄其少作。偶檢存稿，書呈異卿，異卿又當愴然耳。閏二月十日又題。（《重編紅雨樓題跋》卷二）

附録五：諸家評論

鄧原岳《西樓集》一則

當年三謁武夷君，夢入峰頭鸞鶴群。便學徐仙同坐化，罡風吹散幔亭雲。

十年書劍走天涯，五字翩翩五色霞。一自玉樓賦成後，彩毫零落不開花。（《哭徐惟和十二首》其七、其八，《西樓集》卷十，崇禎刻本）

謝肇淛《小草齋集》三則

惟和吾渭陽，意不可一世。聰明固天縱，神力亦奔詣。蒐討殫九流，匠心游六藝。大雅振式微，逸響流雲際。燦若華嶽峰，芙蓉映朝霽。快意萬里遊，藝苑標赤幟。行年未四十，嚴霜摧芳蕙。西華困負薪，窮交半淪替。人琴今俱亡，腸斷平生契。（《五子篇·徐孝廉惟和》，《小草齋集》卷六，崇禎刻本）

徐陳里閈久相親，鍾李湖湘非我鄰。丸泥久已封函谷，怕見江東一片雲。（《漫興二十首》其十

六，《小草齋集》卷二十九，崇禎刻本）

新詩成故物，開卷便心悲。身後名成日，人間論定時。紅顔天亦妒，俠骨世空疑。寂寞千秋意，臨流哭子期。

卻憶追隨日，先探赤水珠。青雲心自薄，白雲調彌孤。事業名山在，生涯儋石無。何須借玄晏，價已重三都。（《讀惟和詩二首》，《小草齋集》卷十四，崇禎刻本）

謝肇淛《小草齋文集》一則

吾友中工七律者推惟和爲白眉。今觀此卷所書，雖僅僅十餘首，而才情婉至，風骨遒整，絶世之技亦已見一斑矣。憶自壬辰迄今二十有五載，生前風流文采邈若山河，而遺墨殘編宛然如昨，則故人死友寶持愛獲之力也。惟和於是爲不亡矣。（《徐惟和詩卷跋》，《小草齋文集》卷二十四，天啟刻本）

謝肇淛《小草齋詩話》五則

嘉、隆以來，則有郭丞文涓、林明府鳳儀、袁太守表，皆余先輩。陳茂才椿、趙别駕世顯、林孝廉春元、鄧觀察原岳、陳山人仲溱、徐孝廉熥、熥弟㶿、陳茂才价夫、孝廉薦夫、曹參知學佺、袁茂才敬烈、林茂才光宇、陳茂才鳴鶴、王山人毓德、馬茂才欻、陳山人宏已、鄭山人琰，皆先後爲余友，皆有集行世。其中豪宕不羈，揮斥八極，則鳳儀爲冠；秀潤細密，步趨不失，則袁、趙名其家；才情宏博，多多益善，則徐氏兄弟擅其場。其他諸子，各成一家，瑕瑜不掩，然皆䄍漢宗唐，間出中晚，彬彬皆正始之音也。南方精華，盡於是矣。（《小草齋詩話》卷三，明天啟刻本）

世傳林天瑞《鼓山詩》：『眼中滄海小，衣上白雲多。』然亦尋常語耳。故不及惟和『松際窺人孤嶂月，山中留客半床雲』也。天瑞詩尚有佳者，如《詠月》云：『玉露清初墜，天河迥亦流。誰憐今夜月，還似去年秋。影逐寒雲起，光緣暮杵留。關山千萬里，偏照漢家樓。』……惜其遊於酒人，故不能篇篇盡美。吾郡中似當以徐惟和爲冠。其才情聲調，足伯仲高季迪，所微憾者，古體稍不及耳。鄧女高喜爲雄聲，其源蓋出歷下；陳幼孺工麗宛至，卻自中、晚得來。三者皆巨擘也，皆相次夭折，悲夫！（《小草齋詩話》卷三，明天啟刻本）

嘉靖間，閩龔大司成用卿招諸賓及其婿林世璧同遊鼓山，風日恬朗，分韻賦詩。坐客皆逡巡遜讓，林時已醉，奮筆題詩，略不停思，文藻橫逸。公及諸客讀之，至『眼中滄海小，衣上白雲多』之句，擊節歎曰：『吾不及也。』遂不復題。林詩至今尚在壁間，寺僧寶惜，墨色如新。最後徐孝廉惟和讀之，有詩云：『間尋老衲叩禪堂，墨蹟淋漓滿上方。一自題詩人去後，白雲滄海兩茫茫。』蓋引林語也。（《小草齋詩話》卷五，明天啟刻本）

徐惟和有友鄭君大，豪爽滑稽，喜遊山水。嘗至武夷折筍峰，峰有三梯，鄭登其一，懼而下，恐爲衆笑，乃令從者細記景物，歸而詫曰：『吾登折筍矣。』詰之，一一不謬。又數年惟和復至武夷，宿折筍峰，有詩《懷君大》云：『幾人白首困晨氛，垂老看山獨有君。莫道年高筋力少，芒鞋曾踏一梯雲。』君大見詩，大恚曰：『道人誤我，道人誤我！』蓋當時深囑道人勿泄其事，至見一梯之語，疑徐得其情也，其言所以，聞者皆爲絶倒。（《小草齋詩話》卷五，明天啓刻本）

月仙者，武林名妓也，戊子冬徐惟和北上，過而眷之，越數夕，余至，妓詢徐孝廉不去口。翊歲，下第復過，竟諧繾綣，徐作詩云：『匆匆相見未分明，别後逢人便寄聲。萬里歸期看乳燕，一春心事付流鶯。柳枝猶記當年曲，荳蔻難消此夜情。搗盡玄霜三萬杵，夢中還見舊雲英。』越三年上計，復過其地，詢之，則月仙死矣。（《小草齋詩話》卷五，明天啓刻本）

陳薦夫《水明樓集》一則

大徐吾同調，蚤歲稟英特。居常好遨遊，一一窮阡陌。探討了不聞，乃反富經籍。既解匡生詩，亦善梁丘易。起家應孝廉，徒步射奇策。魚目混隨珠，高雲鎩長翮。齊瑟不爲竽，荆山豈終石！物固有推移，君情無怵迫。（《六子詩·徐惟和》，《水明樓集》卷一，萬曆刻本）

徐𤊹《筆精》四則

相思子即今紅豆也。愚按，嶺南、閩中有相思木，歲久結子。色紅如大豆，故名『相思子』。每一樹結子數斛，非即紅豆也。惟和兄《子夜歌》：『紅豆落深坑，到底相思子。』（《筆精》卷二『相思

子』條，沈文倬點校本，福建人民出版社，一九九七年）

國初唐肅《題陶穀郵亭圖》云：『紫鳳檀槽緑髮娼，玉兒見慣可尋常。作歌未必腸能斷，明日聽歌更斷腸。』先兄惟和曾題《秦弱蘭》一首，足爲陶學士解嘲：『莫笑郵亭一夜春，此身元已落風塵。韓家亦有花如女，枕畔衣裳着向人。』（《筆精》卷四『郵亭圖』條，沈文倬點校本，福建人民出版社，一九九七年）

黄旂山諱澤，字敷仲，閩之侯官人也。永樂辛卯以詩魁省闈，壬辰成進士……公以直道被讒，一去不復，廢居三十年，不忘憂國，其清風勁節，所謂薑桂老猶辣者。鄧汝高《閩中正聲》、徐惟和《晉安風雅》概未之及，豈遺集久湮，不獲寓目耶？余特表出，以志高山之仰云。（《筆精》卷四『黄旂山』條，沈文倬點校本，福建人民出版社，一九九七年。按：此條爲黄居中所補）

朱竹，古無所本，起于明初。宋仲温有一卷，不知何人筆？高季迪題《水龍吟》云：『淇園丹鳳飛來，幾時留得參差翼。簫聲吹斷，彩雲忽墮，碧雲猶隔。想是湘靈，淚彈多處，血痕都積。看蕭疏瘦影，隔簾欲動，應似落花狼藉。　莫道清高也俗。再相逢、子猷還惜。此君未老，歲寒猶有，少年顔色。誰把珊瑚，和烟换去，琅玕千尺。細看來，不是天工，卻是那春風筆。』此卷舊爲王太史家物。徐惟和收得之，珍若重寶，自題其後云：『根如赬虬髯，葉如丹鳳尾。有時截作釣魚竿，珊瑚亂拂桃花水；有時擲杖化爲龍，白日青天赤鱗起。能將紅霧變蒼烟，産在朱明幾洞天。須臾絳節生彤管，只向松間滴露研。』伯兄卒，卷售他人。（《筆精》卷六『朱竹』條）

徐𤊹《與鄧道協簡》一則

足下謂僕藏生荔枝於巨竹中，神其説，啟後世之惑。此非僕之臆説也。三山元宵最盛，而神廟中各出奇珍。生荔枝留至春時，往往目擊之。家兄《元夕詞》有云：『閩山廟裏賽靈神，水陸珍羞滿案陳。最愛鮮紅盤上果，荔枝如錦色猶新。』此一證也。豈愚兄弟創爲説啟後世之惑者耶？足下居與閩山最近，試詢之鄉長老，則知吾言之不誣矣。到金陵便以語黄明立先生，僕亦非好奇之過耳。（鄧慶寀《荔枝譜》卷三，《閩中荔枝通譜》卷十一，崇禎刻本）

徐𤊹《鼇峰集》一則

客堂寒夜檢遺篇，名在人間骨在泉。半世窮愁緣著述，千秋詞翰合流傳。夢中永絶生花筆，篋裏誰分殺竹錢。挑盡孤燈揮淚眼，一番吟詠一潸然。（《興國寺檢編幔亭集撫卷凄然感而有作》，《鼇峰集》卷十四，天啟刻本）

徐𤊹《竹窗雜録》二則

陳良鼎，字廷器，閩清人。乙太學生需選公車，值世廟南巡，抗疏諫止，詔獄除名，黜爲民。隆慶改元，録言事諸臣，鼎已老矣。福建按察使徐中行贈之詩云：『千官扈從漢江行，宸禮山陵自聖情。總爲扣閽危萬乘，卻教止輦讓諸生。精神不爲雷霆拆，肝膽仍逢日月明。世廟諫臣徵欲盡，客星猶復臥孤城。』未幾卒。伯兄唯和挽之詩云：『龍駕南巡日，何人批逆鱗。誰知伏闕者，卻是布衣臣。抗疏青雲薄，憂時白髮新。至今遺廟在，蘋藻自千春。』『欲迴江漢輦，痛哭叩重閽。死諫孤臣節，生還聖主恩。青山藏疏草，白日照忠魂。寂寞荒墳上，西風啼暮猿。』夫以太學生抒忠忱而訐朝政，漢惟劉唐、何蕃，宋惟陳東，及鼎四人而已。歿後立廟崇祀。（《榕陰新檢》卷二《忠義》『太學直諫』條引，萬曆刻本）

閩王審知墓在蓮花峰下，宣德四年爲盜所發，獲金寶無算。有司仍復修治。今題其墓者甚多，余伯兄惟和一首爲最：『玉輦何年去不回，霸圖千古總成灰。秋深兔穴依寒壟，歲久魚燈暗夜台。故國關河甌越在，遺民蘋藻鼎湖哀。蓮花峰下黄昏月，猶見三郎白馬來。』審知在軍中好騎白馬，人呼白馬三郎。（《詩題王墓》，徐𤊹《榕陰新檢》卷十六《詩話》引，萬曆刻本）

黄居中《徐氏筆精序》一則

興公篪伯氏惟和，狎主三山社，筆耕心織，盡抽二酉之藏；竹夕花時，足當四面之敵。（《筆精》卷首，沈文倬點校《筆精》卷首，福建人民出版社，一九九七年）

曹學佺《石倉文稿》一則

我隆、萬間，三山稱博雅而攻詩文者，無過徐、謝二家。徐大令相坡先生于謝右相天池先生爲翁婿行。曰𤊹、曰㶿，相坡公子也；方伯君肇淛，天池公子也。三君子者，皆能讀其父書，相爲友善。（《明廣西方伯在杭謝公墓誌銘》，《石倉文稿》卷七）

曹學佺《金陵初稿》一則

予郡趨風雅，騷壇有弟兄。文章追古則，軒冕薄時榮。念豈山川隔，憂惟日月征。何時遂初志，聚首復班荆。（《寄同社徐興公諸子》，《金陵初稿》）

姚旅《露書》二則

姑蘇沈野作《寒食》一詩：『廚下由來烟火斷，不知寒食是今朝。』徐𤊹賞其語，往訪之。及進閶門，重門已閉，進退不得，因於簷下坐一夜。沈因是得名。

徐惟和才情藻麗，爲晉安巨擘。其弟惟起《古意新聲》十首，以宋錦裁新衣，彩色奪目，當與並驅。（《露書》卷三《韻篇》上，福建人民出版社，二〇〇八年。第二則，又見周亮工《閩小記》卷三『徐惟和』條，文字小異，康熙刻本）

李時成《白湖集》一則

《後十子詩選》者，以志前也。『前十子』誰？『前十子』則林子羽、王孟敭諸君子，翩起洪、永間，有若親試於臨軒，若運應於辟命，若賁于丘園，若私淑于入室者，其集之行也。爰自成、弘以迄隆、萬，又百有餘年，則又有《後十子集》。後者如：鄭吏部繼之、傅山人木虛、林方伯道近、林明府姬臣、袁表太守公景從、林文學天瑞、林孝廉叔寅、徐孝廉惟和、陳太守元凱、林文學子真，其爲詩也，則予之所選而集者也。

……

徐熥，字惟和，閩縣人。萬曆十六年鄉薦。熥夙以風雅自命，刻意稱詩，有《幔亭集》二十卷。性好客，客自外至，則傾貲賙之，以故家日落。多結交海内名士，終歲郵筒勿絶也。閩自隆、萬以來，學士大夫尚經學，而詩道寖衰，熥起而勇爲之倡，至今家絃户歌，雅道復興，寔與其力焉。（《後十子詩選序》，《白湖集》卷十二，崇禎刻本）

吴梅村《魏憲百名家詩選序》一則

閩中山水奇秀甲天下，咸萃于文人之身。自林鴻子羽崛起，談詩一時，相唱和者有『十子』之稱。嗣是鄭繼之俎豆少陵，陳幼孺、伯孺、徐幔亭、鼇峰頡頏一代，爲中原所景仰。（魏憲《百名家詩

選》卷首，吉林大學圖書館藏康熙魏氏枕江堂刻本影印）

朱彝尊《曝書亭集》一則

明自萬曆後作者散而無紀，後之選者不加審擇，甄綜寥寥。嘉靖七子後，朝野附和，萬古同聲，隆慶鉅公，稍變而歸於和雅。定陵初禩，北有于無垢、馮用韞、于念東、公孝與，暨季木先生，南有歐楨伯、黎惟敬、李伯遠、歐用孺、徐惟和、鄭允升、歸季思、謝在杭、曹能始，是皆大雅不群。（《答刑部王尚書論明詩書》，《曝書亭集》卷三十三，文淵閣《四庫全書》本）

朱彝尊《静志居詩話》四則

徐熥，字惟和，閩縣人。萬曆戊子舉人。有《幔亭集》。

惟和力以唐人爲圭臬，七絶原本王江寧，聲諧調暢，情至之語，誦之盪氣迴腸。《送人游吴楚》云：『津亭煙柳緑垂絲，萬里關山匹馬遲。去國正當春盡後，登樓多在日斜時。楚江草長悲鸜鵒，吴苑花深走麋麖。話别何須共惆悵，秋風摇落是歸期。』（《静志居詩話》卷十六『徐熥』條，人民文學出版社，一九九〇年）

天瑞爲龔祭酒用卿女婿，嘗從婦翁遊鼓山，分韻賦詩，時天瑞已醉，詩成題壁，有『眼中滄海小，衣上白雲多』之句，坐客皆歎以爲不及。徐惟和詩云：『閑尋老衲叩禪堂，墨蹟淋漓滿上方。一自

題詩人去後，白雲滄海兩茫茫。』蓋爲天瑞作也。（《静志居詩話》卷十八『林世璧』條，人民文學出版社，一九九〇年）

興公藏書甚富，近已散佚，予嘗見其遺籍，大半點墨施鉛，或題其端，或跋其尾，好學若是，故其詩典雅清穩，屏去猘浮淺俚俗之習，與惟和稱二難。（《静志居詩話》卷十八『徐𤊹』條，人民文學出版社，一九九〇年）

閩自十才子後，惟少谷小變，而高、傅之外，寥寥寡和。若曹能始、謝在杭、徐惟和輩，猶然十子才調也。（《静志居詩話》卷二十一『曹學佺』條，人民文學出版社，一九九〇年）

杭世駿《榕城詩話》二則

有明選輯閩詩者，閩縣鄧汝高原岳撰《閩詩正聲》、懷安陳仲聲元珂撰《三山詩選》、閩縣徐惟和熥撰《晉安風雅》。徐興公𤊹《榕陰新檢》恒引《晉安逸雅》，其書不可見。（《榕城詩話》卷中，乾隆杭大宗七種叢書本）

《晉安風雅》凡十二卷，自洪武迄萬曆總二百六十餘人。《凡例》云：『閩得十六，侯官、長樂各得什一，懷、福共得什一，若羅源、閩清則風氣未開，或有待也。』《序》謂：『不論窮達顯晦，皆因詩采拾，至於野狐外道、格律稍畔者，雖有梁、竇之權，不敢濫厠片語，這雅道蟊賊。』（《榕城詩話》卷中，乾隆杭大宗七種叢書本）

《四庫全書總目提要》二則

《幔亭詩集》十五卷，明徐熥撰。熥，字惟和，閩縣人，萬曆戊午（元按：『午』爲『子』之訛）舉人。負才淹蹇，肆力詩歌，大抵圭臬唐人而不爲割裂餖飣之習。卷首有張獻翼《序》，稱其調非偏長，體必兼擅，力追古則，盡滌時趨。又，謝肇淛《五雜俎》謂其才情聲調，足以伯仲高季迪，微憾古體不及。朱彝尊《静志居詩話》亦謂其七言絶原本王江寧，多情至語。審閲是集，固非盡出標榜。熥當明季詩道冗雜，如熥者亦可謂蟬蜕穢濁矣。王世懋《藝圃擷餘》論閩中詩人，推鄭善夫爲冠。熥生平喜稱善夫，而卒年僅三十九，與善夫正同，亦頗可異。《明史·文苑傳》稱閩中詩文自林鴻、高棅後，閲百餘年，鄭善夫繼之。迨萬曆中年，曹學佺、徐𤊹輩繼起，謝肇淛、鄧原岳和之，風雅復振，不及於熥，惟《𤊹傳》附見其名。然𤊹以博學稱，亦復工文。熥以詞采著，亦未嘗無學。二人固未易優劣也。（《幔亭集提要》，《四庫全書總目》卷一七二，中華書局，一九六五年。按：文淵閣《四庫全書》本《幔亭集提要》文字略異，文末有『集爲其弟𤊹所鐫。𤊹，字興公，亦以淹貫見稱，所撰有《筆精》、《榕陰新檢》諸書，俱别著録云』數句。）

《晉安風雅》十二卷，明徐熥編。熥有《幔亭詩集》，已著録。是編輯福州一府之詩，其曰『晉安』者，福州在晉時爲晉安郡也。所録起洪武迄萬曆，得二百六十四人。詩以體分，姓氏下各載其里居出處，及所著作，並以右某朝若干人列數于左，其例多仿高棅《品彙》，惟『閨秀』一類，另立『妓

女』以別薰蕕，爲小異云。（《晉安風雅提要》，《四庫全書總目》卷一九三，中華書局，一九六五年）

鄭方坤《全閩詩話》一則

先生（元按：指鄭邦祥）遂與在杭謝公、能始曹公、惟和、興公二徐公主持斯文，爲騷壇弁冕。（《全閩詩話》卷八『先曾祖鄭孟麐公』條，文淵閣《四庫全書》本）

沈德潛《明詩別裁集》三則

熥，字惟和，閩縣人。萬曆戊子舉人。惟和近體宗法唐人，在詩道冗雜時遇之，如沙礫中得簡珠也。七言絶尤能作情至語，在李庶子、鄭都官之間。（《明詩別裁集》卷九，上海古籍出版社，一九七九年）

（《金陵故宫》）閲五、六知當時初無遜國之事，蓋帝與后同在灰燼中也。史氏《致身録》之誣，神廟時人俱能言之，得錢牧齋諸人辨益明。（《明詩別裁集》卷九，上海古籍出版社，一九七九年）

絶句七章（元按：《丹陽遇陳十八》、《長門怨》、《郵亭殘花》、《酒店逢李大》、《芋江驛樓送張四之白下》、《禦兒舟中別郎公》、《寄弟》），詞不必麗，意不必深，而婉轉關生，覺一種至情餘於意言之外。（《明詩別裁集》卷九，上海古籍出版社，一九七九年）

黄任詩一則

擬築伊人宛在堂，蒹葭秋水但蒼蒼。傅高合配曹徐謝，待我來分上下床。傅汝舟與高瀔約偕隱西湖，有《擬築宛在堂》詩。（《毗陵潘中丞重浚西湖余暇日出遊感今追昔成詩二十首殊愧鄙俚聊當棹歌漁唱云爾》其十，《秋江集》卷五，乾隆刻本）

徐永祚《閩遊詩話》一則

《小草齋詩話》云：『世傳林天瑞《鼓山詩》：「眼中滄海小，衣上白雲多。」然亦尋常語耳。不及惟和「松際窺人孤嶂月，山中留客半牀雲」也。』余謂林詩誠未爲佳，然徐惟和二語亦太小，與鼓山不稱。不若傅汝舟一聯，云：『白爲滄海浪，青入島夷山。』（《閩遊詩話》卷中，乾隆刻本）

莫友堂《屏麓草堂詩話》二則

宛在堂在榕垣迎仙門外之小西湖……今湖心有堂，乃國朝康熙初建也。乾隆初，黄莘田先生立明林子羽、王孟敭、鄭少谷、高宗吕、傅木虚、葉文忠、曹忠愍、徐幔亭、興公、謝在杭十子於堂而祀之。風雅問歇，久被開化寺僧占爲賃槽之所也。道光四年，孝廉王成旗爲捐貲，出停槽，掃除而重新之。增謝雙湖、陳叔度及黄莘田栗主，春秋兩祀，邀同人作竟日之遊。（《屏麓草堂詩話》卷二，道

光刻本）

東越之詩……在明有張翠屏、林登州、二藍、十子及楊文敏、柯竹巖、鄭山齋、林見素、張襄惠、林方齋、朱損岩、鄭少谷、王遵岩、邱止山、徐惟和、惟起、謝在杭、曹石倉諸人，莫不管領風騷，自開户牖。而錢東澗乃詆晉安一派，則以高廷禮之《品彙》、《正聲》終明一世館閣宗之。牧齋釁起爭名，語多吹索，登枝捐本，飲水譏原，固哉！蒙叟之爲詩也。（《屏麓草堂詩話》卷十四，道光刻本）

汪端《明三十家詩選》六則

七言律，文成激昂悲感，青邱超妙清華……此外，邊華泉、徐惟和兄弟、曹志節、程孟陽諸家，圓秀娟妍，得衷合度，要皆不失名家也。（《明三十家詩選·凡例》，同治刻本）

五言絶，青邱、昌穀、華泉、茂秦，並得王、韋之髓，王子衡、徐惟和、范東生、林初文，亦有佳製，此外殊寥寥矣。（《明三十家詩選·凡例》，同治刻本）

七言絶……徐惟和兄弟、曹忠節、程孟陽、王介人、范東生、謝在杭、林初文諸人，措詞婉雅，綽有餘妍，斯可與劉賓客、鄭都官把臂入林耳。（《明三十家詩選·凡例》，同治刻本）

𤏩，初字惟起……萬曆中與兄熥，及曹能始狎主閩中詞盟，後進皆稱『興公詩派』。（《明三十家詩選》二集卷七上，同治刻本）

幔亭、鼇峰昆季詩，並以青邱爲矩矱，其古詩固不能逮，近體風度清新，神骨雋異，頗造其域，而一氣渾成處，亦復相去尚遠，不免有桓宣武似劉司空之恨——此蓋才力所限，非二子之過也。然當霧霾充塞時，獨能不師僞體，遠溯正宗，可謂卓識絶人，超然塵外者矣。（《明三十家詩選》二集卷七上，同治刻本）

明初閩中十才子專學盛唐，萬曆間徐幔亭昆季、曹石倉及在杭諸人則兼法錢、劉、元、白，並洪武諸家，雖前後宗尚微有不同，要皆精研格律，無忝正聲。（《明三十家詩選》二集卷七上，同治刻本）

梁章鉅《東南嶠外詩話》三則

《明史·文苑傳》稱：閩中詩文自林鴻、高棅後，閱百餘年鄭善夫繼之。迨萬曆中年曹學佺、徐𤊹繼起，謝肇淛、鄧原岳和之，風雅復振。不及於熥，惟𤊹傳中附見其名。然𤊹以博學稱，亦復工文；熥以詞采著，亦未嘗無學，二人因未易優劣也。（《東南嶠外詩話》卷九『徐熥』條，道光刻本）

沈歸愚稱徐惟和近體宗法唐人，當詩道冗雜時遇之，如砂礫中簡珠也。七絶尤勝，在李庶子、鄭都官之間。按《幔亭集》近體好句美不勝收。五言如：『僧歸殘雨寺，樵度隔雲村。』『花落鳥聲寂，草多熒火繁。』『溪曲斜流月，峰多亂占雲。』『憶弟吟春草，思親望白雲。』『八口蠻煙路，千家野哭聲。』『夢回瓜步月，人隔秣陵關。』『樹影緣山轉，溪流向縣分。』『颶風吹海暗，蠻雨洗天涼。』『雲邊芳草路，花外夕陽山。』『兒女他鄉淚，鶯花故園心。』七言如：『一秋桃葉居淮水，十月梅花夢敬亭。』『彭蠡驚濤雲外聽，匡廬飛瀑月中看。』『二水空舟歸棹遠，三吴秋色一分江。』『緑波春草長途別，白社蓮花半日開。』『去國正當春盡後，登樓多在日斜時。』『暮靄晴飛巖瀑翠，秋煙寒隱石燈青。』『戍樓畫角吹霜落，別浦漁舟棹月還。』洵可謂力追古則，盡滌時趨。若《同陳惟秦夜坐》云：『世味隨年減，浮生到夜閒。』《送惟起弟》云：『兩地雁鴻難顧影，一時鸞鶴總離群。』則真至之語，尤爲集中上乘。（《東南嶠外詩話》卷九『徐熥』條，道光刻本）

沈歸愚極賞幔亭《郵花》一絶，云：『征途微雨動春寒，片片飛花馬上殘。試問亭前來往客，幾人花在故園看。』以爲維（元按：當作『惟』）和絶句詞不必麗，意不必深，而宛轉關生，一種至情餘於意言之外。按：《幔亭集》中如《芋江樓送友人還白下》云：『春風吹柳萬條斜，極目金陵隔暮霞。不必相思當後夜，片帆開處即天涯。』又《逢李大》云：『偶向新豐市里過，故人尊酒共悲歌。十年別淚知多少？不道相逢淚更多。』《寄弟》云：『春風送客翻愁客，客路逢春不當春。寄語鶯聲休便老，天涯猶有未歸人。』皆能情文兼至，沁人心脾。（《東南嶠外詩話》卷九『徐熥』條，道光刻本）

興公集中警句，清真婉至，足與幔亭抗衡。（《東南嶠外詩話》卷九『徐𤊹』條，道光刻本）

林昌彝《射鷹樓詩話》二則

『諸將漢家騫日月，故人天上動星辰』，此吾閩徐幔亭徐⿰火欸《過釣臺詩》也。下語渾成，不可多得，以視『一著羊裘便有心』及『雲臺怎比釣臺高』，『羞見先生面，黄昏過釣臺』等句，相去遠矣！（《射鷹樓詩話》卷九，上海古籍出版社，一九八八年；按：此本作『⿰火欸』，爲『熥』之訛。『諸將』二

句見熥《雪中登富春山》，《幔亭集》卷七）

西湖宛在堂祀明林子羽、王孟敭、鄭少谷、高宗吕、傅木虚、葉文忠、曹節愍、徐幔亭、徐興公、謝在杭十人，乾隆初黄莘田所立也。（《射鷹樓詩話》卷十，上海古籍出版社，一九八八年）

吾閩前明詩家，自林子羽以下十子總持詩教，及鄭少谷出，乃大振騷壇，雄視一代。繼之者曹石倉、黄石齋、徐幔亭、徐興公、謝在杭諸君，可稱一時風雅。錢虞山論詩每鄙薄閩中詩派，豈非坐井觀天，蜉蝣撼樹乎！虞山目閩人詩爲林派，謂林子羽也。（《射鷹樓詩話》卷十七，上海古籍出版社，一九八八年）

謝章鋌《論詩絶句三十首》一則

當年鼎足曹徐謝，巨擘還應讓石倉。淼閣飄零陳叔度，招魂箕尾髮如霜。（《賭棋山莊詩集》卷五，陳慶元編《賭棋山莊稿本》，江蘇古籍出版社，二〇〇〇年）

謝章鋌論詩絶句詩一則

曹謝鍾譚總兩歧，當年閩派盛藩籬。可憐换劫紅羊後，苦調高彈林茂之。（《書林古度詩卷後》，《賭棋山莊詩集》卷一，光緒刊本）

謝章鋌論詩一則

海内談詩《小草齋》，曹徐里社自分題。（《一自》，《賭棋山莊詩集》卷二，光緒刻本）

謝章鋌詩一則

勞生爲邱壑，此意解何人。詩卷自能古，名山合卜鄰。倘知薦秋水，應與指迷津。香火接空翠，松泉遠有神。（《五賢祠瞻禮先方伯在杭先生並曹徐諸先輩主》，《賭棋山莊詩集》六，稿本，藏福建省圖書館）

謝章鋌《賭棋山莊詞話》一則

明季閩縣徐熥、徐𤊹兄弟競爽。熥以詩顯，所著有《幔亭集》。𤊹以博洽聞，插架甚富，丹鉛歷落，至今流傳，尚爲世寶。（《賭棋山莊詞話》卷五『徐𤊹』條，《詞話叢編》本，中華書局，一九八六年）

謝章鋌《圍爐瑣憶》一則

在杭侍兒名桃葉，幔亭侍兒名紫玉，俱能詩。（《圍爐瑣憶》，光緒辛丑《賭棋山莊筆記合刻》本）

謝章鋌《課餘續録》一則

明人重聲氣，喜結文社，季世幾、復二社與國運相終始。若閩之之鼇峰詩社，則始于鄭少谷、高石門、傅丁戊，繼之者徐幔亭、興公兄弟、曹能始、謝在杭也。（《課餘續録》卷二，光緒庚子刻本）

楊浚《論次閩詩》一則

晉安風雅師前輩，緑玉齋中什襲多。能奉唐人作圭臬，興公詩派幔亭歌。徐熥、徐𤊹。（《論次閩詩》九十首其八十六，《萬首論詩絶句》引《冠悔堂集》，人民文學出版社，一九八一年）

陳田《明詩紀事》五則

惟和才思婉麗，五言近體取法唐人。工于發端，婉轉關生，有一氣不斷之妙。惟和《自題小像》詩云：『五字吟成心獨苦，不知身後得傳無！』可謂甘苦自得之言。《詩綜》未録五言律一篇，豈未見《幔亭》全集耶？（《明詩紀事》庚籤卷三『徐熥』條，上海古籍出版社，一九九三年）

興公七言，可隨肩惟和，五言近體微少變化，應當推乃兄獨步。（《明詩紀事》庚籤卷三『徐𤊹』條，上海古籍出版社，一九九三年）

伯孺、幼孺兄弟，稱詩品略相似。徐惟和《晉安風雅》有幼孺序云：『非性靈不談，脱飣餖如

屣。』知其風旨所在矣。（《明詩紀事》庚籤卷八『陳薦夫』條，上海古籍出版社，一九九三年）

田按：汝高詩音節俊爽，長於七律。與謝在杭、徐惟和輩結社。在杭推爲嘉、隆後閩人之冠，假借云爾。余衡其才品，當在二人之次。（《明詩紀事》庚籤卷十七『鄧原岳』條，上海古籍出版社，一九九三年）

田按：非熊以《秦淮鬭草篇》得名，萬曆末詩家長篇如徐興公《玉主行》、鄭翰卿《半生行》、林初文《蛾眉篇》、徐惟和《帝京篇》，俱有盛名，要不如非熊此篇爲最。（《明詩紀事》庚籤卷二十五『吴兆』條，上海古籍出版社，一九九三年）

郭柏蒼《柳湄詩傳》二則

（鄧原岳）詩與曹、謝、安、陳、二徐並著，時稱『七子』。七子詩以陳薦夫、徐熥、曹學佺爲最，鄧原岳、安國賢次之，謝肇淛、徐㶿又次之。（《全閩明詩傳》卷三十三，清光緒泌泉山館本）

明代，福州世有著作者，推王、陳、徐、許。王者，侯官王褒之後，及懷安王佐後人；陳即衎家，六代皆有集；徐則㭿及二子熥、㶿，㶿子延壽、孫存永；許則豸及珌、友、遇、均、鼎也。（《全閩明詩傳》卷四十二引《柳湄詩傳》，清光緒泌泉山館本。按：存永即延壽；孫震，字器之。郭氏誤記。）

郭柏蒼《竹間十日話》一則

謝在杭性吝嗇。陳介夫往姑蘇，告行於徐惟和。和作詩箋贈之，兼簡在杭。囑云：『若告歸日，行囊蕭瑟，取吾箋令見之。』詩云：『離筵酒盡即他鄉，豈爲分攜始斷腸。失路客身輕似葉，倚門親鬢白於霜，歸裝不望中人産，内顧先營百日糧。未必綈袍能解贈，秋風先《幔亭集》作『臨行還』。囑寄衣裳。』及往，果如言。在杭挈而觀之，曰：『惟和虔我，我適有不及矣！』留伯孺數時，厚禮而歸之。（《竹間十日話》卷五，光緒刻本）

陳衍《石遺室書録》一則

《石遺室書録》云：熥與弟𤊹齊名，稱『二徐』。此集興公先生所葺。又云熥友陳薦夫所選。聲詩十四卷，一千六百餘首。大略樂府、五言效漢魏六朝，七言古皆轉韻，另有五言聲詩十餘首。聲詩者，平韻有對，而上下聯失粘者也。五律宗唐賢，七律似前後七子，五言絶句八十首，迴環讀者四十首。七絶似劉後村。外詩餘一卷。《千頃堂書目》作二十卷。前有謝吉卿序，言烏石山有高賢，祀七閩先輩善詩者六十餘人，惟和卒，輿論以惟和主合祀其中云。（〔民國〕《福建通志·藝文志》卷六十三）

參考文獻

明·徐熥著，《幔亭集》十五卷，萬曆刻本
明·徐熥著，《幔亭集》十五卷，文津閣《四庫全書》本
明·徐熥著，《幔亭集》十六卷至二十卷，殘鈔本
明·徐熥著，陳慶元編，《徐熥集》，揚州：廣陵書社，二〇〇五年
明·徐熥著，《幔亭集》二十卷，萬曆刻本，縮微膠卷，美國國會圖書館藏
明·徐熥編，《晉安風雅》，萬曆刻本

明·謝汝韶著，《天池先生存稿》，萬曆刻本
明·焦竑著，《澹園集》，北京：中華書局，一九九九年
明·李贄《焚書續焚書》，北京：中華書局，一九七五年
明·郭造卿著，《海嶽山房存稿》，萬曆刻本，日本内閣文庫藏本
明·王穉登著，《南有堂詩集》，崇禎刻本

明·周仕楷著,《天寧先生詩集》,萬曆刻本,日本淺草文庫藏本
明·屠隆著,汪超宏主編,《屠隆集》,杭州:浙江古籍出版社,二〇一二年
明·陳第著,《一齋集》,道光刻本
明·陸君弼著,《正始堂詩集》,萬曆刻本
明·何喬遠著,《何氏萬曆集》,萬曆刻本
明·何喬遠著,《鏡山全集》,崇禎刻本,日本内閣文庫藏本
明·鄧原岳著,《西樓全集》,崇禎刻本
明·鄧原岳編纂,《閩中正聲》,鈔本,據明萬曆刻本鈔
明·謝肇淛著,《小草齋集》三十卷,天啟刻本
明·謝肇淛著,《小草齋集續集》三卷,天啟刻本
明·謝肇淛著,《小草齋文集》二十八卷,天啟刻本
明·謝肇淛著,陳慶元纂,《謝肇淛集》,南京:江蘇古籍出版社,二〇〇三年
明·謝肇淛著,《五雜組》,上海書店,二〇〇一年
明·謝肇淛著《小草齋詩話》,日本國天保二年(一八二一)據明林氏舊藏讀耕齋刊本摹刻本
明·陳薦夫著,《水明樓集》,萬曆刻本
明·陳勳著,《陳元凱集》,天啟刻本

明·楊德周著,《銅馬編》,崇禎刻本
明·陳鳴鶴著,《泡庵詩選》,萬曆刻本
明·吳稼竳著,《玄蓋副草》,民國五年影印明萬曆家刻本
明·謝兆申著,《謝耳伯先生初集》,崇禎刻本
明·蔡復一著,《遯庵全集》,崇禎刻本
明·蔡復一著,郭哲明校釋,《遯庵蔡先生文集校釋》,金門縣文化局,一九九七年
明·陳益祥著,《陳履吉采芝堂文集》,萬曆四十一年刻本
明·徐𤊹著,《鼇峰集》,天啟刻本
明·徐𤊹著,《鼇峰集》,舊鈔本
明·徐𤊹著,陳慶元、陳煒點校,《鼇峰集》,揚州:廣陵書社,二〇一二年
明·徐𤊹著,《紅雨樓文集》,鈔本
明·徐𤊹著,沈文卓校點,《重編紅雨樓題跋》,福州:福建人民出版社,一九九三年
明·徐𤊹著,《紅雨樓集·鼇峰文集》,《上海圖書館未刊古籍稿本》,上海:復旦大學出版社,二〇〇九年
明·徐𤊹著,《筆精》,福州:福建人民出版社,一九九七年
明·徐𤊹著,《續筆精》,鈔本,福建師範大學圖書館藏

明·徐𤊹著,《榕陰新檢》,萬曆刻本
明·王宇著,《亦園詩略》,天啟刻本,日本淺草文庫藏本
明·王宇著,《亦園文略》,天啟刻本,日本淺草文庫藏本
明·王宇著,《烏衣集》,天啟刻本,日本内閣文庫藏本
明·陳价夫著,徐𤊹選,《招隱樓稿》,鈔本,上海圖書館藏
明·周如磐著,《澹志齋集》,鈔本
明·袁中道著,錢伯城點校,《珂雪齋集》,上海古籍出版社,一九八九年
明·鍾惺著,李先耕等標校,《隱秀軒集》,上海古籍出版社,一九九二年
明·譚元春著,陳杏珍標校,《譚元春集》,上海古籍出版社,一九九八年
明·鄭懷魁著,《葵圃存集》,萬曆刻本,日本淺草文庫藏本
明·蔣孟育著,《恬庵遺稿》,崇禎刻本,日本内閣文庫藏本
明·沈有容著,《閩海贈言》,《臺灣文獻叢刊》本,臺北:臺灣銀行
明·崔世召著,《秋谷集》,明末刻本
明·蔡獻臣著,《清白堂稿》,崇禎刻本
明·蔡獻臣著,《清白堂稿》,咸豐鈔本,金門縣政府影印,一九九九年
明·阮自華著,《靈霧山人詩集》,崇禎刻本,日本淺草文庫藏本

明·邵捷春著，《劍津集》，明刻本
明·張燮著，《霏雲居集》，萬曆刻本
明·張燮著，《霏雲居續集》，天啟刻本
明·張燮著，《群玉樓集》，崇禎刻本
明·張燮著，《東西洋考》，謝方點校，北京：中華書局，二〇〇八年
明·李廷機著，《白毫庵集》，崇禎刻本
明·黄克纘著，陳慶元纂，《數馬集》，揚州：江蘇廣陵古籍刻印社，一九九七年
明·姚旅著，《露書》，福州：福建人民出版社，二〇〇八年
明·曹學佺著，《石倉全集》，日本内閣文庫藏明刻本
明·曹學佺著，《石倉詩稿》卷三十一，乾隆刻本
明·曹學佺著，《曹學佺集》，方寶川編，南京：江蘇古籍出版社，二〇〇三年
明·曹學佺編，《石倉十二代詩選》，明末遞刻本，中國國家圖書館藏
明·吳非熊、程嘉遂著，王士禎選，《新安二布衣詩》，康熙刻本
明·陳鴻著，《秋室編》，順治刻本
明·顧夢游著，《顧與治詩》，清初書林毛恒所刻本
明·林古度著，《林茂之詩選》，王士禎選，康熙刻本

明·林古度著，陳慶元、陳雅男輯，《林古度佚詩》，復旦大學中國古代文學中心《中國文學研究》十輯，北京：中國文聯出版社，二〇〇七年
明·周之夔著，《棄草集》，崇禎刻本
明·商梅著，《那庵詩選》，崇禎刻本，日本内閣文庫藏本
明·李時成著，《白湖集》，崇禎刻本
明·沈德符著，《萬曆野獲編》、《補遺》，道光七年姚氏刻，同治八年補修本
明·顧起元著，《客中贅語》，北京：中華書局，二〇〇七年
明·黄道周著，《黄漳浦集》，道光刻本
明·王忠孝著，方寶川、陳旭東點校，《王忠孝公集》，福州：福建人民出版社，二〇一〇年
明·徐存永著，《尺木堂集》，鈔本，福建師範大學圖書館藏
清·錢謙益著，《牧齋全集》，上海：上海古籍出版社，二〇〇三年
清·朱彝尊著，《曝書亭集》，文淵閣《四庫全書》本
清·周亮工著，《賴古堂集》，康熙刻本
清·周亮工著，《閩小記》，康熙刻本
清·周亮工著，《書影》，上海：上海古籍出版社，一九八一年
清·黄任著，陳名實、黄曦點校，《黄任集》，北京：方志出版社，二〇一一年

清·鄭杰著，《閩中録》，光緒刻本
清·林春溥著，《榕城紀纂》，鈔本，福建師範大學圖書館藏
清·陳壽祺著，《左海全集》，道光刻本
清·林楓著，《榕城考古略》，福州：海風出版社，二〇〇一年
清·謝章鋌著，陳慶元等輯校，《謝章鋌集》，長春：吉林文史出版社，二〇〇九年
清·謝章鋌著，《東嵐謝氏明詩略》，《賭棋山莊文又續》卷一，光緒刊本
清·謝章鋌著，《課餘續録》，光緒庚子刻本
清·謝章鋌著，《圍爐瑣憶》，《賭棋山莊笔記合刻》本，光緒刻本
清·謝章鋌著，劉榮平校注，《賭棋山莊詞話校注》，廈門：廈門大學出版社，二〇一三年
清·郭柏蒼著，《竹間十日話》，光緒刻本
民國·郭白陽著，《竹間續話》，福州：海風出版社，二〇〇一年
明·袁表、馬熒纂輯，苗健青點校，《閩中十子詩》，福州：福建人民出版社，二〇〇五年
明·陳子龍編，《皇明詩選》，崇禎刻本
清·錢謙益編纂，《列朝詩集》，北京：中華書局，二〇〇七年
清·錢謙益著，《列朝詩集小傳》，上海：上海古籍出版社，一九八四年

清·朱彝尊著,《明詩綜》,北京:中華書局,二〇〇七年
清·王夫之纂,陳新點校,《明詩評選》,北京:文化藝術出版社,一九九七年
清·張豫章等人編纂,《御選宋金元明四朝詩》,文淵閣《四庫全書》本
清·沈德潛纂,《明詩别裁集》,上海:上海古籍出版社,一九七九年
清·鄭杰等輯,《全閩詩録》,福州:福建人民出版社,二〇一一年
清·鄭杰原輯,郭柏蒼編纂,《全閩明詩傳》,光緒刻本
清·鄭王臣輯,《莆風清籟集》,乾隆刻本
清·汪端纂,《明三十家詩選》,同治刻本
清·陳田纂,《明詩紀事》,上海:上海古籍出版社,一九九三年
陳世鎔纂,《福州西湖宛在堂詩龕徵録》,福州:福建人民出版社,二〇〇七年
清·朱彝尊著,《静志居詩話》,嘉慶刻本
清·杭世駿著,《榕城詩話》,乾隆刻本
清·徐永祚著,《閩遊詩話》,乾隆刻本
清·鄭方坤著,《全閩詩話》,文淵閣《四庫全書》本
清·鄭方坤著,陳節、劉大治點校,《全閩詩話》,福州:福建人民出版社,二〇〇六年
清·莫友棠著,《屏麓草堂詩話》,道光刻本

清·梁章鉅著,《東南嶠外詩話》,道光刻本
清·林昌彝著,《射鷹樓詩話》,上海:上海古籍出版社,一九八八年
清·李家瑞著,《停雲閣詩話》,咸豐刻本
民國·陳衍著,《石遺室詩話》,北京:人民文學出版社,二〇〇四年
吳文治主編,《明詩話全編》,南京:江蘇古籍出版社,一九九七年
周維德集校,《全明詩話》,濟南:齊魯詩社,二〇〇五年
郭紹虞、錢仲聯、王遽常編纂,《萬首論詩絶句》,人民文學出版社,一九八一年
陳祥耀著,《中國古典詩歌叢話》,臺北:華正書局,一九九一年
蔡景康著,《明代文論選》,北京:人民文學出版社,一九九三年

明·李賢著,《大明一統志》,天順刻本
清·張廷玉等著,《明史》,北京:中華書局,一九七四年
清·萬期同著,《明史》,清鈔本
明·黄仲昭著,《八閩通志》,福州:福建人民出版社,一九八九年
明·何喬遠著,《閩書》,福州:福建人民出版社,一九九五年
明·何喬遠著,《名山藏》,崇禎刻本

明·王應山著,《閩都記》,北京: 方志出版社,二〇〇二年
錢海岳著,《南明史》,北京: 中華書局,二〇〇六年
明·陳鳴鶴著,《東越文苑傳》,同治郭柏蔚增訂本
清·潘介社纂輯,《明詩人小傳稿》,臺北: 臺灣『中央圖書館』印行,一九八六年
謝魏編撰,《中國歷代人物年譜考録》,北京: 中華書局,一九九二年
明·徐㶿著,《徐氏家藏書目》,道光劉氏經味書屋抄本
明·徐㶿著,《徐氏紅雨樓書目》,上海: 古典文學出版社,一九五七年
清·黃虞稷著,《千頃堂書目》,上海: 上海古籍出版社,二〇〇一年
崔建英輯,賈衛民、李曉亞整理,《明别集版本志》,北京: 中華書局,二〇〇六年
清·龔易圖、楊希閔撰,民國·龔綸校鈔,王國良勘訂,《烏石山房簡明書目》,臺北: 臺北大學古典文獻學研究所,二〇〇七年
鄭寶謙主编,《福建舊方志綜録》,福州: 福建人民出版社,二〇一〇年
徐永明、趙素文著,《明人别集經眼敘録》,杭州: 浙江古籍出版社,二〇一三年
清·嵇璜、刘墉等著,《清朝通志》,文淵閣《四庫全書》本
周祖譔主编、胡旭副主编,《歷代文苑傳箋證》,南京: 鳳凰出版社,二〇一二年
民國·沈瑜慶、陳衍等著,《福建通志》,一九三八年刻本

明·喻政修，林烴、謝肇淛纂，《福州府志》，萬曆刻本
清·徐景熙修，魯曾煜、施廷樞等纂，《福州府志》，乾隆刻本
福州市地方志編纂委員會編，《福州市志》第八册，北京：方志出版社，二〇〇〇年
福州市地方志編纂委員會編，《福州人名志》，福州：海潮攝影藝術出版社，二〇〇七年
閩侯縣地方志編纂委員會編，《閩侯縣志》，北京：方志出版社，二〇〇一年
明·唐學仁修纂，謝肇淛、陳鳴鶴、徐𤊹纂，《永福縣志》，萬曆刻本
明·夏允彝修纂，《長樂縣志》，崇禎刻本
明·劉曰暘修，陳薦夫、林春華纂；王繼起續修，丁朝立、魏煬續纂，《古田縣志》，萬曆刻本
清·饒安鼎、邵應龍修，林昂、李修卿纂，《福清縣志》，乾隆刻本
清·朱景星修，鄭祖庚纂，《閩縣鄉土志》，光緒排印本
清·胡之禎修，鄭祖庚纂，《侯官縣鄉土志》，光緒排印本
民國·歐陽英修，陳衍纂，《閩侯縣志》，民國刊本
清·周學曾等修纂，［道光］《晉江縣志》，福州：福建人民出版社，一九九〇年
陳遵統著，《福建編年史》，福州：福建人民出版社，二〇〇九年
明·謝肇淛著，《支提寺志》，同治刻本
明·徐𤊹著，《雪峰志》，光緒刻本

明·衷仲孺著,《武夷山志》,明清之际刻本
清·黄任著,《鼓山志》,乾隆刻本
清·郭柏蒼著,《烏山志》,光緒刻本
謝其銓、郭斌編纂,《于山志》,北京: 大眾文藝出版社,二〇〇九年
何振岱著,《西湖志》,民初刊本
黄啟權主編,《三坊七巷志》,福州: 海潮攝影藝術出版社,二〇〇九年
包樹棠纂,《汀州藝文志》,北京: 方志出版社,二〇一〇年
明·鄧慶寀編纂,《閩中荔枝通譜》,崇禎刻本
清·徐日焜等纂,《荆山徐氏譜》,鈔本,福建師範大學圖書館藏
金雲銘著,《陳一齋先生年譜》,私立福建協和大學中國文化研究會出版,一九四五年
[日本]市原亨吉撰,鄭宏譯,《徐𤊹年譜稿略》,原載《入矢教授小川教授退休紀念中國文學語言論集》,一九七四年; 譯文見《福建圖書館學刊》,一九九一年第四期
許建崑著,《李攀龍文學研究》,臺北: 文史哲出版社,一九八七年
林海權著,《李贄年譜考略》,福州: 福建人民出版社,一九九二年第一版,二〇〇五年第二版
陳廣宏著,《鍾惺年譜》,上海: 復旦大學出版社,一九九三年

鄭利華著，《王世貞年譜》，上海：復旦大學出版社，一九九三年
陳書禄著，《明代前後七子研究》，南昌：江西人民出版社，一九九四年
廖可斌著，《明代文學復古運動研究》，上海：上海古籍出版社，一九九四年
劉德誠、周羨潁，《福建名人詞典》，福州：福建人民出版社，一九九五年
陳慶元著，《福建文學發展史》，福州：福建教育出版社，一九九六年
左東嶺著，《李贄與晚明文學思潮》，天津：天津人民出版社，一九九七年
李聖華著，《晚明詩歌研究》，北京：人民文學出版社，二〇〇二年
鄭利華著，《王世貞研究》，上海：學林出版社，二〇〇二年
林文斌主編，《福建寺院》，廈門：鷺江出版社，二〇〇二年
曾意丹著，《福州古厝》，福州：福建人民出版社，二〇〇二年
曾江著，《閩侯文物》，福州：福建美術出版社，二〇〇二年
黄仁生著，《日本現藏稀見元明文集考證與提要》，長沙：嶽麓書社，二〇〇四年
蔡主賓著，《蔡獻臣年譜》，金門縣文化局，二〇〇五年
羅宗強著，《明代後期士人心態研究》，天津：南開大學出版社，二〇〇六年
陳廣宏著，《竟陵派研究》，上海：復旦大學出版社，二〇〇六年
黄春榮著，《水澗集》，北京：方志出版社，二〇〇六年

盧美松著,《福州名園史影》,福州:福建美術出版社,二〇〇七年
沈文凡著,《排律文獻研究(明代篇)》,長春:吉林人民出版社,二〇〇七年
王長英、黄兆鄲編著,《福建藏书家传略》,福州:福建教育出版,二〇〇七年
張慧劍著,《明清江蘇文人年表》,北京:人民文學出版社,二〇〇八年
鄭麗生著,《鄭麗生文史叢稿》,福州:海風出版社,二〇〇九年
林怡著,《榕城治學記》,長沙:嶽麓書社,二〇一〇年
何宗美著,《文人結社與明代文學的演進》,北京:人民出版社,二〇一一年
阮娟著,《三山葉氏家族及其文學研究》,上海:上海古籍出版社,二〇一一年
朱則杰著,《清詩考證》,北京:人民文學出版社,二〇一二年
王漢民輯校,《福建文人戲曲集》,福州:海峽文藝出版社,二〇一二年
陳慶元撰,《謝肇淛〈小草齋詩話〉及其詩論》,《中國詩學》第五輯,南京:南京大學出版社,
一九九七年
陳慶元撰,《謝肇淛與〈小草齋集〉》,《謝肇淛集》卷首,南京:江蘇古籍出版社,二〇〇三年
陳慶元撰,《晚明詩家謝肇淛》,《福州大學學報》,二〇〇三年第三期
陳慶元撰,《謝肇淛著述考》,《廣西師範大學學報》,二〇〇五年第一期
陳慶元撰,《日本内閣文庫藏本曹學佺〈石倉全集〉初探》,《二〇〇四地方文獻國際學術研討

會論文集》，北京：北京圖書館出版社，二〇〇六年
陳慶元撰，《徐𤊹著述編年考證》，《文獻》，二〇〇七年第四期
楊光輝撰，《徐熥佚文五篇》，《文獻》，二〇〇八年第二期
陳慶元撰，《謝肇淛年表》，《小草齋集》附録，福州：福建人民出版社，二〇〇九年
陳慶元撰，《徐𤊹年表》，《福州大學學報》，二〇一〇年第三期
陳慶元撰，《徐𤊹〈紅雨樓集序跋〉補遺》，《文獻》，二〇〇九年第三期
陳慶元撰，《林古度年表》，《南京師範大學文學院學報》，二〇一〇年第四期
陳慶元撰，《林古度年譜簡編》，復旦大學中國古代文學中心《中國文學研究》第十六輯，北京：作家出版社，二〇一〇年
陳慶元撰，《張燮著述考》，《漳州師範學院學報》，二〇一〇年第四期
林曉玲撰，《福州通賢龔氏家族文學論略》，《福州大學學報》，二〇一二年第二期
陳慶元撰，《徐𤊹生卒時間詳考——兼論作家生卒年的考證方法》，《文學遺産》，二〇一一年第二期
陳慶元撰，《曹學佺年表》，《福州大學學報》，二〇一二年第五期
陳慶元撰，《徐𤊹年譜簡編》，《鼇峰集》附録，揚州：廣陵書社，二〇一二年
陳慶元撰，《金門蔡復一年譜初稿》，《二〇一二年金門學國際研討會論文集》，金門縣政府、成

功大學人文社會科學中心出版，二〇一二年
于莉莉撰，《徐熥的武夷幔亭情結》，《文史知識》，二〇一二年第四期
陳慶元撰，《日本内閣文庫藏曹學佺〈石倉全集〉編年考證》，《文獻》，二〇一三年第二期
陳慶元撰，《張燮年表》，《南京師範大學文學院學報》，二〇一三年第二期
陳慶元撰，《何喬遠年表》，《福建文史》，二〇一三年第四期
陳慶元撰，《金門蔡復一年表稿》，復旦大學中國古代文學研究中心《中國文學研究》第二十二輯，上海：復旦大學出版社，二〇一三年
鄭珊珊撰，《明清侯官許氏家族文學考論》，《福州大學學報》，二〇一三年第四期

後記

二〇〇三年，爲福建叢書第三輯編《徐熥集》，同時撰寫《前言》及附録《徐熥年譜簡編》。這一年夏天，最高氣温昇到四十攝氏度，雖然，空調已經裝了三年，工作時，我還是不太習慣用它，任憑一身大汗。一兩年後，一個《簡譜》的雛型大體成形，雖然《簡譜》没有明顯的失誤，但是遺漏及不詳之處很多。在完成《簡譜》之後，餘勇可沽，遂萌生撰著《徐熥年譜》的想法。二〇〇五年與某出版社聯繫，得到社領導支持，很快寄來一份初步協議，學院也有意資助此書出版。可是，真正動起手來，卻覺得不那麽簡單。于是，今年增補一點，明年又增補一點，急也急不得，一晃，已經過去十年的時間。

暑熱天氣，可以克服，文獻不全可就無能爲力了。文淵閣《四庫全書》影印之後，給研究者帶來許多便利，但有的學者將此奉若瑰寶，恐怕也未必得當。康、乾號稱盛世，但文字的控制十分嚴厲，四庫館臣編書時難免小心翼翼，我們看到徐熥的四庫本《幔亭集》只有十五卷（缺十六至二十卷）不説，有的文字也被改竄，《年譜》有關徐熥的文字如果徵引這個本子，肯定是不行的。當時，我所見到的萬曆刻本，也是十五卷本，這個本子自然優於《四庫》本。據《千頃堂書目》，《幔亭集》

應當是二十卷。使我很興奮的是，我找到了餘下那五卷的鈔本，雖然是殘缺本，聊勝於無。《徐熥集》出版不久，一家出版社來約我點校《幔亭集》。我自己定下的目標，想把點校本作成《幔亭集編年校箋》，我的進度很慢，這家出版社遂對我失去信心。承復旦大學圖書館副館長楊光輝先生相告，復旦中國古代文學研究中心，有二十卷本《幔亭集》縮微膠卷和複印件，楊先生很快就寄來了第十六至二十卷的複印件。由于是從縮微印來的，邊上有些字模糊不清。二〇〇八年我從臺灣客座回來，六月到復旦古代文學研究中心資料室校核複印件的模糊字。《幔亭集編年校箋》本和《徐熥年譜》的工作，同時進行着。作品『編年』，實際上是『年譜』的重要部分。同時進行這兩項工作，可以説是相得益彰的美事。

徐熥只活到三十九歲，中舉後除了四次北上、參加三次考試的經歷之外，成年之後，其活動範圍不出閩中（偶遊武夷、邵武）。《明史·文苑傳》提到重振閩中風雅的鄧原岳、謝肇淛、徐𤊹、曹學佺，年紀最大的是鄧原岳，比徐熥大六歲；最小的曹學佺，比鄧原岳和徐熥分别小十九歲和十三歲，徐𤊹是徐熥之仲弟，謝肇淛是徐熥、徐𤊹之甥，徐熥和他們在閩中組織詩社，不時過從唱酬（鄧、謝、曹先後遊宦他鄉）。作《徐熥年譜》，這幾位閩中詩人的行蹤、作品是繞不過去的，特别是徐𤊹，二徐係一母所生，兄弟從小一起生活，熥殁後四十多年間，𤊹仍住在昔日的家園，兄弟似没有明顯分家的迹象，没有仲弟徐𤊹的事跡和作品支撑，《徐熥年譜》將是殘缺的，所以本人開始作《熥譜》，便同時作《𤊹譜》，也是相得益彰的意思。前於《徐熥集》，本人已經編過《謝肇淛集》，在謝肇淛下過一點功夫。曹學佺的百卷詩文集，本人於二〇〇三年已獲得《石倉全集》複印件。既然如此，在作《徐熥年譜》時，不如同時一起作《謝肇淛年譜》、《徐𤊹年譜》、《曹學佺年譜》和《林古度年譜》，同時點校謝肇淛、曹學佺、徐𤊹和林古度的集子；後來又增加了一個張燮，也作譜並點校詩文集。相對於徐、謝、曹，鄧原岳的事跡、作品，可能簡單一些，只作了一個《鄧原岳年表》而已。目前，我的一個學生正在作鄧原岳的研究。

在撰著多家年譜的過程中，讓我鬱悶了好長一段時間的是未得經眼徐𤊹稿本《紅雨樓集》和《鼇峰文集》。徐𤊹生前，刻過詩集《鼇峰集》二十八卷，數十卷的文稿未刻[一]，晚年四處尋求襄助，未果。稿本後爲陳壽祺、楊浚所得，民初陳衍還見到此本，建國後藏於上海圖書館。在未睹此稿本之前，本人還讀過徐𤊹的《紅雨樓文集》（重鈔本）。二〇〇九年復旦大學出版社影印出版《上海圖書館未刊古籍稿本》，其中第四十二至四十五册爲《紅雨樓集·鼇峰文集》，撰寫《徐熥年譜》的文獻總算基本搜羅齊備。基本的文獻，是指完成年譜必不可少的最重要的資料。舉例説，如果未能使用稿本《紅雨樓集·鼇峰文集》中的大量書信，《徐熥年譜》將留下嚴重的缺憾。傳記和方志都説徐熥廣交朋友，急人之難，庭履常滿，人稱『窮孟嘗』，這無疑是贊賞之辭。但是，這只是一面，徐熥生前開銷不懂節制，在他身後，給這個本來就比較單薄的家庭經濟帶來很大的困難。徐𤊹非常

[一] 徐𤊹二十五歲時，即萬曆二十二年（一五九四），徐熥在南京爲他刻了一部《紅雨樓稿》（今未見）。此書即使收文，篇數也不會太多。

維護徐熥的文名，但對伯兄的揮霍甚爲不滿，書信並不爲兄『遮醜』。又如熥子徐莊，不管這個兒子如何『不類』，既然是譜主之子，而徐𤊹文中又爲我們提供了某些線索，本譜亟加采摭。至于《幔亭集》的選詩、選文刊刻的過程，如果没有《紅雨樓集·鼇峰文集》，我們也就不能知道其大概。

《年譜》引用了較多稀見文獻，陳价夫《招隱樓稿》，是徐𤊹選鈔本，藏上海圖書館，很可能是海内外孤本。曹學佺的百卷本《石倉全集》，國内不全，現藏日本内閣文庫。徐熥姊丈謝汝韶，有《天池先生存稿》，國内也似不見有公私藏書單位著録，《年譜》擷其材料兩條，一條是徐熥早年前往邵武，干謁通判李逢的；另一條是萬曆二十三年熥北上時，汝韶送行之詩。這兩條材料也源自内閣文庫藏本。阮自華任福州司理，熥已經去世，但他在與徐𤊹倡和中，言及熥，見《霧靈山人詩集》，筆者在臺灣傅斯年圖書館讀書，看到影印件，原本也藏於日本。整部《年譜》引用阮自華的材料，也僅此一條（《𤊹譜》多些）。《年譜》引用的材料最多，徐𤊹的可能有數百條；其次是陳薦夫的《水明樓集》和謝肇淛的《小草齋集》，大幾十條；引用二三十條的如鄧原岳的《西樓全集》、曹學佺的《石倉》諸集、陳鳴鶴的《泡庵詩選》等；引用一兩條的除已經提及的兩種外，還有何喬遠的《鏡山全集》、李時成的《白湖集》等。没有基本文獻支撑，《年譜》的架子不牢靠，没有這些零星而瑣細的三兩則材料，《年譜》也肯定不豐滿。但是，發現、尋找這些三兩則，甚至一條數語的材料，並加以排比，是很費時費工的。這個《年譜》字數不是太多，前後卻作了十一年，每一條材料都不能不仔細斟酌。

譜諜學是一門專門之學，我在臺灣『中央大學』客座時，就聽説有教授專門開設譜諜課程。上個世紀八十年代，好像内地成立過譜諜研究會，出過譜諜研究的輯刊，友人趙伯陶兄還贈過書。後來，這門學問有冷有熱，民間編族譜很熱，大學和研究機構似有些冷落。譜諜研究或年譜、年表的撰著，更接近於歷史學科。從文學這個角度講，文學史家撰著年譜，又何嘗不是一種文學研究？章培恒先生的《洪昇年譜》，徐朔方先生的《湯顯祖年譜》，袁世碩先生的《孔尚任年譜》，或是奠定他們學術地位之作，或是他們最有代表性的著作。近年，文體學的研究方興未艾，年譜作爲一種有生命力的、有用的文體，現在還不斷有人在嘗試寫作。當今，又有學者提倡『批評文體』的研究，就是説文學批評可以用各種各樣的文體寫作。在我看來，年譜或年表，也是文學批評的一種文體。《明史·文苑傳》説，萬曆中年，曹學佺、徐𤊹在閩中重振風雅，鄧原岳、謝肇淛起而繼之。在我寫作徐𤊹、謝肇淛、徐𤊹、曹學佺諸譜時，將材料一排比，發現當時的實際並不是那樣，倡導風雅的是鄧原岳、徐𤊹和謝肇淛，鄧、徐都有一個閩中詩歌的選本，選本體現了他們比較接近的見解。《徐𤊹年譜》在解決誰倡導、誰繼起之後，筆者另一部年譜——《曹學佺年譜》（待刊）進一步解決晚明閩中詩壇前期（鄧原岳、徐𤊹）與後期（徐𤊹、曹學佺）詩歌理論的不同，即使曹學佺和徐𤊹的看法也有很大不同。自清初周亮工起，都説晚明閩中詩人好用七律寫作，株守洪永之世『閩中十子』崇唐的理論，就整體的方向而言，這個論斷可能有一定道理，但具體到某個作家，可能不完全是那樣的。例如葉向高、陳振狂詩不六朝、不唐不宋，只講真情（作品是否都是佳構，則是另一回事）；周仕堦、董應舉詩『無緣飾，無模擬』；陳第對有人説他的詩『學宋』，並不太在意；至於商梅，醉心於鍾、譚，曹學佺不甚喜七律，林古度前期詩近於六朝等，則面目各異。所謂研究，就是提出問題、解決問題，名爲專著、論文，不能提出問題並加以很好地解決，這樣的專著，恐怕未必專，這樣的文章也未必成爲論文。年譜或年表，作爲文學批評的一種獨立文體，在文學批評方面有它存在的合理性。

近年來，本人在詩文集整理和年譜撰著過程中，偶有心得，隨手也寫點論文；論文發表到一定數量，也可能擴展爲專著。詩文集的整理、年譜的撰著，論文及專著的寫作，三者並行，是我近年研究的基本路徑。

撰著徐熥、謝肇淛、徐𤊹、曹學佺、張燮、林古度諸家年譜，點校整理諸家集子，以及爲張燮《七十二家集》序、跋作箋注等[二]，是我在復旦大學中國古代文學研究中心任兼職教授的系列項目。中心資料室爲我提供了許多便利，中心主任黃霖教授，副主任陳廣宏教授、鄭利華教授，以及袁進教授、黃仁生教授、楊光輝教授都給予我很大的幫助。好友閩南師範大學林繼忠教授、廈門大學吳在慶教授、浙江大學朱則傑教授、《文獻》編輯部張廷銀研究員、吉林大學沈文凡教授、人民文學出版社周絢隆編審、福建省文史館盧美松館長，以及福建師範大學的同仁，也一直關心項目的進展，

[二]《小草齋集》（福建人民出版社，二〇〇九年）係我的學生江中柱博士點校，書前有我撰寫的《前言》，附録有我的《謝肇淛著述考證》和《謝肇淛年表》。《鼇峰集》，二〇一二年，由廣陵書社出版。《石倉全集》將由人民文學出版社出版。

不斷地加以鼓勵，讓我倍感温馨。我在臺灣從事教學和研究期間，得到臺北大學王國良教授、東吳大學許清雲教授、臺灣『中央大學』王次澄教授和吕文翠教授、臺北『中研院』林梅貽教授、成功大學張高評教授和王偉勇教授及陳益源教授、東海大學許建崐教授、中山大學蔡振念教授和劉昭明教授、中正大學毛文芳教授、銘傳大學陳德昭教授、暨南國際大學王學玲教授、臺南大學林登順教授、南華大學鄭幸雅教授、嘉南藥理科技大學汪中文教授很多的幫助，他們得知我在從事這些課題的研究後，先後邀請我前去演講，使我在年譜的寫作過程中充滿信心。内人温惠愛在文字輸入、文稿校對及資料的準備方面爲我做了許多工作。一併在此感謝！

這幾年我的研究和寫作進展緩慢，每一部書都拖了好長的時間。有時學生們問我，老師最近在做些什麼，我都有點不好意思，他們入學直至畢業，我的回答都差不多。上月初，廣陵書社王志娟主任來電，擬將《徐燏年譜》申請國家出版項目，希望我盡快發去初稿。我一時手忙腳亂，趕緊整理一下十年來的積稿，稍作梳理。初稿交上之後，索幸放下手頭一切事務，專注此譜的最後定稿，十年間的馬拉松終于衝刺了，成績好壞那是他人評價的事，有完整的卷子可交，而且這卷子是費心費力完成的，也算是鬆了口氣。要不是王主任的鞭策，這部不大的年譜，不知還要拖多久！經王主任這一督促，我想，也趁這個機會把這幾個項目安排一下，爭取在退休前後，把其他書稿送到出版社。將來如果有餘力，再做點其他的吧！

本譜尚有一些未解決的問題，也可能存在不足和失誤之處，敬請專家和讀者指正。

在最後完成《徐熥年譜》的這一段四十多天的日子裏，竟然有三十多天是超過三十五攝氏度的高温天氣，昨天竟然飆昇到四十攝氏度以上，十年前開始寫作，十年後完成書稿，都是暴暑，老天似乎在考驗我的毅力和耐力！謝天謝地，當我完成《年譜》，寫這篇《後記》時，晚上刮起大風，氣温驟降了十度、八度，初秋的晚風送來今夏以來的第一陣清涼。好爽！

陳慶元

二〇一三年八月九日